We are ugly but we have the music

Jonas Engelmann /
Hans-Peter Frühauf / Werner Nell /
Peter Waldmann (Hg.)

We are ugly but we have **the music**

Eine ungewöhnliche Spurensuche
in Sachen jüdischer
Erfahrung und Subkultur

»Jüdische Identität und Subkultur«
Band I

*Für Georg Kreisler, Amy Winehouse
und Adam Yauch*

Gedruckt mit finanzieller Unterstützung der
Hans-Böckler-Stiftung, dem Landesverband der
Jüdischen Gemeinden von Rheinland-Pfalz
und dem Institut für Sozialpädagogische Forschung
Mainz (ism e.V.)

Erster Band der Reihe »Jüdische Identität und Subkultur«,
herausgegeben von Jonas Engelmann, Hans Peter Frühauf,
Werner Nell und Peter Waldmann

© Ventil Verlag KG, Mainz 2012
Abdruck auch in Auszügen nur mit ausdrücklicher Erlaubnis
des Verlages. Alle Rechte vorbehalten.

1. Auflage: September 2012
ISBN 978-3-931555-39-9

Lektorat: Jonas Engelmann
Illustrationen: Julia Machhausen
Layout/Satz: Oliver Schmitt
Cover unter Verwendung einer Collage von Steffen Hendel
Druck: fgb, Freiburg

Ventil Verlag
Boppstraße 25, 55118 Mainz
www.ventil-verlag.de

Inhalt

9 Vorwort der Herausgeber

JÜDISCHE IDENTITÄT UND SUBKULTUR

13 Doris Akrap
»Kein Holocaust – kein Punk«. Im Gespräch mit Steven Lee Beeber

19 Peter Waldmann
»Arbeit macht niemals frei!« Die Notwendigkeit zur Judaisierung des Punk

31 Werner Nell
»Lautsein, Selbstsein, Dasein«. Antibürgerliche Rebellion und bürgerliche Kultur in nachbürgerlicher Zeit

49 Fernando Esposito
Die Außenseiter als Innenseiter. Ein Nexus von Punk und »Jewishness«

PUNK UND JUDENTUM

67 Jonas Engelmann und Klaus Walter
»Die 82er-Generation«. Im Gespräch mit Avi Pitchon

72 Avi Pitchon
Scary Monsters. Ein ästhetischer Leuchtturm in vorstädtischer Wildnis

89 Peter Waldmann
Schwarze Juden im Werk von Lou Reed und Maxim Biller

102 Hans Peter Frühauf
»Philip, is that you?« Wer ist David Bowie?

119 Jonas Engelmann
Nisht Azoy. Aschkenasische Traditionen im kanadischen Post-Punk

132 Alexander Pehlemann
Lost & Found in Ost. Eine *Zonic*-Spurensuche zwischen Subkultur und Judentum in Osteuropa

147 Frank Apunkt Schneider
»My Future In The SS«. Zur Identifikation mit den Täter_innen im deutschen (Post-)Punk

160 Sebastian Görtz
André Herzberg. Langeweile als Strategie

172 Sascha Seiler
»Ich kann nicht mehr mit Juden schlafen« Dichtung und Wahrheit bei Lou Reed

183 Andreas Stuhlmann
Radical Jewish Noise. John Zorn, New York und ein Sabbat im Paradies

205 Martin Büsser
Hybrider Countryjazz und das jüdische Dazwischen. Eugene Chadbourne

FILM, LITERATUR UND NEUE MEDIEN

213 Daniel Steinmaier
»I will Survive«. Im Gespräch mit Janet Korman

218 Lea Wohl
(Gegen-)Bilder des Jüdischen auf YouTube. Oder: »Lasst uns alle Juden sein«

229 Caspar Battegay
Juden auf dem Pferd. Vom *Chevalier von Geldern* zu Mordecai Richlers *St. Urbain's Horseman*

241 Bettina Vogel von Frommannshausen
Georges Perec. Schreiben zwischen Revolte und Tradition

252 Thomas Wallner
Maxim Biller zwischen Popkultur und New Journalism

263 Ivo Ritzer
Gescheiterter Ernst und rettende Kritik. Versuch zu jüdischem Humor in den postklassischen Filmparodien von Mel Brooks

ANHANG

279 Diskographie

281 Bibliographie

284 Die Beteiligten

Vorwort der Herausgeber

»In den Gebieten, mit denen wir es zu tun haben,
gibt es die Erkenntnis nur blitzhaft.
Der Text ist der langnachrollende Donner.«
Walter Benjamin

Unter der Rubrik »Erkenntnistheoretisches« spricht Walter Benjamin[1] in seinem *Passagen-Werk* davon, dass er es mit Gebilden der Kulturgeschichte zu tun hat. Damit meint er die vergessenen Relikte der Subgeschichte des 19. Jahrhunderts, die auf ihn wie ein unerwarteter Blitz wirken. Die sich an dieses plötzliche Ereignis anschließenden Texte, seine Kommentare und Interpretationen, von denen das *Passagen-Werk* voll ist, sind dagegen als Reflex mit einem nachrollenden Donner zu vergleichen.

Der Befund, mit dem Steven Lee Beeber[2] uns alle überraschte, wirkte gleichfalls auf die Herausgeber dieses Sammelbandes wie ein unerwarteter Blitz. Beeber machte in seinem Buch *Die Heebie-Jeebies im CBGB's* zum ersten Mal darauf aufmerksam, dass die wichtigsten Protagonisten und Ideengeber des frühen, amerikanischen Punk der 1970er-Jahre aus einem jüdischen Umfeld stammten. Die Liste der Künstler, die Beeber anführt, ist lang und eindrucksvoll: Lou Reed, Richard Hell, Jonathan Richman und die Mitglieder der Dictators, von Suicide und zum Teil der Ramones, sie alle waren Juden. Und auch wichtige Produzenten, Entdecker und Impresarios, wie Danny Fields oder Malcolm McLaren, gingen überraschenderweise aus jüdischen Familien hervor. Die Aufsätze, die das Ergebnis zweier Tagungen in Halle und Mainz sind und in diesem Band gesammelt wurden, können nun, ganz im Sinne Walter Benjamins, als der nachrollende Donner auf Beebers Buch verstanden werden. Die Herausgeber sind sich darüber im Klaren, dass die notwendigen Reaktionen auf diesen Befund noch lange nicht endgültig abgeschlossen sind, dass die Ergebnisse zukünftig in mindestens zwei Richtungen weiterverfolgt werden müssen. Denn die Untersuchungen zum jüdischen Punk können sowohl für das Verständnis der Popkultur als auch für den Bereich der Jüdischen Studien wertvolle Ergebnisse zu Tage fördern.

Der Befund Beebers legt für den Bereich der Popkultur nahe, dass man das Phänomen des Punk auch als Ausdruck jüdischer Identität verstehen kann. Diese neue Perspektive, die Popkultur in den Bereich der Jüdischen Studien integriert, könnte nun aber einen wohlbegründeten Widerspruch provozieren: So ist beispielsweise Malcolm MacLaren, der die Formensprache des englischen Punk entwickelte, nachweislich stark von den Avantgardebewegungen, namentlich vom Situationismus, geprägt. Die Frage, die aus diesem Umstand abzuleiten ist, lautet: Ist diese Beeinflussung nicht wesentlich entscheidender für sein Wirken und Tun als die Tatsache seiner jüdischen Herkunft? So hat Greil Marcus[3] eindrucksvoll darauf hingewiesen, dass es eine geheime aber historisch nachweisbare Verbindung zwischen Dada und späteren Avantgardebewegungen und dem Punk gibt. Auf diese Kritik wäre zu antworten, dass den Herausgebern dieses Buches sehr wohl bewusst ist, dass man ein so komplexes Phänomen wie den Punk niemals auf nur eine ursächliche Einflussquelle zurückführen kann. Viele Einflüsse bestimmen ein kulturelles Feld, das stets, um mit Althusser zu sprechen, überdeterminiert ist. In manchen Fällen, wie beispielsweise im Falle Malcolm McLarens, überschneiden sich auch die Linien der Beeinflussung bis zur Unkenntlichkeit: So war es bekanntlich sein ursprünglicher Plan, seine zukünftige, von ihm imaginierte Band mit dem jüdischen Frontmann Richard Hell zu besetzen. McLaren war fasziniert von dem Auftreten Hells. Hell übernahm willkürlich fertig produzierte Kleidungsstücke, begann diese jedoch künstlich zu zerschneiden und zu durchlöchern. Zuvor war löchrige Kleidung stets ein untrügliches Zeichen für die Armut eines heruntergekommenen Trägers gewesen. Hell transportierte dieses Zeichen für Armut jedoch auf eine höhere symbolische Ebene. Löchrige Kleidung bezeichnete nun die spirituelle Haltung des Punks, die determinierenden Sinnsysteme der Gesellschaft in Frage zu stellen, ja geradezu destruktiv zu zerschneiden. Von den löchrigen Hemden von Hell zu den zum Symbol erhobenen Sicherheitsnadeln des englischen Punk, deren Herkunft Marcus in der Ästhetik des Situationismus entdeckt, ist es nur ein kleiner Schritt. Die Sicherheitsnadel, die Stofffetzen nur unvollkommen zusammenhält, ist Teil eines von den Theoretikern des Situationismus entwickelten Verfahrens der Zweckentfremdung[4], das die willkürliche Konstruktion von Sinnbezügen augenfällig zur Schau stellt. Malcolm McLaren übernimmt also ästhetische Verfahrensweisen eines jüdischen Protagonisten des frühen amerikanischen Punk und verbindet diesen Kunstgriff mit Praktiken des Situationismus. Dieses kurze Beispiel soll zeigen, dass sich in einem kulturellen Feld viele Einflüsse überschneiden und sich nicht ausschließen, sondern geradezu verstärken und polyvalent aufladen lassen.

Doch selbst wenn man zustimmt, ein popkulturelles Phänomen auch aus der Tatsache seiner jüdischen Herkunft zu erklären, bleibt die Frage offen, was eine jüdische Identität überhaupt sei? Mit dieser Frage wird Beebers Befund zu einem Thema innerhalb der jüdischen Studien. Bei der Beantwortung dieses schwierigen Komplexes zeigt sich, dass die Beobachtung jüdischer Akteure innerhalb der Popkultur zu äußerst wertvollen Ergebnissen führen kann. Wie Althusser in seiner Neulektüre von Marx gezeigt hat, erhält sich der moderne Staat durch ideologische Staatsapparate, die seine Reproduktion und damit seinen Fortbestand sichern. Zu diesen Staatsapparaten gehört, schon von Sigfried Kracauer[5] an Jacques Offenbach für das 19. Jahrhundert beobachtet, maßgeblich das System der Kulturindustrie. Althusser sieht in den Staatsapparaten das Prinzip des Imaginären wirksam, das er in der Psychoanalyse von Jacques Lacan kennengelernt hat.[6] Die Kulturindustrie, so könnte man verkürzt sagen, produziert unaufhörlich imaginäre Selbstbilder, mit denen sie die Menschen einlädt, sich zu identifizieren und ein Ich auszubilden. Damit, so kann man weiter schlussfolgern, gehört jedoch das System der Kulturindustrie zu den umkämpftesten Gebieten der Gesellschaft. Ein symbolischer Guerillakrieg zwischen Macht und Widerstand entsteht, in dem es um die Konstruktion zukünftiger Identitäten und um Selbstbehauptung geht. Gerade vor dem Hintergrund der europäischen Geschichte der Diskriminierung von Juden und deren Ausweitung auch auf Nordamerika, die natürlich auch einen Kampf von Staatsapparaten um Legitimität und um Zuspruch der unterschiedlichsten Individuen und sozialen Gruppen widerspiegelt, lässt sich so die Bedeutung jüdischer Identität auch als Sand im Getriebe der Staatsapparate und als eine Mischung aus Sand, Schmierstoffen und Zündmitteln in den Maschinen der Kulturindustrie beschreiben. So wie Löcher mit Sicherheitsnadeln geschlossen und zugleich erzeugt werden können, lassen sich damit auch die »jüdischen Wurzeln des Punk« als eine »offene« Stelle der Kulturindustrie ansprechen: irritierend und ansprechend, auf Abstoßung angelegt und Sinnerwartungen zugleich frustrierend und erfüllend.

Ein solcher Ort der symbolischen Auseinandersetzung sollte auch von den Protagonisten der Jüdischen Studien beobachtet werden, wenn sie sich einen Begriff davon machen möchten, wie jüdische Identität außerhalb der Religion nach dem Holocaust aussehen könnte.

Für uns kommt es also, um es mit Walter Benjamin zu sagen, darauf an, dass der Donner, der durch das Buch von Beeber ausgelöst wurde, auch weiterhin nachhallt und weitere »blitzhafte Erkenntnis« nicht ausgeschlossen wird.

Die Tagungen wie auch diese Publikation wäre nicht möglich gewesen ohne die Hilfe von:

Susanne Schedel und die Hans-Böckler-Stiftung, den Zentralrat der Juden in Deutschland, den Landesverband der Jüdischen Gemeinden von Rheinland-Pfalz, die Jüdische Gemeinde Mainz, die Martin-Luther-Universität Halle-Wittenberg, das Institut für sozialpädagogische Forschung Mainz (ism e.V.), Vladimir Snovski, Jutta Wolf, Holger Adam, Thomas Meinecke, Julia Machhausen, Klaus Walter, Juliane Aleithe, Norman Kasper, Toni Müller, Claudia Ulbrich, Steffen Hendel, Margitta Drosdziok, Ingo Rüdiger, Oliver Schmitt, Daniel Steinmaier, Christine Pfeifer, Andreas Berg, Felix Berg, Berthold Molden, Christian Schmidt, die Mitarbeiter des LaBim Halle, Doris Akrap, Steven Lee Beeber, Jochen Seehuber und die Programmkinos Mainz, Fiona Sara Schmidt. Ihnen allen ein herzlicher Dank.

Anmerkungen
1 Siehe: Walter Benjamin: *Das Passagen-Werk*. Erster Band. Frankfurt a. M.: *Suhrkamp* 1983, S. 570
2 Steven Lee Beeber: *Die Heebie-Jeebies im CBGB's. Die jüdischen Wurzeln des Punk*. Mainz: *Ventil* 2008
3 Siehe: Greil Marcus: *Lipstick Traces. Von Dada bis Punk – Eine geheime Kulturgeschichte des 20. Jahrhunderts*. Reinbek bei Hamburg: *Rowohlt* 1996
4 Siehe: Anonym: »Definitionen«, in: Roberto Ohrt (Hg.): *Der Beginn einer Epoche. Texte der Situationisten*. Hamburg: *Nautilus* 1995, S. 51
5 Siegfried Kracauer: *Jacques Offenbach und das Paris seiner Zeit*. Frankfurt a. M.: Insel 1976
6 Siehe zum Verhältnis zwischen Lacan und Althusser: Jens Christian Müller, Sebastian Reinfeldt, Richard Schwarz, Manon Tuckfeld: *Der Staat in den Köpfen. Anschlüsse an Louis Althusser und Nicos Poulantzas*. Mainz: Decaton 1994, S. 47 ff.

»At peace at last,
the wandering jew«
Lou Reed

JÜDISCHE IDENTITÄT UND SUBKULTUR

»Kein Holocaust – kein Punk«

Doris Akrap im Gespräch mit Steven Lee Beeber

Warum, denken Sie, ist es kein Zufall, dass die meisten der New Yorker Urpunkmusiker der siebziger Jahre aus jüdischen Familien kommen?
[Steven Lee Beeber:] Ich selbst komme aus einer jüdischen Familie in Georgia. Als ich nach New York City zog, fühlte ich mich dort mehr zu Hause, als ich es je im Süden war. So ging es auch Leuten wie Danny Fields, Jonathan Richman, Joey Hyman alias Ramone oder Robert Zimmerman alias Bob Dylan.

Auf dem ersten Velvet-Undergound-Album widmete Lou Reed das Lied »European Son« seinem Lehrer Delmore Schwartz, einem großen jüdischamerikanischen Schriftsteller, der über die Veränderung der jüdischen Identität schrieb, über die Spannung zwischen der Generation der Migranten und ihren Kindern. Die meisten New Yorker Punkmusiker hatten dieselben Erfahrungen gemacht. Sie kamen aus Vororten oder kleineren Städten, waren gebildet und entfremdet, schockiert von ihren Eltern, ihren Freunden und der Geschichte.

»Jew York«, neben Tel Aviv die Stadt mit der weltweit größten jüdischen Bevölkerung, galt als arrogant, was bedeutete, dass es schnell, witzig, ironisch und klugscheißerisch zuging. Das zog viele Leute, insbesondere mit jüdischem Hintergrund, an, die mit ihrer Intellektualität und ihrem Sinn für Humor auf der Suche nach neuen Kunstformen waren. Lenny Bruce, der jüdische Komiker, sagte einmal: »Es ist egal, ob du katholisch bist, wenn du in New York lebst, bist du jüdisch!«

Die kreativste Stadt der USA hat tatsächlich nur eine einzige Rockmusikbewegung hervorgebracht – und das ist der Punk. Und der war in den Anfangstagen zu großen Teilen jüdisch und entwickelte sich im East Village und an der Lower East Side. Hier hat Hillel »Hilly« Kristal seinen legendären Club *CBGB's* gegründet, um Künstlern eine Bühne zu geben, die über ihre Rolle als Künstler anders dachten, und zwar nach dem Motto: »Fuck art, let's dance!« Auf dieser Bühne wurde die erste Post-Holocaust-Generation erwachsen und hinterließ ihre Spuren, den Punk.

Was genau ist mit »Heebie-Jeebie« im New York Punk gemeint?

Zum einen ist darin das Wort »heeb« enthalten, also die abwertende Bezeichnung für »Hebrew«. Zum anderen ist es ein Ausdruck aus den zwanziger und dreißiger Jahren, der die Bedeutung einerseits von »schockieren« und andererseits von »völlig überdreht« hatte. So wie Little Richard in seinem Song »Heebie Jeebies« schreit oder wie Louis Armstrong mit »Heebie Jeebies« den Scatgesang, also dieses »Didadubiboldibiladaou«, erfand, benutze ich dieses Wort, um die Mischung aus Schock und aufgeregter Energie des Punk zu beschreiben.

Im New York Punk spiegelt sich die jüdische Geschichte von Unterdrückung und Unsicherheit, Flucht und Migration, gleichzeitig drinnen und draußen, gut und schlecht zu sein. Diese Musik drückt das Gefühl der Post-Holocaust-Generation aus, das Gefühl, immer am falschen Ort zu sein. Jude oder nicht, wo gehöre ich hin? Und ist es dort, wo ich bin, sicher? Diese nervöse Energie des Punk ist Heebie-Jeebie, im Jiddischen würde man *shpilkes* sagen.

Ihre These lautet »Kein Holocaust – kein Punk«. Welche Rolle spielt die Shoah für die Entstehung des Punk in New York?

Seit den sechziger Jahren war der Holocaust ein großes Thema. Es gab den Eichmann-Prozess und Hannah Arendts Buch darüber, Israels Sieg im Sechstagekrieg, die jüdisch-amerikanischen Schriftsteller wurden populär, der Holocaust wurde zum Unterrichtsfach und später auch zur Fernsehserie. Die Generation dieser Zeit, in der auch der Punk entstand, war sich vollständig bewusst darüber, was der Holocaust war.

Lou Reed singt in »Heroine« von »all the dead bodies piled up in mounds« und in »The Black Angels Death Song« von »sacrificial remains make it hard to forget where you come from«. Jonathan Richman produziert mit den Modern Lovers ein unveröffentlichtes Demotape mit dem Titel *The Trains don't stop in Scarsdale and New Rochelle anymore*, beides jüdische Bezirke in New York.

Doch Punk suchte nach anderen Formen der Verarbeitung, nach einer, die Spaß machte. Bereits in den 1950er-Jahren hatte der New Yorker Komiker Lenny Bruce Witze über den Holocaust gemacht. Bruce war nicht nur der erste, der das Wort »fuck« auf der Bühne aussprach, sondern auch der erste, der ironisch auf seinen jüdischen Hintergrund verwies: »In the beginning was the word, and the word was fuck. No, wait, it was nigger. No niggerlover, motherfucker, cocksucker, chickenfucker!« Sätze dieser Art machten ihn zwanzig Jahre später zum großen Vorbild des New York Punk. So inspirierte Bruce etwa Jonathan Richman von den Modern Lovers, mit dem Stereotyp des »netten jüdischen Jungen« zu spielen. Richman kleidete und verhielt sich wie dessen Parodie.

Eine andere Form der Verarbeitung der Shoah war die Übernahme sprachlicher und symbolischer Elemente der Nazis. Sie interpretieren dies als Gegenstrategie des Punk zu der Identität stiftenden Rolle von Kultur. Der Unterschied zwischen purer Aggression und distanzierender Ironie war und ist bei einigen Punkbands manchmal kaum noch zu erkennen.

Die Heavy-Metal-Band Blue Öyster Cult und die Band The Dictators sind ein gutes Beispiel dafür. Das Album *Secret Treaties* von Blue Öyster Cult wurde 1974 in Deutschland verboten. Die deutschen Strafgesetze führten dazu, dass eine Band, die sich über die Verschwörungstheorien lustig machte, als Naziband kategorisiert wurde. Verrückt. Aber die Ironie war noch nicht ausgefeilt genug.

The Dictators waren fünf jüdische Typen, die coole Poser sein wollten. Sie imitierten den Style italienischer Straßenjungs, trugen Lederjacken kombiniert mit einem »Jewfro«, produzierten Lieder wie »Master Race Rock«. Es war Richard Meltzer, der Vater des Rockjournalismus, der Richard Blum alias Handsome Dick Manitoba vom Roadie zum Sänger der Band machte. Gerüchteweise betätigte er sich als Wrestler und war stolzer Jude. Er zerstörte auf der Bühne das Equipment, beschimpfte das Publikum. Noch heute trägt er eine Baseballkappe der Yankees mit dem Davidstern drauf. Keine Frage, dass er ein früher Punk war, aber ein bisschen zu stumpf.

Im Vergleich dazu waren die Ramones viel avancierter. In dem Song »Commando« zeigt sich die Balance aus Aggression und Ironie, die die Ramones so genial machte: »First rule is: The laws of Germany! Second rule is: Be nice to mommy! Third rule is: Don't talk to commies! Fourth rule is: Eat kosher salamies!« Später haben sie das verloren, waren nur noch eine Parodie ihrer selbst.

Viele wissen nicht, dass es Tommy war, der die Band gründete. Mit ihm produzierten die Ramones ihre besten Platten, allen voran *Too tough to die*. Als Tommy Erdelyi in Ungarn geboren, kam er erst 1956 mit seinen Eltern in die USA. Seine Eltern hatten den Holocaust nur mit Hilfe nichtjüdischer Freunde überlebt. Tommy suchte sich diese völlig gegensätzlichen Typen aus, die alle aus seiner Nachbarschaft in Forest Hills kamen. Joey, geboren als Jeffry Hyman, dieser lange dürre Typ, der in der Schule immer vermöbelt wurde, kaum redete und aussah wie ein Überlebender aus einem deutschen Konzentrationslager; Johnny, der große muskulöse Typ mit dem schwarzen Humor, und Dee Dee, der in seinem Verhältnis zu Deutschland ein nichtjüdischer Jude war. Sein Vater, ein amerikanischer Soldat, hatte eine Deutsche geheiratet, und Dee Dee war in Deutschland aufgewachsen. Er sammelte Nazi-Andenken, um seinen Vater zu ärgern. Dee Dee ist auch verantwortlich für die Nazi-Referenzen in der Band. So sollte etwa der Song »Blitzkrieg Bop« ursprünglich »Animal Hop« heißen. Meistens schaffte es Tommy, die aggressiven Elemente von Dee Dee mit Ironie und Satire abzuschwächen. Dee Dees Zeilen wie »I'm a Nazi baby« änderte Tommy in »I'm a Nazi Schatze«, oder »I'm a German soldier« in »I'm a shocktrooper in a stupor«.

Diese Form von Humor ist also ein Ausdruck des Konflikts von Dee Dee mit seinen Eltern. Dank Tommy ist es den Ramones gelungen, auf witzige und ironische Weise ihre Wut, ihre Angst, ihre Entfremdung und Enttäuschung auszudrücken, ohne die Unterscheidbarkeit vom Feind einzubüßen.

Schlechte Witze gab es aber auch. So soll Nico einmal zu Lou Reed gesagt haben: »Ich kann nicht mehr mit Juden schlafen.« Du behauptest aber, diese Äußerung, die das Verhältnis der beiden beendete, sei nicht antisemitisch gewesen?

In dieser Szene rund um Andy Warhol war jeder schnippisch und sarkastisch, und es galt als peinlich, Gefühle zu zeigen. Gleichzeitig war Lou Reed ein äußerst harter Typ, und Nico sagte einfach nur etwas, womit sie ihn am meisten verletzen konnte. Später hat sie ihre Shows oft mit dem Satz begonnen: »Are there any Jeeeeews here?« Sie spielte auf diese Weise ironisch mit ihrer Herkunft aus Nazi-Deutschland.

Aber Reed war schwer getroffen. Das zweite Velvet-Underground-Album – ohne Nico – ist deutlich aggressiver. Der Song »Sister Ray« wird oft als erstes Punkstück überhaupt betrachtet. Ist das ein Beleg für Ihre Interpretation der Punkmusik als jüdische Antwort auf Antisemitismus?

Ich würde das nicht in einen so direkten Kausalzusammenhang stellen. Es war im Übrigen nicht nur das Verhältnis zu Nico, sondern auch das zu Andy Warhol, was Reed desillusionierte. Andy Warhol soll ihm direkt ins Gesicht gesagt haben: »Ich mag keine Juden.« Vielleicht war Reed daraufhin noch wütender und befremdeter, als er es sowieso schon war. Aber er war schon immer ein »Heebie Jeebie«, ein wütendes, hyperaktives, nervöses Kind, wie es sein Biograf Victor Bockris beschreibt.

Sie behaupten, Punk als hybride Kunst des Rock'n'Roll bestehe aus einer Technik des Synthetisierens und sei deshalb eine jüdische Kunstform. Ist das nicht eine sehr essenzialistische Deutung von Kultur?

Es ist doch eine Tatsache, dass die Geschichte der Juden eine Geschichte der Assimilation und damit eine Kultur des Synthetisierens darstellt.

Ich sage ja nicht, dass nur Juden den Punk gemacht haben; es waren Juden, die mit Nicht-Juden zusammengearbeitet haben und dabei Elemente von Hoch- und Populärkultur synthetisiert haben.

Das beste Beispiel ist wahrscheinlich die Patti Smith Group. Patti Smith kommt aus der Arbeiterklasse von New Jersey, ihre Mutter war eine Zeugin Jehovas. Ihr Freund und Bandpartner Lenny Kaye – geborener Kusikoff – hingegen kam aus einem jüdischen, bildungsbürgerlichen Elternhaus und sagte über sich, er sei ein »Talmud-Schüler des Rock'n'Roll«. Während Patti Smith die Wut der Arbeiterklasse mitbrachte, hatte Lenny Kaye schon eine intellektuelle Karriere als Rockjournalist gemacht und 1972 die Punk-Bibel, das *Nuggets*-Album, veröffentlicht, auf dem sich die »Ten commandments of punk« finden, unter anderem mit dem neunten Gebot: »Du sollst komisch sein.«

Ein anderes Beispiel ist Blondie. Chris Stein kommt aus einer linken jüdischen Familie, sein Vater schrieb für sozialistische Magazine wie *The Masses*, während Debbie Harry aus New Jersey floh, aus einer Welt, in der sie ein bescheidenes und passives Mädchen sein sollte. »Die Juden sind schuld«, sagt Harry über ihr Glück, Chris Stein getroffen zu haben, der sie als intellektuelle Frau ernst nahm und sie darin unterstützte, selbst zu bestimmen, welches Leben sie führen wollte.

Die Band The Neon Boys bzw. Television ist ein weiteres Beispiel für diese Synthese. Richard Hell war wie sein jüdischer Vater ein Schriftsteller, und in der Band war er der Performer, sprang auf der Bühne herum, machte die Show und hatte diese verrückte Frisur und zerrissene Klamotten. Er war der Erfinder des Punklook. Tom Verlaine hingegen bewegte sich auf der Bühne keinen Millimeter, er wollte als Musiker, als Techniker ernst genommen werden.

Verlaine drängte Hell dann immer mehr aus der Band, und so gründete Hell die Voidoids und produzierte 1977 die Hymne des Punk, »Blank Generation«.

Allerdings hat Richard Hell Ihnen ein Interview zu seinem jüdischen Hintergrund verweigert. Ist das nicht eine sehr konsequente Punk-Position, jede Essenzialisierung und Identifizierung durch vorgegebene Bedeutungen abzulehnen?

Als ich Richard Hell fragte, ob sein Vater jüdisch gewesen sei, sagte er mir: »Ja, aber er erzog mich zum Kommunisten und Atheisten.« Mehr wollte er nicht sagen und ließ mir sogar ausrichten, er würde mich umbringen. Nun ja, er hat es nicht getan, vielleicht weil es doch nicht so abwegig ist, wie ich ihn in meinem Buch beschreibe.

Natürlich scheint es zunächst völlig widersprüchlich zu sein, wenn ich einerseits das Adjektiv »jüdisch« benutze und andererseits feststelle, dass es im Punk darum ging, nicht gelabelt zu werden, dass es um die Freiheit ging, selbst zu bestimmen, was man ist, und sich dabei verschiedener Elemente zu bedienen. Ist das nicht typisch jüdisch-amerikanisch?

Aber ich denke, egal, was man ist und was man tut, die Identifizierung von außen schwebt über einem, und man muss mit dieser Fremdzuschreibung umgehen. Man kann natürlich sagen, das bedeutet mir nichts. Aber auch Richard Hell hat auf diese Zuschreibung reagiert und gesagt, es sei der Holocaust, der ihn zum Juden macht. Er wusste, dass er in Deutschland ermordet worden wäre, nur weil er einen jüdischen Vater hatte.

Im Übrigen findet es auch niemand essenzialistisch oder kontrovers, wenn der britische Punk mit dem Arbeitermilieu in Verbindung gebracht wird. Ich sage ja nicht, dass Punk exklusiv jüdisch ist. Ich stelle nur fest, dass es in New York einen erheblichen jüdischen Anteil gab. Nach dem Ersten Weltkrieg sprach man von der »verlorenen Generation«. Was zur Hölle war denn dann mit der nach dem Zweiten Weltkrieg? Die Rockszene in New York bestand zu großen Teilen aus der linken, jüdischen Post-Holocaust-Generation. Ich sage nur: Robert Zimmerman! Bob Dylan oder auch The Fugs könnten genauso als erste Punks gesehen werden. Sie machten Folkmusik mit neuen Elementen, dreckigen Witzen und politischen Aussagen, eben nach dem Prinzip der Synthese.

Seth Abrams von der Band Mensch singt heute: »Don't want to be a schnook with a boone, want to be a rockin‹ Jew like Joey Ramone.« Ist das nicht etwas ganz anderes als »Gabba gabba hey, we all accept you« zu sagen oder »We are the blank generation, we can take it or leave it each time«?

Das Interesse am Judentum und an jüdischer Kultur ist ja seit einiger Zeit sehr groß. Madonna studiert die Kabbala, viele Leute wollten ihre Kinder jüdisch erziehen etc. Ich habe ein sehr ambivalentes Gefühl zu dieser Musikbewegung, zu der auch die Band Mensch gehört, die in erster Linie betont, als selbstbewusste Juden Musik zu machen. Ich wurde eingeladen, auf der *Hardcore Hanukkah*-Tour an der Westküste teilzunehmen, wo Bands wie Yidcore aus Australien und Jewdriver spielen sollten. Aber irgendwie fand ich das zu shticky, das Jüdischsein war mir zu sehr im Vordergrund. Ich weiß nicht, vielleicht tue ich denen auch Unrecht, aber das ist mir irgendwie zu viel. Das ist in der Tat etwas anderes als »Gabba Gabba Hey«, wo niemand ausgeschlossen ist, und alle eingeschlossen sind. Diese neuen jüdischen Bandgeschichten scheinen mir eine exklusive Angelegenheit zu sein. Ich will auf gar keinen Fall behaupten, dass der New-York-Punk Punk für Juden war, und eigentlich ist er auch kein jüdischer Punk. Es geht mir nur darum, einige Elemente im Punk aufzuzeigen, die - wenn auch ein unbewusster - Ausdruck der jüdischen Generation nach dem Holocaust sind.

Peter Waldmann

»Arbeit macht niemals frei!«

Die Notwendigkeit
zur Judaisierung des Punk

Are there any Jews in the audience?

Im Jahre 1977, eigentlich schon am Ende der frühen und ursprünglichen Punkbewegung, wird Richard Hell in einem Interview mit dem *New Musical Express*[1] antworten, dass er einer Generation angehöre, die von der Gesellschaft als ein Haufen voller Nullen bezeichnet wird. Diese programmatische Äußerung von Hell wurde von vielen Journalisten, die sich mit Pop beschäftigten, als Beweis dafür herangezogen, dass die Grundhaltung des Punks nihilistisch sei, was sich im Schlachtruf des »No Future« treffend zeige. Dabei könnte man diese Aussage auch als bloße Wiederholung des Motivs der *Blank Generation* lesen, das Richard Hell zuvor geschaffen hat. Ein Mitglied einer leeren, völlig unbestimmten, nicht zu identifizierenden Generation zu sein, birgt auch, so Hell, einen großen, nicht zu unterschätzenden Vorteil. Wie auf einer unbeschriebenen Tafel kann man dann die Bilder seiner selbstgeschaffenen Identität zeichnen und seine Existenz vor der Leere entwerfen.

Vor diesem Hintergrund des Kampfes um das Recht des eigenen Identitätsentwurfs ist es nur allzu verständlich, dass Hell verstört war, als ihn Steven Lee Beeber bei der Recherche zu seinem Buch über *Die jüdischen Wurzeln des Punk* den Juden zurechnete. Diese Verstörung ist umso größer, weil Richard Hell alias Richard Myers für das religiöse Gesetz der *Halacha* kein Jude sein kann. Das Judentum wird bekanntermaßen matrilinear weitergegeben. Im Falle von Richard Hell war jedoch nur der Vater Jude, der sich außerdem schon früh als Kommunist vom Glauben seiner Vorfahren distanzierte. Um die Person Richard Hell dennoch in die Reihe der jüdischen Repräsentanten des Punk einordnen zu können, übernimmt Beeber eine Definition des Juden, aus der es für Hell, trotz allen wütenden Dementis, kein Entkommen mehr gibt.

Gleich zu Beginn seines Buches stellt Beeber seine Kategorien der Einteilung vor und schreibt apodiktisch, dass der Punk sehr wohl jüdisch, jedoch nicht judaisch sei[2]. Mit dieser in der Neuzeit entstandenen Unterscheidung zwischen der Jüdischkeit, der Jewishness, und dem Judentum betritt Beeber ein gefährliches Feld, das ihn ungewollt in die Nähe des Rassismus rückt. Der Begriff der Jüdischkeit, der für eine vom Judentum als Religion und Kultur gereinigte Existenzweise vorgesehen ist, entstand, so Hannah Arendt, als unvorhergesehene Konsequenz aus einem ungehemmten Prozess der Assimilation, durch den sich die europäischen Juden den Eintritt in die bürgerliche Gesellschaft erhofften. Diese Bemühungen um Anpassung gelangen nun so vollkommen, waren so erfolgreich, dass die Juden, die man zuvor schon am Äußeren erkannte, bis in das alltägliche Verhalten ununterscheidbar wurden. Der einzige Unterschied, der notgedrungen blieb, war die ethnische Herkunft, die von Beeber so bezeichnete Jüdischkeit. Die Tragik dieser Geschichte war, dass die Assimilation den aufkommenden Rassismus des 19. Jahrhunderts nur bestärkte, was, wie bekannt, schreckliche Folgen hatte. Statt Aufnahme zu finden, hatten die Juden nun die unerbittlichsten Feinde: »Aus dem Judentum konnte man entkommen, aus der Jüdischkeit nicht; ein Verbrechen unterliegt nur einer Strafe, auf dem Laster, will man es überhaupt bekämpfen, steht die Ausrottung.«[3]

Kristeva[4] kommentiert diesen Abschnitt, dass für Arendt der Assimilationsuniversalismus und der Philosemitismus mit seiner Ideologie der prinzipiellen Gleichheit gefährlicher sind als der religiöse Judenhass. Und Derrida[5] wird in einem Interview zum Thema Jüdischkeit sagen, dass diese Kategorie des Herkommens jene zu Juden macht, die es – und Richard Hell ist hierfür nur ein beredtes Beispiel – am wenigsten sind. Wie problematisch allgemein die Frage nach dem Jude-Sein ist, zeigen auch weitere Beispiele aus dem frühen Umfeld des Punk: Richard Hell wird als Jude identifiziert. Doch was wird dann aus Iggy Pop alias Jim Osterberg, einer der Gründerväter des Punk? Iggys Vater wurde von zwei jüdischen Schwestern adoptiert[6]; ist er nun weniger Jude als Hell? Und welche Rolle hätte Patti Smith gespielt, wäre sie wirklich zum Judentum übergetreten? Ist nun durch die scheinbar unlösbaren Schwierigkeiten zu bestimmen, wer Jude ist, das Projekt gescheitert, nach den jüdischen Wurzeln im Punk zu fragen?

Aus diesem politisch gefährlichen Dilemma der Identitätsbestimmung und ihrer Festlegung führen vielleicht die Prämissen der *Kritischen Weißseinsforschung* heraus, die sich explizit mit dem Schreiben und Denken Schwarzer beschäftigen. Wie Arnold Farr berichtet, werden Forscher dieser Richtung immer wieder mit dem Vorwurf der Gefahr eines neuen Rassismus konfrontiert. Farr entgegnet diesen Kritikern, dass es die scheinbar so objektive, wissenschaftliche Einstellung auf die Dinge nicht gibt; ihr selbst wohnt stattdessen ein uneingestandener und unreflektierter Rassismus inne. Die Wissenschaftler der weißen Mehrheitsgesellschaft verdrängen ihre eigene Perspektive. Sie glauben, von einem unspezifischen Ort im Nirgendwo die gesellschaftlichen Prozesse zu überblicken. Ausgehend von der Vorstellung eines solchen privilegierten Standpunktes werden die Sichtweisen und Erfahrungen der Minoritäten abgewertet. Es kommt, so Farr, jedoch darauf an, die Kämpfe der Subalternen in den Mittelpunkt der Betrachtung zu rücken. Gerade die Situation der Machtlosen muss Platz in der Kulturgeschichte finden, deren geschaffene Werke ihre Situation widerspiegeln.

Die Frage, wer und durch welche Kriterien zu einer Minderheit zählt, wird durch die gesellschaftliche Realität, zu der namentlich auch der Rassismus gehört, entschieden. Es wäre somit äußerst naiv, eine Kategorie wie die Jüdischkeit, durch die Menschen in der gesellschaftlichen Wirklichkeit gekennzeichnet werden, zu ignorieren. So schreibt Farr in Bezug auf die Situation schwarzer Menschen: »Zeitgenössische PhilosophInnen europäischer/ angelsächsischer Herkunft versuchen ›Rasse‹ aus ihren philosophischen Systemen auszuklammern und begründen das mit ihrer Irrelevanz. Das Problem ist jedoch, daß die Jahrhunderte lange Unterwerfung nicht europäischer Völker durch *weiße* Männer eine Situation entstehen ließ, in der bedeutende Ungleichheiten zwischen Weißen und AfrikanerInnen geschaffen wurden. Diese gesellschaftliche Realität hat Auswirkungen auf die Lebensaussichten der benachteiligten gesellschaftlichen Gruppe«[7]

Jüdischkeit als Identitätszuschreibung ist also eine gesellschaftliche Tatsache und wissenschaftliche Untersuchungen müssen dieser Tatsache Rechnung tragen. Mehr noch, die Judaisierung von kulturellen Phänomenen ist notwendig, um lang verdrängte Perspektiven sichtbar und verstehbar zu machen. Die Judaisierung der Popkultur, hier des Punk, kann deshalb besonders wertvoll sein, da die Popkultur der wichtigste Ausdruck der Minderheiten und subalternen Gruppierungen ist. So übernimmt Fiske die Konzeption der Volkskultur von Bachtin und sieht im Pop eine Gegenströmung zur offiziellen Kultur: »Popularkultur wird von verschiedenen Formationen unterdrückter oder entmachteter Menschen aus den sowohl diskursiven wie materiellen Ressourcen hergestellt, die von jenem sozialen System geliefert werden, das sie entmachtet. Sie ist daher bis in ihr tiefstes Inneres widersprüchlich und konfliktgeladen.«[8]

Da die Popkultur notgedrungen, wie wir noch sehen werden, diesen widerspruchsvollen und konfliktgeladenen Charakter besitzt, ist es nicht verwunderlich, dass viele ihrer Ursprünge in die von Simmel[9] sogenannte Demimonde, also in die deklassierten Klassen, zurückreichen. So betont Wayne Kramer, Mitglied der frühen Punkband MC5, dass er und die anderen Musiker aus Detroit, der durch viele Wirtschaftskrisen geschüttelten Autostadt, stammen. Der Bandname MC5 soll explizit auf diese Herkunft verweisen: »Später kam noch Rob Tyner dazu, ein Beatniktyp. Von ihm stammt auch der Name MC5. Rob fand, das würde sich anhören wie eine Seriennummer – es passte also hervorragend zum Leben zwischen Autofabriken. Immerhin kamen wir aus Detroit, und die MC5 hörten sich an, als wären sie auf dem Fließband entstanden.«[10]

Auch die ersten Jugendkulturen in England nach dem Weltkrieg stammen nachweisbar aus der Arbeiterklasse. Ebenso verstehen sich die Mitglieder der Punkbewegung, zumindest in Großbritannien, wie der Artikel *New Wave ist der Rock'n'Roll von heute* in dem ersten Fanzine *Sniffin' Glue* belegt, als treffender Ausdruck der Arbeiterklasse: »Ja, die Musik von heute hat einen eigenen Sound, aber der Geist, der drinsteckt, ist der gleiche: Frustration und Langeweile. Anders als bei den übrigen Trends der letzten Zeit kommt die Musik diesmal aus Verelendung, Hungerlöhnen und langen Schlangen vor dem Arbeitsamt.«[11]

Die kreativen Wurzeln des Pop findet man gleichfalls bei den Minoritäten, den Randexistenzen, die in ihm ihren Ausdruck finden. So hieß der ursprüngliche Rhythm & Blues in den 1950er-Jahren *race music*, ein Name, der unmissverständlich auf die schwarze Herkunft und den rassistischen Ausschluss verweist. Auch tauchen immer wieder jüdische Menschen an den verschiedensten Stellen innerhalb der Popkultur auf; der Journalist Richard Meltzer träumt so von der perfekten Band: »Weißt du, wie man eine perfekte Gruppe zusammenstellt? Du nimmst einen Schwarzen, der den Rhythmus liefert, einen Italiener, der den Song singt und einen Juden, der die Texte schreibt und arrangiert.«[12]

Sam Raphaelson, Autor des Stoffes von *The Singer*, drückt diese Dominanz jüdischer Menschen im Jazz folgendermaßen aus: »Jazz ist Irving Berlin, Al Jolson, George Gershwin, Sophie Tucker. Das sind Juden, deren Wurzeln in der Synagoge liegen.«[13]

Die beiden Ursachen, die vielleicht am eindeutigsten erklären können, warum Minderheiten und Subalterne ausgerechnet in der Popkultur, die zugleich mit der Kulturindustrie verwoben ist, ihren Platz finden, bedingen sich gegenseitig: Zum einen, und darauf machen die Soziologen Murdoch und McCron[14] aufmerksam, schafft die Freizeitkultur Möglichkeiten zur Artikulation von Widerständen gegen gesellschaftliche Zustände, die innerhalb der normalen Arbeitswelt, der von Bachtin so bezeichneten Welt des Ernstes, sanktioniert würden. Zum anderen benötigt die Kulturindustrie, deren Produkte in ihrer standardisierten Reproduktion zu erstarren drohen, Subkulturen, die ihnen allein neue Ideen liefern können. So gibt es, fast solange wie es Subkulturen gibt, die zivilisationskritische Klage, dass jeglicher Aufruhr bloß vermarktet wird. Die Schnelligkeit, mit der Trends aufgegriffen werden, zeigt jedoch nur die Abhängigkeiten der Kulturindustrie von den Subkulturen. Minderheiten sind hier also erwünschter als in anderen gesellschaftlichen Bereichen. Die Popkultur ist das symbolische Auffangbecken für Minderheiten. Und die Liste von Juden im Punk, die Beeber anführt, ist lang.

Doch mit dieser festgestellten Tatsache ist noch nichts über die spezifischen Kämpfe um die Identität gesagt, die der Punk der 1970er-Jahre widerspiegelt. Um diese Kämpfe rekonstruieren zu können, muss man sich zuallererst mit der Soziologie der jüdischen Gegenkultur beschäftigen.

The Hymietown[15] oder New York als Klein-Israel

Während der frühen Auftritte von Velvet Underground am Ende der 1960er-Jahre in New York machte sich die aus Deutschland stammende Sängerin Nico einen fast makaberen Spaß daraus, ins Publikum zu rufen, ob denn Juden anwesend seien. Lenny Bruce, der jüdische Komiker und das Vorbild vieler Punks, hätte vielleicht auf die Frage von Nico mit einem von ihm verbürgten Ausspruch geantwortet, dass es egal sei, was jemand in New York im eigentlichen Sinne ist. In dieser Stadt ist jedermann jüdisch. Diese Anekdoten von Nico und Bruce sollen zeigen, dass man in New York, der Heimstätte des ursprünglichen Punks, von einer jüdischen Szene, ja von einer jüdischen Subkultur, sprechen kann.

Die Subkulturen bestimmen nun, wie Peter Wicke zu Recht schreibt, die Werke der Popkultur in ganz entscheidender Weise. Sie sind geradezu der lokale Mutterboden, der Humus, aus dem die unterschiedlichsten Stile und Richtungen der Rockmusik erwachsen: »Die lokalen Kontexte und Interaktionen [...] sind Bestandteil von Subkulturen, die für die Entwicklung der Rockmusik eine zentrale Rolle spielen. Hinter jeder ihrer Stilformen und Stilweisen stehen komplexe kulturelle Zusammenhänge eigener Art«.[16]

Die Subkulturen, die diesen Einfluss auf die Rockmusik besitzen, bestehen also nicht aus passiven Jugendlichen, die als blinde Opfer von den Machern der Kulturindustrie manipuliert werden. Die Jugendlichen schaffen sich stattdessen ihren eigenen Stil und ihre eigenen Bedeutungen, die sie der Hegemonialkultur geradezu abpressen. Dieser spezifische Kulturkampf wird von Iain Chambers besonders eindrucksvoll beschrieben: »Kleider werden zu ›Waffen‹, zu ›visuellen Beschimpfungen‹ in einem kulturellen Krieg, und Make-up wird zur ›Kriegsbemalung‹ darin.«[17]

Aber gegen wen werden diese Kulturkriege geführt? Am Beginn soziologischer Untersuchungen zu diesem Thema sah man die Subkulturen und Jugendgangs als ein trauriges Produkt sozialer Verwahrlosung an. Man bezog sich bei dieser Diagnose auf Durkheim und sprach von einer hemmungslosen Anomie.[18]

Diese These der Verwahrlosung als Charakteristikum von Subkulturen wurde in der Folge kritisiert: Zum einen betonte man, dass die hemmungslose Gewalt, die von Jugendlichen ausgeht, auch durch das harte Vorgehen der repressiven Staatsapparate provoziert wird. Gewalt entsteht also nicht durch ein Fehlen an Ordnung, sondern durch die Präsenz einer dominierenden Kultur. Zum anderen kritisierte man an der These der Anomie und der gesellschaftlichen Isolierung, dass die Mitglieder der Subkulturen auch von zu Hause, von ihrer elterlichen Stammkultur, nicht unbeeinflusst sind. Sie werden vielmehr in ihrem Verhalten von dieser Stammkultur geprägt und getragen. So widerspricht der auch gewaltsame Widerstand gegen Staatsgewalten nicht unbedingt dem Wertekanon ihres Herkommens, wie Stuart Hall schreibt: »Die Jugendlichen entlehnen eine Reihe von Anpassungs-, Auseinandersetzungs- und Widerstandshaltungen ihrer Stammkultur, vorzugsweise jene, in denen sich der Widerspruch zwischen Stammkultur und der dominierenden Kultur manifestiert. Dadurch schützen sich die Jugendlichen vor dem Einfluß der sozialen Kontrollinstanzen.«[19]

Die Beziehung, die nach wie vor zur Stammkultur besteht, macht es für Hall unmöglich, von einer klassenunabhängigen Jugendkultur zu sprechen.

Die Subkulturen, die oben in der kurzen Zusammenfassung des soziologischen Diskurses thematisiert wurden, stammen alle aus dem Milieu der Arbeiterklasse und der Unterprivilegierten. Damit unterscheiden sie sich jedoch erheblich von den jüdischen Subkulturen aus New York, deren Vertreter einer völlig anderen Schicht angehören. Wie Arthur Hertzberg in seiner Geschichte der Juden in Amerika schreibt, erlebt die jüdische Mittelschicht seit dem Ende der 1960er-Jahre einen scheinbar unaufhaltsamen Aufstieg, der jedoch mit einem Verlust an eigenständiger Identität erkauft ist: »Nach 1967 waren die Juden Amerikas freier, kühner und machtvoller, als es eine jüdische Diasporagemeinde jemals zuvor war. Inmitten des Erfolgsgetümmels aber erodierte die jüdische Gemeinschaft.«[20]

Die jüdische Subkultur entstammt genau aus der von Hertzberg beschriebenen aufstrebenden bürgerlichen Mittelschicht. Die daraus entstandene Jugendkultur lässt sich als eine subkulturelle Boheme näher bestimmen, die sich beispielsweise vom englischen Punk abhebt, dessen Wurzeln eher in der Arbeiterschicht liegen. Die subkulturelle Boheme New Yorks fand ihren stärksten Ausdruck in der Gruppe Velvet Underground, in der sich Elemente der Hoch- mit denen der Popularkultur in einer bisher ungekannten Weise mischten. Diese Eigenschaft einer bewusst vorgetragenen Intellektualität als Kennzeichen der Boheme offenbart sich schon darin, dass diese Band von Andy Warhol gemanagt wurde; er war es auch, der das Cover der ersten Platte mit der berühmten abziehbaren Banane geschaffen hat. Diese neuartige Intellektualität in der Popkultur zeigte sich auch an dem, neben Lou Reed, zweiten musikalischen Kopf der Gruppe John Cale, der als Anhänger von John Cage Elemente der Avantgarde in das musikalische Spektrum einbrachte. Zu guter Letzt deutet die Bezeichnung Nicos als Chanteuse an, in welche Tradition man sich stellte. Man berief sich explizit auf die in den 1950er-Jahren entstandenen, schwarz gekleideten Existentialisten[21] des linken Seineufers in Paris als die erste subkulturelle Boheme, die bekannt für ihre Vorliebe dem Chanson von Petit, Babilee, Zizi Jeanmaire und Juliette Greco gegenüber war.

Die subkulturelle Boheme lässt sich vor allem dadurch definieren, dass sie sich in striktem Gegensatz zu ihrer Stammkultur versteht. Ein eindrucksvolles Beispiel für diese Haltung bietet das Leben von Danny Fields, der Gruppen wie die Doors, die MC5, die Stooges oder die Ramones entdeckte und so weit als möglich managte: »Ich entfremdete mich von ihm [dem Vater], so wie ich mich von den Werten der Vorstädte und meiner jüdischen Herkunft entfremdet hatte. Ich verachtete alles, was mit dem zu tun hatte, von wo ich herkam und ich musste da weg.«[22]

Zu diesem Ablösungsprozess, der ein Kampf gegen die Stammkultur ist, gehört auch, dass er fasziniert von Gruppen wie den MC5 oder den Stooges war, die bei ihren Auftritten die Schulterklappen der SS trugen. Danny Fields kommentiert diese Faszination für diese Gruppen aus Szene von Detroit wie folgt: »Detroit ist das gojischste Zentrum der Zivilisation … deshalb habe ich es so sehr geliebt. [Die MC5] waren schmächtig, groß und maskulin, nicht wie die New Yorker Juden … Sie waren Machos. Es war so, als würden sie marschieren, weißt du?«[23]

Die Auseinandersetzung mit der Stammkultur, der *parents cultures*, die Danny Fields so eindrucksvoll beschreibt, führt dazu, dass es bei der subkulturellen Boheme, die auch als eine Art Gegenkultur[24] beschrieben wird, ganz allgemein um den Kampf um Lebensstile geht. Richard Hells Konzeption einer *Blank Generation*, die sich das Recht des freien Entwurfs herausnimmt, gehört genau in diesen Zusammenhang einer Auseinandersetzung um die Bildung von Individualität. Dieser Kampf um Lebensstile und Subjektbildungen war auch immer politisch, also gegen die dominierende Kultur gerichtet. Das heißt, das Verhältnis zwischen der dominierenden Kultur und der Stammkultur lässt sich nicht so einfach, wie noch bei der Arbeiterklasse, in ein Verhältnis der Dichotomie fassen; oder, um es mit Lacan[25] auszudrücken, der Vater ist stets auch der große Andere, *le grand Autre*, der die symbolische Ebene der gesellschaftlichen Werte repräsentiert.

Warum jedoch die Kämpfe um Lebensstile keine gesellschaftliche Provokation mehr sind, gilt es nun zu ergründen.

Schwarze Lederjacken und Hakenkreuze

Subkulturen bewegen sich in einem chaotischen Universum von aufgeladenen Zeichen, die sie in einem gleichsam räuberischen Akt übernehmen, um sie mit neuen Inhalten zu füllen. Sie machen sich auf ihren Raubzügen die Tatsache zu Nutze, dass Zeichen neben den primären Bedeutungen, den Denotationen, auch noch einen Hof an sekundären Inhalten besitzen. Einerseits verweist das Zeichen auf einen Gegenstand, einen Referenten, in der Außenwelt. Andererseits besitzt das Zeichen auch eine sekundäre Bedeutung, die Konnotation, die die primären Inhalte geradezu überwuchert und verdrängt und ein Konstrukt gesellschaftlicher Konventionen ist. Barthes[26] spricht davon, dass ein vollständiges Zeichen mit einem Signifikat zu einem bloßen Signifikanten umgeformt werden kann, der als Ausdrucksträger weiterer, sekundärer Inhalte dient. So bedeutet die Taube ganz selbstverständlich auch Frieden, während eine rote Fahne den Sozialismus konnotiert. Durch diese Möglichkeit, aus allem einen Signifikanten zu machen, bestehen neue Mythen aus einer zuvor gestohlenen und entwendeten Sprache. Und die Subkulturen sind in dieser Beziehung Meisterdiebe. Diesen Diebstahl von Zeichen nennen Clarke[27] und Hebdige Stilhomologie. Subkulturen suchen also Zeichen, die homolog zu ihrem gewollten Selbstbild passen und die sie für ihre Zwecke leicht mit Inhalten füllen können. Anders ausgedrückt, Subkulturen beherrschen das Recycling mit gebrauchten Zeichen. Zum Phänomen der Stilhomologie schreibt Hebdige: »Die angeeigneten und in subkulturellen Stilensembles wieder zusammengesetzten Objekte ›[dienen] dazu, ... Aspekte des Gruppenlebens widerzuspiegeln, auszudrücken und widerklingeln zu lassen‹. Die ausgewählten Objekte waren schon an sich oder in ihrer verwendeten Form mit den zentralen Anliegen und Aktivitäten, der Gruppenstruktur und dem kollektiven Selbstbild der Subkultur homolog«.[28]

Die Stilhomologie lässt sich sehr gut an dem Äußeren des Sängers der Ramones, Joey Ramone, demonstrieren, wie er auf dem Cover der Zeitschrift Punk erscheint und von der Szene als Stilikone verehrt wurde. Auf dem Cover steht Joey als Comicfigur mitten in den schmuddeligen Hinterhöfen der New

Yorker Slums. Er trägt eine verwaschene, an den Knien zerrissene Jeans, flache Turnschuhe aus Leinen und eine schwarze Lederjacke. Die Kleidungsstücke sind Kennzeichen der herumstreunenden, gefährlichen Jugendgangs in New York. Doch warum übernehmen jüdische, behütete Mittelstandkids diese Zeichen mit ihren Konnotationen?

Wie Arthur Herzberg in seinen Buch über die amerikanischen Juden anmerkte, befand sich das amerikanische Judentum, spätestens seit den 1960er-Jahren, in einem unaufhaltsamen Aufstieg in die etablierte Mehrheitsgesellschaft. Die jüdischen Familien, und die frühen Romane Philip Roths geben davon Zeugnis,

Joey Ramone auf dem Cover von Punk.

setzten alle ihre Hoffnungen auf ihre Kinder, die Karriere als Ärzte oder Anwälte machen sollten. Damit nichts die Karriere beeinträchtigt, galt die Anpassung als oberstes Prinzip. Dieser Lebensform des Parvenüs steht die Wahl dieser Kleidung, inspiriert durch Jugendgangs, diametral entgegen. Während sich der Parvenü bis zur Selbstaufgabe assimiliert, bedeutet die Wahl solcher Zeichen eine Absage an jegliche Form des Konformismus. Mit dem Aufstand gegen die Stammkultur wird auch ein Widerstand gegen gesellschaftliche Normen artikuliert, die das Subjekt zu determinieren versuchen.

Dass der Widerstand gegen die Elternkultur zugleich auch Widerstand gegen die dominierende Kultur miteinschließt, zeigt sich auch an einem anderen Verfahren im Umgang mit Zeichen, das den Punk in die Nähe der europäischen Avantgarde rückt. Der Stil des Punk reißt wie in einer semiotischen Explosion Zeichen aus ihren angestammten Sinnzusammenhängen, um sie in willkürlichen Kombinationen neu zusammenzusetzen. So besteht die Kleidung der englischen Punks aus einem *Maelström* von Zeichen, nur mit Sicherheitsnadeln provisorisch zusammengehalten. Wenn jedoch Zeichen aus ihren Kontexten gelöst werden, verlieren sie ihre Bedeutungsschwere, denn sie werden erst durch andere Zeichen bestimmt, die als Interpretanten wirken. Der Stil des Punk verdeutlicht also, dass die Welt der Zeichen, in der wir wie in einer zweiten Natur leben, einzig eine Interpretation und damit eine gesellschaftliche Konvention ist. Punk macht also, indem er die Inhalte neutralisiert, die Zeichen leicht.

Dieses Verfahren, Inhalte radikal zu neutralisieren, steht jenen Sinnsystemen besonders entgegen, die, wie Diedrich Diederichsen schreibt[29], aus schweren Zeichen bestehen. Schwere Zeichen erhalten ihr Gewicht, wodurch sie kompliziert in ihrer Handhabung werden, von ganz bestimmten Referenten, auf die sie sich beziehen. Die Schwersten aller Zeichen beziehen sich auf Holocaust; diese Zeichen stehen unter sozialer Kontrolle; es darf bei Androhung von Strafe nicht willkürlich mit ihnen umgegangen werden.

Der Holocaust spielt nun, so die These von Peter Novick in seiner Studie über den Umgang mit dem Massenmord, für das Judentum der 1960er- und 1970er-Jahre in seiner Suche nach Identität eine immer wichtigere Rolle. Man glaubte der Erosion entgegensteuern zu können, indem man die Shoah in den Mittelpunkt der Aufmerksamkeit rückte. Aus dem Judentum, das seine Traditionen zu verlieren scheint, soll eine Schicksalsgemeinschaft der Überlebenden werden. Wie stark der Holocaust zur Identitätskonstruktion verwendet wurde, zeigt das Beispiel von Rabbiner Greenberg[30], der die Erinnerung an die Shoah in den religiösen Ablauf einbinden wollte. Am Sederabend, wo freudig dem Exodus und der Befreiung aus der Sklaverei gedacht wird, soll, so die Idee Greenbergs, neben der traditionellen Speiseabfolge auch verfaultes Brot und Kartoffelschalen gereicht werden, in Erinnerung an Auschwitz und Bergen-Belsen. Die eigentliche Tradition, so könnte man das Vorhaben kommentieren, reicht nicht mehr aus, um die Menschen an die Religion ihrer Väter zu binden.

Die jüdischen Punks scheinen sich mit ihrer Vorliebe für Nazisymbole nicht um die Tendenzen der neuen Gewichtung des Holocaust zu kümmern. Sie machen stattdessen aus schweren äußerst leichte Zeichen. Diese Transformation gelingt ihnen, indem sie Anklänge an die Nazisymbole wie modische Accessoires verwenden. Bei der Mode kommt es stets darauf an, neue Unterscheidungsmerkmale zu schaffen. Die Mode muss dabei, weil sie stets dem Wechsel unterliegt, inhaltsneutral sein. Sie wird dann obszön, wenn sie mit schweren Zeichen, die bedeutungsvoll sein wollen, umgeht. Vor dieser Obszönität warnt Georg Simmel: »Darum ist die Herrschaft der Mode am unerträglichsten auf den Gebieten, auf denen nur sachliche Entscheidungen gelten sollen«[31]. Indem die jüdischen Punks mit Nazi-Symbolen mit modischer, das heißt ästhetischer, Einstellung umgehen, zeigen sie an, dass die Schwere dieser Zeichen nicht auf ihnen lastet. Sie verweigern sich damit einem Identitätskonzept, mit dem die Repräsentanten ihrer Stammkultur versuchen, die eigene Leere zu verdecken.

Gleichzeitig formiert sich durch die Verwendung dieser Nazirequisiten auch Widerstand gegenüber der dominanten Kultur. Wie Bodemann mit einem Anflug an Sarkasmus erklärt, müssen jüdische Menschen seit je her *ideologische Arbeit*[32] leisten. Diese Arbeit haben sie schon für den Antisemiten verrichtet. Die antisemitische Gesellschaft erhält sich, indem sie ihre immanenten Hindernisse, den sozialen Konflikt, auf den Juden projiziert. Die Gesellschaft erhält so eine befriedigende Antwort auf ihr Scheitern.

Im Philosemitismus postmoderner Gesellschaften müssen die Juden wieder ideologische Arbeit verrichten. Dort sind sie die exemplarischen Opfer, durch die sich die liberale Gesellschaft ihre Humanität und Großmut beweist.

Indem jedoch sich jüdische Punks mit den Symbolen der Täter schmücken, machen sie sich als potentielle Opfer unbrauchbar. Damit entziehen sie sich der Instrumentalisierung durch ein Gedächtnistheater[33], das ihnen eine Rolle aufdrängt, die sie niemals erfüllen können und die niemals zu einer positiven und eigenständigen Identität führt. So gesehen, macht Arbeit eben niemals frei.

Is this the End?

Das Stilprinzip der Homologie sowie das Verfahren der Cut-up-Collage, das zur Neutralisierung der Signifikate führte, zeigen nochmals die eigentliche Intention der Punks, sich aus den determinierenden, gesellschaftlichen Konventionen zu befreien, um sich selbst neu erschaffen zu können. Es geht also beim Punk, wie übrigens bei allen Formen der subkulturellen Boheme, um die Erzeugung neuer Formen von Subjektivität. Nicht umsonst nannte sich die erste subkulturelle Boheme vom linken Seineufer in Paris Existentialisten. Die neuen Lebensstile müssen, wie oben dargestellt, gegen den Willen der Stammkulturen durchgesetzt werden. Im Falle des jüdischen Punk ging es um die Auseinandersetzung mit einer Generation amerikanischer Juden, die bereit gewesen war, die jahrhundertealten Erinnerungen ihrer Väter gegen die Instant-Träume Amerikas[34] einzutauschen und die, wegen der darauf folgenden Erosion, ein schlechtes Gewissen plagte. Den Punks gelang es nun, mit dem Protest gegen ihre Stammkultur, auch einen Widerstand gegen die dominierende Kultur zu formulieren.

Die Frage, die noch offen bleibt, lautet, ob man mit der Formulierung neuer Lebensweisen, die dominierende Kultur noch herausfordern und provozieren kann? In einer postpolitischen und postdemokratischen, liberalen Gesellschaft dienen die partikularen »Life-Styles« dazu, das Gemeinwesen gegen politische Veränderungen abzudichten. Damit müssen die Punks, gleichsam hinter ihrem Rücken, etwas tun, dem sie sich noch Ende der 1970er-Jahre erfolgreich durch die Verwendung von Nazisymbolen entziehen konnten. Sie müssen ideologische Arbeit leisten.

Anmerkungen

1 *New Musical Express*, 29. Oktober 1977, zit. in: Peter Wicke: *Rockmusik. Zur Ästhetik und Soziologie eines Massenmediums.* Leipzig: Reclam 1987, S. 201
2 Steven Lee Beeber: *Die Heebie-Jeebies im CBGB's. Die jüdischen Wurzeln des Punk.* Mainz: Ventil 2008, S. 19
3 Hannah Arendt: *Elemente und Ursprünge totaler Herrschaft. Antisemitismus, Imperialismus, totale Herrschaft.* München/Zürich: Piper 1986, S. 210
4 Siehe: Julia Kristeva: *Das weibliche Genie 1. Hannah Arendt.* Berlin / Wien: Philo 2002, S. 207
5 Siehe: Jacques Derrida: »Zeugnis, Gabe«, in: Elisabeth Weber (Hg.): *Jüdisches Denken in Frankreich. Gespräche mit Pierre Vidal-Naquet, Jacques Derrida, Rita Thalmann, Emmanuel Lévinas, Léon Poliakov, Jean-Francois Lyotard, Luc Rosenzweig.* Frankfurt a. M.: Suhrkamp 1994, S. 65
6 Siehe hierzu: Paul Trynka: *Iggy Pop.* Hamburg: Rogner & Bernhard 2008, S. 25
7 Arnold Farr: »Wie Weißsein sichtbar wird. Aufklärungsrassismus und die Struktur eines rassifizierten Bewusstseins«, in: Maureen Maisha Eggers / Grada Kilomba / Peggy Piesche / Susan Arndt (Hg.): *Mythen, Masken und Subjekte. Kritische Weißseinsforschung in Deutschland.* Münster: Unrast 2009, S. 51
8 John Fiske: *Lesarten des Populären. Cultural Studies. Band 1.* Wien: Löcker 2003, S. 15
9 Georg Simmel: »Die Mode«, in: G. S.: *Philosophische Kultur. Über das Abendteuer, die Geschlechter und die Krise der Moderne. Gesammelte Essays.* Berlin: Wagenbach 1998, S. 54
10 Legs McNeil / Gillian McCain: *Please Kill Me. Die unzensierte Geschichte des Punk.* Höfen: Hannibal 2004, S. 53–54
11 Sniffin' Glue: »New Wave ist der Rock'n'Roll von heute«, in: Rolf Lindner u. a.: *Punk Rock oder: Der Vermarktete Aufruhr.* Frankfurt a M.: Verlag Freie Gesellschaft 1977, S. 81
12 Beeber, *Die Heebie – Jeebies im CBGB's*, S. 112
13 Ebd., S. 112
14 Graham Murdoch / Robin McCron: »Klassenbewußtsein und Generationsbewußtsein«, in: John Clark u. a. (Hg.): *Jugendkultur als Widerstand. Milieus, Rituale, Provokationen.* Frankfurt a. M.: Syndikat 1979, S. 34
15 Hymie ist ein abwertender Ausdruck für einen Juden. Der Name geht auf eine Verunglimpfung von Chaim zurück. Der Präsidentschaftskandidat Jesse Jackson sprach von New York als der Hymietown und musste sich später dafür entschuldigen.
16 Wicke, *Rockmusik*, S. 113
17 Iain Chambers: *Popular Culture, Popular Knowledge*, zit. in: ebd, S. 116
18 Siehe zum Begriff der Anomie: Hans van der Loo / Willem van Reijen: *Modernisierung. Projekt und Paradox.* München: Deutscher Taschenbuch Verlag 1992, S. 88 ff.
19 Stuart Hall, zit. in: Mike Brake: *Soziologie der jugendlichen Subkulturen. Eine Einführung.* Frankfurt a. M/New York: Campus 1981, S. 78
20 Arthur Hertzberg: *Shalom, Amerika! Die Geschichte der Juden in der Neuen Welt.* Frankfurt a. M./Wien: Büchergilde Gutenberg 1992, S. 393
21 Siehe hierzu: Brake, *Soziologie der jugendlichen Subkulturen*, S. 105
22 Danny Fields, in: Beeber, *Die Heebie-Jeebies im CBGB's*, S. 53
23 Danny Fields in: Ebd, S. 51
24 Siehe hierzu: John Clarke / Stuart Hall / Tony Jefferson / Brian Roberts: »Subkulturen, Kulturen und Klassen«, in: J. C. u. a., *Jugendkultur als Widerstand*, S. 110 ff.
25 Zu Lacan siehe: Hermann Lang: *Die Sprache und das Unbewußte. Jacques Lacans Grundlegung der Psychoanalyse.* Frankfurt a. M.: Suhrkamp 1986, S. 209
26 Siehe: Roland Barthes: *Mythen des Alltags.* Frankfurt a. M.: Suhrkamp 1964, S. 88 ff.
27 Siehe: John Clarke: »Stil«, in: J. C. u. a., *Jugendkultur als Widerstand*, S. 138 ff.
28 Dick Hebdige: »Subculture – Die Bedeutung von Stil«, in: Diedrich Diederichsen / Dick Hebdige / Olaph-Dante Marx: *Schocker. Stile und Moden der Subkultur.* Reinbek bei Hamburg: Rowohlt 1983, S. 105–106
29 Diederichsen bezieht sich dabei auf Baudrillard. Siehe: Dietrich Diederichsen: »Die Auflösung der Welt – Vom Ende und Anfang«, in: Diederichsen / Hebdige / Marx, *Schocker*, S. 166 ff.
30 Siehe hierzu: Peter Novick: *Nach dem Holocaust. Der Umgang mit dem Massenmord.* München: Deutscher Taschenbuch Verlag 1999, S. 260
31 Simmel, *Die Mode*, S. 42
32 Siehe: Y. Michal Bodemann: *In den Wogen der Erinnerung. Jüdische Existenz in Deutschland.* München: Deutscher Taschenbuch Verlag 2002, S. 171
33 Begriff stammt von einem Titel, den Bodemann für ein Buch verwendete. Siehe: Y. Michal Bodemann: *Gedächtnistheater. Die jüdische Gemeinschaft und ihre deutsche Erfindung.* Hamburg: Rotbuch 1996
34 Siehe hierzu: Maxim Biller: *Deutschbuch.* München: Deutscher Taschenbuchverlag 2001, S. 89

Werner Nell

»Lautsein, Selbstsein, Dasein«

Antibürgerliche Rebellion
und bürgerliche Kultur
in nachbürgerlicher Zeit

»Das Schwierigste in Amerika«, so der New Yorker Publizist und Schriftsteller Leon Wieseltier 1995 in einem Beitrag der von ihm herausgegebenen Zeitschrift *The New Republic*, der in seiner deutschen Ausgabe in der *Zeit* ebenfalls mit dem englischen Titel »Against Identity« überschrieben war, ist, »das, was man ist, leise sein.«[1] Punk, um diesen Punkt hier direkt hervorzuheben, wollte das Gegenteil: Laut sein und damit zeigen, dass man da ist, bzw. damit verbunden, auch zeigen, wer bzw. was man ist. Dies sollte freilich auf die Weise der Inszenierung eines Bruchs bzw. Schocks geschehen, unter Heranziehung der unterschiedlichsten Mittel und Materialien, nicht zuletzt des Abfalls, des Schmutzes und des Hässlichen. Vorräte wurden damit in den Blick gebracht, ja zum Bestandteil der Selbstdarstellung und der Außenwahrnehmung gemacht, auch zur Beglaubigung des eigenen Daseins genutzt, die eine Gesellschaft ebenso sehr hervorbringt wie sie Wert darauf legt, gerade nicht von diesen unnützen, ggf. auch schädlichen, zumindest unästhetischen Nebenprodukten der Zivilisation tangiert zu sein, bzw. sich darum bemüht, sie stillschweigend zu entsorgen, zu tabuisieren oder zu »vernichten«.[2]

Gerade am Beispiel des Krachs, unverhältnismäßiger und unziemlicher Geräusche, lässt sich in einer gewissen Weise auch eine Geschichte der bürgerlichen Gesellschaft, zumal der mit ihr verbundenen Zivilisierungsansprüche und der auf Mäßigung, ja Verbannung und »Entsorgung« dieser Störungen erzeugenden, Störungen sozialer Art auch repräsentierenden Verhaltensmuster schreiben.[3] Gehörte das ungebührlich laute Sprechen der Bauern und anderer Vertreter unterbürgerlicher Schichten noch bis hin zum Gestammel Woyzecks in Büchners gleichnamigem Stück von 1836/37 ebenso zum Standard-Repertoire des Theaters, im Bereich der Unterhaltungskultur und des regional getönten Volksstücks bis in unsere Tage, so galten gerade unter den

Vorzeichen bürgerlicher Erziehung und Kultur die damit verbundenen Überschreitungen der jeweiligen Erwartungen und Konventionen, zumal im Blick auf Jugendliche, zunächst als Ausdruck von Tölpel- und Flegelhaftigkeit.[4] Darüber hinaus wurden sie gerade in den Zusammenhängen einer aufkommenden sozialen Codierung des Jugendalters aber auch als Anzeichen mangelnder Erziehung und Selbststeuerungsfähigkeit gewertet und so zum Thema von Erziehungsmaßnahmen, auch eines allgemeinen kulturkritischen Diskurses, der sich damals wie heute an den jeweils zu missbilligenden Erscheinungen und Verhaltensweisen »heutiger« Jugend immer wieder entzünden konnte.[5]

Nicht zuletzt ist der Umstand, dass die Unterschichten, erst recht Jugendliche, Krach machen, aus der Sozialgeschichte der unterbürgerlichen Schichten Europas ebenso bekannt wie aus der Sozialgeschichte der Jugend, bspw. im Hinblick auf Phänomene wie »Charivari« oder auch »Katzenmusik«.[6] Dabei handelt es sich um Geräusch- und Inszenierungsmuster, die Auffälligkeit, Unangepasstheit und Desintegration anzeigen und die zugleich die Funktionen der Distinktion, der Organisation von Gruppenidentität und nicht zuletzt auch die Möglichkeiten des Ausdrucks von Aggression und Rebellion wahrnehmen konnten und im 20. Jahrhundert in zeitgenössischen Mustern und Transformationen vom Swing über den Rock'n'Roll und Beat bis zu Punk und HipHop wiederzufinden sind. »Hinter all dem stand«, so schon für die unterbürgerlichen Schichten im Europa der frühen Neuzeit zu beobachten, »das Bestreben, das eigene Terrain zu behaupten und zu repräsentieren, stand eine Symbolik, fast könnte man versucht sein, zu sagen: eine Logistik der lokalen Präsenz, die von den Heranwachsenden ein- und ausgeübt und von den Erwachsenen weithin anerkannt wurde.«[7] Freilich traten diese geduldeten, in den älteren traditional und lokal geprägten Dorfgesellschaften ggf. sogar funktionalen Verletzungen der ansonsten geltenden Normen angesichts der mit den frühmodernen Territorialstaaten, später mit bürgerlich kommunalen Ordnungen in Erscheinung tretenden und sich dann zu »Dispziplinargesellschaften«[8] verdichtenden Ordnungsvorstellungen und Verhaltensstandardisierungen auch in Widerspruch. Deren *law-and-order*-Blick erschienen die Rufe der ungebärdigen Jugendlichen vielmehr wie eine öffentliche Aufforderung zu Ungehorsam und Gesetzesübertretung, eine symbolische Herausforderung der Ordnungsmächte, die anzunehmen man entschlossen war, und deshalb führte man vom Schreibtisch aus einen unerbittlichen Feldzug gegen diesen ›Mutwillen‹ und das ›grob Geschray bey der Nacht‹.«[9] Schon in den älteren Gesellschaften war Lautsein also zugleich ein Hinweis auf Dasein und Selbstsein; ein Dasein freilich, nicht im Sinne Heideggers, sondern im Sinne von »sichtbar«

(visible) und vor allem »hörbar« sein, durchaus also im Sinne des »say it loud« der US-amerikanischen Bürgerrechtsbewegung und ihrer popmusikalischen Repräsentationen, auf die sich zumindest alle emanzipatorischen Impulse, sei es des Blues, des Rock oder auch der Popmusik in der zweiten Hälfte des 20. Jahrhunderts im Rückbezug spiegeln lassen.[10]

Auch der im Punk anvisierte Bruch, nicht der erste in den Jugend- und Subkulturen seit 1945,[11] zielte auf die Gestaltung einer Gegenstellung zu den Medien, Normen und Kategorien der Selbstrepräsentation und Identitätszuschreibung, die die bürgerlich-liberalen westlichen Gesellschaften bis dahin entwickelt und in all ihrer Fragwürdigkeit im Angebot hatten. Ältere und jüngere Ansprüche an Identitätskonzepte und damit verbundene Fragestellungen wurden natürlich auch gerade in den Medien und Selbstzuschreibungen dieser Gesellschaft selbst sowohl entworfen und bearbeitet als auch eben in ihren Grenzen und Fragwürdigkeiten bereits thematisiert.[12] Bezeichnender Weise trug die deutsche Übersetzung von Erving Goffmans erstmals 1959 erschienenem soziologischen Klassiker *The Presentation of the Self in Everyday Life* den für Authentizitätsansprüche aller Art nicht unanstößigen Titel *Wir alle spielen Theater*. Und schon am Ende des 18. Jahrhunderts hatte die bürgerliche Hof- und Adelskritik den bürgerlich vermittelten, vor allem mit Rückbezug auf Rousseaus Zivilisationskritik entwickelten Anspruch auf ein gleichsam »naturwüchsiges« Sein »des Menschen«[13] einem kritisch wahrgenommenen »höfischen Scheinen und Trügen« (Jean Paul) der Adelsgesellschaft gegenübergestellt. »Jener darf und soll scheinen«, »dieser«, so heißt im Brief über den Adel in Goethes *Wilhelm Meister* (1795) über den Bürger, »soll nur sein, und was er scheinen will, ist lächerlich und abgeschmackt.«[14]

Die hier am Adel beobachtete Freistellung von Nützlichkeitsorientierungen, die ganz dem Bürger zugeschrieben und von Wilhelm als Zumutung und Einschränkung auf bloßes Funktionieren beschrieben werden: »Jener soll tun und wirken, dieser soll leisten und schaffen; er soll einzelne Fähigkeiten ausbilden, um brauchbar zu werden, und es wird schon vorausgesetzt, dass in seinem Wesen keine Harmonie sei noch sein dürfe, weil er, um sich auf *eine* Weise brauchbar zu machen, alle übrigen vernachlässigen muss«[15], bilden auch in der Folge sowohl ein charakterisierendes Merkmal im Selbstverständnis der bürgerlichen Gesellschaft als auch zugleich den Ausgangspunkt für unterschiedliche Revolten, Ausstiegsversuche und Unternehmungen zur Suche nach Gegenwelten in Vergangenheit, Gegenwart und Zukunft. Nicht zuletzt bildet der Rückbezug auf das »Primitive«, also die Rückkehr zu vermeintlicher Einfachheit, Urtümlichkeit und auch Grobheit / Unzivilisiertheit einen wichtigen Grundzug, der sich seit den europäischen Avantgarden zu Beginn des

20. Jahrhunderts in künstlerischen, aber auch in politischen bzw. gesellschaftskritischen Strömungen, Aktionen und Programmen immer wieder finden lässt.[16] Noch die Kritik der »Charaktermasken« [17], von Rousseau über Marx und die »kritische Theorie« bis hin zu aktuellen kultur- und konsumkritischen Stimmen aus den unterschiedlichsten Gegenmilieus, lebt von dem Anspruch auf ein wie immer vorauszusetzendes »wirkliches« Sein, der in den markt- und markenorientierten Angeboten des Pop sowohl weitergeführt als auch erneut wiederum in Frage gestellt, in diesem Sinne dann auch als »Spielmaterial« und Reflexionsanlass immer wieder genutzt bzw. gehandhabt werden kann.

Noch in der Karikatur des »Müslimanns«[18] als Vertreter eines vermeintlich naturnahen, gesundheitsorientierten und konsumkritischen Lebensstils, der freilich in seinen eben nicht nur lächerlichen, sondern auch signifikanten Dimensionen an die verbohrten, zum Teil völkisch und rassistisch geprägten Vorstellungen der älteren Lebensreform-Bewegungen in Deutschland, aber auch anderswo anknüpfen konnte – schon Kelloggs und Graham, der »Erfinder« des gleichnamigen Brotes, hatten neben der Volksgesundheit durch gesunde Ernährung auch die Reinheit der »Rasse« und deren Erhaltung als wichtige Ziele vor Augen[19] – sowie die damit verbundenen Verhaltensmuster und Selbstinszenierungen sind auf Formen der Identität und Authentizität hin angelegt, die sich in ideologischer Form vor allem als Ansprüche auf Stringenz und Konsequenz fassen lassen[20] und auf Reinheit und Selbsterlösung zielen. Allerdings folgten auch die in den 1970er-Jahren in den unterschiedlichsten Zusammenhängen in den europäischen Städten in Erscheinung tretenden Stadtindianer, in deren Verhaltensprogrammen und Selbstinszenierungen »Wildheit« und »Freiheit«, Tapferkeit und heroische Widerständigkeit, etwa in der Verteidigung des »eigenen« Territoriums, ebenso aber auch beim Einsatz für eine »saubere« Umwelt, mischten,[21] neben aktuelleren politischen Vorbildern der amerikanischen First Nations auch durchaus älteren kulturkritischen Impulsen, wobei sich auch hier, zumal in Bildern wie dem des »edlen Wilden«[22] oder der tapferen »Rothaut«, gesellschaftskritische Motive mit rasse-ideologischen verbinden konnten, etwa in der Rede von »edlem Blut« oder auch in der Orientierung an tribalistischen Strukturen.

Müsliman, Punk oder Stadtindianer stellen in dieser Hinsicht drei Beispiele für ein Rollenkonzept und Vorstellungsinventar dar, das, sich aus älteren europäischen und dann europäisch-überseeischen Beziehungen speisend, vor allem seit den 1970er-Jahren in den westlichen Industriegesellschaften dazu genutzt werden konnte, Abweichung und Differenz, Widerstand und Selbstbestimmung gegen eine entsprechend gesetzte Dominanzkultur auszudrücken, ja zu repräsentieren. Hierzu bildete die seit den 1960er-Jahren in einem breiteren Umfang zunehmende Pluralisierung von Stilbildungen und Wertsetzungen nicht nur den Hintergrund,[23] sondern etablierte mit diesen verschiedenen Rollen ein weiteres Feld der Selbstdarstellung und Repräsentation bislang marginal situierter Gruppen und Ansprüche, die mit ihrem Auftreten auf diesem Feld freilich nicht nur Gelegenheit hatten, in ihrer jeweiligen Besonderheit in Erscheinung zu treten, sondern über dieses Feld auch wieder erneut in die Zusammenhänge gesellschaftlicher Kommunikation, zumal auch des Marktgeschehens integriert wurden: »Was diese Gruppe mit ihren Darstellungsmitteln, vor allem aber mit ihrer Selbstcharismatisierung vorführt, einem Darstellungstyp, den sie *strukturell* mit der ebenfalls ›führerlosen‹, jedoch im Gegensatz zu Punk auf die Masse als Ornament und Träger angewiesenen Friedensbewegung teilt, ist nicht nur der Wunsch nach ›innerweltlicher Erlösung‹, sondern tendenziell auch dessen Erfüllung: das ›schlechte Diesseits‹ wird nicht durch die Hoffnung auf ein ›besseres Jenseits‹, sondern aus der Gruppenperspektive durch ein gelebtes ›besseres‹ Diesseits überwunden.«[24]

Aber nicht nur die seit der zweiten Hälfte des 20. Jahrhunderts sich weltweit ausbreitende Pluralisierung von Stilen und Stilbildungsdispositiven, sondern vor allem auch die mit der Ausbreitung von Märkten und Medien im Weltmaßstab verbundene Globalisierung von Waren, Marken (*brands*, *logos* und *no-logos*)[25] und anderen Gebrauchsgütern, die dann sowohl als Differenzmarker als auch als Muster der Vereinheitlichung in Erscheinung treten,[26] hat unterschiedliche Rollen und Rollensets in Umlauf gebracht, so dass sich also Phänomene der Jugendkultur ebenso wie der Protestbewegungen und damit natürlich verbunden auch progressive und regressive, nicht zuletzt reaktionäre Tendenzen und Inszenierungsformen inzwischen weltweit finden lassen.[27] »Rollen« wurden innerhalb dieses Modells, das von der US-amerikanischen Soziologie der 1950er-Jahre ausgehend sich seit den 1960er-Jahren im Alltagsbewusstsein der Menschen westlicher Gesellschaften ausgebreitet hatte[28] und das gegenüber den älteren essentialistischen Ladungen des Menschen (Nationalcharaktere, Völkerpsychologie, Rassekonstruktionen, religiöse Auffassungen) wohl auch tatsächlich einen Fortschritt darstellte, somit auch all denjenigen angeboten, ja aufgezwungen, die sich gerade in ihrer Besonderheit zeigen und »zu sich selbst« entwickeln wollten. In den Blick treten damit natürlich zunächst auch ganz zentrale Kategorien bürgerlicher Philosophie: Bei Hegel wird der einzelne Mensch in seiner historischen Konkretion als das »individuelle Allgemeine« angesprochen und auch dies ist ein Teil bürgerlicher Enkulturation und gesellschaftliches Programm, dass sich das Individuelle zugleich – gerade in seiner Besonderheit – stets immer nur in der für die bürgerliche Gesellschaft repräsentativen Form eines gesellschaftlich vermittelten Allgemeinen zeigen kann und soll.²⁹ Das Paradox der Besonderheit des Allgemeinen in einer durch und an das Allgemeine jeweils zu vermittelnden Form gilt dabei für die Akteure ebenso wie für die Aktionsformen und die Adressaten, die ihren Anspruch auf Besonderheit und den damit verbundenen Einspruch, gerade auch gegen jede Verallgemeinerung und Norm, doch stets immer nur in den Medien der Allgemeinheit und in deren jeweils spezifisch entwickelten Codes und marktkompatiblen Formen darzustellen vermögen.

Pop kann in dieser Hinsicht als historisch und medial ausgearbeitete Form einer »massenkompatiblen Aufmerksamkeitserregung« zugleich als Prototyp eines individualisierten Allgemeinen und eines verallgemeinerten Individuellen, gerade unter den Bedingungen von Markt- und Markengesellschaften gesehen werden. Die Produkte der Massenkultur, die Kulturwarenproduktion, werden, so Bazon Brock, im Pop einer Form künstlerischer Bearbeitung, auch Wahrnehmung und auch wissenschaftlicher Beobachtung und Reflexion ausgesetzt, die sie erneut einer selbst-reflexiven gesellschaftlichen Kommunikation gegenüber öffnet bzw. für diese als Formen und Funktionen, zugleich aber wieder als Differenzmarker und Marken auch erschließt. Gerade »von der Seite der Adressaten aus gesehen, von Seiten der potentiellen Nutzer künstlerischer Arbeit wird aber durch die künstlerische Bearbeitung massenkultureller Erscheinungen eben diese Massenkultur als ein geschlossenes System kultureller Äußerungen, ja als umfassende und leistungsfähige Form kultureller Kommunikation erst sichtbar.«³⁰ Eben darin, in der Bereitstellung eines Feldes stets sich ausweitender, stets das Vorhandene erweiternder, auch die bestehenden Normen und Vorstellungen unterlaufender Beschäftigung mit den unterschiedlichsten Themen, Formen und Inhalten des sozialen Lebens »als« Kultur hatte aber auch bereits vor einigen Jahrzehnten der deutsche Soziologe Friedrich H. Tenbruck das Spezifikum gerade »Bürgerlicher Kultur« sehen wollen: »Die Verständigung über die Wirklichkeit verlangt nun nicht nur die persönliche Teilhabe - oder jedenfalls indirekte Anteilnahme - an der Arbeit der Kultur, sondern gerade auch die gesellige Aussprache und den sozialen Austausch über deren laufende Arbeit und Veränderung. Gerade durch ihre Verselbständigung wird die Kultur für das Publikum zum neuen Raum der Verständigung. Zu ihrer Verständigung untereinander finden die Menschen sich zur Verständigung über die Deutungen ihrer Wirklichkeit genötigt, die ständig neu aus der Arbeit der Kultur hervor strömen. Indem die verselbständigte Kultur zum Raum der sozialen Verständigung wird, wird sie also zum Medium einer (auch inhaltlich strittigen) kulturellen Vergesellschaftung.«³¹

Kultur im Ganzen, die Sphären und Erscheinungsformen kultureller Objekte bis hin zum Zeichencharakter jedes einzelnen Werks werden damit zugleich als ein Feld der diskursiven Auseinandersetzung erkennbar, innerhalb deren sich die unterschiedlichen sozialen Gruppen und Milieus, Diskurslagen und Interessen, Deutungsansprüche und Interpretationsbegehren zu Wort melden und im Maße der mit ihrer Repräsentation verbundenen soziostrukturellen Konfliktpotentiale und Kraftfelder an der Definition der jeweiligen Situation und darüber hinaus am jeweils medial vermittelten Gesamtverständnis der Gesellschaft mitzuarbeiten, diese in ihrem Sinne oder Interesse mitzubestimmen suchen. Es nimmt deshalb nicht wunder, dass sich in diesem Feld immer wieder und immer aufs Neue Widersprüche und Gegenpositionen zeigen. Nicht nur von Außen, aus dem Jenseits bürgerlicher Schichten, sondern – gerade in dem Maße als in den Vorstellungen bürgerlicher Kultur allen Mitgliedern die Möglichkeiten zugesprochen wurde, Kulturträger zu sein, sie also als potentielle Mitglieder der bürgerlichen Kultur auch in Erscheinung treten konnten bzw. sie als solche in Rechnung zu stellen sind[32] – auch aus dem Innenraum der bürgerlichen Kultur melden sich jene Gegenströmungen, Gegenwelten zu Wort, um innerhalb des jeweils vorhandenen Gesellschafts- und Weltmodells die Muster individueller Sinnorientierung und Selbstsetzung im Blick auf eine durch die Allgemeinheit zu leistende Anerkennung aufzuwerfen und deren Anerkennung einzufordern.

Pop, und hiergegen erhebt der Punk jenen Einspruch, den auch schon Rock'n'Roll, Beat und auch die Soul Music der 1950er- und 1960er-Jahre erhoben hatten, nimmt in dieser Hinsicht Teil an der Zeichen- und Stilzirkulation der bürgerlichen Kultur, indem er dem Feld des diskursiv Strittigen eine weitere Facette, eine weitere Steigerung hinzufügt. »In einem wie im anderen Fall«, so zieht Hans-Georg Soeffner noch einmal den Vergleich zwischen der Selbstinszenierung und Medienrepräsentation des Punk und der Friedensbewegung der 1980er-Jahre, »haben die alten Götter neue Kleider übergezogen, ihren Platz im alltäglichen Leben aber (noch) nicht gefunden.«[33]

Punk stellt in dieser Hinsicht nichts anderes als ebenfalls eine weitere Drehung in einer Steigerung von Ausdrucksverlangen und Darstellungsbestreben dar, wenn da nicht ein historischer und sozialer Überschuss, ein Rest wäre, der auf die Inkompatibilität der Inszenierungen des Punk mit den Wertevorgaben und Ansprüchen einer Kultur hinweist, die sich gerade auch in den Formen der Dissens-Bildung[34] in ihrer Funktionalität und in ihren Stabilisierungsfunktionen, nicht zuletzt über ihre Anschlussfähigkeit an Medien und Marktgeschehen zu behaupten sucht. Die Besonderheit dieses Restes besteht dabei in einer unaufhebbaren Doppeldeutigkeit des Punk schon in seiner Bestimmung als Ausdruck selbst, in seinem Oszillieren zwischen Schmutz und Protest, Geschäft und Kritik, Krach und Kunst, Ironie und »bitterem« Ernst, Identitätszeichen zu sein und zugleich als Medium und Ausdruck der Identitätszerstörung zu dienen. Die Leichtigkeit und Unverbindlichkeit der Aktionen, die Schnelligkeit und Ausdruckskraft, auch die Flüchtigkeit und Nachdrücklichkeit der Aktionen und Embleme machen ihn anschlussfähig an den Markt, auch offen für Geschäfte und »Verhandlungen, Listen und Praktiken«[35] aller Art.

Die Gewalt des Ausdrucks, die Schwere oder Lässigkeit seines Auftretens lassen den Punk auch als Kritik gängiger gesellschaftlicher Konventionen etwa der Arbeitsgesellschaft oder auch bestimmter Kooperations- und Kommunikationsstile erscheinen, erlauben die Aufnahme und Interpretation der von ihm ausgehenden Impulse in gesellschafts- und/oder zivilisationskritische Programme. Was Punk schließlich anstößig, unanschließbar, widerständig und lästig macht, ist die mit diesen Erscheinungen verbundene Unentschiedenheit der Position, die Undeutbarkeit der Formen, die letzten Endes sind, was sie sind: Krach und Geschäft, Aufruhr und Selbstverherrlichung, Inszenierungen von Spaß und Erschrecken, Sex und Gewalt. In dieser Hinsicht bietet er selbst ein Medium, das offensichtlich für all jene besonders attraktiv sein kann, denen die eigene Identität, die Frage nach Identität und Identität als Antwort, eine Last, ein Rätsel, eine Herausforderung und eine Einladung zugleich sind. Es nimmt vor diesem Hintergrund dann eben auch nicht wunder, dass es eine Reihe von Musikern und sonstigen mit dem Punk verbundenen Akteuren und Künstlern gibt, die im Punk ein Medium des Ausdrucks, der Selbstinszenierung, auch der Rebellion und der Ekstase gefunden haben und zugleich aus jenen mehr oder weniger sich jüdisch definierenden Familien und Lebenszusammenhängen stammen, deren Erfahrungs- und Vorstellungswelt, deren Geschichte und (mitunter traumatische) Prägung durch die Bezugnahme auf die historische Erfahrung der Shoah geprägt war oder sich im Nachhinein so interpretieren lassen konnte.[36] Um in dieser Weise sehen zu können, um sich in diesem Sinne selbst zu zeigen und auch inszenieren zu können, müssen / mussten freilich auch Rahmensetzungen vorhanden sein, wie sie die gerade aus europäischer Sicht, deutschem linkem wie rechtem Antiamerikanismus[37] vielfach gescholtene Populärkultur in den USA in Verbindung mit den an die europäische Aufklärung anschließenden Modellen nordamerikanischer Zivilgesellschaft bieten konnte.[38] Zu den damit gegebenen und legitimen Rechten auf Selbst-Sein, auf Dasein und auf Anerkennung der je eigenen Besonderheit, wie sie von der US-amerikanischen Bürgerrechtsbewegung seit den 1950er-Jahren vertreten wurden, gehören allerdings auch das Recht und die Möglichkeit, eine konkrete, bestimmte Identitätszuschreibung zu verweigern und statt sich einer nationalen oder sonstwie gruppenspezifischen Identität zu verschreiben, gerade den Zweifel, die Absage oder auch das Spiel mit Identitäten zu wagen. Der Weg reicht hier von Bob Dylans »It ain't me babe« (1964) bis zu den medial und musikalisch inszenierten Travestie-Experimenten David Bowies, Madonnas oder eben auch des Punk, wobei die damit erprobten Stilbildungen sowohl dazu genutzt werden konnten, einen jeweiligen Alltag zu strukturieren als aber auch gegen die von den Alltagsvollzügen ausgehenden Prägungen zu rebellieren. »Jedes Erbe«, so noch einmal Leon Wieseltier, »ist Zufall. Die religiöse, die sexuelle, die ethnische Identität, soll uns das vergessen machen. An die Stelle eines Gefühls von Zufälligkeit setzt sie ein Gefühl der Notwendigkeit. Es ist aber nicht notwendig, notwendig zu sein, sofern man bereit ist zu arbeiten. Es ist keine Schande, zufällig zu sein[39].«

Immer wieder freilich, so hat es Cornelia Klinger in ihrer wichtigen Studie *Flucht, Trost, Revolte. Die Moderne und ihre ästhetischen Gegenwelten* beschrieben, findet diese Selbstbestimmung (auch in der Abweichung) im Wechsel zwischen Zugehörigkeit und Bruch, sich selbst setzender Individualität und Gruppenbildung, Repräsentationsansprüchen und deren Verweigerung statt. »Der Einzelne und sein Wünschen und Wollen«, so hat es Cornelia Klinger mit Rückbezug auf Charles Taylor schon für die Strebungen der europäischen Romantik als Ansatzpunkt einer beginnenden Moderne herausgestellt, »ist nicht nur Ausgangspunkt der Suche nach einer höheren Ordnung; er bleibt auch ihr Bezugs- und Zielpunkt. Das Konzept von Ganzheit und Einheit ist um des Einzelnen willen da ...«[40] Dem entsprechend treten gerade in den Medien und unter den Rahmensetzungen bürgerlicher Kultur immer wieder Impulse und Manifeste, einzelne Künstler, Kunstwerke und Künstlergruppen, Stilbildungen und Strömungen auf, die es darauf anlegen, sich diesem Anschluss individuellen Daseins an die Muster und Vorgaben gesamtgesellschaftlicher Kommunikation und Konvention zu widersetzen, gegen diese Vorgaben der gesellschaftlich organisierten Konventionen und Interessen mit Hilfe der Inszenierung eines radikalen Bruches, eben auch der Absage an gesellschaftliche Normen überhaupt, vorzugehen, wobei diese Impulse es wiederum darauf anlegen, an die jeweiligen gesellschaftlichen Kommunikationsmuster anzuschließen, in ihr repräsentiert zu sein. »Von daher«, so noch einmal Cornelia Klinger, die hier fast schon ein Porträt des am 8. April 2010 verstorbenen Malcolm McLaren entwirft, »wird erklärlich, dass es dem Einzelnen vorbehalten bleibt, seine Mittel zu wechseln, sein Ziel auf immer anderen Wegen zu verfolgen und sein ›Glück‹ mit immer neuen Konzepten ... zu versuchen, wenn eine bestimmte Gestalt die an sie gestellten Ansprüche nicht erfüllt.«[41]

Die Zirkelbewegung der historischen Avantgarden, ihren Protest gegen die bestehenden Konventionen der Gesellschaft nur in deren Medien und mit Bezug auf deren normative Erwartungen artikulieren zu können und damit gerade im Bruch der Konventionen und über ihn auch zu deren Tradition und Weiterführung beizutragen, lasst sich gerade auch dort ablesen, wo sich rebellische, widerständige Impulse wie die des Punk als ästhetische, soziale oder auch soziomoralische Interventionen gegen die Hochkultur, die Normen der bürgerlichen Gesellschaft oder die Konventionen des Alltags in Erscheinung zu setzen suchen. Immerhin musste es die Queen, musste es das silberne Kronjubiläum der Queen am 7. Juni 1977 sein, um die Sex Pistols mit ihrem Song und ihrer provokativen Bootsfahrt auf der Themse an die Spitze der Charts zu bringen; ohne Tradition keine Provokation. Bürgerliche Kultur, so wäre hier zur Absetzung gegenüber möglichen anderen Formen kultureller Codierung durch nicht-bürgerliche Gesellschaftsschichten zu sagen, bietet somit nicht nur den Stoff und die Formen für die Provokation, die dazugehörigen Normen und Akteure innerhalb eines ebenso potentiell unabschließbaren, wie zugleich durch sich selbst zirkulär beschränkten Mediums,[42] sondern zugleich auch ein dazu passendes reflexives, auf den Anstoß zu weitergehender Reflexion zielendes Begleitprogramm, das sich gerade im Maße seiner Offenheit als Feld der Setzung von Unsicherheit, sich steigernder Suche nach Bestimmtheit und damit verbunden erneut gesteigerter Unsicherheit, Mobilität und weitergehender Unbestimmtheit konstituiert und zugleich die Möglichkeit eines kritischen, auch z. B. ästhetischen Urteils einschließt, das sich in seiner Partikularität stets immer auch um ein Ganzes bestritten sehen bzw. wissen kann. Dies mag den Stachel der Kritik schärfen, kann aber auch Vergnügen, ja auf einer nächsten Ebene erneut als Unterhaltung und Spannung konsumierbar sein und damit erneut auch Geschäfts- und Verwertungsinteressen ansprechen, ggf. auch zufriedenstellen.[43] Was dagegen auch in den Bereichen bürgerlicher Kultur nicht recht brauchbar ist, Irritation und Zweifel bewirkt, auf Unbehagen und Abwehr stößt, als abstoßend und widerwärtig gilt, sind Erscheinungen und Sphären des Entzugs von Bestimmbarkeit, die damit zugleich den Funktionsrahmen bürgerlicher Kultur sprengen, zumindest dessen Grenzen zeigen: Menschen ohne Identität oder mit schwankenden Zuschreibungsmöglichkeiten, Migranten ohne Papiere, Künstler, die nichts können, Kunstproduzenten, die offensichtlich nur Geschäfte machen wollen, Krach- und Krawallmacher, Porno-Stars, die Freude an Sex haben, Juden, die Nazi-Embleme tragen.

Punk als Stilbildung nimmt damit, wie auch bereits vorhergehende soziokulturell bestimmte Aufbruchs-, Abweichungs- und Konfrontationsbewegungen seit dem 18. Jahrhundert und namentlich durch die Avantgarden seit der Jahrhundertwende 1900 in Erscheinung tretend, nicht nur die Herausforderungen des bestehenden Systems auf, sondern kann sich - ebenso wie alle anderen Protestbewegungen - als künstlerische Strömung, als Bewegung mit einem Bedeutungsanspruch, auch wenn dieser nur in einem »Stop making sense« bestehen würde, nur innerhalb der mit dieser bürgerlichen Kultur verbundenen Medien und Diskursfelder äußern, sich nur in diesem Feld als Beitrag »von Außen« positionieren. Freilich, so hat es Thomas Groß im Jahr 2009 in einem kleinen Beitrag zur »gefräßigen Mitte« des Kulturbetriebs angesprochen, wird in diesen Bereich und angesichts der jeweils aufgebotenen Positionen dann doch auch noch »verhandelt«: Zunächst einmal allerdings, so Groß, geht es dabei weniger um Kunst und Kritik als vielmehr nur um die Zukunft der Unterhaltungsindustrie. »Die Subkulturen von heute sind kein Gegenbild der Mehrheitskultur mehr, sie sind das Labor, in dem die Zukunft der Unterhaltung am frühesten sichtbar wird.«[44] Zugleich aber, und dies wäre gegen Groß schärfer zu fassen, der an diesen kulturellen Impulsen lediglich noch »punktförmige Erregungsmuster, ... Ausgang ungewiss«[45] ins Spiel zu bringen vermag, lassen sich doch auch immer noch und immer wieder historische Bezüge, soziale Erfahrungen, individuelle und gruppenbezogene Ansprüche auf Dasein, Selbstsein und entsprechend »Lautsein« in jeweils konkreten Situationen und vertreten durch bestimmte Akteure erkennen, die sich im Sinne einer kritischen Perspektive dann auch zur Rekonstruktion individueller und gruppenbezogener sozialer Erwartungen und historischer Erfahrung nutzen lassen, auch und gerade dann, wenn es in einem bürgerlichen Sinne darum geht, die Stelle eines autonomen, zur eigenen Lebensführung unter anderen befähigten Subjekts zu beschreiben, ja zu legitimieren.[46]

Leib, Identität, Stimme und Sozialität können sich so im Anschluss an das Eingangszitat Wieseltiers als jene Parameter bestimmen lassen, auf die bezogen sich der rebellische und zugleich doch auf die Konformität zumindest eines an Aufmerksamkeit, wenn nicht am Geldverdienen interessierten Marktes[47] gerichtete Gestus des Punk und anderer radikaler popkultureller Initiativen beschreiben ließe. Unruhe, Schmutz, Geschäft und Unernst würden in einer solchen Sichtweise dann allerdings nicht nur als gegenläufige Faktoren in Erscheinung treten, denen gegenüber sich Stimme, Identität, Integrität und der gesellige Charakter des Menschen zu behaupten hätten, sie würden vielmehr auch als Bezugsbereiche und Handlungsoptionen zu erkennen sein, die es zum einen ermöglichen, die kulturell tradierten und gesellschaftlich legitimierten Konzepte einer individuell postulierten und sozial verträglich erwarteten Personalität/Identität anzusprechen, kritisch zu befragen oder auch ggf. humoristisch bzw. komödiantisch zu subvertieren[48] und dadurch neuere Befragung und Reflexion zu ermöglichen. »Authentizität«, so Wieseltier, »ist ein reaktionäres Ideal, streng genommen, sogar ein Anti-Ideal. Es besagt: Was gewesen ist, muss sein. Das ist Götzendienst an den Ursprüngen.«[49]

Wer – und dies ist wohl eine Erfahrung, die namentlich Juden im vergangenen Jahrhundert, in gewissen Bereichen auch schon in den vorhergehenden Jahrhunderten machen mussten – im Schatten der Erfahrung lebt, als Individuum und wegen seiner Zurechenbarkeit zu einer bestimmten Gruppe Objekt einer auf endgültige Auslöschung hin angelegten Vernichtungsoperation gewesen zu sein, ja dies auch wieder werden zu können, dem kann die Festigkeit der Identität als soziale Konstruktion einer unhintergehbaren Größe ebenso fragwürdig wie wertvoll geworden sein; Punk bietet in diesem Sinne Ansatzpunkte für beides, kein Wunder, dass er dort Resonanz hatte, wo die grundlegende Ambivalenz von sozialen Wertordnungen unmittelbare Erfahrung, zumindest Teil einer von Auslöschung bedrohten Familiengeschichte oder Gruppenzugehörigkeit gewesen ist. Gerade »kulturelle Unterschiede«, so der amerikanische, jüdische Literaturwissenschaftler Geoffrey Hartman, »sollten stets Anlass für Komödien, nicht von Tragödien sein – der ethnische Humor, der in einer politisch korrekten Gesellschaft allmählich verschwindet, hat schon immer auf solchen (oft austauschbaren) Charakterisierungen beruht.«[50] Humor setzt freilich reflektierte Individualität und zivilisierte, auch auf mögliche Vertrauensbildung hin angelegte Verhältnisse voraus. Da wo Menschen und soziale Gruppen den Zufälligkeiten des Marktes, der Attraktivität der Logos oder der »Macht« der Verhältnisse, auch der Gewalt des Augenblicks ausgeliefert sind, bietet sich ihnen allerdings mitunter lediglich der Schrei.

George Steiner hat in diesem Sinne trotz aller offensichtlichen Abneigung gegen die Erscheinungsformen und Erzeugnisse der Popkultur die historische und kritische Signifikanz des Schreiens auch noch in populärmusikalischer Darbietung hervorgehoben: »Die Bestialität des 20. Jahrhunderts, die Regression schlechthin schreit aus dem Popidol und dem Rockstar. Ob es uns gefällt oder nicht, sie sind Wahrheitsschreier.«[51] So authentisch dies, zumindest als Überrest und Zeugnis des Nichteinverständigen sein mag, das Gegenstück dazu bildet die Macht des Kapitals, die damit zugleich auch wiederum den Platz der Gegenkultur und die Grenzen ihrer medialen Repräsentation und Reichweite bestimmt: »Im Spätkapitalismus brüllt das Geld. Die Zensur, die der Markt über das ausübt, was schwierig und innovativ, was intellektuell und ästhetisch anspruchsvoll ist … hat oft größere Wirkung als politische Zensur und Unterdrückung.«[52] Während sich nun aber die bürgerliche Kultur auf die Hegung eben der wertvollen, ästhetisch und intellektuell »anspruchsvollen«

Produkte konzentriert, mitunter auch – im Sinne einer Nischenkultur – bewusst einschränkt, stellt die Präsentation des Schmutzes, des Krachs und des Unnützen eine Provokation anderer Art dar. Der Schrei ist in diesem Rahmen dann auch eine Stimme, deren genauere Bedeutung sich freilich dem Verstehen widersetzt. Im Punk wird der Krach, auch die Mimikry an vorliegende Gesangsstile wie dies die Ramones im Hinblick auf die Harmonien der Beach Boys unternahmen, zur Rebellion, zur Provokation und – natürlich auch – zum Geschäft. Die Inszenierung des Schrotts wird zur Verhandlungsmasse und ein Verhandlungsfeld, auf dem sich, darin durchaus der Popkultur zugehörig, Aufmerksamkeit schaffen, vermitteln, einnehmen und ausgeben lässt.[53] Es geht in dieser Währung dann eben auch um Dasein, Selbstsein und Lautsein, um Lebendigkeit als Existenzform, als Impuls der Subversion, um Unbehagen in der Kultur und den Anstoß zur Reflexion.

Dreh- und Angelpunkt einer solchen Perspektive bleibt dabei aber jeweils das Bezugsverhältnis zur historischen Erfahrung und kulturellen Codierung der bürgerlichen Gesellschaft, die hier gleichsam wie in einem Spiegelpunkt der analytischen Geometrie jenen Punkt darstellt, auf den bezogen sich eine bestimmte Formierung von Leib, Stimme, Identität und Sozialität erkennen lässt, die dann nicht nur als Grundfigur bürgerlicher Individualität auch den Bezugspunkt unterschiedlicher avantgardistischer, subkultureller, rebellischer und auch totalitärer Angriffe auf das Individuum im 20. Jahrhundert gebildet hat, sondern zugleich auch die Grundlage universaler Menschen- und Bürgerrechte darstellt. Denn mit dieser Entwicklung verbunden, und dies ermöglicht dann eine Engführung der Themenfelder Pop und Punk, bürgerlicher Kultur und Subversion, sind es die angesprochenen Parameter: »One man – one vote« (Stimme in Georg Steiners Sinn), aber auch das menschliche Antlitz als im Sinne von Emanuel Levinas unhintergehbarer Träger von Menschenwürde (und ggf. Gottesebenbildlichkeit)[54] und die im Haben und Sein eines Leibes sich erfahrende Individualität sowie – nicht zuletzt – die auf der Basis wechselseitiger Anerkennung und ggf. Empathie sich konstituierende Gesellschaftsfähigkeit des Menschen, die seit dem 18. Jahrhundert sowohl den Maßstab und das Versprechen der Emanzipation des Menschen u. a. auch im Blick auf das Beispiel der Juden ausmachen, als auch zugleich ein Erfahrungsfeld umrcißen, auf dcm diese Vorstellungen durch Diskriminierung und Verfolgung, Pogrome und schließlich die Shoah in einem Maße erschüttert wurden, dass danach das eine: die Rede von der Menschenwürde nur noch im Maße des anderen: der Erinnerung an ihre Zerstörung vertretbar erscheint.

Vor diesem Hintergrund lässt sich dann auch die hier vorgenommene Engführung von jüdischer Erfahrung und populärkultureller Geschichte vertreten. Auch wenn die Vorstellung einer bereits im 19. Jahrhundert aufkommenden besonderen Verknüpfung von »black-jewish-relations«, wie es Jeffrey Melnick nennt, zum großen Teil eine Wunscherzählung (»myth«) darstellt und überdies Klassendivergenzen außer acht lässt[55], lassen sich doch einige Aspekte benennen, die zum einen den Weg der US-amerikanischen Bürgerrechtsbewegung in Verbindung mit jüdischen Erfahrungen und Selbstkonzeptionen im 19. und 20. Jahrhundert bringen können und es zum anderen möglich machen, den Mitte der 1970er-Jahre in New York aufkommenden Punk (und seine europäischen Fortsetzungen), namentlich auch die Rolle der mit dieser Bewegung in Erscheinung tretenden Kinder der Shoah-Generation, vor dem Hintergrund einer eben auch politisch und gesellschaftskritisch durch die Bürgerrechtsbewegung geprägten Öffentlichkeit zu sehen. In dieser Hinsicht erscheinen dann die oben als Tinkturen der Identität angesprochenen Faktoren: Schmutz und Geschäft, Unruhe und Unernst als ebenso historisch bestimmte wie durch die Erfahrungen der individuellen Biographie und der sozialen Verhältnisse vermittelte und auch gebrochene Bezugsbereiche, die ihrerseits wiederum zur Reflexion und Kritik, auch zur Artikulation eines sei es in der Biographie, sei es in der Umwelt vorhandenen und dort erfahrenen brüchigen Verhältnisses zur Welt und zu sich selbst genutzt werden können.

Zielt Pop auf eine mit Unterhaltung und Aufmerksamkeitsgewinnung verbundene Reinheit des Ausdrucks, die sich nicht zuletzt im engelsgleichen Chorgesang der Beatles oder Beach Boys, von anderen populären Gesangsgruppen wie den Mamas and Papas, Crosby, Stills, Nash und Young oder auch den Hollies nicht zu reden, so ist es neben dem Koyoten-Gesang Bob Dylans und der »golden voice« Leonard Cohens eben die Stimme des Punk, die – was George Steiner wie oben bereits erwähnt im »Wahrheitsschreier« angesprochen hat – in der Reaktion des Schreiens und Krachmachens an die Gefährdung bzw. Zerstörung der Stimme durch gesellschaftliche Gewalt und personale Unangepasstheit erinnert, diese reflektiert. Entsprechend steht es um den Kunstgehalt der berüchtigten »drei Akkorde«, um die Überführung der glasklaren Westcoastgitarrenklänge in den schmutzigen Sound wummernder Gitarrenverstärker, entsprechend schlecht ist es um die Rettung kulturellen Ausdrucksgebarens bestellt, wenn es um Geschäfte geht. In allen diesen Fällen nimmt Punk im Sinne der von der Ethnologin Mary Douglas zum Vergleich verschiedener Gesellschaften erarbeiteten Klassifikationsgitter von »purity and danger« die Seite der Unreinheit ein.[56] Schmutz und Lautstärke, Hässlichkeit und Provokation können so nicht nur als Produkte sozialer Ausschließung und Rechtfertigung eines guten Gewissens oder auch im Sinne Zygmunt

Baumans als Objekte zur Legitimation gärtnerischer Ordnungsimpulse[57] gesehen werden, sondern stellen eben auch ein Medium der Selbstdarstellung, der Kritik und des Angriffs eben auf diese Ordnungen und Erfahrungen der Ausschließung von der Seite des »Unkrauts« aus dar.

Vor diesem Hintergrund ist zunächst schon die Entwicklung der Populärkultur als Konstituierung eines Mediums und Feldes der Repräsentation von gesellschaftlichen Integrations- und politischen Anerkennungsstrebungen zu sehen,[58] wobei die dann auch in diesem Feld auftretenden gegenläufigen und kritischen Impulse – auch im Sinne einer »Counterculture« bzw. »Contraculture«[59] – als konkurrierende Formen der Selbstkritik, der Reflexion und der Weiterführung, auch der Korrektur und Abwehr »im Ganzen« zu sehen sind. In dieser Hinsicht kommt der Punk-Bewegung (auch in ihrem inszenatorischen Charakter) eine ähnliche Funktion zu wie den historischen Avantgardebewegungen im Blick auf das im 18. Jahrhundert konstituierte System der Kunstautonomie.[60] Hinzu kommen freilich historisch konkrete Erfahrungen und Rahmensetzungen, die sich für eine bürger- und menschenrechtliche Perspektive, so wie sie sich im 18. Jahrhundert entwickeln konnte und nicht zuletzt in der Virginia »Bill of Rights« von 1776 ihren auch heute noch Norm setzenden Ausdruck gefunden hat, aus den Menschheitsverbrechen in der ersten Hälfte des 20. Jahrhunderts noch einmal mit besonderer Nachdrücklichkeit ergeben.

Die Perspektive jüdischer Erfahrungen und Selbstbestimmungsversuche wird von diesen Aspekten zumindest in vierfacher Weise berührt, die ihrerseits auf die Konstitution des Feldes der Populärkultur als Medium der Selbstvergewisserung und Repräsentation fortgeschrittener westlicher Gesellschaften zurückverweisen. Juden waren die Opfer der Shoah (1) und zugleich Flüchtlinge des stalinistischen Terrors (2), der in mancherlei Hinsicht an die Pogrome in Russland in den letzten Jahrzehnten des 19. Jahrhunderts anknüpfte und in dieser Hinsicht sogar für die Migrationsgeschichte der russischen Juden nach Nordamerika (3), dem Land der Glücksversprechen, aber eben auch der Menschen- als Bürgerrechtegewährung einen gewissen kontinuierlichen Hintergrund darstellten. Schließlich bildete das Feld der in den USA auch schnell als ökonomischer Faktor sich konstituierenden Populärkultur (4) für viele dieser Emigranten, später auch Flüchtlinge sowie deren aufstiegsorientierte Nachfolgegenerationen, ein reichhaltiges Betätigungsfeld, auf dem sie mit ihren Fähigkeiten und Erfahrungen offensichtlich recht schnell erfolgreich sein konnten. Dies betrifft die Felder des Jazz und der bildenden Künste ebenso wie die Bereiche des Pop, der Comics, den Hollywood- und den Underground-Film sowie die Musicals, die Rollen von Komponisten und Produzenten ebenso wie die Tätigkeiten der Konzertveranstalter und Manager, nicht zuletzt die Künstler selbst, die als Musiker (von Bob Dylan bis Adam Green und Daniel Kahn), Dichter (Allen Ginsberg, Leonard Cohen) und Regisseure (Woody Allen), Comediens (Lenny Bruce) und Provokateure Aufsehen erregen und doch auch Anerkennung erringen konnten.

Dass sich in diesem aus historischen Erfahrungen, populärkulturellen Entwicklungen, Medien- und Marktinteressen konstituierten Handlungsfeld Menschen wiederfinden und artikulieren, denen innerhalb der gesellschaftlichen Konventionen, eines gesellschaftsfähigen Rassismus und in antisemitscher Tradition »Schmutz« und Geschäftemachen, Unruhe und Unernst »charakterlich« bereits zugeschrieben werden, kann so in einem ersten Sinn als *self-fullfiling prophecy* gesehen werden: kraft der zugeteilten Stigmata werden die Stigmatisierten den Vorgaben, ihren Rollen, gerecht. Hinzu kommt freilich in einem zweiten Sinn auch die Erfahrung, dass das Feld selbst die Möglichkeiten nicht nur der Übernahme, sondern auch der Travestie und - gegenläufig zu den dominanten Vorstellungen - der Selbstkonstitution durch abweichende Ausdrucksformen bietet. In diesem Sinne handelt es sich schon bei bürgerlicher Kultur um ein Feld in einem Dreieck: Zum ersten die Ansprüche auf Individuation und Person und das Versprechen ihrer bürgergesellschaftlichen Realisierung, zum zweiten damit verbunden der Anspruch auf Festigung und Legitimation durch die Produktion kultureller Güter. Zum Dritten schließlich der Fluchtpunkt des ausgegrenzten Dritten, desjenigen, was als ausgeschlossenes Drittes in den Medien der Kultur,[61] ebenso aber auch in den Ordnungs- und Ausschließungsvorstellungen und Regeln der Dominanzgesellschaft, immer mit enthalten ist, ja sie im eigentlichen Sinne konstituiert: Schmutz, Geschäfte, Unruhe und Unernst werden aus den Setzungen der gesellschaftlichen Norm ausgeschlossen und kehren als Themen der Kultur, dem zentralen Feld eines ausgeschlossenen und damit in einem zweiten Vorgang erneut wiederum eingeschlossenen Dritten, als symbolisierter Re-Entry zurück.

Anmerkungen

1 Leon Wieseltier: »Against Identity: Wider das Identitätsgetue«, in: *Die Zeit* Nr. 8 vom 17. Februar (1995), S. 57 f. *www.zeit.de/1995/08/Against_Identity_Wider_das_Identitätsgetue?page=all&*

2 Norbert Elias hat zu dem für Europa seit dem Übergang zur Neuzeit charakteristischen Vorgang des Zurückdrängens elementarer Körperlichkeit und einer damit einhergehenden Überformung »natürlicher« Verhaltensmuster durch gesellschaftlich konventionalisierte Formen eine Fülle von Beispielen zusammengestellt; vgl. Norbert Elias: *Über den Prozess der Zivilisation. Soziogenetische und psychogenetische Untersuchungen.* 1. Bd.: Wandlungen des Verhaltens in den weltlichen Oberschichten des Abendlandes. Frankfurt a. M.: *Suhrkamp* 1977, S. 174 ff.

3 Vgl. dazu Norbert Schindler: »Nächtliche Ruhestörung. Zur Sozialgeschichte der Nacht in der Frühen Neuzeit«. In: N. S.: *Widerspenstige Leute. Studien zur Volkskultur in der frühen Neuzeit.* Frankfurt a. M.: *Fischer* 1992, S. 215–257; Michaela Fenske: *Marktkultur in der frühen Neuzeit.* Köln: *Böhlau* 2006, S. 276 ff.: »Geräuschvolle Auftritte«

4 Schindler, »Nächtliche Ruhestörung«, S. 224 f.

5 Zur diesbezüglichen Sozialgeschichte der 1950er Jahre und der dort diskutierten »Halbstarken«-

Problematik Werner Faulstich: »Die neue Jugendkultur. Teenager und das Halbstarkenproblem«, in: W. F. (Hg.): *Die Kultur der 50er Jahre*. München: Fink 2002, S. 277–290. Zeittypisch und aufschlussreich Hans Heinrich Muchow: »Die Gestalt der Jugend von heute«, in: H. H. M.: *Sexualreife und Sozialstruktur der Jugend*. Reinbek bei Hamburg: Rowohlt 1959, S. 71 ff.; dort auch Kap. V, S. 124 ff.: »Die sogenannten Halbstarken und die Verachtung der Erwachsenen« und Kap. VI, S. 139 ff.: »Die Jazzfans als Ausbruch aus dem ›sekundären Wir‹«, zuvor schon S. 104–107: »Die Verbreitung des Jazz« und »Die Entstaltungsphänome des Jazz«.
6 Vgl. dazu John R. Gillis: *Geschichte der Jugend. Tradition und Wandel im Verhältnis der Altersgruppen und Generationen*. Weinheim / Basel: Beltz 1980, S. 43 f. Allerdings hatten auch diese organisierten Misstöne mehrere, widersprüchliche Funktionen; sicherlich dienten sie der Selbstdarstellung von Jugendgruppen in den ländlichen Gesellschaften der Vormoderne, zugleich aber wurde die Katzenmusik auch eingesetzt, um Abweichler von den vorherrschenden Normen und Traditionen zu diskriminieren.
7 Schindler, »Nächtliche Ruhestörung«, S. 230; für entsprechende Terrain-Behauptungen der seit den 1960er-Jahren in Erscheinung tretenden Jugendkulturen vgl. noch immer Phil Cohen: »Territorial- und Diskursregeln bei der Bildung von ›Peer-Groups‹ unter Arbeiterjungendlichen«, in: John Clarke u. a.: *Jugendkultur als Widerstand. Milieus, Rituale, Provokationen*. Frankfurt a. M.: Syndikat 1979, S. 238–266
8 Vgl. dazu Michel Foucault: *Überwachen und Strafen. Die Geburt des Gefängnisses*. Frankfurt a. M.: Suhrkamp 1976, S. 269
9 Schindler, »Nächtliche Ruhestörung«, S. 231
10 Hier sei nur an die beiden 1971 von Marvin Gaye veröffentlichten Titel »What's Going On« und »Inner City Blues (Make Me Wanna Holler)« erinnert.
11 Vgl. Helmut Fend: *Sozialgeschichte des Aufwachsens. Bedingungen des Aufwachsens und Jugendgestalten im zwanzigsten Jahrhundert*. Frankfurt a. M.: Suhrkamp 1988, S. 187ff., Schaubild S. 204; Greil Marcus: *Lipstick Traces. Von Dada bis Punk – kulturelle Avantgarden und ihre Wege aus dem 20. Jahrhundert*. Hamburg: Rogner & Bernhard 1992, S. 27 ff.
12 Schon der Bildungs- und Entwicklungsroman um 1800 stellt in dieser Hinsicht nicht nur Modelle bereit, nach denen Identität, Authentizität und Anerkennung erworben bzw. ausgebildet werden konnten, sondern stellt auch ein Laboratorium dar, innerhalb dessen die Grenzen dieser Ansprüche, Grenzverletzungen und Überschreitungen, letztlich auch das Scheitern und die Legitimität des Scheiterns vor Augen vorgestellt und diskutiert werden konnten. Vgl. Helmut Reinike: *Revolt im bürgerlichen Erbe. Gebrauchswert und Mikrologie*. Gießen / Lollar: Achenbach 1975, S. 47–55
13 Zu den gesellschaftlichen Grundlagen und auch gesellign Hintergründen der Zivilisationskritik Rousseaus vgl. jetzt: Philipp Blom: *Böse Philosophen. Ein Salon in Paris und das vergessene Erbe der Aufklärung*. München: Hanser 2011, S. 250 ff.; Stanley Diamond: *Kritik der Zivilisation. Anthropologie und die Wiederentdeckung des Primitiven*. Frankfurt a. M.: Campus 1976, S. 67 ff
14 Johann Wolfgang von Goethe: *Wilhelm Meisters Lehrjahre*, in: J. W. v. G. Werke. Hamburger Ausgabe Bd. 7, München: Beck / dtv 1981, S. 291
15 Ebd.
16 Vgl. dazu Marianna Torgovnick: *Gone Primitive. Savage Intellects, Modern Lives*. Chicago / London: University of Chicago Press 1992
17 Zur historischen Dimension des Begriffs vgl. Jochen Hörisch: »Charaktermasken. Subjektivität als Trauma bei Jean Paul und Marx«, in: *Jahrbuch der Jean-Paul-Gesellschaft* 14 (1979), S. 79–96
18 Eine der ersten Karikaturen dieser Figur innerhalb eines durchaus mit ökologischen Lebensformen sympathisierenden Umfelds stellt sicherlich der von BAP 1981 veröffentlichte Titel »Müsli Män« (M: Klaus Heuser, T. Wolfgang Niedecken) auf der LP *Für Usszeschnigge* (Musikant 1981) dar, der mit der ebenso ironischen wie für den hier in Rede stehenden Zusammenhang wegweisende Zeile: »do steht der Müsli Män als Punk« endet.
19 Vgl. dazu Florentine Fritzen: *Gesünder leben. Die Lebensreformbewegung im 20. Jahrhundert*. Wiesbaden: Steiner 2006, bes. S. 218–231
20 Vgl. dazu Christian von Krockow: *Von deutschen Mythen. Rückblick und Ausblick*. Stuttgart: DVA 1995, S. 72–77
21 Vgl. dazu etwa die Erklärung der Stadtindianer von Rom (1977): www.sterneck.net/politik/stadtindianer-krieg/index.php
22 Vgl. Karl-Heinz Kohl: *Entzauberter Blick. Das Bild vom Guten Wilden und die Erfahrung der Zivilisation*. Berlin: Medusa 1981; Gerd Stein (Hg.): *Die edlen Wilden. Die Verklärung von Indianern, Negern und Südseeinsulanern auf dem Hintergrund der kolonialen Greuel. Vom 16. bis zum 20. Jahrhundert*. Frankfurt a. M.: Fischer 1984, S. 29–127; Karin von Welck: »›Unsere‹ nordamerikanischen Indianer. Streifzuge durch die Literatur«, in: Thomas Theye (Hg.): *Wir und die Wilden. Einblicke in eine kannibalische Beziehung*. Reinbek bei Hamburg: Rowohlt 1985, S. 177–207
23 Als Ausdifferenzierung von Wertsphären und Pluralisierung von Lebensstilen ist dies zum einen eines der Grundthemen moderner Soziologie seit Max Webers und Georg Simmels Befunden um die Jahrhundertwende 1900 und noch einmal aufgenommen und verstärkt in zeitdiagnostischen Konzepten wie Risiko-, Erlebnis- oder auch Multioptionsgesellschaften. Vgl. dazu einführend Armin Pongs (Hg.): *Gesellschaft X. In welcher Gesellschaft leben wir eigentlich? Individuum und Gesellschaft in Zeiten der Globalisierung* Bd.1. München: Dilemma 2004
24 Vgl. dazu Hans-Georg Soeffner: »Stil und Stilisierung. Punk oder die Überhöhung des Alltags«, in: Hans Ulrich Gumbrecht, Karl Ludwig Pfeiffer (Hg.): *Stil. Geschichten und Funktionen eines kulturwissenschaftlichen Diskurselements*. Frankfurt a. M.:

Suhrkamp 1986, S. 337 (Hervorh. im Text – WN)
25 Vgl. Naomi Klein: *No Logo. Der Kampf der Global Players um Marktmacht. Ein Spiel mit vielen Verlierern*. München: Goldmann 2005
26 Vgl. dazu Thomas Schwinn: »Konvergenz, Divergenz oder Hybridisierung? Voraussetzungen und Erscheinungen von Weltkultur«, in: *Kölner Zeitschrift für Soziologie und Sozialpsychologie* 58/2 (2006), S. 201–232
27 Vgl. dazu etwa die ebenfalls global angelegten Studien von Michael Hardt und Antonio Negri: *Empire. Die neue Weltordnung*. Frankfurt a. M. New York: Campus 2002; dies.: *Multitude. Krieg und Demokratie im Empire*. Frankfurt a. M. / New York: Campus 2004.
28 Vgl. dazu noch immer den Klassiker Ralf Dahrendorf: *Homo Sociologicus. Ein Versuch zur Geschichte, Bedeutung und Kritik der Kategorie der sozialen Rolle*. Opladen: Westdeutscher Verlag 1974, S. 20–35
29 Zur Dialektik von Individualität und Gesellschaft vgl. noch immer Georg Simmel: *Grundfragen der Soziologie (Individuum und Gesellschaft)* [1917], Berlin: de Gruyter ³1970
30 Bazon Brock: *Popkultur – kaum bemerkt und schon vergessen?* [1977], zit. nach: g26.ch Plattform für Kunst Kultur und Gesellschaft, S. 3 www.g26.ch/kunst_glossar_01.html
31 Friedrich H. Tenbruck: »Bürgerliche Kultur«, In: Friedhelm Neidhardt / M. Rainer Lepsius / Johannes Weiss (Hg.): *Kultur und Gesellschaft. René König dem Begründer der Sonderhefte zum 80. Geburtstag gewidmet*. Opladen: Westdeutscher Verlag 1986, S. 265 (= *Kölner Zeitschrift für Soziologie und Sozialpsychologie* Sonderheft 27)
32 Ebd., S. 272; Tenbruck spricht hier von einer sich im Maße der Markterweiterung, Medienentwicklung und verbreiteterer Bildungsteilhabe stetig ausweitenden »kulturellen Vergesellschaftung«, die natürlich bspw. in nationalsprachlichen und anderen Mustern der Einschränkung auch ihre Grenzen hat bzw. zumindest auch auf deren Setzung angelegt sein kann.

33 Soeffner, *Stil*, S. 339
34 Vgl. dazu Klaus Eder: »Das Paradox der ›Kultur‹. Jenseits einer Konsensustheorie der Kultur«, in: *Paragrana* 3. H 1 (1994), S. 148–173
35 Im Sinne von Michel de Certeau: *Kunst des Handelns*. Berlin: Merve 1988, S. 21–32
36 So eben der Impuls, der von Steven Lee Beeber: *Die Heebie-Jeebies im CBGB's. Die jüdischen Wurzeln des Punk*. Mainz: Ventil 2008 ausging
37 Vgl. Andrei S. Markovits: *Amerika, dich haßt sich's besser. Antiamerikanismus und Antisemitismus in Europa*. Hamburg: Konkret Verlag 2004, bes. Kap. 4 »Zwillingsbrüder«: Europäischer Antisemitismus und Antiamerikanismus, S. 173–216
38 Angela und Willi Paul Adams: »Einleitung. Die *Federalist*-Artikel und die Verfassung der amerikanischen Nation«, in: Alexander Hamilton / James Madison / John Jay: *Die Federalist-Artikel. Politische Theorie und Verfassungskommentar der amerikanischen Gründerväter*, Paderborn u. a.: Schöningh 1994, S. XXVII–XCIII, bes. S. LXXIX ff.; für die zivilisierenden Wirkungen der us-amerikanischen Populärkultur in Westdeutschland nach 1945 vgl. Kaspar Maase: *BRAVO Amerika. Erkundungen zur Jugendkultur der Bundesrepublik in den fünfziger Jahren*. Hamburg: Junius 1992
39 Wieseltier, »Against Identity«, S. 58
40 Cornelia Klinger: *Flucht, Trost, Revolte. Die Moderne und ihre ästhetischen Gegenwelten*. München / Wien: Hanser 1995, S. 167
41 Ebd.
42 Vgl. dazu Christian Enzensberger: *Literatur und Interesse. Eine politische Ästhetik mit zwei Beispielen aus der englischen Literatur*. München / Wien: Hanser 1977, 2 Bde., 1. Bd., S. 163–166.
43 Vgl. Otto Karl Werckmeister: *Zitadellenkultur. Die schöne Kunst des Untergangs in der Kultur der achtziger Jahre*. München / Wien: Hanser 1989, bes. S. 150ff.
44 Thomas Groß: »Gefräßige Mitte. Der Pop ist auf die Rebellion des Underground als Ressource angewiesen«, in: *Die Zeit* Nr. 35 vom 20. August 2009, S. 46
45 Ebd.

46 Vgl. Tenbruck, *Bürgerliche Kultur*, S. 281
47 Vgl. Georg Franck: *Ökonomie der Aufmerksamkeit. Ein Entwurf*. München / Wien: Hanser 1998, S. 49 ff.
48 Vgl. Geoffrey Hartman: *Das beredte Schweigen der Literatur. Über das Unbehagen an der Kultur*. Frankfurt a. M.: Suhrkamp 2000, S. 199
49 Wieseltier, »Against Identity«, S. 58
50 Hartman, *Das beredte Schweigen*, S. 199
51 George Steiner: *Errata. Bilanz eines Lebens*. München: dtv 2002, S. 91
52 Ebd., S. 151
53 Franck, *Ökonomie der Aufmerksamkeit*, S. 101–105
54 Vgl. Emanuel Levinas: *Die Spur des Anderen. Untersuchungen zur Phänomenologie und Sozialphilosophie*. Freiburg / München: Alber 1983
55 Jeffrey Melnick: *A Right to Sing the Blues. African Americans, Jews and American Popular Song*. Cambridge / London: Harvard UP 1999, S. 10: »As a popular rhetoric formation, ›Black-Jewish-relations‹ has privileged racial-historical analogy over class disparity.«
56 Vgl. Mary Douglas: *Reinheit und Gefährdung. Eine Studie zu Vorstellungen von Verunreinigung und Tabu*. Berlin: Reimer 1985
57 Zygmunt Bauman: *Moderne und Ambivalenz. Das Ende der Eindeutigkeit*. Hamburg: Junius 1992, S. 46–63
58 Vgl. dazu den historischen Abriss zur Erforschung der populären Kulturen bei Bernd Jürgen Warneken: *Die Ethnographie populärer Kulturen. Eine Einführung*. Köln / Weimar: Böhlau 2006, S. 208–218
59 Vgl. J. Milton Yinger: »Contraculture and Subculture«, in: *American Sociological Review* 25 (1960), S. 625–35; ders.: *Counterculture. The Promise and the Peril of a World Turned Upside Down*. New York: The Free Press 1982
60 Vgl. zu dieser Perspektive noch immer diskussionswürdig Peter Bürger: *Theorie der Avantgarde*. Frankfurt a. M.: Suhrkamp 1974, S. 22
61 Vgl. Werkmeister, *Zitadellenkultur*, S. 146ff.

Fernando Esposito

Die Außenseiter als Innenseiter

Ein Nexus von
Punk und »Jewishness«

In seinem 1968 erstmals erschienenen *Weimar Culture: The Outsider as Insider* stellte der 1939 in die USA emigrierte Historiker Peter Gay die These auf, dass »die Weimarer Republik [...] Außenseitern - Demokraten, Kosmopoliten, Juden - die Möglichkeit [gab], Stellungen in Gesellschaft, Geschäftsleben, Universität und Politik einzunehmen [...], die ihnen bislang versagt worden waren. Und dieser Umbruch gab der Republik ihren eigenartigen, einzigartigen Charakter: lebhaft, oft hektisch; produktiv, aber auch gefährdet.«[1] Gay zeigte, wie zahlreiche Intellektuelle, die im Kaiserreich Außenseiter gewesen waren, in den Jahren zwischen 1918 und 1933 zu Insidern wurden, die der Kultur aber auch der Politik ihren Stempel aufdrückten. Gays Buch liefert mit dieser These einen anregenden Einstieg in die Frage nach einem möglichen Nexus von Punk und »Jewishness«, der im Folgenden nachgegangen werden soll. In seinem abschließenden Kapitel *Die Rache des Vaters*, das auch von der in den 1920er-Jahren blühenden Kulturmetropole Berlin handelt, schreibt Gay zudem: »Berlin war vor allem die Stadt, wo der Außenseiter heimisch werden und sein Talent entwickeln konnte. ›Die überströmende Fülle von Anregungen‹, schreibt Gottfried Benn mit unfehlbarem Instinkt für Rasse in seiner Autobiographie über die Juden, ›von artistischen, wissenschaftlichen, gesellschaftlichen Improvisationen, die von 1918 bis 1933 Berlin neben Paris rückten, entstammte zum großen Teil der Begabung dieses Bevölkerungsanteils, seinen internationalen Beziehungen, seiner sensitiven Unruhe, vor allem seinem todsicheren Instinkt für Qualität.‹«[2]

Nebst dem von Gay provokativ verwandten Begriff der Rasse ist es die Tatsache, dass der Arzt und Dichter Gottfried Benn zeitweise mit den Nationalsozialisten sympathisierte, die einen bei der Lektüre des obigen Zitats skeptisch aufhorchen lassen sollte. Indes liegt jenem Buch, das einen wichtigen Impuls zu der diesem Band vorangegangenen Tagung gab, Steven Lee Beebers

Die Heebie-Jeebies im CBGB's. Die jüdischen Wurzeln des Punk eine mit Benns Äußerungen vergleichbare These zugrunde. In einem Interview mit seiner Übersetzerin Doris Akrap stellte Beeber beispielsweise fest: »›Jew York‹, neben Tel Aviv die Stadt mit der weltweit größten jüdischen Bevölkerung, galt als arrogant, was bedeutete, dass es schnell, witzig, ironisch und klugscheißerisch zuging. Das zog viele Leute, insbesondere mit jüdischem Hintergrund, an, die mit ihrer Intellektualität und ihrem Sinn für Humor auf der Suche nach neuen Kunstformen waren. [...] Die kreativste Stadt der USA hat tatsächlich nur eine einzige Rockmusikbewegung hervorgebracht – und das ist der Punk. Und der war in den Anfangstagen zu großen Teilen jüdisch und entwickelte sich im East Village und an der Lower East Side.«[3]

»Punk«, so Beeber gleich zu Beginn seines Buches, »ist jüdisch.«[4] Doch ist es möglich, auch jenseits jeglichen ethnisch und biologistisch untermauerten Essentialismus einen Zusammenhang herzustellen zwischen »Judentum« und der kulturellen Blüte Berlins in den 1920er-Jahren, wie es Benn tat, oder eben zwischen »*Jewishness*« und Punk, wie es Steven Lee Beeber tut, wenn er von den »jüdischen Wurzeln des Punk« spricht? Wie lässt sich ein Zusammenhang denken zwischen »dem« Jüdischen und bestimmten subkulturellen Praktiken und Haltungen, die ihrerseits wiederum so unbestimmt und polyvalent sind, wie der Punk es war?

Die Herausforderung beginnt mit der Definition von »Jewishness«.[5] Es scheint recht sinnlos, die von Beeber behandelten »jüdischen« Punks als Mitglieder einer religiösen Gemeinschaft zu begreifen, weist doch die Vielzahl der Protagonisten zunächst kaum eigene Verbindungen zum jüdischen Glauben auf. Versteht man das »Jüdische« hingegen als ein Set spezifischer Eigenschaften, die einer Ethnie eigen wären, wie es das Gottfried-Benn-Zitat nahelegt, ist man bereits ins Fahrwasser jenes gefährlichen und potentiell menschenverachtenden Nationalismus geraten, der auf der Idee der »Volksnation«, und das heißt der Nation als ethnischer Abstammungsgemeinschaft, gründet. Oder wie es Richard Hell von den *Voidoids*, der Beebers Interview-Anfrage ablehnte, zum Ausdruck brachte: »Für einen Antisemiten bin ich definitiv ein Jude. Mein Vater war ein (deutscher) Jude aus Pittsburgh, meine Mutter war eine Südstaaten-Methodistin aus Birmingham (walisisch und englisch). Die Familie meines Vaters bestand aus linken Intellektuellen, die überhaupt keine Religion praktizierten – obwohl sie sich sicherlich selbst als Juden betrachteten – und er starb als ich sieben war [sic] [im Original]. Ich weiß überhaupt nichts über diese Religion/Kultur zu sagen.«[6]

Was soll denn dann an jemandem wie Richard Hell »jüdisch« sein? Wie lässt sich »Jewishness« verstehen, wenn weder die Religion noch der »ethnische Hintergrund« eine Rolle spielen? Beeber versucht, »Jewishness« als die Teilhabe an der jüdischen Tradition und Geschichte, nicht zuletzt der Geschichte der Shoah, zu fassen. »Jewishness« erscheint als das unwillkürliche Vorhandensein einer spezifischen Haltung und gewissermaßen als ein Geworfensein in eine Geschichte, vor der es kein Entrinnen gibt. Im Folgenden wird ein spezifischer Aspekt dieser jüdischen Geschichte, der insbesondere für die Diaspora konstitutiv ist, herausgegriffen: *das Außenseitersein.* Diese Selbst- und Fremdzuschreibung ist es, so die zugrunde liegende These, die eine Affinität zum Punk unter »jüdischen« Jugendlichen, Musikern, Intellektuellen aufkeimen ließ. Denn Punk ist nicht zuletzt eine Feier des Außenseiterseins, ein Medium zur Verkehrung des Verhältnisses von Außenseiter und Innenseiter.

Außenseiter par excellence

»Jewishness« kann als ein kulturelles Konstrukt begriffen werden, das zunächst einmal der Herstellung von Identität dient, sei es der Identität der »Juden« selbst, sei es jener der nicht-jüdischen Mehrheitsgesellschaften, unter denen die Juden in der Diaspora verstreut lebten. Wurde doch auch die Identität der »Majorität« durch Abgrenzung zum minoritären, vermeintlich Anderen konstituiert. Oder um einen fragwürdigen Begriff der vergangenen Jahre zu verwenden: Die »Leitkultur« formierte sich, indem sie eine Differenz zu den Kulturen der Minderheiten postulierte. »Jewishness« ist also das Produkt historischer Inklusions- und Exklusionsprozesse, die zu unterschiedlichen Zeiten auf der Grundlage variierender, sich überlagernder und ergänzender oder auch ausschließender Kategorien und Deutungsmuster vorgenommen wurden. Letztere waren zunächst primär religiösen Ursprungs und wurden dann, im Zuge der Säkularisierung einerseits und des Aufstiegs des Nationalismus andererseits, durch nationalistische Ordnungsvorstellungen ergänzt oder ersetzt, die ihrerseits wiederum im Laufe des späten 19. Jahrhunderts zunehmend ethnisiert wurden. Dieser Prozess der Ethnisierung und Biologisierung trug dazu bei, Kultur in »Natur« zu verwandeln und steten Wandel durch vermeintliche Beständigkeit zu überwinden. Neben dem ungeheuren Leid, das diese Inklusions- und Exklusionsprozesse hervorbrachten, standen im Ergebnis *imagined communities* oder »gedachte Ordnungen«, die sich voneinander abgrenzten und der Konstruktion von Identität angesichts ubiquitärer Alterität und Ambivalenz sowie der Stabilisierung von Gemeinschaften dienten.[7]

Für die transterritorial und transnational verfasste jüdische *imagined community* in der Diaspora war das Stigma des Fremden und Anderen konstitutiv, das ihr von der Mehrheitsgesellschaft, in deren Mitte oder an deren Rändern sie lebte, zugeschrieben wurde.[8] Dies galt in unterschiedlichen Abstufungen gleichermaßen für die osteuropäischen, für die in einem weit höheren Maße assimilierten und akkulturierten mittel- und westeuropäischen wie auch für die in den Vereinigten Staaten lebenden Juden. Wie schon Hannah Arendt in ihrem Buch *Elemente und Ursprünge totaler Herrschaft* feststellte, waren die Juden die »*minorité par excellence*«.[9] Jüdischsein hieß unter den Bedingungen der Diaspora auch Anderssein und sowohl in den vorwiegend christlich geprägten vormodernen Gesellschaften als auch in den national geprägten modernen Gesellschaften des euroatlantischen Raums war »der Jude« häufig das Paradigma des Fremden und Außenseiters.[10] Das »Projekt der Homogenität«, das die modernen Nationalstaaten antrieb, veranlasste die Minderheiten dazu, sich entweder zu assimilieren oder eben, wie es der Zionismus anstrebte, selbst auf einem eigenen Territorium zu einer eigenständigen Mehrheit zu werden.[11] Da indes die Kategorien des »Dazugehörens« naturalisiert wurden, scheiterten die Versuche zur Akkulturation und Assimilation: Der Außenseiter konnte in den Augen der Nationalisten niemals zum Innenseiter werden. Das Streben nach Eindeutigkeit und die daraus erfolgende Ausgrenzung gipfelten im Massenmord an den Juden im Holocaust. Selbst nach der israelischen Staatsgründung 1948 blieben die Juden Außenseiter *par excellence*, war doch ihre Verfolgungs- und Opfergeschichte, in die nun auch die nachfolgenden Generationen hineinwuchsen, beispiellos.

Was hat das mit Punk zu tun? Zunächst einmal reichlich wenig. Wie indes gezeigt werden soll, kann Punk als eine kulturelle Praxis verstanden werden, in der mit dem Außenseitersein per se gespielt wurde. Mit Hilfe eines Überblicks zur Geschichte des Begriffs »punk« und einer kleinen Trouvaille kann eine, wenngleich entfernte, so doch bestehende semantische »Verwandtschaft« zwischen der *minorité par excellence* und der Subkultur Punk aufgewiesen werden. Die Subkultur Punk lässt sich nämlich unter anderem als eine widerständige Haltung gegen das vielgesichtige moderne »Projekt der Homogenität« verstehen. Unterschiedlichste »Außenseiter« fühlten sich daher zum Punk hingezogen.

»... no better than a punk on the street corner«

Laut *Oxford English Dictionary* liegt die Herkunft des Wortes *punk* im Dunkeln.[12] Möglicherweise entstammt es einer der amerikanischen Ureinwohnersprachen. Im Amerikanischen verwendete man es zu Beginn des 18. Jahrhunderts jedenfalls als Bezeichnung für den Zunderschwamm. Es verwies also auf jenen auf Buchen und Birken beheimateten Pilz *Fomes fomentarius*, der bereits in der Steinzeit, nachdem man ihn in Urin eingelegt und anschließend getrocknet hatte, zum Entzünden von Feuern diente. In seiner Hauptverwendungsweise stand *punk* daher im semantischen Kontext von *rotten*, des Fauligen und Verfallenden und wurde auch als Adjektiv im Sinne von wertlos oder von minderwertiger Qualität gebraucht.

Etwa seit dem 17. Jahrhundert bedeutet *punk* zudem Prostituierte, Dirne oder Hure. In dieser Bedeutung wird *punk* beispielsweise auch in Shakespeares um 1603 entstandenen und 1623 veröffentlichtem *Measure for Measure* verwendet. In dem Drama, das im vom moralischen Verfall bedrohten Wien spielt, fragt der Herzog die vom nur scheinbar tugendhaften Angelo verlassene Marianna: »Why, you are nothing then: neither maid, widow, nor wife?« Und der nicht weniger ›lasterhafte‹ Lucio ruft aus: »My lord, she may be a punk, for many of them are neither, maid, widow, nor wife.«[13]

Am Ende des Stücks befiehlt der Herzog Lucio, die von ihm geschwängerte und verstoßene Frau zu heiraten. In der Übersetzung Wolf Graf Baudissins heißt es:

»Lucio: Ich bitt' Euer Hoheit um alles, verheiratet mich, doch nicht an eine Metze! Eu'r Hoheit sagte noch eben, ich hätte Euch zum Herzoge gemacht: liebster, gnädiger Herr, lohnt mir nun nicht damit, dass Ihr mich zum Hahnrei macht.

Herzog: Bei meinem Wort, heiraten sollst du sie. Dein Schmähn vergeb' ich, und was weitres du verwirkt hast, gleichfalls. Führt ihn ins Gefängnis, und sorgt, dass mein Befehl vollzogen wird!

Lucio: Solch einen lüderlichen Fisch [punk] heiraten, gnädiger Herr, ist erdrückt, erstickt, gepeitscht und gehängt werden.«[14]

Vermutlich aus dem Kontext der Prostitution abgeleitet taucht der Begriff *punk* zu Beginn des 20. Jahrhunderts im amerikanischen Gefängnisjargon auf. Nun bezeichnet er, worauf später nochmals zurückzukommen sein wird, einen passiven, männlichen Homosexuellen oder Lustknaben und findet noch in den späten 1970er-Jahren in dieser Bedeutung Verwendung, als *punk* bereits auf die hier im Zentrum stehende jugendliche Subkultur verwies.[15]

Punk meint zudem Nichtsnutz, Kleinkrimineller oder Halunke und wurde nicht zuletzt im Amerikanischen in diesem Sinne als Schimpfwort gebraucht. Hiervon zeugt beispielsweise das 1966 erschienene Buch des Pioniers des sogenannten Gonzo-Journalismus, Hunter S. Thompson, über die Hell's Angels. Dort heißt es:[16] »I smashed his face. He got wise. He called me a punk. He must have been stupid.«[17] Und wenige Seiten später: »[The motorcycle] is his [eines Hell's Angels] only valid status symbol, his equalizer, and he pampers it the same way a busty Hollywood starlet pampers her body. Without it, he is no better than a punk on a street corner.«

Hier werden beide Konnotationen evoziert, der *punk* ist ein Stricher, insbesondere aber ist er ein Taugenichts. Er ist ein Ausgestoßener und ein sichtbares Zeichen der Verkommenheit und des gesellschaftlichen Verfalls. In diesem Sinne verwendet auch William S. Burroughs, der in die Ahnengalerie des Punk häufig als Pate eingereiht wird, den Begriff. So heißt es in seinem 1953 veröffentlichten semi-autobiographischen *Junky*: »›Fucking punks,‹ said Roy. ›If I catch one of them on the West Side line I'll push the little bastard on the tracks.‹ One of the punks came over and asked Roy for a cut. ›I tell you he didn't have nothing,‹ said Roy. ›We saw you take out his wallet.‹ ›There wasn't nothing in it.‹ A train stopped and we got on, leaving the punk there undecided whether or not to get tough. ›Fucking punks think it's a joke‹, Roy says. ›They won't last long. They won't think it's so funny when they get out on the Island doing five-twenty-nine.‹«[18]

Anfang der 1970er-Jahre wurde der Begriff schließlich auf die Sphäre der Musik übertragen; so ernannte die Musikzeitschrift *Creem* auf ihrer Titelseite vom Juni 1973 Alice Cooper zum »Punk of the Year«.[19] Nebst der in Detroit beheimateten Zeitschrift *Creem*, welche auch die von den *MC5* und den *Stooges* geprägte lokale Musikszene beleuchtete, nimmt auch Lenny Kayes 1972 veröffentlichter Sampler *Nuggets* eine entscheidende Rolle auf dem Weg zur musikspezifischen Prägung des Begriffs ein. Laut Jon Savage habe *Nuggets* die Punk-Idee kodifiziert.[20] Der dort versammelte psychedelisch angehauchte Garagen-Rock wurde zum musikalischen »Proto«-Punk erklärt. So hieß es in den Linernotes: »[…] most of these groups […] were young, decidedly unprofessional, seemingly more at home practicing for a teen dance than going out on a national tour. The name that has been unofficially coined for them – ›punk-rock‹ – seems particularly fitting in this case, for if nothing else they exemplified the berserk pleasure that comes with being onstage outrageous, the relentless middle-finger drive and determination offered only by rock and roll at its finest.«[21]

Entstanden war diese von Kayes vor dem Vergessen bewahrte Musik, so Savage, dank eines Paradoxes, denn es handelte sich um amerikanische Popbands, die während der 1960er-Jahre jene britischen Gruppen kopierten, die ihrerseits den amerikanischen Rhythm & Blues nachahmten. Infolge dieser doppelten Brechung sei eine ausschließlich »weiße«, »proletarische« Musik entstanden, deren »schwarze« Wurzeln gänzlich ausgebleicht worden seien und an deren Stelle ein von starker Verzerrung und Feedback erzeugter Krach gestanden habe.[22]

Auch in seiner musikspezifischen Verwendung wurde der Begriff zunächst also für Bands und Musik gebraucht, deren kleinster gemeinsamer Nenner jedenfalls das Abwegige, Obskure und Ausgefallene, nicht der Norm Entsprechende zu sein schien, das sich jenseits des aktuellen klanglichen, stilistischen oder auch diskursiven Mainstreams befand: angefangen mit »Moulty« von The Barbarians, das von ihrem einarmigen Schlagzeuger handelte, und den Count Five mit ihrem Song »Psychotic Reaction«, die sich beide auf dem *Nuggets*-Sampler befanden, über die Stooges, auf die der Begriff auch alsbald angewendet wurde und die 1969 nicht nur keinen Spaß hatten »(No Fun)« sondern auch »I wanna be your dog« sangen, bis hin zu den campy New York Dolls und den von Andy Warhol lancierten Velvet Underground mit ihren Liedern »Heroin« und »Venus in Furs«. Was unter dem Begriff des Punk versammelt wurde und in den musikalischen Kanon des Punk beziehungsweise des »Protopunk« aufgenommen werden sollte war sowohl musikalisch als auch von den Texten der Songs her als »hässlich«, »abartig« und »befremdend« kodiert.

Indessen war es die von John Holmstrom, Legs McNeil und Ged Dunn ins Leben gerufene Zeitschrift *Punk*, deren erste Ausgabe im Januar 1976 erschien, die zur Kodifizierung des Begriffs in seiner jetzigen Bedeutung maßgeblich beitrug. So erläutert der »resident punk« Legs McNeil in der von ihm selbst herausgegebenen *Uncensored Oral History of Punk*, den Hintergrund der Namensfindung: »I saw the magazine Holmstrom wanted to start as a Dictators album come to life. On the inside sleeve of the record was a picture of the Dictators hanging out in a White Castle hamburger stand and they were dressed in black leather jackets. Even though we didn't have black leather jackets, the picture seemed to describe us perfectly – wise guys. So I thought the magazine should be for other fuck-ups like us. Kids who grew up believing only in the Three Stooges. Kids that had parties when their parents were away and destroyed the house. You know, kids that stole cars and had fun. So I said, ›Why don't we call it Punk?‹ The word ›punk‹ seemed to sum up the thread that connected everything we like – drunk, obnoxious, smart but not pretentious, absurd, ironic, and things that appealed to the darker side.«[23]

Auch bei Holmstrom und McNeil standen zum einen also die Konnotationen »Nichtsnutz«, »Strolch« aber auch »Taugenichts« und »Gammler« im Mittelpunkt, wenngleich die letzten beiden Begriffe ihrerseits im deutschen Kontext schon anders besetzt waren und sind. Zum anderen aber war ein Punk auch ein *wise guy* und *smart ass*, absurd und ironisch wie die Innenhülle der Dictators-Platte *Go Girl Crazy* eben und mit einem Hang zur »dunklen Seite«, wie ihn die Zeichnungen von Holmstrom auf den Covern von *Punk* zum Ausdruck brachten.

The Dictators: *Go Girl Crazy* (Innenhülle). Von Holmstrom gezeichnetes Cover der ersten Ausgabe der Zeitschrift *Punk*, Januar 1976.

Der bislang entfaltete »semantische Stapel« diente der Vorstellung jener Bedeutungsfelder, die das Phänomen Punk konstituierten und die Wahrnehmung desselben mitbestimmten, als sich die Subkultur Punk etwa 1976 auf der Grundlage der US-amerikanischen Vorbilder zu etablieren begann.[24] Die von den Sex Pistols, ihren »krawallartigen« Konzerten, »skandalösen« Fernsehauftritt in Bill Grundys *Today*-Sendung vom Dezember 1976,[25] ihren »schimpflichen« Liedzeilen und »empörenden« Verhalten anlässlich des *Silver Jubilees* von Königin Elisabeth II. in Großbritannien ausgelöste »moral panic« verstärkte dann die bereits vorhandenen Konnotationen des Punk nur.[26]

Sowohl die aufgewiesene Tradition, in die das Konzept Punk eingebettet war, als auch seine Position im synchronen Bezugs- und Verweissystem der mittleren 1970er-Jahre verdeutlichten die Bedeutung der Semantik des Abseitigen, Verkommenen, sich jenseits der Norm Befindenden. Diese Position von Punk innerhalb der semantisch-symbolischen Ordnung ist meines Erachtens entscheidend für das Verständnis des Zusammenhangs von Punk und »Jewishness«. Es gibt keinen direkten Nexus zwischen diesen beiden Entitäten oder gar essentialistische »jüdische Wurzeln des Punk«. Es gibt zwischen Punk und »Jewishness«, so ließe sich in Anlehnung an Ludwig Wittgenstein formulieren, zwar nichts, was beiden gemeinsam wäre, sondern vielmehr »Ähnlichkeiten, Verwandtschaften […] und zwar eine ganze Reihe«, die sich auf der semantisch-symbolischen Ebene befinden. »Diese Ähnlichkeiten«, so Wittgenstein weiter, ließen sich »nicht besser charakterisieren als durch das Wort ›Familienähnlichkeiten‹: denn so übergreifen und kreuzen sich die verschiedenen Ähnlichkeiten, die zwischen den Gliedern einer Familie bestehen: Wuchs, Gesichtszüge, Augenfarbe, Gang, Temperament, etc. etc.« Die Affinität oder »Familienähnlichkeit« zwischen Punk und »Jewishness« gründet im vielschichtigen Komplex der Exklusion und des Randgruppen-Daseins.[27] Es handelt sich um eine zwar entfernte Verwandtschaftsbeziehung, die sich jedoch als zu verfolgende Spur erweist. Bot doch Punk, wie im Folgenden gezeigt werden soll, eine Möglichkeit, sich diese Semantik des Anderen anzueignen, um sie umzuschreiben und mit neuem Sinn aufzuladen. Eine Möglichkeit, derer sich zahlreiche unterschiedlichste »Außenseiter« bedienten und die auch zahlreiche »jüdische« Musiker und Künstler im letzten Drittel des 20. Jahrhunderts wahrnahmen.

Die Außenseiter als Innenseiter

Der von der Frühen Neuzeit bis ins 20. Jahrhundert reichende, diachrone, semantische Stapel vereinte unter dem einzelnen Begriff einen bunten Haufen marginalisierter Individuen, die zu unterschiedlichen Zeitpunkten gemäß heterogener Prinzipien und Mechanismen aus der Mehrheitsgesellschaft ausgeschlossen wurden: die Dirne, der vergewaltigte Gefängnisinsasse sowie den kleinkriminellen Gauner.[28] Zwischen ihnen bestehen, um bei der Wittgensteinschen Metapher der Familienähnlichkeit zu bleiben, weitläufige »Verwandtschaftsbeziehungen«, und das heißt also ein »kompliziertes Netz von Ähnlichkeiten, die einander übergreifen und kreuzen«. Diese semantischen Ähnlichkeiten ergeben sich wiederum aus dem jeweiligen Exkludiertsein. Wer sich, wie in dem anfangs zitierten Shakespeare-Drama deutlich wurde, jenseits der für Frauen vorgesehenen eindeutigen Kategorien bewegte, wer weder jungfräuliches Mädchen, Ehefrau noch Witwe war, wurde als »Ehrlose« an den Rand der Gesellschaft gedrängt und ausgegrenzt. Ihrer »Ehre« aufgrund »einfacher Unzucht« verlustig gegangen, wurde die geschwängerte und anschließend sitzengelassene junge Frau zum *punk*, zur Hure erklärt.[29] Ähnlich verhält es sich bei den zweiten unter dem Begriff *punk* versammelten Subjekten, den Gefängnis-Strichjungen. Sie bilden innerhalb der bereits aus der Gesellschaft ausgestoßenen Gruppe der Gefangenen die unterste Subkaste, die den älteren, stärkeren, meist schwerer Verbrechen wegen Einsitzenden sexuell gefügig zu sein hatte.[30]

Von diesen am untersten Ende der gesellschaftlichen Hierarchie oder am Rande des Randes selbst stehenden *punks* erzählte auch der französische Nachkriegsschriftsteller Jean Genet. Genet selbst wurde 1926 als Fünfzehnjähriger in die landwirtschaftliche Strafkolonie von Mettray eingewiesen, die nebst dem Gefängnis von Fontevrault den Schauplatz für seinen 1946 erschienenen, in seiner ersten Fassung wiederum im Gefängnis entstandenen Roman *Wunder der Rose* abgab. Dort heißt es zu den *punks*, die im französischen Original *voyou* genannt werden und in der englischen Übersetzung des 1946 erschienenen Romans auch tatsächlich die Bezeichnung *punk* erhalten, beispielsweise:[31] »Seine hübsche Schnauze und seine Unbefangenheit reizte die Louis, die ihn sich holten. ›Ich habe mir einen kleinen Burschen besorgt‹, so drückte Divers sich aus und fügte für mich hinzu: ›Du sollst auch so eine kleine Hure von einem Strolch bekommen.‹ Leider hielt Winter das Elend der Prostitution nicht lange durch.«[32]

Genets autobiographisch gesättigte Literatur vermag den Begriff *punk* weiter mit Gehalt aufzuladen, kreist sie doch um das Leben dieser Randexistenzen in den Gefängnissen, zu denen Genet selbst gehörte. Es gibt jedoch einen weiteren Grund, der den Blick auf Genet lenkt. Genets Schriften liegen nämlich an einem Schnittpunkt zwischen dem die älteren, historischen *punk*-Phänomene umfassenden diachronen, semantischen Stapel und dem synchronen Diskurs der späten 1970er-Jahre. Dick Hebdige, der 1979 eines der maßgeblichen Bücher zu den britischen Subkulturen der Nachkriegszeit veröffentlichte, *Subculture. The Meaning of Style*, und sich darin ausführlich dem Punk widmete, zog neben T.S. Eliot und Roland Barthes nämlich Jean Genet als Kronzeugen für die subkulturelle Herausforderung hegemonialer Kulturen mittels Stil heran. So heißt es im Fazit von *Subculture*: »We come at last to Genet, who furnished a metaphor and a model, for, despite the initial misfortunes of his birth and position, he has learned to live ›in style‹. Genet is a subculture unto himself. [...] Like Barthes also, he has secret insights, he is involved in undercover work. But he is differently placed. He is a thief, a liar, a ›jerk‹. Unlike Barthes he has been excluded by order of the State.«[33]

In der korrespondierenden Fußnote erläutert Hebdige, was ein *jerk* ist: »In Genet's prison hierarchy, the ›jerk‹ is the lowest of the low. Even the ›chickens‹ can if they wish refuse a ›mac‹, a pimp or a ›big shot‹; the ›jerk‹ is freely available at any time to anybody.«

Hebdiges Behandlung von Genet in seinem Buch über die jugendliche Subkultur Punk ergab sich unter anderem daraus, dass Genet ein *punk* im Sinne der älteren Bedeutung dieses Begriffes war. Doch der Nexus zwischen der älteren Semantik und jener der späten 1970er-Jahre gründete in der Sache beziehungsweise in deren Funktion im Diskurs und nicht im Wort, scheint doch bei Hebdige die Bezeichnung *jerk* für den Lustsklaven der Gefängnisinsassen geläufig zu sein und nicht die Bezeichnung *punk*. Ob nun dieser Zufall darin gründet, dass Hebdige Genet entweder im Original las oder daran, dass in den ihm zur Verfügung stehenden Übersetzungen *jerk* anstatt *punk* verwendet wurde oder aber daran, dass, wie aus der Bibliographie ersichtlich ist, Hebdige zwar andere Werke Genets konsultierte, aber nicht *Wunder der Rose* ist zweitrangig. Selbst die Möglichkeit, dass Hebdige dieser Zufall bewusst war und er ihn verschwieg, ist irrelevant. Die Trouvaille, also der Befund, dass sich hier beide Bedeutungsschichten überschneiden, erhält ihren Wert vielmehr aus den an ihr ersichtlich werdenden Regeln der Verknüpfung oder Substrukturen des Denkens und der Analogien, die sie gestatten. Genet war für Hebdige eine zentrale Figur für das Verständnis von Punk, nicht weil Ersterer *punk* im Sinne von *voyou* war und auch nicht nur weil er die »subversive implications of style« intensiv reflektiert hatte, sondern weil er sein Ausgeschlossensein bejahte: »He turns a system on its head. He ›chooses‹ his crimes, his sexuality, the repugnance and outrage he arouses in the streets, and when he looks at the world, ›nothing is irrelevant‹. [...] only the worst is good enough for him, nowhere but the lowest and most sordid dive can be called home. Positioned on the outside (even when ›inside‹) Genet not only reads the signs, he writes them. He subverts appearances, slips behind them to have a joke at their expense [...]. Finally, he turns to language, but he comes to it via a secret route. [...] Once there, he disrupts it, pushes its words into forbidden places.«[34]

Die Exklusion und deren Bejahung wurden hier zur Bedingung der Möglichkeit, die herrschende symbolische Ordnung herauszufordern. Gerade weil Genet *punk* im Sinne des ausgeschlossenen »Anderen« war, vermochte er gleich den von Hebdige mit ihm parallelisierten, unterprivilegierten und exkludierten jugendlichen Arbeitern oder Schwarzen die vorgegebene Ordnung zu unterwandern, die Zeichen zu verwandeln und ihnen neue Bedeutungen zuzuschreiben. Genet drang gewissermaßen von den Rändern her in die hegemoniale symbolisch-semantische Ordnung ein, um die vorherrschenden Bedeutungen zu entwerten und neue an ihre Stelle zu setzen.

Mit Punk wurde die von den Situationisten systematisierte Praxis des *détournement*, das heißt der Umkodierung eines vorhandenen Sinns, auf die Spitze getrieben.[35] Wie Guy Debord und Gil J. Wolman 1956 in ihrem Text *Gebrauchsanweisung für die Zweckentfremdung* schrieben, ging es beim *détournement* darum, dass »alle Elemente, egal woher genommen, [...] Gegenstand neuer Zusammenhänge werden« können.[36] Die von Debord und Wolman so genannte »missbräuchliche Zweckentfremdung« bezog sich auf ein »an sich bedeutungsvolles Element, das aus der neuen Zusammenstellung eine andersartige Bedeutung bekommt.« Jedes Zeichen war, so die Autoren weiter, »dazu geeignet, in ein anderes und sogar in sein Gegenteil verwandelt zu werden.«

Punk wurde also nicht nur verwendet, um den Pop zu negieren und die »Kulturindustrie« anzuprangern (bei gleichzeitiger Affirmation derselben),[37] sondern stellte zudem ein probates Medium dar, das auch »jüdischen« Musikern, Künstlern, Intellektuellen sowie den rezipierenden Jugendlichen dazu dienen konnte, das Schwächere zum Stärkeren zu machen und das Verhältnis von normal und abseitig, fremd und zugehörig, Mehrheit und Minderheit spielerisch umzukehren.

Am Augenscheinlichsten wird dieses Spiel der Umkodierung beim Image der Bands. So wurde beispielsweise im Gegensatz zu dem Reichtum, den die erfolgreichen Bands der vorangegangenen gegenkulturellen Revolution zur Schau stellten, nun mit dem Bild des Lumpenproletariats kokettiert. An die Stelle des Gewinners trat nun der Verlierer und so lautete der Untertitel eines in der britischen *Sounds* im April 1977 veröffentlichten Berichts über die neue Welle des Punk: »Featuring a cast of geeks, mutants, androids, bozos, winners, losers and jes' plain folks ...«[38] Joey Ramone, der schlaksige ungelenke Sänger der *Ramones*, ist geradezu paradigmatisch für diese Umwandlung des »geeks«, des »Mutanten«, jedenfalls des Ausgestoßenen und Außenseiters in einen Innenseiter. Seine »jüdische« Herkunft ist hier indes zweitrangig und erlangt erst vor dem Hintergrund der Frage nach dem Umgang mit nationalsozialistischen Themen und Symbolen eine Bedeutung, so beispielsweise wenn er »Today your Love, Tomorrow the World« singt: »I'm a Nazi schatzi y'know I fight for fatherland / Little German boy being pushed around / Little German boy in a German town.«[39]

Im Punk wurde nicht nur das Hässliche zum Schönen und das Nichtkönnen zum Bravourstück, sondern auch das Opfer zum Täter und der Exkludierte zum Inkludierten. Punk gestattete, wie auch Beeber bemerkt, einen scheinbar unbefangenen und ironischen Umgang mit der jüdischen Geschichte der Verfolgung und der Fremdheit, die nun gleichermaßen umgewandelt wurde – ganz wie der Außenseiter Joey Ramone zur gegenkulturellen Ikone wurde. Punk stellte somit auch einen Modus dar, mit der erdrückenden Last des Holocausts-Traumas, die auf den Nachkommen der Überlebenden lag, umzugehen. Eine Art und Weise des Umgangs, die zwar zunächst gleichermaßen befremdlich scheint wie die kürzlich von Ari Libskers Dokumentarfilm beleuchteten israelischen pornographischen »Stalag«-Groschenromane der 1960er-Jahre, die es aber indes erlaubte, das Trauma nicht nur zu thematisieren und zu sublimieren, sondern das Stigma des Andersseins, das zur Verfolgung und Vernichtung geführt hatte, umzukodieren und umzukehren.[40]

Doch wurde Punk selbstverständlich nicht nur von Musikern, Intellektuellen und Jugendlichen mit »jüdischem« Hintergrund als Medium zur Umdeutung der Zeichen und zur Umkodierung gesellschaftlicher Verhältnisse genutzt. Die Affinität zwischen der *minorité par excellence* und Punk war nur eine unter vielen bestehenden »Verwandtschaftsbeziehungen« zwischen Außenseitern unterschiedlichster Kategorien und der neuen subkulturellen Praxis. Es ist an dieser Stelle leider nicht möglich, die Hintergründe der seit den »langen« 1970er-Jahren stattfindenden Aufwertung des »ausgeschlossenen Anderen«, der Heterogenität und der Uneindeutigkeit zu schildern. Es kann nur festgehalten werden, dass die Hinwendung zu den »Rändern« eine Signatur der Epoche »nach dem Boom« zu sein scheint und die »culture wars« jener Jahrzehnte bestimmte.[41] Im Ergebnis entstand, so der amerikanische Historiker Daniel Rodgers, ein *Age of Fracture*, ein Zeitalter des Bruchs und zwar des Bruchs nicht nur mit der Vergangenheit, sondern insbesondere innerhalb des ehemals Eindeutigen, das nunmehr in eine Vielzahl von Einzelteilen zerbrochen war oder, um Zygmunt Baumans Metapher zu verwenden, vom festen Aggregatzustand in den flüssigen übergegangen war.[42] An die Stelle der Eindeutigkeit trat die Ambivalenz, an jene des Kollektivs das Individuum, an jene der »master narratives« die »micronarratives«.

Eine entscheidende Rolle in diesem Transformationsprozess spielte die Metamorphose der während der industriellen »Hochmoderne« gültigen Kategorien von Inklusion und Exklusion.[43] Wenngleich Punk, insbesondere seine britische Ausprägung, sogleich als *dole queue rock* wahrgenommen wurde, handelte es sich keineswegs vornehmlich um die Objektivierung des Elends jugendlicher Proletarier.[44] Vielmehr lässt sich am Punk gerade beobachten, wie »Klasse« ihre ursprüngliche Relevanz als zentrale Kategorie zur Ordnung der Gesellschaft verlor und alternative Kategorien an ihre Stelle traten. In den USA sowie in der postkolonialen britischen Gesellschaft gewannen »Rasse« und Ethnie an Bedeutung, und es rückten im gesamten euroatlantischen Raum auch andere, ehemals nicht im Zentrum des politischen Feldes stehende Ordnungskategorien wie Geschlecht, Gender und sexuelle Orientierung stärker in den Mittelpunkt des Inklusionsdiskurses. Allerorts standen nun ehemalige »Außenseiter« im Zentrum des Blickfelds, insofern die Marginalisierten von einst, all jene, die nicht männlich, weiß, heterosexuell und der Mittelschicht zugehörig waren, nun die Legitimität der Gegenentwürfe der »Leitidentität« einforderten. Feministinnen, Homosexuelle und Schwarze fochten gegen deren Hegemonie an und stellten dabei, nicht selten unter Zuhilfenahme des sich zur selben Zeit etablierenden semiotischen und poststrukturalistischen Theorieangebots, das Konzept der kohärenten und eindeutigen Identität insgesamt in Frage. Für die Anliegen »jüdischer« *identity politics*, unter anderem das Anprangern fortdauernder Ausgrenzung und die Suche nach einem angemessenen Umgang mit der Geschichte des Holocaust, war Punk *ein* Kanal. Punk erlaubte nicht nur eine »*symbolic violation* of the social order«,[45] sondern eben eine Verwandlung der Außenseiter in Innenseiter, indem er einem jeden die Definitionsmacht über Innen und Außen in die Hand gab.

Anmerkungen

1 Peter Gay: *Die Republik der Außenseiter. Geist und Kultur in der Weimarer Zeit 1918–1933*. München: *Fischer Taschenbuch Verlag* 2004, S. 9 f.
2 Ebd., S. 173
3 Vgl. in diesem Buch, S. ###
4 Steven Lee Beeber: *Die Heebie-Jeebies im CBGB's. Die jüdischen Wurzeln des Punk*. Mainz: *Ventil* 2008, S. 19
5 Zu den Schwierigkeiten, die sich bei einer Definition des Judentums stellen, lehnt man die Kategorien der Antisemiten und Nationalisten ab, siehe beispielsweise: Moshe Zimmermann: *Die deutschen Juden 1914–1945*. München: *Oldenbourg* 1997, S. 80 ff.
6 Beeber: *Heebie-Jeebies*, S. 170
7 Zur »imagined community« siehe: Benedict Anderson: *Imagined Communities. Reflections on the Origin and Spread of Nationalism*, London u. a.: *Verso* 2006. Zur »gedachten Ordnung« siehe: Mario Rainer Lepsius: »Nation und Nationalismus in Deutschland«, in: M. R. L.: *Interessen, Ideen und Institutionen*. Opladen: *Westdeutscher Verlag* 1990. Zu Identität und Gemeinschaften siehe: Zygmunt Bauman: *Gemeinschaften. Auf der Suche nach Sicherheit in einer bedrohlichen Welt*. Frankfurt a. M.: *Suhrkamp* 2009
8 Zur Transterritorialität und Transnationalität der Juden siehe: Dan Diner: »Geschichte der Juden. Paradigma einer europäischen Geschichtsschreibung«, in: D. D.: *Gedächtniszeiten. Über jüdische und andere Geschichten*. München: *C. H. Beck* 2003
9 Hannah Arendt: *Elemente und Ursprünge totaler Herrschaft*. Frankfurt a. M.: *Europäische Verlagsanstalt* 1962, S. 407
10 Siehe hierzu auch: Nicolas Berg: *Luftmenschen. Zur Geschichte einer Metapher*.
Göttingen: *Vandehoeck & Ruprecht* 2008
11 Siehe hierzu Zygmunt Bauman: *Moderne und Ambivalenz. Das Ende der Eindeutigkeit*. Hamburg: *Hamburger Edition* 2005, insbesondere S. 226–238
12 Vgl. auch für das Folgende: Eintrag »Punk«, in: *The Oxford English Dictionary*. Second Edition, prepared by J.A. Simpson u. E.S.C. Weiner. Bd. XII. Oxford: *Clarendon Press* 1989, S. 847. Für eine starker auf die zeitgenössischen Bedeutungen von *punk* ausgerichtete »Begriffsgeschichte« siehe: Nicholas Rombes: *A cultural dictionary of punk. 1974–1982*. New York, NY: *Continuum* 2009, S. 199–207
13 William Shakespeare: *Measure for Measure.*, Hrsg. von Brian Gibbons. Cambridge: *Cambridge University Press* 2006, 5.1.177–179
14 Ebd., 5.1.517–526.
15 Eintrag Punk, in: The Oxford English Dictionary, S. 847. sowie Number 1500: *Life in Sing Sing*. Indianapolis, in: *Bobbs-Merrill* 1904, S. 251. Dort heißt es unter der Rubrik »*Slang among convicts*«: *»Punk: Bread; a pervert.«*
16 The Oxford English Dictionary, S. 847.
17 Hunter S. Thompson: *Hell's Angels*. London: *Penguin* 1999, S. 81. Folgendes Zitat auf S. 104
18 William S. Burroughs: *Junky: The Definitive Text of Junk*. London: *Penguin* 2008, S. 30
19 Titelblatt, in: *Creem*. 5/1 vom Juni 1973. Dave Marshs Artikel *Will Success Spoil The Früt?*, der ebenfalls in der Zeitschrift *Creem* im Mai 1971 veröffentlicht wurde, wird häufig als erster Beleg des Begriffs *punk rock* genannt. Dies konnte bislang leider nicht verifiziert werden.
20 Vgl. hierzu auch: Beeber: *Die Heebie-Jeebies*, S. 96 f.
21 Lenny Kaye: *The Hemi-Headed, Decked-and-Stroked, highly Combustible Juggernaut of the New (Aka the Original* Nuggets *Notes)*. Wiederabdruck der Linernotes von *Nuggets* in: *Nuggets. Original Artyfacts from the Psychedelic Era 1965–1968*. Los Angeles: *Rhino* 1998, S. 13
22 Siehe Jon Savage: *England's dreaming. Sex Pistols and Punk Rock*. London: *Faber & Faber* 2005, S. 81 f.
23 Legs McNeil u. Gillian McCain: *Please kill me. The uncensored oral history of punk*. New York, NY: *Penguin* 1997, S. 20
24 Zu »semantischen Stapeln« siehe: Anson Rabinbach: *Begriffe aus dem Kalten Krieg. Totalitarismus, Antifaschismus, Genozid*. Göttingen: *Wallstein* 2009
25 Siehe hierzu: Mark Duffett: »Sworn In: Today, Bill Grundy and The Sex Pistols«, in: Ian Inglis (Hg.): *Popular music and television in Britain*. Farnham, Surrey: *Ashgate* 2010, S. 85–104
26 Zu den »moral panics«, die von den Jugendkulturen in Großbritannien ausgelöst und den Massenmedien verstärkt wurden siehe: Stanley Cohen: *Folk devils and moral panics. The creation of the Mods and Rockers*, Abingdon, Oxon: *Routledge* 2011
27 Zum Konzept der Familienähnlichkeit siehe: Ludwig Wittgenstein: *Philosophische Untersuchungen*. Frankfurt a. M.: *Suhrkamp* 1971, 65 ff. Dort auch die folgenden Zitate.
28 Für einen Überblick zur insbesondere in der Soziologie florierenden Forschung zu gesellschaftlicher Inklusion und Exklusion siehe u. a.: Heinz Bude / Andreas Willisch (Hg.): *Das Problem der Exklusion. Ausgegrenzte, Entbehrliche, Überflüssige*. Hamburg: *Hamburger Edition* 2006
29 Zur »einfachen Unzucht« und zu den Konsequenzen des außerehelichen Geschlechtsverkehrs in der Frühen Neuzeit siehe: Richard van Dülmen: *Kultur und Alltag in der frühen Neuzeit*. Bd. 1, *Das*

Haus und seine Menschen. München: C.H. Beck 2005⁴, S. 191ff. sowie R.v.D., *Kultur und Alltag in der frühen Neuzeit. Bd. 2, Dorf und Stadt*. München: C.H. Beck 2005³, S. 202 u. S. 265 ff.
30 Siehe hierzu und zum Folgenden: Kate Millett: *Sexual politics*. London: *Sphere Books* 1971, S. 336–361, insbes. S. 338 sowie Gene A. Plunka: *The rites of passage of Jean Genet. The art and aesthetics of risk taking*. Rutherford, NJ: *Fairleigh Dickinson Univ Press* 1992, S. 82 f.
31 Jean Genet: *Miracle de la rose*. Lyon: *L'Arbalète* 1946, S. 322. Vgl. die 1965 erfolgte englische Übersetzung von Bernard Frechtman: Jean Genet: *Miracle of the Rose*. New York, NY: *Grove Press* 1988, S. 248f. Dort heißt es: »His pretty mug and his nonchalance excited the big shots and they gave themselves a treat. ›I've just treated myself to a little guy.‹ Thus spoke Divers, who added for my benefit: ›You'll have a little punk's dick, you too.‹ Unfortunately, Winter did not suffer the miseries of prostitution for long.« Dort, S. 21, heißt es: »With a single twist, unique in the world, Botchako hitched up his pants. ›I'd shoot it up your hole, you punk!‹«
32 Jean Genet: *Wunder der Rose*, in: J.G: *Werke in Einzelbänden, Bd. 2*, Gifkendorf: *Merlin*. 2000, S. 412
33 Dick Hebdige: *Subculture. The meaning of style*. London: *Routledge* 2005, S. 137. Dort (S. 166) auch das folgende Zitat.
34 Ebd., S. 2 und S. 138
35 Zum Zusammenhang von Punk und Situationismus siehe: Greil Marcus: *Lipstick Traces. A Secret History of the Twentieht Century*. London: *Faber and Faber* 2001
36 Guy-Ernst Debord / Gil J. Wolman: »Gebrauchsanweisung für die Zweckentfremdung«, in: Pierre Gallissaires / Hanna Mittelstädt / Roberto Ort (Hrsg.): *Der Beginn einer Epoche. Texte der Situationisten*. Hamburg: *Edition Nautilus* 2008², S. 21. Dort, S. 22 und S. 26, auch die folgenden Zitate.
37 Siehe hierzu: Robert Garnett: *Too low to be low: Art pop and the Sex Pistols*, in: Roger Sabin (Hg.): *Punk Rock: So What?* London u. a.: *Routledge* 1999, S. 17–30
38 Vivien Goldman: *Made in Britain. Images of the New Wave*. in: *Sounds* vom 2. April 1977, S. 22–28
39 The Ramones: »Today your Love, Tomorrow the World«, auf: dsb.: *Ramones. Sire* 1976
40 Siehe: Ari Libsker: *Pornographie und Holocaust*. Original: *Stalags*. Israel: *Good Movies/Neue Visionen/Indigo* 2010
41 Siehe Anselm Doering-Manteuffel / Lutz Raphael: *Nach dem Boom. Perspektiven auf die Zeitgeschichte seit 1970*. Göttingen: *Vandenhoeck & Ruprecht* 2008². Zu den »culture wars« siehe: Daniel T. Rodgers: *Age of fracture*. Cambridge, MA: *Belknap Press of Harvard University Press* 2011
42 Zygmunt Bauman: *Flüchtige Moderne*. Frankfurt a. M.: *Suhrkamp* 2003
43 Zur »Hochmoderne« siehe: Ulrich Herbert: »Europe in High Modernity. Reflections on a Theory of the 20th Century«, in: *JMEH* 5 (2007), S. 5–21. Zur Kritik am Konzept siehe: Lutz Raphael: »Ordnungsmuster der ›Hochmoderne‹? Die Theorie der Moderne und die Geschichte der europäischen Gesellschaften im 20. Jahrhundert«, in: L.R. / Ute Schneider (Hg.): *Dimensionen der Moderne. Festschrift für Christof Dipper*, Frankfurt a. M. u. a.: *Peter Lang* 2008, S. 73–91
44 Peter Marsh: »Dole-queue rock«, in: *New Society* 39, vom 20. Januar 1977, S. 112–114
45 Hebdige, *Subculture*, S. 19

»I'm in love with rock & roll and I'll be out all night«
Jonathan Richman

PUNK UND JUDENUM

»Die 82er-Generation«
Jonas Engelmann und Klaus Walter im Gespräch mit Avi Pitchon

Avi Pitchon ist Künstler, Musiker, DJ, Kurator (*Wonderyears, NGBK 2003; IRVIN/N/ SK. In the Eye of the State, Israeli Centre for Digital* 2010) und Journalist (*Terrorizer Magazine, Vice Germany, The Wire, Ha'aretz*). Er hat gerade ein Buch über die Israelische Gegenkultur der 1980er- und 1990er-Jahre beendet, aus dem ein Kapitel im Anschluss an das Interview abgedruckt ist.

Avi, du hast in den 1980ern bei *Noon Mem*, einer der ersten Punkbands Israels, gespielt. Waren mit dieser Szene oder Musik für dich Sehnsuchtsorte verbunden, Orte von denen du das Gefühl hattest, eigentlich eher dort sein zu müssen, statt in Tel Aviv?

[Avi Pitchon:] Bevor ich diese Frage beantworte, muss ich ein wenig ausholen. Ganz allgemein gesagt glaube ich, dass, bevor ich Punk tatsächlich zum Lebensstil wählte, das einschneidendste Ereignis der Libanon-Krieg 1982 war, sowohl für mich, als auch für meine Generation. Dieser Krieg war eine Art Wendepunkt in der israelischen Geschichte, denn es war der erste Krieg, der kein Konsens unter der jüdischen israelischen Bevölkerung war, der erste, bei dem die Hälfte der Bevölkerung sagte, er hätte vermieden werden können. Es gab also eine ganze Generation von 18-jährigen, 19-jährigen, die von Kriegseinsätzen nach Hause kam und ein dringendes Bedürfnis verspürte, etwas zu erleben, was ihnen die Erlebnisse im Krieg zu vergessen half. Falls ihr *Waltz with Bashir* gesehen habt, dort gibt es eine Szene, in der die Soldaten in einen Club gehen, wo »This is Not a Love Song« läuft. Das ist keine Beschreibung eines beliebigen Clubs, sondern das Porträt eines realen Clubs namens *The Penguin*, der 1982 in Tel Aviv eröffnet wurde. Es gab diesen Club und noch ein paar andere, die alle etwa zur gleichen Zeit eröffneten - zur richtigen Zeit am richtigen Ort, denn dies war das erste Mal, dass junge Israelis nach etwas gesucht haben, das so wenig wie möglich mit Israel zu tun hatte: Wenn sie den Club betraten, konnten sie sich fühlen, als seien sie in London, Berlin oder New York. Und es war die erste Subkultur, die erste Szene, die in Echtzeit in Israel ankam und auch in Echtzeit wichtig wurde. Alles passierte genau zur gleichen Zeit in Tel Aviv wie auch in London, New York und so weiter – was wirklich ungewöhnlich ist. Es zeigt aber, wie groß die Sehnsucht dieser israelischen Generation nach einer Flucht war, und diese imaginäre Flucht war subversiv, denn sie war das erste kulturelle Zeichen, dass Israel keine durchweg mobilisierte Gesellschaft mehr war – das erste politische Zeichen war gewesen, dass die Arbeitspartei 1977 zum ersten Mal die Wahlen verlor. Man könnte natürlich noch weiter gehen und fragen: Warum gab es ein Interesse an dieser spezifischen Subkultur? Was machte Punk und New Wave für diese Gruppe junger Israelis so wichtig? Ganz allgemein bleibt festzuhalten, dass es wichtig war, geistig so weit es ging von Israel entfernt zu sein. Das war etwas, was es im 67er- oder im 73er-Krieg so nicht gegeben hatte, weil die Gesellschaft damals viel homogener war und es kein Bedürfnis nach einer solchen Form von Flucht gegeben hat.

Ich war vierzehn, als der Libanonkrieg begann und war bereits ein Fan von Punk, New Wave und David Bowie in seiner *Scary Monsters*-Phase, allerdings ohne Interesse an oder Wissen um politische Fragen. Punk war für mich eine Flucht vor der Politik – ich habe Politik als Teil der langweiligen Welt der Erwachsenen wahrgenommen. Aber um die Zeit, als der Krieg 1985 endete, war ich ein hoch motivierter Aktivist, ein militanter Anarcho-Punk, der die Ästhetik und Ideale des Genres auf die israelische Gesellschaft übertrug. Was als Flucht begonnen hatte, verwandelte sich in eine Form des Engagements. Nachdem ich die mit Punk verknüpften Ideologien von Anarchismus und Pazifismus verinnerlicht hatte, bedeutete Jewishness gar nichts für mich. Bei all den jüdischen Musiker und Szenegrößen im Punk die es gab, auch in Amerika und England, hatte ich keine Ahnung von ihrem Hintergrund, denn es hat mich, gelinde gesagt, ganz einfach überhaupt nicht interessiert. Ihr Hintergrund war unsichtbar für mich.

Jetzt lebst Du in London, einer Stadt, die für Dich eine Art utopischer Ort gewesen ist. Haben sich denn die Erwartungen erfüllt?

Die Realität ist ja immer anders als die Erwartung. Im Sinne der Phantasie von London als Weltzentrum der Musik, dem Ort, wo man all die Bands sehen konnte, die man immer sehen wollte, ist die Antwort ein klares Ja, ohne Zweifel. Aber es gehört so viel anderes dazu, und man behält immer diesen Fluchthorizont, egal wohin man geht. Es ist ja fast ein Klischee, dass man durch Ortswechsel eine andere Perspektive hat, auf den aktuellen wie auch den Herkunftsort, man reflektiert und realisiert, dass die Dinge, die man beim Aufwachsen in Israel am meisten gehasst hat, plötzlich sehr interessant werden, wenn man einmal einen Schritt aus Israel hinaus gemacht hat und sich nicht mehr in einer permanenten Konfliktposition befindet, in der man sich selbst vor der Konformität, dem Militarismus, dem Machismus oder was auch immer schützen muss. Und endlich hat man den Raum, über alles in Ruhe an einem sicheren Ort nachzudenken. Diesen friedlichen Ort habe ich absurderweise zunächst in Berlin gefunden – Symbolismus über Symbolismus über Symbolismus ...

Ein wenig wie in Greil Marcus' *Lipstick Traces*, wo er versucht, die verborgene Geschichte des kulturellen Widerstands abzubilden, von den modernistischen Kunstbewegungen über den Situationismus bis hin zu Punk. In Berlin habe ich zufällig ein Buch gelesen und war dabei wirklich den Tränen nahe. Es ging um die jüdische Avantgarde-Szene in Warschau, in Berlin, in Lemberg und einigen anderen Städten in den 1920ern, und es war wie über die Tel Aviver Szene der 1980er- und 90er-Jahre zu lesen, in der ich aktiv war, es gab so viele Gemeinsamkeiten. Was ist also der Schluss aus all dem? Die einfache Antwort wären nur Klischees wie »es ist alles eine fortdauernde Geschichte, niemand weiß, was passieren wird«, oder »die Bewegung und der Weg ist die Utopie, nicht das Erreichen eines endgültigen Ziels«. Aber diese Antworten erscheinen mir etwas zu einfach. Stattdessen bin ich vielmehr interessiert daran, eine Kontinuität festzustellen, dieser eine Bedeutung für die Gegenwart zu geben und diese Bedeutung kulturell und politisch nutzbar zu machen. Das ist etwas, was ich in den letzten Jahren aktiv getan habe: eine Bedeutung und einen Zweck aus dem Exodus jüdischer Israelis aus Israel zu gewinnen.

Hast Du das Gefühl, dass das Aufwachsen in Israel die Perspektive auf Sehnsuchtsorte bestimmt hat, waren das Orte wie New York oder London, oder Europa insgesamt?

Für mich, oder die 82er-Generation, war es Europa, vor allem England, wegen der Musik, aber es war definitiv eine Orientierung nach Europa. Aber natürlich auch New York. Im Kontext Amerika war unsere Orientierung vor allem nach New York. Für die jüngste Generation ist das wieder anders. Ich kenne die Zahlen nicht, die Statistiken, aber Tausende junger Israelis gehen nach Berlin, jeden Tag hast du zehn DJs aus Tel Aviv, die für ein, zwei Jahre in Berlin landen, oder ganz herziehen. Die meisten von ihnen haben europäische Vorfahren. Nach ein paar Dekaden nach Europa zurückzukehren macht sowohl unter pragmatischen wie auch mythologischen Gesichtspunkten mehr Sinn, als irgendwohin nach 2.000 Jahren zurückzukehren – was aber nicht so verstanden werden soll, dass 2.000 Jahre eine Sehnsucht irrelevant werden lassen.

Es gibt in Israel generell diesen Komplex, diese Obsession, an der Peripherie zu sein. Weil du weit entfernt von kulturellen Zentren bist, hast du keine genauen Informationen, und musst dir aus den Fragmenten, die ankommen, vieles zusammenreimen und du empfindest alles viel extremer, als es in Wahrheit ist. Als ich bei Noom Mem gespielt habe, waren für mich Crass das Ideal, und ich versuchte alles, um meine Band nicht nach vier verwirrten Musikern, sondern nach einem militanten, uniformierten, multidisziplinären Kollektiv aussehen zu lassen. Kürzlich habe ich, weil Crass gerade ihre alten Platten neu veröffentlichen, die Band interviewt und dabei erfahren, dass tatsächlich alles viel chaotischer war, als es nach außen erschien. Sie waren zu Beginn ganz unbedarft und brauchten ein lange Zeit, bis sie sich wirklich organisiert hatten. Die Fantasie von Crass, die ich aus meiner peripheren Perspektive entwickelt hatte, brachte mich dazu, mehr erreichen zu wollen und konsequenter zu sein als die Band selbst.

Ich habe aber auch von Siouxsie von Siouxsie and the Banshees gelesen, dass, obwohl sie nicht in Tel Aviv, sondern nur ein wenig außerhalb von London gelebt hat, dieser Ort schon peripher genug war – so wie meiner. Sie hat auch überhaupt nicht gewusst oder verstanden, was dort passierte, und musste es sich selbst zusammenreimen und diese Vorstellung davon, was Punk ist oder sein muss, dieser leere Raum, der in der Imagination gefüllt wird, ist exakt der, in dem ihr Individualismus zum Ausdruck kam: In ihrem Versuch, die ›Regeln‹ von etwas zu verstehen, das aus dem Zentrum übermittelt wurde, was wiederum ihr das Gefühl gab, Teil dessen sein zu wollen, wurde sie zur Ikone und setzte die Regeln, im Versuch herauszufinden, was die Regeln sind, selber. Ich finde diese Dynamik verblüffend.

Jedenfalls gab es in Israel diese spezifische Szene, Punk und New Wave passierte in Echtzeit. Das war etwas Authentisches. Das war kein Versuch, Spuren in der großen weiten Welt zu verfolgen, sondern es passierte komplett authentisch in diesem Moment.

Auch schon in den späten 1970ern in Israel?

Es fing in den späten 1970ern an. Das erste offizielle israelische Punkalbum, *Plonter* von Rami Fortes erschien 1979 auf einem Majorlabel. Das ist zwar musikalisch etwas konservativ, aber was die Aggressivität des Gesangsstils oder die Rauheit der Texte betrifft, war es für israelische Verhältnisse durchaus radikal; man kann also schon sagen, dass es in den 1970ern da war. Aber 1980/81 haben die ersten Clubs in Israel aufgemacht, und 82/83 war die Zeit, in der es boomte und das war eben genau die Zeit des Krieges. Ich will jetzt auch nicht zu viel in den Krieg hineininterpretieren, es ist Zufall gewesen, dass diese Clubs zu diesem Zeitpunkt aufgemacht haben, sie haben es nicht geplant, aber sie waren zur richtigen Zeit am richtigen Ort, und dadurch wurden sie zu etwas Wichtigem, das, so denke ich, die israelische Gesellschaft verändert hat.

Glaubst du, es gibt in der israelischen Gesellschaft ein Bewusstsein über diese Entwicklungen, die du eben beschrieben hast? In Deutschland gibt es in den Massenmedien nur eine sehr oberflächliche Geschichtsschreibung, ganz viel Kultur geht in dieser Erzählung verloren.

In Israel ist es ähnlich. Die Leute kennen in der Regel nur die Klischees über bestimmte Zeiten oder zwei oder drei der bekannten Clubs, und das war es. Diese Kultur ist zwar schon Teil des israelischen Diskurses, aber weniger die politischen Aspekte. Israel war eine militarisierte, ideologische Gesellschaft und das hat sich geändert. Normalerweise werden die Wurzeln dieses Wandels auf den 1973er-Krieg zurückgeführt, als Israel kurz davor stand vernichtet zu werden, was sehr traumatisch war und auf 1982, wie ich bereits erwähnt habe. Meistens wird nur über diese politischen Ereignisse gesprochen, kulturelle Aspekte werden dagegen selten erwähnt. Bisher hat man noch nicht verstanden, wie wichtig das für das gesellschaftliche Bewusstsein in Israel war, und ich versuche das in den Diskurs einzubringen. Ich beende gerade ein Buch darüber, und viele der Details über Punk die ich darin erwähne, werden zum ersten Mal dokumentiert und geordnet. Unmengen Zeug, das noch niemals erwähnt wurde, und fast vergessen worden wäre, es ist also ein wenig wie hier in Deutschland, aber es beginnt sich zu wandeln. Die Historisierung der israelischen Subkultur hat in den letzten Jahren begonnen.

Avi Pitchon
Scary Monsters
Ein ästhetischer Leuchtturm
in vorstädtischer Wildnis

A

Der folgende, tagebuchartige Text beschreibt die zentrale Rolle von David Bowies Album *Scary Monsters and Super Creeps* in der Verlagerung des eskapistischen Interesses eines Kindes an Science Fiction, Comics und anderen typischen Nerd-Dingen hin zur Ausprägung einer Andersartigkeit, die sich bewusst und trotzig gegen ihre Umgebung stellt und sich selbst einen Namen gibt (Punk). Auch wenn Bowie nicht der einzige Musiker ist, der diesen Prozess prägte, ist der Anteil seines Beitrags klar und herausragend, insbesondere sein instinktives Talent für ein gutes Timing seiner künstlerischen Drehungen und Wendungen.

Der Schwerpunkt wird auf Bowies Wirkung liegen, weniger als Musiker denn vielmehr als Ästhet; auf seiner Fähigkeit, als Trägerwelle ästhetischer Utopien zu fungieren, die den weiten Weg vom ersehnten, fernen England in die israelischen Vorstädte in der Scharonebene der frühen 1980er genommen hat, wo er landete wie der Mann der von Himmel fiel: fremdartig, zerbrechlich, magnetisch, wunderschön, extravagant, lautstark, in der Tat unheimlich und vor allem völlig anders und gegensätzlich zu jeglichem Aspekt einer unmittelbaren Umwelt, die beleidigend, nervtötend, banal und konformistisch erschien.

Es wird keine einfache Aufgabe sein, zu erklären, was die Antenne aus meinem Kopf hat wachsen lassen, mit der ich diese utopischen Signale abfangen konnte. Ich kann nur vermuten, dass ich, als ein Zwischenkriegskind (geboren zwischen dem Sechstagekrieg von 1967 und dem Jom-Kippur-Krieg 1973), die siegestrunken euphorische Luft des zionistischen, utopischen Experiments inhaliert habe, und meine Erfahrungen, da ich so früh geboren bin (1968), nicht ideologisch geprägt sind, sondern alles in einen ästhetischen Zusammenhang setzte: die Symbole des Staates, die Freude, die Zugehörigkeit und der Stolz, der die Erwachsenen um mich herum erfüllte, sowie die blau funkelnde israelische Landschaft. Während ich aufwuchs, wurde dieses Gefühl eines zusammenhängenden Ganzen vertrieben und stattdessen tauchte ein Vakuum auf. Das Einzige, was das Vakuum auf einer direkten, anregenden Ebene füllen konnte, war das Interesse meines Vaters an populärer westlicher Kultur – Cowboys, Indianer, Ritter und Tarzan. Die ersten wirklich unabhängigen Charakterzüge, die ich mir zu eigen gemacht habe (im Gegensatz zur konstitutiven Erfahrung von *Star Trek*, die irgendwann aus dem Nichts kam), etablierten Pop aus Übersee als eine Art von biologischem Kampfstoff, durch den Andersartigkeit und Differenz eine Form annehmen konnten, die mir Legitimation und Rückhalt bot und meine kulturelle und ästhetische Umgebung in einem steigenden Unwillen zum Kompromiss anklagte. Man könnte diese Annahme auch pathetisch zuspitzen und die These formulieren, dass sich ab dem Moment, da die zionistischen Signale schwächer zu werden begannen, ein Raum für die Aufnahme verblasster, älterer Signale öffnete: die Echos einer tiefen Verbundenheit und Beteiligung des europäischen Judentums an einer Ästhetik, die das zionistische Paradigma glaubte hinter sich lassen zu müssen, als es einen neuen Mythos entwarf, der so umfassend war wie der eines Kultes (und vergessen wir für einen Moment den Fakt, dass der Zionismus selbst ein europäisches Modell ist). Was für einen gebürtigen Israeli aus einer Paralleldimension anzukommen schien, hatte einen solch kraftvollen Einfluss, vor allem Dank dem, was es schlichtweg *war*, es mag aber auch etwas mit diesen widerhallenden Resten einer Zugehörigkeit zum westlichen Projekt der Aufklärung im Allgemeinen und des jüdischen Beitrags zu seinen revolutionär-bohemistischen Rändern im Besonderen zu tun gehabt haben; Reste, die durch Eltern, Lehrer, modernistische öffentliche Architektur und die entzückende »Aschkenasigkeit« der Bildungsfernseh-Filme der 1970er irgendwie gefiltert worden waren.

Leichter zu erklären ist David Bowies besondere und entscheidende Bedeutung in diesem Prozess: als habe er eine feinfühlige Antenne auf seinem Kopf, nahm er das Rauschen musikalischer und künstlerischer Unterwelten und deren innovative Ästhetik auf, zu der ein israelischer Jugendlicher keinen direkten Zugang hatte. So fungierte Bowie als Bote eines Ortes der, wie oben erwähnt, als anderer, utopischer Planet wahrgenommen wurde; ein verbindendes Glied, ein Doppelagent im Herzen des Mainstream (Doppel- weil er talentiert genug war, sich nicht nur aus dem Underground zu bedienen, sondern seine unverwechselbare Schattierung auf eine Weise hinzuzufügen, die, neben Kritik, auch Anerkennung und Bewunderung von eben diesem Underground anzog), der verschlüsselte Botschaften von einem versteckten und umso aufregenderen Ort in den hegemonialen Diskurs träufelte. Offensichtlich war mir zu dieser Zeit nicht bewusst, dass diese Geisteshaltung, dieser Mechanismus und diese Dynamik, den Signalen, die von einer utopischen Antenne aufgefangen werden, zu folgen, von Bowie, mir und Millionen entfremdeter Jugendlicher weltweit geteilt wurde, die zwar noch nicht einmal für sich selber die Sprache besaßen, um zu beschreiben, was um sie herum nicht stimmte, die aber dennoch sofort die Form und den Sound dessen erkannten, was absolut und vollkommen richtig war. Bowies Signal war, wie bereits erwähnt, nicht das erste oder das letzte, aber Bowie war zur richtigen Zeit am richtigen Ort und ließ mich erkennen und verinnerlichen, dass eine Beziehung zwischen den unterschiedlichen Signalen besteht. Dass alles was ich aufschnappte, Teil einer umfassenden Sprache war. Dass eine Dringlichkeit bestand, die fehlenden Puzzleteile zu finden, weswegen zunächst der Rahmen fertig gestellt werden musste, um die Suche zu erleichtern. Es gab das Bedürfnis zu definieren, womit wir es tatsächlich zu tun hatten. Die Definition diente als Auslöser, Treibstoff und Nachschub einer aktiven, fieberhaften, erfolgreichen und systematischen Suche nach den Einzelteilen. *Scary Monsters* war das Puzzleteil, das, nachdem es zu den Teilen des Rahmens, die ich bereits besaß, hinzugefügt worden war, die grundlegende und maßgebliche Definition lieferte: Punk (ich weiß, Bowie war kein Punkrocker, aber die Überschneidungen mit dessen Ästhetik sind auf diesem Album klar genug). Heute kann ich mir erlauben, den Rahmen etwas sentimentaler und zeitloser zu definieren als Punk. Bowies Albumtitel kündigte buchstäblich mythische, märchenhafte, jenseitige Wesen an. Und während die Geräusche, die das Album von sich gab und die es von allem unterschied, was ich vorher gehört hatte, in der Tat monströs waren, war Bowie selbst ein sanftmütigeres Geschöpf. Bowie war eine Fee (aus dem asexuellen Gefühl heraus, mit dem ich ihn mit zwölf wahrgenommen habe). Viele der Wesen, die ich in der Folge entdeckte, waren tatsächlich monströs, allerdings mussten sie das auch sein, denn in ihrer Andersartigkeit reflektierten sie die banale Monstrosität, die heimlich vergiftet wie Atomstaub; dadurch wurde diese Monstrosität wunderschön, erhöht und verstärkt und mit den Gewändern des Mythos geschmückt und so auch ihre rituelle Überwindung möglich. Hässlichkeit, Hass und Zorn wirkten in theatralische Form gebracht edel, schön und heilend. Es ging daher immer, selbst in den herausforderndsten Momenten, um die Suche nach Feen in einem rationalen, weltlichen, toten Raum.

B

1980 war Ra'anana noch eine »Moshava« (die nicht-kollektive Entsprechung eines Kibbuz – bäuerlich, landwirtschaftlich, aber auf Privatbesitz basierend). Das Apartmenthaus, in das meine Familie 1977 von Tel Aviv aus gezogen war – drei Stockwerke, zwei Eingänge, hässlicher weißer Vorstadtputz auf Beton gespachtelt – war das erste, das an einer Region voller Felder und Obstplantagen nagte. Die freien Flächen wurden für Lagerfeuer genutzt und die Wohnzimmer für Klassenpartys entlang der musikalischen Grenze zwischen Disco und Synthie-Pop (dem Versuch, mein Visage-Album während der ersten Party in der siebten Klasse auf Galia Werners Dach zu spielen, wurde mit Feindseligkeit begegnet, der synthetische Sound war damals für die Ohren meiner Klassenkameraden zu schräg, und auch später, als sie sich daran gewöhnt hatten, bevorzugen sie die seichten, süßen Charthits dieser Zeit). Stück für Stück wurde deutlich, dass sowohl die Outdoor- als auch die Indoorpartys nichts zu bieten hatten: die Partys erschienen wie Monumente der Unpopularität, die sich gegen die verschiedenen Musikgeschmäcker und die vollkommene Unfähigkeit, mit Mädchen zu kommunizieren, richteten. Die Felder und Obstplantagen wurden unheimlicher und unheimlicher, je stärker die Phantasie von Matineen im einzigen lokalen Kino *Orot* (*Star Wars*, *Unheimliche Begegnung der dritten Art*, *Der Dieb von Bagdad*) und von Science-Fiction-Büchern (Clarkes *Die letzte Generation*, Herberts *Der Wüstenplanet* und Heinleins *Die Marionettenspieler*) beeinflusst wurde. Auf dem Heimweg von meinem besten Freund Eran, wenn die Ostrovskystraße von Dunkelheit umschlossen wurde, rannte ich regelmäßig entlang des kleinen Stücks Straße, das von beiden Seiten durch Obstbäume begrenzt war, und zwang mich, meinen Kopf nicht zu drehen um einen Blick auf den entfernten Zypressenbaum zu werfen, der im Dunkeln die Form einer in den Himmel zeigenden Hand annahm. Ich hörte auf, mit meinem Modellflugzeug zu spielen, das ich zu meiner Bar Mitzwa bekommen hatte, sobald es die Aufmerksamkeit fremder, habgieriger, aggressiver Kinder erregte. Jugendbewegungen gingen als Möglichkeit in dem Moment den Bach runter, als ich in der sechsten Klasse als Pfadfinder gezwungen wurde, Marschier- und Salutierübungen durchzuführen – wenn ich auch dort zum ersten Mal in meinem Leben rebellischem Verhalten begegnete. Michal, ein Mädchen, das mich mit ihrer Dreistigkeit und ihrer freien Art zu Denken beeindruckte, missachtete nicht nur die Leiter, sondern widersprach ihnen mit bemerkenswerter Scharfsinnigkeit und grinste höhnisch, wenn sie aufgefordert wurde, den Rest der Übung an der Seite zu sitzen. Ihr Verhalten erschreckte und faszinierte mich gleichzeitig.

Bereits in der siebten Klasse fühlte ich mein Anderssein in jeder Manifestation westlicher Kultur auf den Punkt gebracht, die aus der Ferne, sowohl geographisch wie auch in Wesen und Ästhetik, eintraf. An diesem Punkt waren die imaginären Welten, die Eran und ich jeder in seinem Schulheft zeichneten und entwarfen, schon weniger und weniger von Monstern, mongolischen Kriegern, Fußballern und Karikaturen behinderter Kinder dominiert (inspiriert von *Tochelet*, einer Sonderschule für Kinder mit Down-Syndrom, ein anderer Markstein in der Ostrovskystraße, den ich Angst hatte zu passieren. Es schien, diese Kinder würden dort schlecht behandelt, da ihr Verhalten wild und bedrohlich erschien), und mehr und mehr von erfundenen Bands. Parallel veränderten sich stufenweise die Poster an meinen Wänden. (Erans Eltern hatten ihm erlaubt, Poster direkt an die Wände zu kleben. Meine Eltern dagegen hatten das verboten, aber mein Vater befestigte Holzleisten an den Wänden, sodass ich Poster mit Reißzwecken aufhängen konnte.) Von einer kompletten Vorherrschaft von Fußball-verwandten Postern aus den Ausgaben des *Pendel Sport*-Magazins rückte ich voran zu den Schönheiten der Ära – Farrah Fawcett und Olivia Newton-John – dann rasch weiter zu Science Fiction (ich bemerkte die Existenz von Israels führendem Teen-Magazin *Ma'ariv Lanoar* erstmals in den Zeitschriftenregalen bei *Fabian*, dem Schreibwarenladen neben dem *Hanasi*-Falafel-Laden auf Ra'ananas Hauptsraße Ahuza, als Mr. Spock auf seinem Cover auftauchte. Captain Kirk war in der folgenden Woche darauf!), und dann ganz schnell zu Bands.

Musik wurde zentral in einem Prozess, der um zwei Mittelpunkte rotierte: Ästhetik und Technik. Eine Disco-Compilation mit dem Titel *Copacabana* war das erste Album, das ich besaß und das keine Kinderschallplatte war. Ich besorgte sie mir in der fünften Klasse in einem Laden an der Ecke Rambam und Ahuza, einem Ort an dem ich mir in der Zukunft noch viele andere essenzielle Alben kaufen sollte. Aus irgendeinem Grund erschien die Compilation in weißem Vinyl, was mich natürlich begeisterte, weil es so futuristisch aussah, auch wenn mein Vater, der mich begleitete und die Platte bezahlte, sich bei der hochtoupierten, angelsächsischen Verkäuferin erkundigte, ob es sich nicht möglicherweise um einen Produktionsfehler handeln könne. In einer Zeit, in der ich noch den Mainstream, wie er im Fernsehen, Kino oder in Magazinen wie *Ma'ariv Lanoar* oder *Lahiton* angeboten wurde, befriedigend fand, hörte ich die populäre Musik der Zeit. Zwischen der fünften und der sechsten Klasse ereignete sich eine dramatische Veränderung entlang der beschriebenen Mittelpunkte. Mein Vater zog ein altes, schönes Tonbandgerät mit großen, bunten Knöpfen aus dem Schrank. Ich benutzte es, um mit einem Mikrophon Songs und Sketche aus verschiedenen Radio- und Fernsehshows aufzunehmen. Ein wenig später schaffte er ein Tapedeck an, das die Möglichkeit eröffnete, direkt vom Plattenspieler und in guter Qualität komplette Alben aufzunehmen. Meine erste 90-Minuten-*Agfa Ferrocolor*-Kassette aus blauem Plastik benutzte ich, um ELOs *Discovery*, Blondies *Parallel Lines* und ein paar Hits von The Police aufzunehmen. Ich lieh mir Schallplatten von älteren Nachbarn, hörte sie mir an und sortierte dann für die Aufnahme die Songs aus, die ich nicht mochte. Als ich mein erstes Radio-Tape-Deck bekam, ein silberner *Sharp*

Dschingis Khan: s/t, 1976.

Single-Speaker, begann ich, Songs direkt aus dem Radio aufzunehmen. Zuerst aus der Nachmittagsshow *Hadash Hadish Vemehudash* der DJs Tony Fine und Shosh Atari, später aus *Mofa Rock* mit Menachem Granit, jeden Mittwochabend zwischen acht und zehn, beides auf dem Sender *Reshet Gimmel*. Ich benutzte eine graue *TDK*-Kassette, um Rose Tatoo, die Pretenders oder Kraftwerk aufzunehmen. Aber ich greife vor. Der Prozess, der meinen Musikgeschmack formte, war von der Ästhetik ebenso bestimmt, wie von der Musik selbst. Es begann mit dem *Eurovision Song Contest* 1979, der in Jerusalem stattfand und den ich mir mit meiner ganzen Familie (meinen Eltern und meinen zwei jüngeren Schwestern) live im Fernsehen anschaute. Die Vertreter Deutschlands, Dschingis Khan, funktionierten als perfekte Brücke, um Disco, wie ich sie mit meiner kindlichen Faszination hörte, mit altertümlichen Zivilisationen zu verbinden, gefüttert von der illustrierten *Tarbut*-Enzyklopädie. Der Ruf »Hu! Ha!«, das einzige eigene musikalische Element, der einzige musikalische Beitrag, den die Band den Gefilden von Disco hinzufügte, klang wirklich wild und aggressiv. Meine Begeisterung für Dschingis Khan war so außergewöhnlich (ich rannte sofort in den Laden und kaufte die israelische Pressung der Single mit »Sahara« auf der B-Seite. Ich holte mir das deutschsprachige Debütalbum der Band sobald es herauskam, wie auch jede Ausgabe von *Lahiton* mit Bildern oder Postern der Band), dass sie mich auf die Suche nach jeder anderen Band führte, deren Mitglieder sich verkleideten, egal als was. So entdeckte ich, wie der im gleichen Laden, The Village People und kurz darauf das *Dynasty*-Album von Kiss, meine erste Begegnung mit dem kraftvollen Sound der elektrischen

Gitarre, das dominante Instrument eines musikalischen Genres namens Rock. Es war die knallige Ästhetik, die mich zu knalliger Musik führte und nicht umgekehrt. Kiss öffnete die Schleusentore zur Welt des Rock, New Wave und später zu Punk und Heavy Metal. Die Quellen die ich heranzog um neue Bands kennenzulernen waren in erster Linie Storys in *Ma'ariv Lanoar* und *Lahiton*, aber auch über eine geheime Quelle der Prä-Disco-Generation, ein Piratensignal in Form eines anonymen Graffiti älterer Rockfankinder. Ein AC/DC-Logo war auf die Tore der *Tochelet*-Schule gesprüht, ausgerechnet, und intuitiv erfasste ich, ohne irgendeine zusätzliche Information oder Hinweise, dass es sich um einen Bandnamen handeln und dass es eine gute Band sein müsse. Ausgestattet mit dieser Spur - der einladenden, mysteriösen Ästhetik des Logos - fand ich die israelische Pressung von AC/DCs *Back in Black*, die gerade erschienen war, bei *Electro-Col*, einem Laden für HiFi-Anlagen und Elektrogeräte in der Hankinstraße, der auch Schallplatten verkaufte. Die Plattenregale waren mit Stickern wie »Beat« oder »Underground-Bands« unterteilt. Meine geliebte Grundschul-Englischlehrerin war zufällig auch dort und hatte einen derart schockierten und angewiderten Ausdruck im Gesicht, als einer der Angestellten mir den Titeltrack vorspielte, dass natürlich das Gefühl, eine Entdeckung gemacht zu haben und auf dem richtigen Weg zu sein, einmal mehr verstärkt wurde. Es ist wichtig hervorzuheben, dass dieses Album, das heute als Rockklassiker betrachtet wird, sich zur Zeit und dem Moment des ersten Hörens extrem und aggressiv anhörte. Der dumpfe Becken-Hi-Hat-Sound, der den Song eröffnet, klang seltsam und ungewöhnlich und Brian Johnsons Krächzen erschien fast an der Grenze zum Tierischen.

Eine andere verlässliche, aber zufällige Quelle für Informationen war das Fernsehen. Das wöchentliche Musikprogramm *Od Lahit* beinhaltete eine fremdsprachige Sektion mit Charthits und dort habe ich zum ersten Mal Gary Numans Tubeway Army mit »Are Friends Electric?« gehört. Der Song überwältigte mich mit seinem unsterblichen Markenzeichen: den fast atonalen Noten, gespielt in dunklem, futuristischem, energischem Sound, der den Raum wie zwei gewaltige Lichtstrahlen, die auf die Gebäude einer dystopischen Blade-Runner-Stadtlandschaft geworfen wurden, durchschnitt. Ab diesem Zeitpunkt wurde die Suche nach Lichtstrahlen fieberhafter und ehrgeiziger, und als Ergebnis verließen wir die Grenzen von Ra'anana. Wir (Eran und ich) begannen regelmäßig in den Plattenläden der Nachbarstädte Hertzeliya und Kefar-Saba zu patrouillieren, wie auch in Tel Aviv und Haifa. Die Ausflüge in die weiter entfernte Stadt Haifa waren weniger regelmäßig und eher zeremonieller Natur. Die Mehrzahl der Streifzüge wurde getrennt unternommen. Es war eine Frage von gesundem Wettbewerb, da jeder von uns dem anderen am nächsten Tag in der Schule die neue Ausbeute bekannt geben wollte, neue Quellen für Platten, Poster, Zeitschriften und später auch Aufnäher, Anstecker und T-Shirts. Wir wollten auch das Szenario eines Streites ob eines Fundes vermeiden. Bei meinem ersten Besuch im *Allegro*-Plattenladen in der Shenkinstraße in Tel Aviv (ich glaube, mein Vater hatte mir von dem Laden erzählt) kaufte ich mir *Replicas* von Tubeway Army, das die eben erwähnte Hit-Single beinhaltete. Ich war entzückt von den kalten Synthie-Sounds, wie auch

Nina Hagen Band: *Unbehagen*, 1979.

von Numans entfremdetem Science-Fiction-Look mit gebleichten Haaren auf dem Cover. Ich las eine Story in *Lahiton* über die futuristische, dystopische Welt, die Numan sich ausgedacht hatte und in seinen Songs beschrieb und benutzte ein Wörterbuch, um das Textbeiblatt für mich zu übersetzen. Mein eingeschränktes Englisch steigerte nur die Rätselhaftigkeit dieser Songs, da die unbeholfenen übersetzte Syntax kryptisch und zusammenhangslos erschien.

Zwischen der sechsten und siebten Klasse begannen die Fragmente von Informationen, die wir hier und da aufgesammelt hatten, sich zu einem zerstückelten, aber machtvollen ästhetischen Bild zusammenzusetzen. In der oben erwähnten *Lahiton*-Story wurde Numans wichtigster Einfluss genannt: David Bowie. Auf den Seiten von *Pop Rocky*, einem deutschen Farb-Magazin, das mysteriöserweise in den Regalen bei Fabian aufzutauchen begann, sahen wir einige Bilder von Bowie, die meisten in seinem 1970er-Glam-Look, die uns tief beeindruckten. Der nächste, entscheidende Quantensprung brach in einem einschneidenden Zweifrontenmanöver über uns herein: Wir stolperten über eine Abbildung von Nina Hagens Neuerscheinung *Unbehagen* (1979) in einer Ausgabe von *Pop Rocky*, eines der wichtigsten und prägendsten Bilder meines Lebens. Das Cover zeigt Hagens Gesicht, das sie halb als Foto und halb als Comicfigur erscheinen lässt. Vor einem dunklen, seltsamen, urbanen Hintergrund ist Hagens Gesicht in einem kontrastiven, aggressiven schwarz-weiß geschminkt. Wie auch immer, die zwei entscheidenden Elemente waren ihr rot gefärbtes Haar – eine absolute Sensation – und ihre Augen, aufgerissen und mit einem stechenden Blick voll Horror, Entfremdung, Angst und Wahnsinn. Die-

David Bowie: *Scary Monsters (and Super Creeps)*, 1980.

ses Bild bündelte und repräsentierte alles, was ich vorher gefühlt und begehrt hatte, aber bislang nur diffus und undeutlich gewesen war. Der schneidende Blick auf die entfremdende, trostlose Umwelt, das Überführen dieser Entfremdung in eine machtvolle, unmissverständliche, aggressive Form und die kritische Hinzugabe eines Wut-Serums in die theatralische Lösung, die bis zu dieser Verbindung nur in Begriffen einer unbestimmten Andersartigkeit greifbar waren. Damit wurde der Samen für die Möglichkeit gesät, nicht bloß in eine Blase zu entkommen, sondern das, was die Blase beinhaltete, als eine Waffe zum Gegenschlag zu beherrschen. In einem perfekten Timing kam fast gleichzeitig ein neues Bowie-Album heraus, *Scary Monsters (and Super Creeps)*, mit einem ähnlichen Comic-Style-Coverartwork, in dem Bowies Haar ebenfalls rot und er wie ein Clown angezogen war. Es sollte erwähnt werden, dass wir noch nicht mit den spektakulären Covern einiger seiner älteren Alben vertraut waren, da die meisten davon in Israel nicht lizensiert wurden und Ra'anana zu diesem Zeitpunkt keinen Laden hatte, in dem man Importe hätte kaufen können, ein Umstand, der sich in der achten Klasse mit der Eröffnung von *Tamuz Records* in der Ahuzastraße neben dem *Shupersal*-Supermarkt ändern sollte, der sogar Bootlegs verkaufte – Amir holte sich dort das AC/DC-Doppel-Live-Album *Live Wire* und ich *Spunk* von den Sex Pistols und ihr Konzert beim *100 Club*-Festival. Ein anderer kurzlebiger Laden eröffnete die Straße herunter, zwischen Klausner und Hamaalotstraße, wo ich *Hit & Run* von Girlschool kaufte, von Alice Coopers *Welcome to My Nightmare* enttäuscht wurde und, am wichtigsten, wo Eran *No Sleep 'Til Hammersmith* von Motörhead erstand.

Zwischen der sechsten und der siebten Klasse waren Expeditionen nach Tel Aviv noch immer rar gesät. In der Tat war es Bowies Album (erschienen auf dem heute nicht mehr existenten israelischen Label *Eastronics*, das über Jahre hinweg ein Straßenschild an der Ecke Benei Ephraim und Shderot Kakal im Norden Tel Avivs hatte), das mich in Richtung große Stadt stieß, denn ich fühlte mich genötigt, mehr Musik dieser Art zu finden. Und so ging ich eines

Nachmittags zu *Allegro* und fragte den kraushaarigen Verkäufer an der erhöhten Hörstation mit an Haken hängenden Kopfhörern im hinteren Teil des Ladens, welches andere David-Bowie-Album so lärmig sei wie *Scary Monsters*. »Lärmig?«, fragte er verwundert. Es war offensichtlich, dass er nicht besonders glücklich darüber war, dass ich ausgerechnet das in der Musik von Bowie suchte. Gleichzeitig bemerkte er das ehrliche Interesse eines jungen Kunden an Musik, die er selbst wertschätzte, und ging mit mir zum Bowie-Fach, blätterte durch die rätselhaften Cover, hinter denen jeweils eine komplett neue Welt der Geräusche versteckt schien, eine Welt die sich, wenn das Budget es hergab, mit dem einzigen Bowie-Album das ich besaß, vereinen konnte. Die Cover die ich mochte waren die buntesten, New-Wavigsten – *Aladdin Sane* und *Pinups*, beide aus Bowies Glam-Phase. Aber der Verkäufer bestand auf *Heroes*, mit seinem etwas weniger interessanten Schwarz-Weiß-Coverartwork. Ich dagegen fragte, wie *Pinups* sei, er zuckte mit den Achseln und sagte, es sei »nicht lärmig«. Ich hörte mir beide an. *Pinups* war wirklich enttäuschend, ich erkannte keine Verbindung zwischen dem Coverartwork und der Musik. *Heroes* war kein lärmiges Album, aber die beiden Songs die es eröffneten, »Beauty and the Beast« und »Joe the Lion« waren eigenartig, seltsam und ungewöhnlich genug. Ich brauchte etwas länger, um mit dem Titeltrack zurechtzukommen, und es funktionierte nur Dank des Crescendos gegen Ende, in dem Bowies Stimme um eine Oktave in die Höhe geht und in einen Schrei ausbricht. Aber selbst ein dickköpfiges Kind mit strikten ästhetischen Forderungen wie ich schmolz beim wiederholten Hören eines der schönsten Songs, die je geschrieben wurden, langsam dahin. Ich mochte auch den vierten Track auf der ersten Seite, dessen Titel »Sons of the Silent Age« für mich wie der Titel eines nicht existierenden Science-Fiction-Buches klang. Die B-Seite basierte hauptsächlich auf Brian Enos Instrumentalen, dunkel genug um mir zu gefallen, aber dennoch hörte ich sie weniger und weniger. »Monsters« bleibt, bis heute, mein liebstes. Und ebenso wie Kiss für mich genau so klangen, wie ich mir aufgrund ihrer Outfits vorgestellt hatte, dass sie klängen, war das auch bei Bowie der Fall; ein zusammenhängendes Ganzes und eine Korrespondenz, die durch ästhetische Signale, die dem Sound vorausgehen, markiert wurden und die zu definieren begannen (auf eine liebenswert holperige Weise, wenn man bedenkt, wie wir die Lücken in unserer mangelnden, fehlenden Information mit unseren eigenen Erfindungen und Ideen füllten), was Punk tatsächlich ist.

Die Notwendigkeit einer Definition war zurückzuführen auf die Anhäufung aufregender ästhetischer Zeichen, wovon die wichtigsten der Look und die Gesten von Nina Hagen, Johnny Rotten und David Bowie waren. Da unsere These »was Punk ist« sich hauptsächlich auf visuellen Faktoren aufbaute, und dank der Abwesenheit klarer, mündlicher Quellen, haben wir in unserer Vorstellung ein Mischlingswesen, ein hybrides Pastiche aus Äras und Stilen aufgebaut. Elemente, von denen wir korrekterweise dachten sie seien Punk, wurden mit theatralischen Bühnenästhetiken vermischt, die Punk vorausgegangen waren, sei es Progrock oder tatsächlich der Glamrock-Stil, von dem Bowie einer der Erfinder und Helden war. Einerseits liegt in der Tatsache, dass wir den Unterschied zwischen dem, was wir unter Punk verstanden und den Elementen des Progrock nicht bemerkten, eine gewisse Ironie, bedenkt man die Art und Weise, wie sich Punk selbst als ein Abschütteln des ausschweifenden, dekadenten und eskapistischen Progrock der Mittsiebziger verstand. Andererseits lag in unserem naiven Blick eine intuitive Wahrheit, da wir eine Gemeinsamkeit bemerkten, die trotz aller Unterschiede tatsächlich vorhanden war. Insbesondere in Großbritannien ist die Ausbildung einer Ästhetik und eines Looks allen Subkulturen sowie ihres bevorzugten Musikgenres wichtig – der Musiker wie auch ihrer Fans. Unwissentlich identifizierten wir eine gemeinsame ästhetische Kontinuität, die sich auf Science Fiction berief und als wir mit der Zeit ein besseres Verständnis der spezifischen Eigenschaften von Punk entwickelten, wurde diese Ästhetik schrittweise zu einer zunehmend aggressiveren, raueren und dystopischeren Form destilliert.

Es ist faszinierend, so viele Jahre später die Tatsache zu bemerken, dass die Pioniere des Punkrock, die in den Vororten Londons lebten, ebenfalls Bowie-Fans waren und, noch wichtiger, auch keine klare Vorstellung davon hatten, worum es bei Punk eigentlich genau ging. Letztendlich lauschten auch Ikonen wie Siouxsie Sioux lediglich sehr aufmerksam den aus der Innenstadt übertragenen Signalen und ergänzten auf die gleiche Weise wie wir die fehlenden Teile in ihrer Phantasie. Bromley und Ra'anana, so scheint es, waren gleich weit vom Zentrum entfernt. Man könnte behaupten, dass alle Teilnehmer, die aktiv den defekten Signalen, die das utopische ästhetische Zentrum übermittelte, folgten, einem nicht-linearen Loop ausgesetzt waren, der gerade Dank der Abwesenheit einer geschriebenen, erzählten, organisierenden Geschichte möglich war. Die Suche nach den Zauberern von Oz erschuf in einem Prozess des konstanten Werdens das Ding, dem wir am Ende entgegentraten – und wem wir entgegentraten, als wir die Reise beendeten, war die Rückseite unserer eigenen Nacken. So funktioniert die Initiation in Formen und Gesten – und David Bowie, kein Zweifel, stach sowohl als Eingeweihter wie als Vorreiter heraus.

Da war etwas an *Scary Monsters*, das uns faszinierte und das entscheidend die Fetzen der vorherigen Ahnung stabilisierte. Es war ein Element, das unsere nicht-ganz-politisch-korrekte Angst vor und Faszination für die unglücklichen Down-Syndrom-*Tochelet*-Schüler fortsetzte. Ein Element, das eigentlich eher typisch für Post-Punk war, auch wenn es eine unbestreitbare Präsenz sowohl im 76er-Punk wie auch dem Bowie der *Monsters*-Ära besaß. Von heute aus betrachtet kann ich in diesem Element eine dadaistische Albernheit identifizieren. Die beiden Worte, die wir damals zur Beschreibung von Punk benutzten - dank der Inspiration durch *Monsters*, das als umformender, ästhetizistischer, ritueller Apparat fungierte, durch den der Horror von *Tochelet* verarbeitet wurde -, waren »verdreht« und »behindert«. Alles was uns in einer theatralischen, übertriebenen, verrückten, aggressiven und humorvollen Weise absurd und lächerlich erschien, war in unseren Augen Punk. Wir waren tief beeindruckt, als wir Devo entdeckten (zunächst nur über Fotografien - die Musik kannten wir nicht), eine amerikanische Band mit einem uniformierten Roboter-Look, deren Mitglieder etwas auf ihren Köpfen trugen, das wir für die Weltraumversionen von Blumentöpfen hielten (erst nachdem ich in den letzten Jahren mehr über Devo gelesen und gelernt habe, wurde mir klar, dass wir ihr »De-Evolution«-Konzept auf Basis von nicht mehr als einer Handvoll Fotos in der Tat intuitiv wahrgenommen und verstanden hatten). Die Fotos von Devo gingen Hand in Hand mit Bowies Clown-Outfit. Irgendwer sollte diese Elemente noch einen Schritt weitertragen, dachten wir, und einen gigantischen Blumentopf am ganzen Körper tragen, nicht nur auf dem Kopf - das wäre das ultimative Punk-Ding. Etwas anderes, das wir als entscheidendes Punk-Element wahrnahmen und vergötterten, waren Gesten, die Roboter-Bewegungen, motorische Defizite und Behinderungen imitierten, und einen Sinn für Leere, Langeweile oder Verrücktheit. Wir entdeckten dies in Bowies Blick und seinen seltsamen Handbewegungen auf dem Cover von *Heroes*, genauso wie in der verdrehten Beinstellung und dem verrückten Gesichtsausdruck auf dem Cover von *Lodger*. Genau genommen machte sich Eran lustig über das Cover von *Heroes*. Er empfand es als ein übertriebenes Bemühtsein, möglichst seltsam und entfremdet auszusehen, oder, in anderen Worten, als prätentiös, ein Wort mit dem wir damals noch nicht vertraut waren. Ich verstand, was Erin meinte und tendierte dazu zuzustimmen, aber als der Besitzer des Albums wie auch als jemand, der gerade eine Überheblichkeit zu entwickeln begann, einschließlich des Bedürfnisses, dass eine Vision eine Form annahm und mich, ohne unnötige Verzögerung wegen offensichtlich trivialer Störungen, aus den Latschen kippen ließ, verteidigte ich das Cover vehement und erklärte es als übereinstimmend mit unseren Standards.

Noch wichtiger aber war die Tatsache, dass all die Absurdität, Abgelegenheit, Verrücktheit und Verzerrung sich auch im Sound selbst manifestierte, sprich, es gab eine perfekte Übereinstimmung, Kontinuität und Überschneidung von visuellen und hörbaren Signalen. Die ultimative Manifestation davon war »It's no Game«, der Song, der *Monsters* eröffnet: Der Song beginnt mit einer kurzen Collage unidentifizierbarer Sounds – einige Field Recordings von irgendetwas, das ins Wasser eingetaucht wird und einem Geräusch von möglicherweise Luft, die einem Reifen entweicht. Diese werden abgelöst von einem mysteriösen Klappern, auf dessen Höhepunkt neben einer verzerrten, gefilterten Zählung »One, Two, One Two Three« ein flüchtiger, vielleicht versehentlicher Anschlag der Gitarre zu hören ist. Und dann, oh dann, ergießt sich ein Gitarrenriff in den Raum, das sich anhört wie der knirschende mechanische Kolben eines Roboters mit Fehlfunktion, der von einer Seite des Raums auf die andere humpelt. Das Riff wird begleitet von einer weiblichen, deklarativen, sadistischen Ansprache auf Japanisch, gefolgt von der ersten Strophe mit dröhnenden Schreien von Bowie selbst. Das Gitarrensolo nach der Hälfte des Songs klingt auch »krank«, und einer der wenigen Sätze, die wir zu verstehen hinbekamen, repräsentierte textlich wie stimmlich die Gesamtheit unseres eigenen existentiellen Zustandes, die schreiende Bedeutungslosigkeit unserer Umgebung, und die banale Absurdität der Vororte, die uns ärgerte und in den Wahnsinn trieb: »I really don't understand the situatiooooooooon!!!« Bowie brüllte, brachte die banale Absurdität mit ritueller, destillierter, gehobener, außerweltlicher Absurdität zur Explosion. Nichtsdestotrotz war der unbestreitbare Höhepunkt des Songs sein Ende: die Gitarre sperrt sich selbst in einen repetetives Kreischen, während Bowie darüber »Shut up!« schreit. Zusammenfassend waren die entzückendsten und aufregendsten Elemente im Song diejenigen, die über eine futuristische, aggressive Atonalität mit dem Popnarrativ brachen. Entscheidend für den Song waren die Signale einer Ästhetik von Lärm, die die Musik rahmte, und es waren diese Signale und weniger die Musik, die Parallelen zu den visuellen Aspekten besaßen. Das beeindruckendste Element im Titeltrack tauchte gegen Ende auf, wenn der wiederholte Refrain mit einer Art Zweitongitarrenjaulen kombiniert wird, das ich in meiner Vorstellung mit dem Schrei des Pteranodon, des fliegenden prähistorischen Reptils, verglich. Inspiriert von diesem Jaulen erfand und zeichnete ich eine Band namens The Pteranodoids.

In den textlichen Gehalt tauchten wir eher selten ein. Das war zum Teil darauf zurückzuführen, dass unser Englisch damals nicht gut genug war (und auf die Tatsache, dass die *Monsters*-Textbeilage unverständlicherweise handgeschrieben war). Aber zuerst und vor allem empfanden wir die Message in den Sound selbst eingebettet, weswegen wir nicht das Bedürfnis verspürten herauszufinden, was der eine oder andere Song tatsächlich aussagen wollte. Überdies genossen wir, in Fortsetzung des dadaistischen, primitiven »Hu!

Ha!« unserer spirituellen Vorfahren Dschingis Khan, jede Benutzung von Stimmen, die unzusammenhängende, bedeutungslose Betonungen hervorbrachte. Ich liebte Bowies »Totototototot-fa-fa-fa-fa-fashion«, Nina Hagens Bellen auf »Wau Wau«, mein liebster und der lauteste Song auf der erwähnten *Unbehagen*. Und besonders liebte ich das atonale »Ah-oh-ah-oh!« am Ende von Lene Lovichs Song »Lucky Number«. Jedes nicht rein musikalische Element, das einem Song hinzugefügt wurde, insbesondere solche, die Wahnsinn oder Aggression ausdrückten, verstärkte die Wirkung des Songs. Jedes Feedback-Krächzen, Husten, Gebrüll oder eine profane, spontane Albernheit, die einen Song eröffnete oder beendete.

Die ersten Purimferien nach dieser Blütezeit an Informationen - in der siebten Klasse, unserem ersten Jahr an der *Ostrovsky High* - hatten die Wirkung eines Beschleunigers für unseren ersten Versuch, alles nach Außen zu tragen, was wir gelernt hatten. David Bowie spielte eine wichtige Rolle während dieser wichtigen Feierlichkeiten im jüdischen Kalender. Für Eran und mich war klar, dass wir uns als Punks zurechtmachen würden, das einzige Fragezeichen war, wer den anderen ausstechen würde. Auf der Ebene historischer Genauigkeit und guten Geschmacks würde ich rückblickend Eran den Sieg zusprechen, da sein Kostüm viel näher am tatsächlichen Erscheinungsbild von Punk '76 war. Ich übertrieb etwas und bauschte mein Outfit im Mehr-ist-weniger-Stil auf, zum Teil aus Angst, Eran könne gewinnen (jeder machte aus den Details seines Kostüms ein Geheimnis, das erst in der Schule zu Purim enthüllt werden sollte), aber auch dank meiner typischen Tendenz, so viel wie möglich gleichzeitig auszudrücken - weil es wichtig ist! Man könnte sagen, ich habe einen wirklich guten Glam-Rocker bewerkstelligt, das Ganze hatte nur kaum etwas mit Punk zu tun. Meine Mutter nähte mir nach meinen strikten Anweisungen ein Paar weißer Schlaghosen, und ich malte mit Buntstiften Flammen darauf, die aus dem Gesäß zu kommen schienen, einen grün gesprenkelten Strich um die Oberschenkel und einen Schritt im Rodeo-Style - in pink! Ich trug eine grüne Satinweste, die meine Mutter aus dem Schrank gezogen hatte und an deren Schultern sie orange, wollene Fransen genäht hatte - wie eine Zirkusversion dieser »Schulterbürsten« von Generälen. Ich wickelte ein unbenutztes Stück einer Lampenkette der Wohnzimmerlampe um den Hals, färbte mein Haar golden und schmierte mir alle Make-up-Farben, die ich im Laden finden konnte, über mein Gesicht. Eran war minimaler und präziser, auch wenn man behaupten könnte, dass er als Transvestit und nicht als Punk auftrat: ein Paar schwarzer Jeans und Moonboots, die er aus Amerika bekommen hatte (die eher mit Kiss als mit Punk korrespondierten), ein enges, glitzerndes purpurnes Tank-Top, ein Accessoire, das aussah wie eine Kreuzung zwischen einem

Mirophon und einer Peitsche, Silber gefärbte Haare, blitzförmiges Make-up um ein Auge und schwarzen Lippenstift. Es versteht sich von selbst, dass ich mich weigerte zuzugeben, dass er das bessere Kostüm hatte, leider; Eran fing mich damit, dass ich einen peinlichen Patzer hinlegte: Ich hatte meine Stirn rot gefärbt, bis über meine Nase. Die ganze Nase. Mit anderen Worten, ich hatte eine rote Nase, wie ein Zirkusclown (was einfach komplett bescheuert und nicht geheimnisvoll seltsam wie bei Bowie war).

Am Abend fand eine Klassenparty bei Anat Zur am Ende der Arlozorovstraße statt, genau gegenüber vom Wäldchen. Ich gewann den Wettbewerb um das beste Kostüm und gab damit an, aber im Herzen wusste ich, dass Eran den Preis viel eher verdient hätte. Das ganze konkurrierende Neid-Ding hielt uns allerdings nicht für einen Moment davon ab, unseren Klassenkameraden, der Öffentlichkeit und der Welt zu demonstrieren, was Punk war und warum Punk eine gute Sache war, indem wir auf der Party einen kleinen Auftritt hinlegten. Es war nicht das erste Mal, dass wir vor unseren Klassenkameraden performten, aber während unsere »Stücke« vorher »verrückte Komödien« gewesen waren, war auf Anats Party unsere Intention nicht, Lacher einzuheimsen, sondern unsere Unabhängigkeit zu erklären. Es war kein missionarischer Akt. Wir wussten, dass es niemand verstehen würde, aber das interessierte uns nicht. Als eines der Mädchen, mit der wir nie viel zu tun gehabt hatten, enthusiastisch reagierte, irritierte uns das nur. Der Punkt war, dass wir besessen waren, dass es in uns einfach tobte und wir es körperlich ausdrücken, es aus unseren Köpfen und in die Welt bekommen mussten. Es aus unserer Haut lassen mussten. Wir hatten keine andere Wahl. Wir brachten *Monsters* mit und setzten die Nadel auf »It's no Game«. Eran beugte sich über seine Mikrophon-Peitsche wie Johnny Rotten und ich spielte Gitarre auf einem Schrubber, wir verdichteten in die drei Minuten das gesamte Repertoire spastischer Posen und versunkener Blicke, die wir von unseren spirituellen Meistern gelernt hatten, während Anats Mutter den elektrischen Dimmer wie bei einem Konzert an und ausdrehte.

C

Was danach passierte mag für diejenigen, die mit Popdynamiken vertraut sind, nicht sonderlich schockierend sein, aber für mich kam es wie ein Donner an einem sonnigen Tag. Zugegebenermaßen mag das auch für ältere Bowie-Fans weltweit der Fall gewesen sein, die mit Bowies Talent für den Wandel des Images, der musikalischen Richtung, der Kleidung oder Identitäten vertrauter waren als ich. Als 1983 Bowies neues Album *Let's Dance* herauskam, und er darauf den kreischenden, jammernden, pteranodonischen und rothaarigen gegen einen romantischen, schmalzpoppigen, sauberen Sound, und ein poliertes, maßgeschneidertes Outfit ausgetauscht hatte, das ein Vergnügen für jede jüdische Mutter gewesen wäre, besaß ich noch nicht mal die diskursiven Werkzeuge, die mich in die Lage versetzt hätten, das ganze Ausverkauf zu nennen. Für mich war dies ein nicht akzeptables Überschreiten der Linie von gut zu böse in seinem wesentlichsten Sinne. Der strahlende Leuchtturm stürzte ohne Warnung in sich zusammen. Gleichzeitig wurde zu Hause eine neue Front eröffnet. Meine Schwester, zweieinhalb Jahre jünger als ich, erreichte gerade das Alter, in dem das Interesse an der Verbindung von Popmusik und gut aussehenden Männern begann. Ihre enthusiastische Begeisterung für den neuen Bowie war verwirrend und herausfordernd. Schon als ich drei Jahre alt war, pflegte ich ihr Skalp zu benutzen, um meinen Plastiktomahawk zu testen, der Teil meines Indianer-Purimkostüms war. Später, als wir in der Grundschule waren, machte ich sie fertig, weil sie meine Purimkostüme (Spiderman in der fünften, ein Monster in der sechsten Klasse) erbte und im folgenden Jahr trug. Anstatt berührt oder geschmeichelt zu sein, für sie als Muse zu fungieren, warf ich ihr vor, eine unoriginelle Nachahmerin zu sein. An der musikalischen Front marschierten wir aber damals noch zusammen, hörten im Wohnzimmer Platten, tanzten und flippten aus. So war es bei Dschingis Khan und dem *Greatest Hits*-Album von ABBA. Wir warteten immer auf »So Long« am Ende der A-Seite, das die Rock-Seite der Band repräsentierte und ihr lautestes und wildestes Stück war. Mit Bowies Überschreiten der Linie und der Loyalität meiner Schwester zu ihm rief die Situation allerdings nach einem paradigmatischen Umdenken. Zunächst versuchte ich herauszufinden, ob es möglich war, Bowie zu benutzen um meine Schwester ins richtige Lager zu ziehen. Ich hatte ein importiertes, bildreiches Buch von *Omnibus Press*, das ich in einer Tel Aviver Buchhandlung gefunden hatte, *David Bowie in His Own Words*. Ich zeigte ihr das Buch, aber sie war nicht sonderlich interessiert, zumal die Bilder Bowie in der Zeit vor seiner Mädchenschwarm-Identität zeigten. Die Kluft zwischen uns wurde endgültig durch ihre Abneigung gegenüber den Songs auf *Monsters* besiegelt. Sie mochte noch nicht mal »Ashes to Ashes« und »Fashion«. Ich für meine Person interpretierte dies als die Zurückweisung meiner ausgestreckten Hand und meines Friedensangebots, also ließ ich mich auf eine neue, aktivistische Kampagne ein, die darauf basierte, brutal ihren Musikgeschmack zu kritisieren. Nach der Kriegserklärung gab es nur einmal einen Waffenstillstand, als sie während der achten Klasse plötzlich bekanntgab, die Art zu mögen, wie Wendy O'Williams auf »Won't You« vom ersten Plasmatics-Album schreit, und den Schrei lippensynchron nachahmte, während ich mich mit der viel zu schweren Holzgitarre verkrampfte, die ich in der Schule gebaut hatte, und mich dabei mit roter, flüssiger Schuhpolitur besprühte.

Bowies Überschreiten der Linie (was mich betrifft, so hat er sie niemals zurück überschritten) motivierte mich, zuerst wie oben beschrieben zu Hause, aber später auch in meiner Haltung gegenüber Klassenkameraden, der Gesellschaft und der Zivilisation, aus dem, was ursprünglich als eine rein ästhetische Blase erdacht worden war, eine moralische, oppositionelle und aktive Position herauszukristallisieren und zu definieren. Der Schock, gezwungen worden zu sein, auf solch einen sichtbaren ästhetischen Mittler wie Bowie zu verzichten und das Gefühl, dass er es war, der auf mich verzichtete, dass er den Strahl ausschaltete, hat mir eine schmerzvolle und wichtige Lektion erteilt. Offensichtlich fand ich schnell neue Vermittler, wenn auch von diesem Punkt an die ästhetische Überleitung von ansteigend aggressiven, militanten musikalischen Statements unterstützt wurde, und später auch von inhaltlichen Statements, die weiterführend hinter dem Klang und der Vorstellung standen und sie verstärkten. Basierend auf dieser Erkenntnis begann ein Interesse an Politik als Sprache, über die Andersartigkeit und Widerstand ausgedrückt werden konnten und ich erreichte sehr rasch die äußerste Ecke der im Parlament repräsentierten linkesten Skala, um dann schnell noch weiter zu gehen. Parallel bewegte ich mich vom theatralischen, aufsehenerregenden, bunten und traumhaften Punk zu einem starrsinnigen, ideologischen Polit-Punk, mit seinen trostlosen uniformierten Schwarz-Weiß-Covern voller Wut und Horror. Während *Scary Monsters* ein autonomes Gebiet definierte, ein Kraftfeld, das mich vor der Banalität der Außenwelt beschützte, war es *Let's Dance*, das klarmachte, dass dies ein Kampf ist, weswegen das, was man von anderen vorgesetzt bekommt, nicht ausreicht. Ich musste die Zügel in die Hand nehmen und selber etwas erschaffen.

Dieser Text basiert teilweise auf überarbeiteten Auszügen aus dem Buch Rotten Johnnys and the Queen of Shivers – A Counterculture in Escape From Israeliness.

Deutsch von Jonas Engelmann

Peter Waldmann
Schwarze Juden im Werk von Lou Reed und Maxim Biller

Was könnte ein schwarzer Jude, wie im Titel des Aufsatzes angekündigt, sein? Ein schwarzer Jude, so die vorläufige Antwort, ist ein weißer Neger, ein *white negro*, mit jüdischem Glauben. Um dieses Ungetüm von einer Antwort erklären zu können, muss es erlaubt sein, weiter auszuholen:

Es ist gleichzeitig ein interessantes aber auch merkwürdiges Phänomen, dass derzeit das Interesse an den Theorien des Postkolonialismus stetig im Zunehmen begriffen ist. Diese Entwicklung einer immer breitere Kreise umfassenden Rezeption mutet deshalb so verwunderlich an, weil Deutschland eigentlich keine Geschichte als wirklich große und bedeutende Kolonialmacht besitzt. Wie schon oft angemerkt, kam Deutschland bei der gewissenlosen, imperialistischen Verteilung der Welt zu spät und verpasste so den vermeintlichen Platz an der Sonne, wie sich Wilhelm II. auszudrücken pflegte. Da Deutschland keine wirkliche Größe im Kolonialgeschäft war, beschließt auch Edward Said[1] in seiner detailreich angelegten Studie über den Orientalismus, die deutsche Beteiligung zu vernachlässigen. Welche Gründe kann es also geben, dass sich so viele WissenschaftlerInnen diesem Themenbereich widmen?

Eine mögliche Antwort auf das Warum dieses ungebremsten Interesses könnte man finden, wenn man die Essays von Stuart Hall zu diesem Thema genauer in den Blick nimmt. Hall beschäftigt sich in Aufsätzen wie »Der Westen und der Rest: Diskurs und Macht« oder »Das Spektakel des ›Anderen‹«[2] mit der Frage, was der marginalisierte, kolonisierte Andere, meist mit schwarzer Hautfarbe, für den Europäer und dessen Selbstverständnis bedeutet. Um die Rolle für die Identitätsfindung, die der Schwarze oder Orientale spielen musste, näher bestimmen zu können, greift Hall auf die psychoanalytischen Ansätze von Melanie Klein und Jacques Lacan zurück.

Die beiden RepräsentantInnen der Psychoanalyse gehen während des Prozesses der Subjektwerdung aus vom gleichen Konflikt: am Beginn der Entwicklung zum autonomen Individuum besitzt das Kleinkind kein Bewusstsein von einem fest umrissenen Ich. Das Kind vermag nicht, dem Menschen des mythischen Zeitalters ähnlich, zwischen Innen und Außen zu unterscheiden. Die Folge ist, dass Ängste und Wünsche ungehindert nach außen projiziert werden. Das Kind wird, so Melanie Klein[3], in einer psychotischen Welt der Paranoia gefangen gehalten und dort von den eigenen Projektionen, von einem Heer aus Hexen und Zauberern, heimgesucht. Lacan[4] versucht diesen psychotischen Zustand durch das Bild eines zerstückelten Körpers zu erfassen, wie man ihn auf den Bildern eines Hieronymus Bosch wiederfinden kann. Bosch rückt den grenzenlosen grotesken Leib in den Mittelpunkt seines Interesses, der aus einer Kombination zwischen Tier und Mensch, sowie Lebendigen und Totem, besteht.

Die entwicklungsgeschichtliche Episode des zerstückelten Körpers hat ihr Ende, wenn das Kind glaubt, über sich und seine Umwelt Verfügungsgewalt zu besitzen. Dieses neue Selbstbewusstsein entsteht, wenn das Kind sich als Größenselbst im Anderen zu spiegeln vermag. Es ist geradezu eine nach Spiegelung hungernde Persönlichkeit. Dabei verdrängt es, wie Lacan unaufhörlich betont, im Glauben seiner Omnipotenz die eigene Schwäche und Hilflosigkeit. Diese narzisstische Illusion der Omnipotenz, die sich in der Philosophiegeschichte als Instanz des *cogito* zeigt, bleibt als Selbstbewusstsein lebenslang erhalten. So konstatiert Lacan in einem seiner frühen Seminare: »Das ist das ursprüngliche Abenteuer, in dem der Mensch zum erstenmal die Erfahrung macht, daß er sich sieht, sich reflektiert und sich als anders begreift, als er ist – die wesentliche Dimension des Menschlichen, die sein ganzes Phantasieleben strukturiert.«[5]

Die Lehre vom narzisstischen Hunger nach Spiegelung, die Lacan in den Mittelpunkt seines Denkens über die Illusionen eines selbstbewussten Individuums rückt, übernimmt Stuart Hall, um das Verhältnis zwischen dem kolonisierten Schwarzen und dem Europäer zu klären. Dabei entsteht in seinen Schriften das dekonstruktivistische Bild, dass der Europäer, der sich überlegen dünkt, eigentlich den Schwarzen als Gegenüber benötigt, ja von ihm abhängig ist, um sich selbst definieren und konsolidieren zu können.

Der Warenrassismus des 19. und 20. Jahrhunderts thematisiert die Ergebnisse solcher narzisstischer Spiegelungen. Ein Beispiel, wie der Warenrassismus die asymmetrische Differenz zwischen dem Eingeborenen und dem Kolonisator verarbeitet, ist die von Ludwig Hohlwein gestaltete Reklame, die eine Rasierseife der Firma *Kaloderma* propagiert. Dort ist ein kleiner, schwarzer Junge zu erkennen, dessen Gesicht verschattet ist, und der nur eine Funktion zu besitzen scheint: er muss seinem großen weißen Herren, der mit dem über den Arm gelegten, fleckenlosen Handtuch für Sauberkeit und damit Kultur steht, als lebendiger Spiegel dienen. Da jedoch der Spiegel tiefer steht, ist er, wie Fatima El-Tayeb[6] schreibt, eher als ein idealisierender Zerrspiegel zu interpretieren: Der weiße Herr sieht darin größer und bedeutender aus, als er in Wirklichkeit ist.

Wie die schwarze Feministin bell hooks[7] feststellt, ist der Westen stets vom »Primitiven« fasziniert gewesen, da er sich auf der Suche nach einer eigenen Identität, nach einem eigenen Selbst, befindet. Vor diesem Hintergrund einer in der Moderne einsetzenden Identitätskrise kann auch verständlich gemacht werden, warum der Postkolonialismus in Europa und Amerika so hoch im Kurs steht. Der

Rassistische Reklame für Rasierseife der Firma *Kaloderma*.

moderne Mensch benötigt den marginalisierten, unterdrückten Anderen, beispielsweise den Schwarzen, um sich selbst zu finden. Und diesen Prozess der Selbstfindung thematisiert der Postkolonialismus.

Wie stark sich die weiße Identität am schwarzen Gegenüber orientiert, zeigt sich besonders deutlich in den Subkulturen, die sich in der zweiten Hälfte des 20. Jahrhunderts bildeten. So stellt Diedrich Diederichsen fest, dass die Popkultur erst durch schwarze Einflüsse einen Paradigmenwechsel vollzogen hat: »Alle weltweiten Jugendkulturen beruhten in der Nachkriegszeit auf Dekontextualisierungen schwarzer amerikanischer Kultur (was sie von den Vorkriegsjugendkulturen sehr zu ihrem Vorteil unterscheidet).«[8]

Das Verhältnis zum schwarzen Anderen hat sich jedoch in seinem Charakter völlig verändert. Aus dem nach Spiegelung und damit nach Abwertung hungernden Imperialisten sind die nach Idealen hungernden Persönlichkeiten der Postmoderne geworden. So sprechen SoziologInnen von dem zunehmenden Phänomen der *Afrophilie* und der *Afroamerikanophilie*.

Diese neuartige Bewegung der *Afrophilie* lässt sich ebenso wie der Rassismus des Imperialismus sehr gut an Produkten der Warenästhetik nachweisen, für die Charles Wilp in den 1960er-Jahren in der BRD neue Maßstäbe setzte. Auch die Fernsehwerbung für *afri-cola* hatte eine enorme Wirkung: Es gab Be-

Muhammad Ali zwischen Plüschtieren.

schwerden von der Industrie, dass Wilps Werbeclips die Aufmerksamkeit der potentiellen Käufer soweit bündeln würde, dass nichts mehr für andere Produkte der Konkurrenz übrig bleibe, weswegen sie ans Ende jedes Werbeblocks gesetzt werden musste.

Über seine Werbung, die ihre Wirkung den Kunstgriffen des Verfremdungsprinzips der Avantgarde verdankt, schreibt Wilp: »Was mich [...] interessiert, ist: wie viel Energien, wie viel Hochlichter setze ich auf eine Flasche, dass die Flasche aggressiv wird? Dass die Flasche plötzlich zu einem Laser wird, der die Netzhaut mehr als normal beansprucht und dadurch Reize verursacht«.[9]

Zeigte der Warenrassismus eines Hohlweins noch einen kleinen, anonymen schwarzen Jungen, dessen Gesicht verschattet ist, setzt Wilp in seiner Werbung auf schwarze Berühmtheiten, die den Glamour des *black is beautiful* verbreiten und sich so zur Identifikation eignen. Berühmt ist sein Poster von Muhammad Ali, dem Held der Black-Power-Bewegung, der zwischen Plüschtieren seine Fäuste zeigt. Die Konnotation, die dieses Plakat verbreiten will, lautet, dass Muhammad Ali keine ihm gleichwertigen Gegner besitzt. Vor seinen mächtigen Fäusten werden alle Feinde zu niedlichen Kuscheltieren. Dieses neuartige Konzept, bedeutende Schwarze in die Werbung einzuführen, wiederholt Charles Wilp, indem er Marsha Hunt, eine damals bekannte Sängerin aus dem Musical *Hair*, engagiert. Sie soll, ähnlich wie Muhammad Ali, als Lacansches Größenselbst fungieren, mit dem sich potentielle KäuferInnen identifizieren können.

Das neue Phänomen der *Afroamerikanophilie* lässt sich besonders gut an einer Reklame nachweisen, auf der Donna Summer, die spätere Disco-Queen, mit dem von Charles Wilp entworfenen *afri-cola*-Schlauch zu sehen ist. Auffällig an diesem Plakat ist, dass Summer als schwarze Frau dem Konsument direkt ins Gesicht blickt. Größenunterschiede zwischen Weißen und Schwarzen, die symbolisch die Differenzen innerhalb der Hierarchie ausdrücken sollen, wie das noch bei der Grafik von Hohlwein der Fall war, gibt es bei Wilp nicht mehr. Die Farbige wird nicht mehr durch eine räumliche Ordnung in ihrer Bedeutung abgewertet.

Donna Summer sitzt nun hinter einer beschlagenen Fensterscheibe, auf der das *afri-cola*-Logo aufgeprägt ist. Diese Fensterscheibe soll an ein eisgekühltes *afri-cola*-Glas erinnern. Die Brause selbst wird durch den luziden Plastikschlauch in ihrer Farbe erkennbar gemacht. Dabei soll gezeigt werden, dass das Getränk die gleiche Farbe wie die Haut von Donna Summer besitzt. Wer also *afri-cola* genießt, so die übertragene Bedeutung des Werbeträgers, verinnerlicht gleichsam die Essenz des

Donna Summer in einer Werbung für afri-cola.

Schwarzen. *afri-cola* ermöglicht es dem Weißen, ein Schwarzer zu werden. Die Intention, selbst schwarz zu werden, bestimmt nun, wie oben schon Diedrich Diederichsen ausführt, alle Subkulturen nach dem Krieg. Am Beginn stehen die Hipster und Beatniks, die Norman Mailer als *white negros* bezeichnet: »Ein neues Geschlecht von Abenteurern war herangewachsen, städtischen Abenteurern, die zu nächtlicher Stunde auszogen und nach Betätigung suchten, im Herzen das Gesetz des schwarzen Mannes, das ihrem Wahrheitsbegriff entsprach. Der Hipster hatte sich die existentialistischen Litaneien des Negers zu eigen gemacht und konnte praktisch als weißer Neger angesehen werden.«[10]

Ein anderer Name für den Hipster ist der Beatnik, dessen etymologische wie soziologische Herkunft Mailer wie folgt bestimmt: »[Beatnik] wurde von Herb Caen, einem Kolumnisten aus San Franzisko, geprägt. Das Suffix ›nik‹ jedoch – ›nik‹ ist im Jiddischen ein bedeutungsverschlechterndes Diminutiv – verlieh dem Wort etwas Herablassendes, und gerade das kam der Mentalität der Journalisten entgegen. ›Beatnik‹ schlug ein. (...) Der Beatnik – oft ein Jude – kommt aus dem Mittelstand und hätte sich vor fünfundzwanzig Jahren der kommunistischen Jugendbewegung angeschlossen. Heute zieht er es vor, ganz einfach nicht zu arbeiten«.[11]

Der Beatnik, so könnte man sagen, war der erste schwarze Jude und stand am Beginn der modernen Subkultur. Wie sehr die Subkultur der Beatniks sich an der schwarzen Lebensweise – Mailer spricht von Lebenskunst – orientierten, wird am prominentesten Hipster Sal Paradise, dem Protagonisten in Jack Kerouacs autobiographisch gefärbten Kultbuch *On the Road*, deutlich: »Im lilafarbenen Abend lief ich, am ganzen Körper zitternd vor Schmerz, zwischen den Lichtern der Siebenundzwanzigsten Straße bis zur Welton im Farbigenviertel von Denver hinauf, wünschte mir, ein Neger zu sein, fühlte, daß das Beste, was die weiße Welt mir geboten hatte, nicht genug Ekstase für mich war, nicht genug Leben, Freude, Erregung, Dunkel, Musik, nicht genug Nacht.«[12]

An den Zitaten von Mailer und Kerouac lässt sich ablesen, was aus der Sicht der Weißen am Schwarz-Sein so faszinierend und attraktiv zu sein scheint. Kerouac spricht davon, dass dem Leben des weißen Mannes die Intensität fehlt, was daher zu rühren, dass es in ihm zu wenig Dunkelheit, zu wenig Nacht gibt. Mailer führt diesen Mangel dahingehend aus, dass er im Hipster einen Existentialisten erblickt. Der Hipster ist auf der Suche nach Eigentlichkeit; er will ein Leben, das den Tod nicht verdrängt, sondern zum konstitutiven Bestandteil des Lebens macht. Der Hipster oder der Beatnik verschafft sich diesen unmittelbaren Zugang zum Tod, in dem er die Karriere eines Junkies anstrebt.

Bei der *Afrophilie* geht es also um die Sehnsucht nach einem intensiven und eigentlichen Dasein und um eine Befreiung aus der Banalität des Alltags des weißen Durchschnittsmenschen.

Außerdem lernt der Weiße durch die Erfahrungen mit Schwarzen und ihrer Kultur, so Eldrige Cleaver, Theoretiker der Black-Panther-Bewegung und Präsidentschaftskandidat der *Peace and Freedom Party*, die Sinnlichkeit seines Körpers kennen: »Es war Chubby Checkers Mission – die den Twist als eine *gute Nachricht* überbrachte –, den Weißen beizubringen, was die Geschichte sie zu vergessen gelehrt hatte: ihre Ärsche wieder zu schwingen.«[13]

Die Hipster und Beatniks waren eine existentialistische, aber keine politische Bewegung. Es ging bei der ersten Generation weißer Neger um die Entdeckung des intensiven und gefährlichen Augenblicks, der ohne das Denken an ein Morgen zum eigentlichen Leben führen sollte. In den 1960er-Jahren wurden die Subkulturen, die sich immer noch an den Schwarzen ausrichteten, politisch. Die bürgerlichen Ideale, die durch die Eltern verkörpert wurden, mochten nicht mehr zu überzeugen. Über dieses Leben des weißen Durchschnittsmenschen urteilt Jerry Rubin: »Daddy betrachtete sein Haus und seinen Wagen und seinen manikürten Rasen, und er war stolz. Er versuchte, seinen Kindern beizubringen, worauf es ankommt; er schärfte uns ein, nichts zu tun, was uns vom Pfade des Erfolgs abbringen könnte.«[14]

Statt die Werte und die Ideale des weißen Mittelstandes zu übernehmen, entdeckt die neue Generation die Barbarei und den Rassismus der westlichen Zivilisation. So identifizieren sich die weißen Jugendlichen mit den schwarzen Befreiung- und Bürgerrechtsbewegungen. Das Bild des weißen Negers, das Mailer noch für den Hipster reserviert hatte, taucht plötzlich, politisch aufgeladen, bei den Yippies, den radikalen Hippies wieder auf: »Wenn Amerika nicht frei ist für Eldrige Cleaver, dann hat Amerika kein Recht zu existieren. Die pigs [Polizei] feuerten den ersten Schuß ab. Aber wir, die weißen und die schwarzen Nigger, werden den letzten abfeuern.«[15]

Wie die Schwarzen durch ihre Hautfarbe diskriminiert werden, erklärt Jerry Rubin, werden die Weißen wegen ihrer langen Haare ausgeschlossen: »Das lange Haar ist unsere schwarze Haut – langes Haar macht aus einem Sohn des weißen Mittelstandes einen Nigger. Wenn man lange Haare hat, ist Amerika plötzlich ein ganz anderes Land. Wir sind Ausgestoßene. Wir, die Söhne und Töchter des weißen Mittelstandes, fühlen uns wie Indianer, Schwarze, Vietnamesen, die Außenseiter in der Geschichte Amerikas.«[16]

An der Äußerung von Jerry Rubin, der die Hippies zu den Verfolgten Amerikas rechnet, beginnen sich die Schattenseiten der Instrumentalisierung abzuzeichnen, die das Phänomen der *Afrophilie* besitzt und die Lou Reed und Maxim Biller zur Darstellung bringen werden. Es ist nun nicht verwunderlich, dass die Äußerung von Rubin, die Hippies seien die neuen Schwarzen und damit Außenseiter, die Protagonisten der Black-Power-Bewegung aufbrachte und empörte; so urteilt für viele stellvertretend Ralph Gleason: »Ich habe einige meiner langhaarigen Freunde sagen gehört, sie wären ›die neuen Nigger‹. [...] Auch das ist Scheiße, und schlimmer noch, es ist überheblich. Es wird euch wenig nützen, so was zu sagen, meine Freunde. Jeder schwarze Mensch in der ganzen Welt weiß, dass es Scheiße ist, wenn ihr so was sagt. Ihr könnt eure Haare abschneiden. Er bleibt schwarz in einer weißen rassistischen Gesellschaft.«[17]

Wie oben dargestellt wurde, zeichnet sich das Phänomen der *Afrophilie* durch die Intention aus, sich mit dem schwarzen Anderen zu identifizieren, ja geradezu mit ihm verschmelzen zu wollen. Man versucht das Bild eines Ideal-Ichs zu imitieren, um von seiner Omnipotenz zu profitieren. Die Weißen, wie die Gruppe um Jerry Rubin, identifizieren sich mit den Schwarzen, um den Nimbus und die politische Bedeutung der Verfolgten zu erlangen. Wie Ralph Gleason zu Recht betont, maßen sie sich dabei eine Rolle an, die auf sie als behütete Wohlstandskinder keineswegs zutrifft. Sie werden zu falschen, eingebildeten Opfern.

Eine weitere Schattenseite der *Afrophilie* als Vorgang der Konsolidierung des Selbst stellt Lou Reed auf seinem Album *Street Hassle* dar. Der Titel »I wan-

Lou Reed, Street Hassle, 1978

na be Black« auf diesem Album spielt auf den seit den Beatniks bestehenden Wunsch an, ein weißer Neger, a *white negro*, zu sein. Auf die Subkultur der Beatniks, die sich als weiße Neger fühlten, verweist auch die musikalische Struktur dieses Stücks, das weniger wie ein abgeschlossener Song mit Melodie, sondern eher wie ein Zitat funktioniert. Ganz im Gegensatz zum sonstigen Stil Lou Reeds als Rockmusiker ist dieses Lied mit Andeutungen auf den Jazz der 1950er-Jahre durchsetzt. Der Jazz als musikalischer Ausdruck der Vergötterung der Gegenwart, wie Norman Mailer[18] schreibt, ist das Markenzeichen der Hipster. Auch von deren Sehnsucht, der als langweilig empfundenen weißen Existenz der Mittelklasse entfliehen zu wollen, berichtet dieses kleine Musikstück mit dem Titel »I wanna be Black«. Abgestoßen wird man jedoch vom Bild des schwarzen Mannes, das Lou Reed hier entwirft; es gibt bei ihm kein schwarzes Größenselbst mehr, auf das der Slogan *Black is beautiful* noch zutrifft:

»Ich will schwarz sein
Einen natürlichen Rhythmus
Und acht Meter weit abspritzen
Und es den Juden zeigen
Ich will schwarz sein
Ich wäre gern ein Panther
Und meine Freundin heißt Samantha
Und dazu ein Stall von scharfen Huren
Oh, ich wäre gern schwarz
Ich will kein verkorkster Mittelschichts-Oberschüler mehr sein
Ich will nur einen Stall mit scharfen Huren
Ja, ja ich will schwarz sein
Ich will schwarz sein [...]
Und es den Juden zeigen.«[19]

Schon zu Beginn der schwarzen Emanzipationsbewegung werden frauenfeindliche wie auch antisemitische Tendenzen in der schwarzen Kultur bemerkt. Der Antisemitismus der Schwarzen, den Reed in seinen Texten aufgreift, erhält zum einen Zulauf durch die Gruppierung der Nation of Islam, die stark antizionistische Parolen verbreitet.[20] Zum anderen sieht Peter Novick den Grund für die Verschlechterung des Verhältnisses zwischen Juden und Schwarzen seit den sechziger Jahren darin, dass es eine Konkurrenz der Bewertung des jeweiligen Opferstatus zu geben scheint; so schreibt James Baldwin: »Man möchte ... nicht von einem amerikanischen Juden gesagt bekommen, daß sein Leiden größer ist als das Leiden amerikanischer Neger. Das ist es nicht, und man merkt es, daß das nicht so ist, am Ton, wie er es dir versichert, es sei so ...

Es ist nicht hier und nicht jetzt, daß der Jude abgeschlachtet wurde, und er wird nicht hier verachtet wie der Neger, *weil* er ein Amerikaner ist. Das jüdische Leiden fand jenseits des Ozeans statt, und Amerika rettete ihn aus dem Sklavenhaus. Aber Amerika ist das Sklavenhaus für den Neger, und kein Land kann ihn retten.«[21]

Doch man verfehlt die Intention von Lou Reed, wenn man glaubt, es ginge in diesem Song um den Protest gegen fatale Tendenzen innerhalb der schwarzen Kultur. Lou Reed will stattdessen die Wahl eines Selbstobjekts kritisieren. Wie zu Beginn gezeigt, stehen die Theorien des Postkolonialismus deshalb so hoch im Kurs, weil sie die identitätsstiftende Beziehung zwischen dem westlichen Individuum und dem schwarzen Anderen interpretieren. Der Andere wird dabei zu einem Selbstobjekt, das dazu dient, den Kolonisator als überlegenen Kulturbringer bestärkend zu spiegeln. Lou Reed stellt nun in seinem kleinen Lied »I wanna be Black« die Wahl eines solchen Selbstobjekts dar, das alleinig die Funktion besitzt, dem verkorksten Oberschüler aus der weißen Mittelschicht zu erlauben, seine ordinären sexistischen und antisemitischen Wünsche scheinbar ungestraft zu artikulieren.

Eine ähnlich den Antisemitismus bestärkende Funktion der *Afrophilie* beschreibt auch Maxim Biller in seiner Erzählung »Harlem Holocaust«. Dabei dient das Selbstobjekt des Schwarzen als Schuldabwehr gegenüber Auschwitz und zur Konsolidierung eines selbstbewussten antisemitischen Subjekts.

In der provokanten Überschrift, die Biller für seine Erzählung wählt, wird der Sachverhalt der Schuldabwehr schon angedeutet, der die Erzählung als zentrales Thema bestimmen wird. Denn was geschieht, wenn man unbedarft ein solches Kompositum wie »Harlem Holocaust« bildet und damit unterschiedliche Phänomene miteinander vergleicht?

Wie Baumann[22] schreibt, droht das Phänomen des Holocausts immer öfter zur Beschreibung der unterschiedlichsten Ereignisse und Tragödien missbraucht zu werden. Selbst die Tierrechtsorganisation *PETA* wagt es, von einem Holocaust zu sprechen, der durch die Käfighaltung an Hühnern oder sonstigen Kleinlebewesen vollzogen werde. Indem jedoch der Holocaust mit anderen Ereignissen verglichen wird, wird ihm die Stellung der geschichtlichen Einzigartigkeit entzogen. Wenn man diesem Ereignis des fabrikmäßigen Mordes jedoch die Eigenschaft der Einzigartigkeit abspricht, normalisiert man dieses Verbrechen.

Von einem solchen Willen zur Schuldabwehr gegenüber einer unerträglich empfundenen Vergangenheit ist der Ich-Erzähler in Billers Geschichte, der sich als Efraim Rosenhain vorstellt, geradezu besessen. Er, der den Juden Auschwitz nicht zu verzeihen vermag, spricht von einer Gier nach Schuld und Entsühnung.[23] Wie seine Schuldabwehr und damit seine Entsühnung gelingt, wird an seinem Bericht über seine ehemalige jüdische Freundin deutlich, die er die schöne Tochter von Jud Süß nennt: »Ihre Mutter, erzählte sie, sei als Kind im KZ gewesen, und da KZ immer so martialisch, aber anonym klingt, fragte ich nach dem genauen Ort. In Theresienstadt, erwiderte sie kleinlaut, denn sie wußte so gut wie ich, daß Theresienstadt, das Vorzeige-Lager der Nazis, alles andere als ein KZ gewesen war, fast schon ein Paradies auf Erden«[24].

Der Ich-Erzähler befolgt mit solchen Aussagen eine Strategie der Entschuldung. Er wird den jüdischen Menschen im Laufe der Erzählung, vor allem seinen Gegenspieler Warszawski vorwerfen, ein falsches oder bloß eingebildetes Opfer zu sein. Die Juden im Nachkriegsdeutschland sind, seiner Meinung nach, durch ihren aufgebauschten Opferstatus unberechtigte Kriegsgewinnler. Dabei stehe ihnen, so seine Argumentation, die Autorität, die das Opfer zweifelsohne besitzt, gar nicht zu. In seiner verzerrten Perspektive wird Theresienstadt, wo Zehntausende an Hunger und Krankheit gestorben sind, zu einem geradezu paradiesischen Erholungslager. Außerdem ließe sich, so Rosenhain, dessen Name nicht von ungefähr an Rosenberg, den Chefideologen des Dritten Reichs erinnert, der Opferstatus nicht auf die folgenden Generationen übertragen. Die jungen Juden würden ihren unberechtigten Status ausnutzen, um die Bleiarme der Schuld auf die Schultern der Deutschen fallen zu lassen und sie bis zur sexuellen Nötigung zu erpressen.

Was jedoch im Monolog seiner selbstmitleidigen Anklage merkwürdig unkommentiert bleibt, ist, warum ein Autor wie Warszawski, der in seinem Verhalten wie auch Aussehen äußerst unappetitlich wirkt, in Deutschland einen so großen Erfolg hat. In Amerika bleibt sein schriftstellerisches Werk dagegen nahezu unbeachtet. Die Gründe für seinen literarischen wie sozialen Erfolg werden nur kurz und scheinbar beiläufig erwähnt. Sein Thema, mit dem sich seine in Deutschland erfolgreichen Bücher beschäftigen, ist der Überlebensselbsthass, der zu einer *Holocaust-Häresie* führt. Doch warum nur ist seine Holocaust-Häresie, in der ein Verfolgter mit seinen sexuellen Wünschen und Verfehlungen geschildert wird, für den deutschen Rezipienten so interessant? Wie Broder antworten würde[25], gibt es ein Begehren, den moralisch verwerflichen Juden zu suchen und zu finden. Dieser wird als Selbstobjekt als Zerrspiegel missbraucht, vor dem man sich selbst zum Opfer stilisieren kann.

In der bei den deutschen Rezipienten so geschätzten Holocaust-Häresie, aus der Ich-Erzähler Rosenhain ausgiebig zitiert, beginnt Warszawski seine schriftstellerische Laufbahn als ein schwarzer Jude. Er wird als ein Beatnik *avant la lettre*, lange vor Cassedy, Orlovsky und Kerouac, vorgestellt. Wie der Ich-Erzähler über die Pubertät von Warszawski berichtet, betrachtet er die Schwarzen als seine Juden. Durch den Schulterschluss mit den Schwarzen glaubt sich der junge Autor von seinen Eltern und ihren Ansprüchen, die durch ihr Emigrantenschicksal besonderes Gewicht erhalten, lösen zu können. Dass für ihn die Schwarzen zu seinen Juden werden, bedeutet, dass sie im Gegensatz zu seinen Eltern, die trotz ihres Schicksals in Amerika gut Fuß fassen konnten, durch die rassistische Verfolgung die wahren Opfer, die Opfer erster Klasse sind. Ähnlich dem lyrischen Ich im Song von Lou Reed nutzt auch der junge Warszawski den Schwarzen als Selbstobjekt, um sich von den Eltern und ihrer Autorität als Opfer frei zu machen. Die Diffamierung der Juden als Opfer zweiter Klasse macht wiederum die Autobiographie Warszawskis erst interessant für den nach Schuldabwehr süchtigen Ich-Erzähler Rosenhain, der allgemein für den deutschen Nachkriegsrezipienten steht. Biller schafft somit eine Erzählung der nacheinander platzierten Selbstobjekte.

Zusammenfassend fällt das Urteil über das Phänomen der *Afrophilie* und *Afroamerikanophilie* auch als sogenannter Fortschritt gegenüber dem Kolonialismus ziemlich ernüchternd aus. Wie zu Beginn dargestellt, unterscheidet sich die *Afrophilie* als Phänomen der Postmoderne vom Kolonialismus und Imperialismus. War der Kolonisator ein nach Spiegelung hungriges Individuum, das den Anderen abwertete, ist der westliche Mensch auf der Suche nach den Idealen eines zu bewundernden Alter-Egos, das ihm Orientierung geben soll. Der Schwarze wird zu einem Größen-Ich, dessen Lebenskunst es nachzuahmen gilt, um zur Eigentlichkeit zu gelangen und neue sinnliche Sensationen zu erleben. Wie Eldrige Cleaver am Beispiel schwarzer Musik betont, lernt der Weiße durch den Schwarzen die Sinnlichkeit seines Körpers kennen. Die Forderungen, die wiederum aus der neuentdeckten Sinnlichkeit stammen, münden spätestens seit der Hippie-Bewegung in politische Programme und

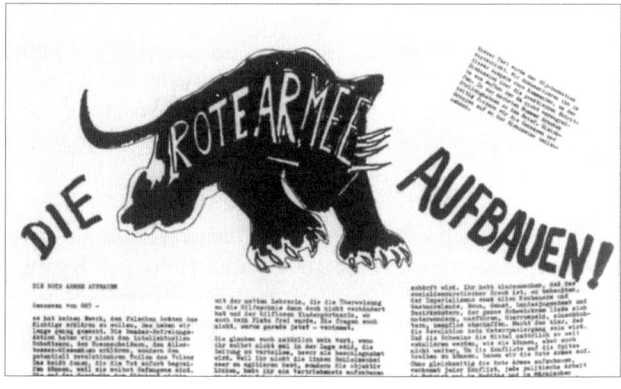

Die weißen Wohlstandskinder der RAF eignen sich das Symbol der Black Panther an.

Forderungen. Dabei zeigt sich die *Afrophilie* in ihrer ganzen Zwiespältigkeit. Um von der eigenen politischen Wirkungslosigkeit abzulenken, identifizieren sich, Jerry Rubin war hier ein beredtes Beispiel, immer mehr Weiße mit schwarzen Befreiungsbewegungen. Sie maßen sich dabei eine Rolle an, die ihnen nicht zusteht. So übernimmt die RAF, bestehend aus weißen Wohlstandskindern einfach das Symbol der Black Panthers und überschreiben es mit ihrem Namenszug. Damit beginnen sie den marginalisierten Anderen genauso zu instrumentalisieren, wie der von ihnen verachtete Imperialist.

Besonders problematisch wird die Afrophilie, wenn sie Möglichkeiten schafft, antisemitische Persönlichkeiten zu bestätigen. Der Andere wird dabei zum Selbstobjekt zur Stärkung des Ichs instrumentalisiert. Wie in »Harlem Holocaust« erzählt, wird der Schwarze als neuer Jude dazu genutzt, den Opferstatus der Juden in Frage zu stellen. Das prominenteste Beispiel für eine solche versuchte Delegitimierung des jüdischen Opfers bietet der Brief aus Amman von Dieter Kunzelmann. In diesem antisemitischen Dokument versucht Kunzelmann das Attentat auf das jüdische Gemeindezentrum wie folgt zu rechtfertigen: »Wenn wir endlich gelernt haben, die faschistische Ideologie ›Zionismus‹ zu begreifen, werden wir nicht mehr zögern, unseren simplen Philosemitismus zu ersetzen durch eindeutige Solidarität mit Al Fatah, die im Nahen Osten den Kampf gegen das Dritte Reich von Gestern und Heute und seine Folgen aufgenommen hat.«[26]

Kunzelmann gelingt es, sein Selbst zu stärken, indem er die jüdischen Opfer durch die Palästinenser, die Opfer der Opfer, abzuwerten glaubt. Durch dieses, seinen Antisemitismus bestätigendes, Selbstobjekt wird er, wie er sich auszudrücken pflegt, den *Judenknax* los. Gerade das Beispiel Kunzelmann zeigt, wie sehr man bei der Beurteilung der Afrophilie, die bedeutender Teil postmoderner Identitätssuche ist, die Lehren der Psychoanalyse, wie sie besonders von Lacan neu formuliert wurden, nicht vergessen darf. Die Konstruktion eines Ichs bleibt stets ein imaginärer und narzisstischer Vorgang und erzeugt notwendigerweise Verzerrungen des Selbst und des Anderen. Es kommt deshalb besonders darauf an, irgendwann im Leben den Versuch zu starten, zu einer realistischeren Sicht auf sich und den Anderen zu kommen.

Bildnachweise
S. 91 Hohlwein, Ludwig: Kaloderma Rasierseife. In: Haus der Kulturen der Welt (Hg.): Der Black Atlantic. Berlin: Haus der Kulturender Welt 2004.
S. 92 Wilp, Charles: Muhammad Ali 1972. In: R. Heller: Kunst ist Werbung. Homage an Charles Wilp. Düsseldorf: Droste 2005.
S. 93 Wilp, Charles: Donna Summer, die schönste Zunge Kaliforniens 1970. In: R. Heller: Kunst ist Werbung. Homage an Charles Wilp. Düsseldorf: Droste 2005.
S. 96 Reed, Lou: Street Hassle. Arista Records 1978.
S. 100 Gründungserklärung der RAF. In: W. Kraushaar: Acht und sechzig. Eine Bilanz. Berlin: Propyläen 2008.

Anmerkungen
1 Edward W. Said: *Orientalismus*. Frankfurt a. M./Berlin: *Ullstein* 1981, S. 26
2 Stuart Hall: »Der Westen und der Rest: Diskurs und Macht«, in: S. H.: *Rassismus und kulturelle Identität. Ausgewählte Schriften 2*. Hamburg: *Argument* 1994, S. 137–179. Stuart Hall: »Das Spektakel des Anderen«, in: S. H.: *Ideologie, Identität, Repräsentation. Ausgewählte Schriften 4*. Hamburg 2004: *Argument*, S. 108–166
3 Siehe: Melanie Klein: »Zur Psychogenese der manisch-depressiven Zustände«, in: M. K.: *Das Seelenleben des Kleinkindes und andere Beiträge zur Psychoanalyse*. Stuttgart: Klett-Cotta 2001, 56
4 Siehe: Jacques Lacan: »Das Spiegelstadium als Bildner der Ichfunktion wie sie uns in der psychoanalytischen Erfahrung erscheint«, in: J. L.: *Schriften I*. Weinheim/Berlin: *Quadriga* 1996, S. 67
5 Jacques Lacan: *Das Seminar. Buch I (1953–54). Freuds technische Schriften*. Weinheim/Berlin: *Quadriga* 1978, S. 105
6 Fatima El-Tayeb: »Africa at Home. Europäische Postkarten 1890–1950«, in: Haus der Kulturen der Welt (Hg.): *Der Black Atlantic*. Berlin: *Haus der Kulturen der Welt* 2004, S. 267
7 bell hooks: »Das Einverleiben des Anderen. Begehren und Widerstand«, in: b. h.: *Black Looks. Popkultur – Medien – Rassismus*. Berlin: *Orlanda* 1994, S. 34
8 Diedrich Diederichsen: »Schwarze Musik und weiße Hörer«, in: D. D.: *Freiheit macht arm. Das Leben nach Rock'n Roll 1990–93*. Köln: *Kiepenhauer & Witsch* 1993, S. 54
9 Charles Wilp, zit. in: Moritz Ege: *Schwarz werden. »Afroamerikanophilie« in den 1960er und 1970er Jahren*. Bielefeld: *transcript* 2007, S. 37
10 Norman Mailer: »Der weiße Neger«, in: N. M.: *Reklame für mich selber*. München: *Moewig* 1981, S. 374–375
11 Ebd, S. 408–409
12 Jack Kerouac, zit. in: Eldridge Cleaver: *Seele auf Eis*. München: *dtv* 1970, S. 82
13 Cleaver, *Seele auf Eis*, S. 209
14 Jack Rubin: *Do it! Scenarios für die Revolution*. München: *Trikont* 1977, S. 17
15 Ebd, S. 200
16 Jerry Rubin, zit. in: Ege, *Schwarz werden*, S. 98
17 Ralph Gleason, zit. in: Ebd, S. 99
18 Siehe: Mailer, *Reklame für mich selber*, S. 386
19 Lou Reed: *Texte*. Köln: *Kiepenheuer & Witsch* 1992, S. 11
20 Siehe dazu: Johannes Springer: »The Healing has not yet begun – Antisemitische Tendenzen im US-amerikanischen Hip Hop«, in: *testcard 13. Beiträge zur Popgeschichte: Black Musik/2004*, S. 148 ff.
21 James Baldwin, zit. in: Peter Novick: *Nach dem Holocaust. Der Umgang mit dem Massenmord*. München: *dtv* 2003, S. 253
22 Siehe: Zygmunt Baumann: *Leben in der Flüchtigen Moderne*. Frankfurt a. M.: *Suhrkamp* 2007, S. 89
23 Siehe: Maxim Biller: »Harlem Holocaust«, in: M. B.: *Wenn Ich einmal reich und tot bin*. München: *dtv* 2007, S. 88
24 Ebd, S. 79
25 Siehe: Henryk M. Broder: *Der ewige Antisemit. Über Sinn und Funktion eines beständigen Gefühls*. Frankfurt a. M.: *Fischer* 1986, S. 163–164
26 Dieter Kunzelmann, zit. in: Wolfgang Kraushaar: *Die Bombe im Jüdischen Gemeindehaus*. Hamburg: *Hamburger Edition* 2005, S. 68–69

Hans Peter Frühauf

»Philip, is that you?«

Wer ist David Bowie?

1977, im Jahr als der Punk seinen Zenit erreichte, zog sich David Bowie gemeinsam mit Iggy Pop nach Berlin zurück. Dort nahm er drei Platten auf, die zur Berliner Trilogie gemacht wurden: *Low*, *Heroes* und *Lodger*.[1] Mit *Ziggy Stardust* hatte Bowie Anfang der 1970er-Jahre einen Beitrag zur Entwicklung einer neuen popkulturellen Bewegung geleistet, die später in der Punkbewegung in Großbritannien und den USA gipfelte. »Ich will den Rock'n'Roll auftakeln wie eine Tunte«, sagte David Bowie 1971, kurz vor der Vorstellung seines Bühnen-Alter-Egos *Ziggy Stardust* im Jahr 1972. Bowie gelang es, den Glamrock durch seine Inszenierungen auf den Höhepunkt zu treiben und er definierte zugleich dessen Endpunkt mit seinem Konzert am 3. Juli 1973 im *Hammersmith Odeon*. Mit »Rock'n'Roll Suicide«, einer Ballade aus dem (Konzept-)Album *The rise and fall of Ziggy Stardust and the Spiders From Mars*, beschloss er diese Bewegung und beförderte die Kunstfigur Ziggy, samt der begleitenden Band den Spiders, ins Jenseits. Wie alle Figuren, die Bowie in den 1970er-Jahren für die Bühne erschuf, hatte Ziggy Stardust eine ausgeprägte narzisstische Qualität. Die Ich-Bezogenheit korrespondierte mit totalitären Elementen, die sich in den Bühnenshows, den verwendeten Symbolen und im Lichteinsatz äußerten. Mit seiner radikalen Künstlichkeit, der Aufführungspraxis und der Gender-Verwirrung, die er über seine Figur Ziggy Stardust auslöste, gelang Bowie die Inszenierung neuer »Formen der kulturellen und sexuellen Identitätskonstruktion«.[2] »Der androgyne Ziggy Stardust präsentierte eine sexuelle Identität, die, so Hebidge, ›zuvor in der Jugend- und Rockkultur unterdrückt, ignoriert oder nur angedeutet worden war.‹ Seine Auftritte stellten Vorstellungen von Männlichkeit in Frage, auch über die in Großbritannien oft entscheidenden Klassengrenzen hinweg. (...) Seine Provokationen (...) hatten einen sicheren Raum für Experimente mit sexueller Identität und Differenz geschaffen. (...) (eine) unordentlich verlaufende Befreiung der Popkultur von der normativen Heterosexualität.«[3] Bowie verknüpfte diese Strategie mit einer – ob intendiert oder nicht sei dahingestellt – Auswahl von Auftrittsorten in Arbeitervierteln und in Provinzkinos, also an der Peripherie des großstädtischen Lebens. Orte, an denen sich die mehrdeutige Performanz Bowies unmittelbar mit der normativen Eindeutigkeit britischen Alltagslebens verknüpfte und so seinen subversiven Einfluss auf die Herausbildung einer neuen Jugendkultur zementierte. Ziggy Stardust war eine Figur, die als radikaler Gegenentwurf zu den klassisch-englischen Protestsängern gesehen werden kann. Eine Kunstfigur, die mehrdeutig angelegt wurde und die als Projektionsfläche für nicht erfüllte und meist sexuelle Wünsche der Betrachter fungierte. Die bildhafte Aufbereitung von Ziggy Stardust bildete die Basis zur Ikonisierung der Figur Bowie und lieferte der Subkultur das Material.[4] Trotz seiner Verehrung für Bob Dylan, die er auf sein Album *Hunky Dory* in einen Song goss, wendete sich Bowie mit seinen Inszenierungen gegen eine Protestgeneration und wehrte sich implizit gegen den Duktus, dass Sänger und Botschaft kompatibel sein müssen.[5] Diese radikale Abkehr vom Politischen äußert sich in seinen Texten, die andeutungsreich, aber schwer verständlich sind. Mitte der 1970er-Jahre, abgemagert und drogenabhängig, stellte er als dünner weißer Herzog, als »Thin Withe duke«, sein Album *Station to Station* vor. Damit legte er den Grundstein für das, was später in Europa, teilweise in West-Berlin, erarbeitet werden sollte. David Bowie nun in einen Kontext zu stellen, in dem die Frage nach den jüdischen Wurzeln des Punk bearbeitet wird, folgt der These, dass eine jüdische Lesart Impulse für die Analyse weiterer Bereiche der Popkultur liefert. Die Phänomene und Figuren, die sich in der Popkultur bewegen, sind geprägt von einer Fülle von Einflussfaktoren, die sich in der Musik, der Performanz und der Textlichkeit aufschichten und zu einem neuen Bild verdichten, das unterschiedlichste Verweise auf andere Kultur- und Sinnsysteme beinhaltet. Die im Punk zu identifizierenden Typen des Außenseiters und des Rebellen lassen sich etwa historisch aus einer jüdischen Erfahrung herleiten und zugleich als ein entscheidendes Strukturmuster einer bestimmten ausdifferenzierten Form der Popkultur im Allgemeinen ausmachen. Es soll also nicht der berühmten Frage nach der Henne und dem Ei nachgegangen werden, sondern der Blick auf die Gleichzeitigkeit unterschiedlicher Sinn-Figuren gelenkt werden, die das Feld des Popkulturellen strukturieren und die schließlich zu einer tiefergehenden Analyse auffordern. Was lässt sich nun aus der jüdischen Lesart des Punk herausfiltern, so dass ein theoretisch und methodisch neuer Zugang zur Popkultur möglich wird?

Die jüdische Lesart des Punk und ihre Folgen für einen neuen Zugang zur Popkultur

The Long Decline, eine britische Band, legte 1996 ihr gleichnamiges Album vor. In ihrem Song »I'm a Jew« heisst es: »I don't believe in god; I'm certainly not a Zionist; There's nothing kosher about me; But I'm a jew, fuck you; (…) Hitler keeps me a Jew; Racists keep me a Jew; I'm sick of racial barriers; But I'm a jew, fuck you.« The Long Decline arbeiten mit rassistischen Zuschreibungen und thematisieren die Vernichtung der Juden in der NS-Zeit. Die Wirkungen des historisch einmaligen Massenmords an den Juden formieren das Selbstbild des Juden als Juden bis heute (»Hitler keeps me a jew«), aber dem zugeschriebenen Opferstatus wird das Gegenbild eines selbstbewussten und kämpferischen Subjekts entgegengesetzt (»But I'm a jew, fuck you!«). Der Status »Jude« wird zu einer sozialen Tatsache gemacht und mit Selbstbewusstsein und Stärke zum Ausdruck gebracht. Jede Thematisierung entlang gängiger rassistischer Zuschreibungen und Vorurteile verflüssigt sich in dieser Prädikation und provoziert die kämpferische Deklassierung des Gegenübers. Hier ist die von Richard Hell 1977 besungene »Blank Generation« beschrieben, eine neu – auf der Basis eines vordergründig enthistorisierten Selbstverständnisses als Jude – zu beschreibende Tafel, die zur Provokation aufruft. Verstörend ist The Long Decline, weil die Erfahrungen der Holocaust-Opfer in die Selbstbestimmung als Jude im Hier und Jetzt einfließen: Sie ist unsagbar vorhanden, sie steht nicht zur Disposition, sie nimmt sich ihren Raum und sei es im Kampf. Provokation ist kein Selbstzweck, sie reflektiert die gesellschaftliche Realität und die ihr innewohnenden Formen der Ausgrenzung und des Rassismus. Das Muster der Provokation und des Rebellentums, das sich in den neusten Analysen zu den jüdischen Wurzeln des Punk identifizieren lässt, findet sich im Pop und Rock der 1970er-Jahre allgemein wieder. Glam-Rock, Punk, neue elektronische Musik sind als Bewegungen zu definieren, die auf einen Bruch mit der gängigen Praxis des Musik-Schaffens und Musik-Inszenierens abzielen. Provokation wird zum Stilmittel und äußert sich auf den Ebenen der Musik, der Bühneninszenierung, der Fotografie, der Kleidung und schließlich auch in der Herausbildung von Subkulturen, die die Ästhetik des Provokanten tragen und verbreiten. Sich im Folgenden auf die Spurensuche jüdischer Erfahrung und Subkultur zu begeben und dann einen nicht-jüdischen Rockstar zum Ausgangspunkt dieser Suche zu machen, ist auf den ersten und auch zweiten Blick begründungspflichtig. Dazu ist ein Umweg nötig. Steven Lee Beeber definiert die Geschichte der Juden als eine Geschichte der Assimilation und einer einhergehenden Kultur des Synthetisierens.[6] Im Punk drückt sich die jüdische Generation nach dem Holocaust aus, an jenem Ort New York, den Beeber als die Heimat des Punk und die Heimat der Juden nach der Shoah begreift. Punk ist, wenn man ihn als soziales Phänomen betrachtet, die Performanz einer spezifischen Ästhetik, mit der eine antithetische Lesart zu herrschenden Ideologien und Wertsystemen mitschwingt. Diese Ästhetik erhebt die stilisierte Hässlichkeit zur Tugend und bietet Raum zur Verwendung emblematischer Symbole, die auf Tabubruch und Provokation abzielen. »Details und Elemente eines Symbolsystems (werden) ausgewählt und realisiert« und ein spezifisches Bedeutungssystem, ein Stil, generiert. »Der jeweilige Stil wird so zu einem System von Hinweisen und die jeweilige Inszenierung zu einer Andeutung. Die Darsteller verstehen sich dementsprechend als Animateure für Beobachter und Interpreten.«[7] Die symbolischen Repräsentationen, die im Punk zu identifizieren sind, sind bereits ausgiebig aufbereitet und sollen an dieser Stelle nicht wiederholt werden. Jedoch ist eine Repräsentation vor unserem Hintergrund erwähnenswert: die symbolische Religiosität, die sich im Punk zeigt. Diese Religiosität ist nicht als eine Form der »verpflichteten Innerlichkeit« (Charles Taylor) zu verstehen und auch nicht als Ausdruck einer glaubensfundierten Gesinnung und Haltung, vielmehr zeigt sie sich im expressiven Ausdruck: im Stil, in der Kleidung, im Verhalten und nicht zuletzt in der »Selbstcharismatisierung der Gruppe«, die den Punk trägt.[8] Sie folgt einem impliziten Wissen, das in der sozialen Praxis realisiert wird und dem Bewussten verborgen bleibt. Soeffners System von Hinweisen stellt den begrifflichen Ausgangspunkt zur Analyse eines popkulturellen Phänomens dar: die interpretative Erschließung der Bedeutungsebenen, die sich in unterschiedlichen Formen popkultureller Inszenierungspraxen abzeichnen. In der Diskussion um die jüdischen Wurzeln des Punk schlägt Waldmann in seinem Vorwort zur deutschsprachigen Ausgabe des Buches von Beeber einen Zugang vor, der sich um die Kategorien Subversion und Diskurspraktik gruppiert.[9] Subversiv ist der Punk, indem er – Beeber zufolge – Widerstandspotentiale in subkulturellen Bewegungen freisetzt. »Die Akteure der Subkulturen treten nun wie die Rabbiner des Talmuds durch ihr Decodieren in den gesellschaftlichen Kampf um Bedeutungen ein.«[10] Im Punk lässt sich vor diesem Hintergrund der öffentliche Gebrauch von NS-Symbolen als ein »Bruch mit jeglicher Ordnung« interpretieren. Beeber spricht von einer »jüdischen Rache, die in der Tradition der Komödie steht«. Der Gebrauch der NS-Symbolik sei »respektlos gegenüber den Nazis«[11], ein Spiegel der den Tätern ihr Scheitern vorhält. Diese Inszenierungspraxis, die im Stil des Punk aufgeht, wirkt subversiv, indem der herrschende Diskurs mit alternativen und spielerischen Deutungen untergraben wird. Es ist der Kampf einer Generation, die sich gegen die Opfer-Stilisierung und gegen eine pädagogisierende Kolonialisierung der Lebenswelten wehrt. Genau in diese Struktur wird ein Diskurs eingezogen, der das Eindeutige zu Gunsten des Mehrdeutigen aufweicht und Tradition durch Interpretation erneuert.[12] Schließlich ist damit ein spezifisches Verständnis von Kultur verknüpft. In Anschluss an Baecker, der auf die »Allianz von Kunst und Moral«, von »Werken und Werten« verweist, wird Kultur als Praxis der Beobachtung von ›Werken und Werten im Medium der Werte und Werke‹ definiert. »Jede sichtbare Form (ist) eine feste Kopplung von Elementen in einem unsichtbaren Medium der losen Kopplung derselben Elemente. Wir können nur von den Kunstwerken auf das Medium, den Möglichkeitsraum, schließen, in dem sie zustande kommen.«[13] Diese lose Kopplung konstituiert jenes System von Hinweisen, das der Betrachter zur Entschlüsselung vorgelegt bekommt. Festhalten lässt sich an dieser Stelle, dass sich eine jüdische Erfahrung in einem spezifischen Formenrepertoire und insbesondere in einem strukturierenden Medium der Differenzerfahrung ausmachen lässt. Darin liegt schließlich auch das Neue, das Beeber durch seine Spurensuche für eine popkulturelle und poptheoretische Auseinandersetzung mit Punk entlang des Konstrukts »Jewishness« vorlegt. Zugleich ist davon auszugehen, dass sich die ursprüngliche jüdische Erfahrung von ihrem Kontext entkoppelt und als eine Form in den Kanon einer Bedeutungspraxis von Handlungen und Werken insgesamt eingeht. Von daher ist die »Judaisierung von kulturellen Phänomenen notwendig, um lang verdrängte Perspektiven sichtbar und verstehbar zu machen«.[14] Dies führt uns zurück zu der Eingangs aufgeworfenen Frage, wie ein nichtjüdischer Rockstar zum Ausgangspunkt einer Spurensuche nach jüdischer Erfahrung und Subkultur gemacht werden kann. Die Frage stellt sich in methodischer Hinsicht: Welche Möglichkeiten ergeben sich aus der begrifflichen und gleichsam jüdisch-zugespitzten Formierung eines Phänomens wie Punk für die Rekonstruktion weiterer popkultureller Phänomene? Die Auseinandersetzung mit der jüdischen Erfahrung, die im Punk auflebt, kann zu einer Heuristik verdichtet werden, die einen neuen Rahmen für die interpretative Auseinandersetzung mit popkulturellen Phänomenen insgesamt setzt. Dazu lassen sich zwei Thesen formulieren. (1) Punk als eine spezielle Spielart des Rock und Pop stellt traditionelle Orientierungsmuster infrage, indem radikale Gegenentwürfe zum Gewohnten produziert werden (Innovationsthese). (2) Diese Gegenentwürfe verweisen in ihrer inneren Struktur auf die Verarbeitung bereits gemachter kultureller Erfahrungen und Werke, die auf den Ebenen der Komposition, der Produktion und der Inszenierung neu zusammengesetzt werden (Koppelungsthese). Innovation erfordert als Triebkraft ihrer selbst Protagonisten, die in ihrem Handeln das Neue tragen. Die Figur des

Außenseiters ist dafür die geeignete, bringt er (oder sie) doch das mit, an dem sich die eingespielte Mehrheit reiben kann. Hier zeigt sich der Zusammenhang zur jüdischen Geschichte, die die Figur des Außenseiters in der Diaspora als ein wesentliches Strukturelement deutlich erkennbar werden lässt.[15] Sigmund Freud schreibt, »Weil ich Jude war, fand ich mich frei von vielen Vorurteilen, die andere im Gebrauch ihres Intellekts beschränkten; als Jude war ich darauf vorbereitet, in die Opposition zu gehen und auf das Einvernehmen mit der ›kompakten Majorität‹ zu verzichten.«[16] Die jüdische Identität scheint förmlich Subversives und schließlich provokant Neues hervorzulocken.

In unserem Zusammenhang ist der Blick auf ausgewählte Spielarten der Popkultur ein Blick auf sich überlagernde Verweise auf bereits gemachte Erfahrungen, die jedoch in ihrer Neu-Zusammensetzung neues schaffen und die Perspektive sowohl vorwärts als auch rückwärts lenken. Wie lässt sich nun David Bowie in diesem Zusammenhang verstehen?

Der Star als Symbol. Methodischer Zugang und Analyseebenen

David Bowie wird in diesem Zusammenhang als ein popkulturelles Phänomen betrachtet, das sich als Ergebnis parallel zueinander verlaufender Konstruktionsprozesse aufgeschichtet hat. Die Analyse folgt daher nicht einem biografischen Zugang, Bowie wird als Starfigur definiert: Der Star ist ein »hochverdichtetes Zeichen (...) (ein) Symbol seiner Zeit beziehungsweise eines gesellschaftlichen Diskurses (...).«[17] Die Inszenierung des Stars geschieht auf (mindestens) drei Ebenen: (1) der bildhaften Inszenierung, (2) der musikalischen Inszenierung und (3) der vermittelten Inszenierung. Die bildhafte Inszenierung ist jene, die dem Betrachter in Form von Fotografien, Cover u.ä. zur Interpretation vorlegt wird. Die musikalische Inszenierung ist die Form, die der Star als Musiker, Arrangeur, Komponist entwickelt und die auf bereits gemachte Werke verweist, indem diese aufgegriffen und zitiert werden. Schließlich meint die vermittelte Inszenierung, wie Dritte die Starfigur aufgreifen und verarbeiten (z. B. in Filmen oder der Werbung). Diese drei Ebenen sind miteinander verknüpft und beziehen sich auf die durch die Starfigur konstituierte ästhetische Form. Vor diesem Hintergrund werden drei Untersuchungsgegenstände definiert: (a) die Analyse des Covers zum Album *Heroes* von 1977 als Beispiel einer bildhaften Inszenierung, (b) die Musik von *Low* und *Heroes* (beide 1977) als Formen der musikalischen Inszenierung sowie (c) Ulrich Edels Film *Christiane F. - Wir Kinder vom Bahnhof Zoo* und David Lynchs Film *Twin Peaks. Fire walk with me* als Beispiele der filmischen Inszenierung. Methodisch orientiert sich die Untersuchung an der Herausarbeitung der Sinnstrukturiertheit (Oevermann) der verschiedenen Ausdrucksformen. Eine Fotografie eines Menschen – ein Porträt – kann als eine Form des »Präsenzersatzes« definiert werden[18]: Nicht-Verfügbares wird für den Augenblick der Betrachtung verfügbar. In unserem Zusammenhang strukturiert das Cover eines Albums das Da-Sein des Interpreten im Moment des Hörens. Das Bild transportiert einen Sinn, der sich durch die Analyse erschließt. Gleichzeitig korrespondiert das Bild mit der musikalischen Form. Das Image der Starfigur setzt sich aus diesen Inszenierungsmodi zusammen und bildet die Grundlage für die Platzierung der Figur in einen filmischen Kontext durch Dritte. Zwei Fragestellungen werden in dieser Betrachtung verfolgt: (1) Wie schichtet sich das Image der Figur David Bowie auf, und wie wird es inszeniert? (2) Wie nutzen Filmemacher dieses Image für ihre ästhetischen und inhaltlichen Zwecke? Um Antworten zu finden, wird zunächst das Cover des 1977 erschienenen Albums *Heroes* analysiert.

Heroes oder: Die belebte Katatonie

Gesicht und Hände der Person heben sich durch ihre weiße Farbgebung von dem graugehaltenen Hintergrund und dem Schwarz der Jacke ab. Der Kopf ist gesenkt, der Blick starr, während die linke Hand nach oben zeigt, parallel zur äußeren Rahmung der Fotografie. Die Finger der rechten und der linken Hand sind aneinander gepresst, die Zeigefinger verlieren sich im Bild. Das Bild will auf den ersten Blick durch die dominante Inszenierung der linken, nach oben führenden Hand eine Richtung anzeigen, die sich aber gleichsam in der Gesamtkomposition verliert. Der entrückte Blick, das Verschwinden der Zeigefinger, der gesenkte Kopf zwingen den Betrachter zur Fokussierung auf die Augen. Der Blick geht ins Leere, die abgebildete Person ist vollends nach innen gekehrt, ein Kontakt nach Außen besteht nicht. Einzig der am rechten oberen Bildrand platzierte Schriftzug schafft so etwas wie eine Identität. Dort erfahren wir einen Namen, dem der Begriff »Heroes« vorangestellt ist. Farblich korrespondiert der Schriftzug mit den sichtbaren Körperteilen (Gesicht, Hals und Hände). Der Zusammenhang zur abgebildeten Person wird dadurch grafisch hergestellt. Gleichsam finden wir in der Gestaltung eine Brechung, indem »Heroes« in Anführungszeichen gesetzt wird. Zum einen wird der Begriff dadurch nochmals hervorgehoben, zum anderen wird er ironisch gebrochen, weil zu der ursprünglich Bedeutungsebene – Helden als herausragende Personen mit besonderen Fähigkeiten – Distanz hergestellt wird. Die Fotografie, die das Cover des 1977 erschienenen Album *Heroes* schmückt, bezieht sich auf zwei Arbeiten Erich Heckels: auf den Holzschnitt »Roquairol«, den

Heckel 1917 unter dem Eindruck des Ersten Weltkrieges in Oostende erstellte und auf das unter dem gleichen Namen erschienene Bildnis Kirchners. Erich Heckel, geboren 1883 in Döbeln bei Chemnitz war mit Kirchner und Bleyl einer der Gründer der Künstlergruppe *Brücke*.¹⁹ Das Bildnis von Ernst Ludwig Kirchner zeigt diesen in einer katatonischen Starre, in einer absoluten Entrückung aus dem Hier und Jetzt. Diese Figur wird hier eindeutig zitiert, so dass die (foto-)graphische Arbeit als ein Pastiche zu verstehen, der die

David Bowie: *Heroes*, 1977

Vorlage nachahmt und in einen neuen Kontext setzt.²⁰ Wie schon The Velvet Underground vermischt Bowie den Rock'n'Roll mit Elementen anderer Kunstformen. Der Rückgriff auf den deutschen Expressionismus (und eben nicht auf die bürgerliche Klassik, die sich im Prog-Rock abbildet) markiert die Einführung einer Figur, die sowohl zur Performanz der üblichen Rockstar-Inszenierung als auch zu sich selbst in Distanz tritt. Selbstbewusstsein und Stärke weichen einer neurotischen Innerlichkeit, die auf einer »tiefgreifende Verunsicherung«, einer »Dissoziation des Ich« aufsitzt, so wie sie von Vietta und Kemper als Merkmal des literarischen Expressionismus ausgemacht wird.²¹ Nun wird mit der im Bild aufgestauten Innerlichkeit eine musikalische Ausdrucksform kombiniert, die den visuellen Eindruck verstärkt und schließlich zu einer Verdichtung der Figur Bowie führt. Im Folgenden wird die Musik der beiden Alben *Low* und *Heroes* in den Blick genommen.

Das Verschwinden des Rockstars

Nach dem zweiten Weltkrieg setzte in der Musik ein Prozess ein, den Alex Ross folgendermaßen beschreibt: »Die Sprache der musikalischen Form wurde praktisch jedes Jahr neu erfunden: Zwölftonmusik wich der seriellen Musik, diese wiederum der Aleatorik, diese einer Musik frei flottierender Klangfarben, diese neodadaistischen Happenings und Collagen und so weiter und so fort.«²² Der Einfluss des »Informationswustes der spätkapitalistischen Gesellschaft« - so Ross - stürmte auf die Musik ein. John Cages radikale Abwehr von der klassischen Kompositionspraxis hin zum freien Experimentieren gipfelte in der programmatischen Aussage »Was geschieht, das geschieht«.[23] Ende der 1940er-Jahre begann das musikalische Zeitalter der elektronischen Musik. »Nachdem (...) das bürgerliche Klavier zum Schweigen gebracht worden war, konnte das Maschinenzeitalter beginnen.«[24] Anfang der 1950er-Jahre entwickelten sich in Darmstadt die ersten Werke synthetischer Musik, die ausschließlich im Studio erarbeitet wurden. Aus dieser Entwicklung gingen Impulse für die Rockmusik aus. Bands wie Can, Kraftwerk und Neu! griffen die kompositorischen Formen auf und kreierten einen neuen Stil moderner Rockmusik. Das Verfahren des geplanten Zufalls wird nun auch zu einem zentralen Element der Komposition und Erarbeitung der Alben *Low* und *Heroes*. Weitere Einflüsse auf die Arbeit stellen Stanley Kubricks Film *2001 - A Space Oddysee* und der gleichnamige Soundtrack zum Film dar. Kubricks Film wird eine »Ästhetik der Kälte«[25] zugeschrieben: Emotionslosigkeit, fehlende moralische Eindeutigkeit der Protagonisten sowie eine Musik, die sich funktional in das filmische Geschehen einbettet. Die Musik ist narrativ und erzeugt im Zusammenspiel mit den Bildern eine neue Bedeutung.[26] Kubrick greift auf vorhandenes musikalisches Material der Modernen Musik nach 1945 zurück. Ligetis »Requiem für Sopran, Mezzo Sopran, zwei gemischte Chöre und Orchester« aus den Jahren 1963-1965, und »Atmosphcre« von 1961 werden Richard Strauss' »Also sprach Zarathustra« und Johann Strauss‹ »An der schönen blauen Donau« gegenübergestellt: tonaler Stil vs. Klangcollagen. Kubrick verbindet auf der audiovisuellen Ebene »tableauhafte Bilder« mit »funktionaler Musik« und schafft darüber eine »artifizielle Audiovisualität«[27]. Der Film lebt von einer reduzierten Sprache und einer vieldeutigen Darstellung von Bildern, die nicht reflexiv, sondern nur sinnlich erfahren werden können. Der Einfluss moderner Musik und Kubricks Regiearbeit prägten Bowies Arbeit in Berlin. Die Idee, die hinter der Produktion des Albums *Low* steht, lautet schlicht und einfach: radikales Experimentieren. Bowie, der dafür Toni Visconti und Brian Eno gewinnen konnte, gab kein Versprechen ab, ob die Arbeit je veröffentlicht würde. Somit war der Weg frei, jenseits der Gesetze des Musikmarktes zu arbeiten. Verkürzt gesagt, erfahren wir auf *Low* das Ergebnis, wie Klangmuster mit Melodien verknüpft werden. Auf der ersten Seite des Albums sind sieben Stücke zu hören. Der Beginn macht »Speed of Life«. Der Hörer wird abrupt in den Song hineingeworfen. »Like Station to Station, Speed of Life fades in. But whereas Station has a train slowly coming in over the horizon, the fade into Speed of life is abrupt, as if you'd arrived late and opened the door on a band session. The album has already started without you!«[28] Wann beginnt und wann endet Musik? Eine Frage, die durch die Avantgarde der Nachkriegskomponisten wie Cage bereits bearbeitet wurde (Stück 4'33). Nach Wilcken ist die musikalische Atmosphäre geprägt von autistischen Zügen und einer inneren Einkehr des Sängers, die ihre Entsprechung in Textfragmenten findet. »It's an autistic world of islolation and withdrawal, fragmentary thinking and mood swing, alogia and affective flattering ...«[29]. Der Hörer muss interpretieren, da ihm auf der textlichen Ebene nichts Eindeutiges angeboten wird.

Auf der zweiten Seite des Albums erfolgt dann die vollkommene Abkehr vom klassischen Songwriting. Man kann die vier Stücke, die überwiegend instrumental gehalten sind, als Klangcollagen und Klanglandschaften verstehen, anders aber als bei Enos Solo-Arbeit kommen romantische Melodieführungen zum Tragen. Eben in der radikalen Abkehr vom amerikanischen Songwriting und dem Vermeiden expliziter Botschaften sind die Werke mehrdeutig angelegt und der Rockstar tritt mit seiner Erscheinung in den Hintergrund. Auf *Low* ordnet sich der Star in die Struktur der Musik ein und die Stimme ist ein Klang, ein orchestrales Element neben anderen. Der integrierte Einsatz der Stimme wird zur Antithese der üblichen Rockstarperformanz.[30] Das Verschwinden des Rockstars in der Komposition führt auf der visuellen Ebene jedoch wiederum zu seiner Re-Positionierung. Die eigens für die LP *Heroes* produzierten, aber nie offiziell veröffentlichten Videoclips, die derzeit auf *YouTube* kursieren, zeigen Bowie in einem Studioraum, wie er sich inmitten der im »Song Sense of doubt« zum Einsatz kommenden Instrumente (überwiegend Synthesizer und ein Flügel) bewegt.[31] Darin spielt er zum einen das chromatisch nach unten verlaufende Thema des Songs auf dem Flügel und simuliert ein Rauschen an einem Synthesizer. Er bewegt sich im Clip durch das Studio und inszeniert ein paradoxes Bild des Dabei- und Nicht-Dabei-Seins. Die Integration in die vorgefundene Struktur von Klang und Technik gelingt nur partiell, die Person bewegt sich in ihr und ist zugleich draußen. Zum gleichen Track »Sense of doubt« wird Bowie in einem zweiten Clip als Heckels Roquariol inszeniert. Das Cover von *Heroes* wird belebt und die oben identifizierten Strukturmuster des Covers werden in Bewegung gesetzt: Die Wiederbelebung der katatonischen Starre.[32] Die leere Fläche des Ichs, die in der gleichen Zeit bei Richard Hells »Blank Generation« anklingt, ist der Verzicht auf ein festes Identitätskonzept. Der Rockstar dient nicht mehr als Vorbild, er hat »Nichts zu sagen und Nichts zu tun«.[33] »Eine Welt im Wahn«, schreibt Frank Otto, »der irre Mensch ist in den Werken der Expressionisten immer wieder eine Metapher für den Ausbruch aus der verhassten bürgerlichen Welt: Dort gilt das Ideal der Selbstbeherrschung, während die Künstler den emotionalen Ausnahmezustand suchen, das tiefe Gefühl.«[34] Die Figur David Bowie kann kein Original sein, um mit Walter Benjamin zu sprechen.[35] Sie entzieht sich dem Hier und

Jetzt und spielt mit der Aura des Ungreifbaren. Nun soll gezeigt werden, wie Ulrich Edel in seinem Film *Christiane F. - Wir Kinder vom Bahnhof Zoo* dieses Konzept aufgreift und verarbeitet.[36]

Der gescheiterte Eintritt ins Bild. Ulrich Edels Bowie-Inszenierung

Der Film *Christiane F. - Wir Kinder vom Bahnhof Zoo* kam 1981 in die deutschen Kinos. Unter der Regie von Ulrich Edel erzählt der Film die Geschichte eines jungen Mädchens im Westteil Berlins und ihren Weg in die und aus der Heroinabhängigkeit. Edel verknüpft die zwei Motive des »verführten Mädchens« und Berlin als »unheimlichen Ort« zu einer Geschichte des sozialen Abstiegs.[37] Der Film ist mit der Musik David Bowies unterlegt, insgesamt sind neun Titel aus den Alben *Station to Station*, *Low*, *Heroes* und *Lodger* zu hören. Im Laufe des Films besucht die Protagonistin ein Konzert Bowies, das eigens für den Film inszeniert wurde. Die Szene beginnt mit einer Totalen auf ein rechteckiges Gebäude mit Flachdach, von dem das harte Licht von Scheinwerfern ausgeht, im Vordergrund der Einstellung ist ein Parkplatz zu sehen, der am vorderen Ende vom Licht erfasst wird. In der Mitte des Gebäudes erstreckt sich eine Fensterfront, die von einem weicheren Licht aus dem Inneren erleuchtet wird. Die Ausleuchtung des Ortes weist zwei Handlungsorte aus: den unheimlichen, dunklen Ort des Parkplatzes, das »Draußen« und ein Inneres, das durch den Einsatz des weichen Lichts positiv konnotiert wird. Danach erfolgt ein Schnitt und die Handlung wird in den Innenraum verlegt. Die Kamera nimmt aus einer Normalsicht, das heißt auf Augenhöhe des Betrachters, eine Figur in den Fokus. Das Gesicht ist der Kamera abgewandt, der Blick geht nach rechts. Die Aufnahme ist im Halbdunkel gehalten und wird durch die rote Jacke und das blaue Hemd aufgelockert.[38] Der linke Bildrand liegt fast im Dunkeln, das Gesicht ist vor einem helleren, nebeligen Hintergrund sichtbar. Das in der Anfangssequenz identifizierte Ordnungsmuster des Drinnen und Draußen ist noch nicht eindeutig aufgelöst, noch ist unklar, ob die Fokussierung auf die dargestellte Person gelingt, auch ist keine eindeutige Bewegungsabsicht spürbar. In den nächsten Sequenzen setzt sich die Figur in Bewegung, und es wird deutlich, dass sie in einen Bühnenkontext eintritt.

Auffällig ist, dass die Kamera diese Kontextsetzung nicht aufnimmt. Weder wird aus einer extremen Untersicht, etwa aus der Perspektive des zu erwartenden Publikums noch aus einer Normalsicht gefilmt. Die Kamera folgt der Figur, fängt diese aber nicht ein. Die Atmosphäre, die in der zweiten Einstellung durch Dunkelheit und Nebel geschaffen wird, wird durchgehalten, selbst bis zu dem Punkt, an dem die Figur an ein Mikrophon tritt und sich als Sän-

David Bowies Auftritt in *Christiane F. – Wir Kinder vom Bahnhof Zoo* (1981)

ger kontextualisiert. Endlich sehen wir das Objekt in Augenhöhe. Das Gesicht liegt noch im Schatten, im Hintergrund Nebelschwaden und eine verschwommene Person. Die Figur ist angekommen und eine klare Inszenierung als Sänger kann beginnen. Genau in diesem Moment erfolgt ein harter Schnitt. Die Kamera ist in einen dunklen Raum gerichtet. Das Bild ist schwarz, einzig einige Lichtpunkte, ähnlich einem Sternenhimmel, sind sichtbar. Auch in dieser Perspektive zeigt sich das Strukturierungsmuster des Drinnen und Draußen und die erhoffte Erlösung, die durch eine eindeutige und positiv konnotierte Platzierung der Figur gelingen könnte, wird vermieden. Der Eintritt in das Bild ist gescheitert, somit auch die Möglichkeit, die Figur als Träger eines Gegenentwurfs zur schwarzen, bedrohlichen Umwelt zu schaffen. Es gibt keine Helden, darauf haben uns bereits die Expressionisten aufmerksam gemacht. So wie einige Künstler voller Ideale und Heldentum in den Krieg zogen, um später »ihre Werke in erschütternde Mahnmale für das Leid jener Jahre«[39] zu verwandeln, spielt Bowie mit den Anführungszeichen, die seinen Titel Heroes umklammern. Die Figur spielt mit der Hoffnung auf Erlösung und bereitet zugleich das Scheitern vor. Der eingeführte Held wird zu jemanden, den man nicht kennt, dessen Aufgabe und Position im Film nicht erkennbar werden.

Surrealistische Traumwelten. David Bowie in Lynchs *Twin Peaks. Fire walk with me*

Ulrich Edel greift das Konzept des unfassbaren und Identität-verweigernden Subjekts auf und nutzt dieses für die Unterstreichung der Stimmung und Ästhetik, die er mit seinem Film herstellt. Was macht nun David Lynch? Er nutzt das ambivalente Identitätskonzept, das mit David Bowie verknüpft ist, um eine

Gesellschaftsanalyse der USA vorzunehmen. Lynch entkoppelt Bowie von seinem ursprünglichen Status als Musiker und Performer und inszeniert ihn als Rollenträger in seinem Sinne. *Twin Peaks. Fire walk with me* kam 1992 in die Kinos. Grundlage für den Film war die TV Serie *Twin Peaks*, die Lynch gemeinsam mit Mark Frost in den Jahren 1989 bis 1991 produzierte.[40] David Bowie übernimmt im Film die Rolle des verschollenen FBI-Agenten Philip Jeffries. Die Szene, in der Jeffries auftaucht, dauert nur wenige Minuten. Während Ulrich Edel die Figur Bowie als einen nicht-einfangbaren Musiker inszeniert und die filmische Technik sich dieser Idee anschließt (über die Schnitttechnik und die Kameraführung), setzt Lynch auf die Vermischung von Realitäts- und Traumwelten, in der er seine Figuren platziert.

Neben Philip Jeffries sind Agent Cooper (Kyle MacLaclan), Agent Gordon Cole (David Lynch), Agent Albert Rosenfeld (Miguel Ferrer) sowie eine weitere Person, die in einem Überwachungsraum platziert ist, an der Szene beteiligt. Eine Aufzugstür öffnet sich, die Kamera erfasst dieses Bild für einige Sekunden. Dann ein Schnitt. Agent Cooper verlässt einen Nebenraum, in dem Überwachungsmonitore installiert sind und tritt auf den Flur. Er positioniert sich vor einer an der Decke installierten Kamera. Danach nimmt die (Film-)Kamera wieder die geöffnete Aufzugtür in den Fokus, die am hinteren Ende des Flures liegt. Jeffries tritt aus der Kabine heraus und läuft halbrechts den Flur entlang (s. Abb. S. 115 oben).

Die Kamera filmt weiterhin die Aufzugtür und folgt Jeffries nicht. Dann wieder ein Schnitt zu Cooper, der weiterhin mittig auf dem Flur vor der Kamera verharrt. Im Hintergrund sehen wir Jeffries den Flur herunterkommen. Cooper stürzt zurück in den Nebenraum und die (Film-)Kamera nimmt Jeffries am hinteren Ende des Flurs in den Fokus. Danach ein Schnitt und die Bewegung Coopers in den Nebenraum wird fortgesetzt. Er sieht sich selbst im mittleren Monitor und Jeffries läuft an ihm vorbei. Danach läuft Cooper nach Gordon rufend aus dem Nebenzimmer über den Flur in das Büro von Agent Gordon Cole. Wieder ein Schnitt, die Kamera nimmt vom hinteren Ende des Büros Jeffries auf, der in das Büro hereintorkelt. David Lynch – so Georg Seeslen – setzt Bowie als ein »wahrhaftes Gespenst ein, für das es keine materiellen Grenzen gibt (...) In *Fire walk with me* kommt Bowie gleichsam aus einem anderen, nicht gedrehten Film. Er ist verloren, und dennoch hat er es eilig«[41]. Der Eintritt ins Bild ist bei Lynch verzögert. Der Betrachter wird in einer Situation gehalten, in der er unterschiedliche und sich überlagernde Realitätsebenen präsentiert bekommt: die sich öffnende Aufzugtür und die Erwartung eines Auftritts, Cooper auf dem Flur und seine Verdopplung auf dem Monitor, der Kontakt Coopers mit Jeffries, der von der Überwachungskamera eingefangen

David Bowie in *Twin Peaks*.

Ein unentwirrbares Spiel von Traum und Wirklichkeit.

und von Cooper gleichzeitig beobachtet wird. Die Figuren treffen sich nur in ihrer Verdopplung, sie werden zu Repräsentanten einer nicht-materiellen Welt, in der sie sich parallel zueinander organisieren. Jeffries wird in dieser Szene als Träger beider Realitätswelten definiert. Er tritt leiblich ins Bild und wird zum Geist, wenn er in Kontakt zu anderen tritt. Er streift die Beteiligten oder verschwimmt im Nebel, wenn der Kontakt unvermeidlich wird. So fragt Gordon Cole, »Phillip, is that you?« Keine Antwort, Jeffries Blick ist nach unten gerichtet. Cole stellt seine Identität fest: »Cooper, meet the long lost Philip Jeffries.« Jeffries hebt seinen Kopf, faltet seine Hände und nimmt dann Cooper in den Blick. Er führt seinen Zeigefinger Richtung Kinn und sagt »I'm not gonna talk about Judy«, dann zeigt er mit seinem rechten Arm auf Cooper und in diesem Moment der konkreten Kontaktaufnahme wird das Bild durch Nebel überlagert. Eine Figur, die eine Art venezianische Maske trägt, rückt ins Bild, während Albert Rosenberg versucht, Jeffries zu berühren, als wolle er feststellen, ob er wirklich da sei (s. Abb.).

In dieser Einstellung »hat uns Lynch in ein unentwirrbares Spiel von Traum und Wirklichkeit verwickelt, aber auch ein Modell für die Verdopplung des Menschen durch das Medium gegeben. Im Zentrum der Macht herrscht Selbstüberwachung; Wirklichkeit und Traum, Materielles und Immaterielles zerfließen«[42]. Lynch spielt mit dem Scheitern gesellschaftlicher Träume. Der Sequenz ist ein Bild einer eisernen Glocke vorgeschaltet. Das große amerikanische Symbol der *liberty bell*, die am 8. Juli 1776 bei der Verlesung der amerikanischen Unabhängigkeitserklärung in Philadelphia geschlagen wurde, läutet bei Lynch die absolute Entkopplung des Menschen aus seinem idealen Bindungsgeflecht ein. Die den Darstellern zugeschriebenen Attribute des Rationalisten (Agent Rosenfeld), des Schwerhörigen (Agent Cole als Chef), des Kontrolleurs (Techniker im Überwachungsraum) und des (gescheiterten) Spiritualisten (Agent Cooper) spiegeln die Ohnmacht der Personen wider; sie werden konfrontiert mit einer jenseitigen Realitätswelt, die sie weder erfassen noch verstehen können. Im Hintergrund wirken Mächte, die sich einem rationalisierten und kontrollierenden Zugang entziehen. Allenfalls der spirituelle Charakter von Cooper mag einen Zugang erlauben, scheitert aber letztlich an der Unvereinbarkeit von Traum und Wirklichkeit. Bowie scheint für den Träger der Traumwelt der geeignete Darsteller gewesen zu sein. Er entzieht sich einem unmittelbaren Zugriff, wandert auf der »Grenze zwischen den Aggregatzuständen Da-Sein und Nicht-Da-Sein«.[43] Lynch weiß dieses Muster, das mit der Figur Bowie verknüpft ist, für seine Zwecke zu nutzen und macht daraus mehr als ein Zitat des Rockstars Bowie.

Schluss: You make me!

»You make me« steht auf dem nackten Oberkörper Richard Hells.

Was könnte auf David Bowies Oberkörper geschrieben stehen? Vermutlich stünde dort, »Ich bin nicht David Bowie.« Als Leib ist er ganz David Robert Jones. »Ich bin nicht mit David Bowie verheiratet. Ich kenne ihn gar nicht«, sagt Iman im *Times Magazin* im Juli 2011. »Ich bin mit David Jones verheiratet. Sie (Bowie und Jones) sind zwei total unterschiedliche Personen.« David Jones wird zu David Bowie, wenn er sich mit der Aura des »Unbestimmbaren« ummantelt. Der Körper wird zum »primären Schauplatz (der) Darstellungsleistungen«[44] und das öffentliche Individuum gibt sich eine Form, »eine Rüstung, die (es) schützt und die Abstände zwischen (...) ihm und (seinen) Anhängern oder Beobachtern sichert«.[45] Vielleicht greift die Figur des Charismatikers zu weit, aber die Inszenierung des Einzelnen als Außergewöhnlichen führt zu jener »schöpferischen Macht, die das überholte ›Alte‹ zu Gunsten der ›neuen‹

Zeit zerstört«.[46] Die Unbestimmbarkeit der Figur und die Verweigerung eine feste Identität zu inszenieren, folgt einem subversiven Konzept, das in der Popkultur Experimentelles und Reflexives möglich werden lässt.[47] Der Anfang der auch jüdisch-geprägten Punk-Bewegung in den USA ist ein ebensolches provokantes Spiel der Identitätsverweigerung, das David Bowie unter anderen Vorzeichen vor- und mitspielt. Die Figur Bowie ist gebunden an die Bilder des deutschen Expressionismus, die den modernen Menschen in Zeiten des Zerfalls und des Krieges thematisieren.[48] Die Werke der expressionistischen Maler erfassten in den 1920er-Jahren den Film, das Theater und die Musik. Welch eine Vorlage für David Robert Jones alias David Bowie.

»You Make Me«: Richard Hell in selbstreflexiver Pose.

Auswahldiskographie
Can: Tago Mago. United Artist 1971
David Bowie: Hunky Dory. RCA Victor 1971
David Bowie: The rise and fall of Ziggy Stardust and the Spiders From Mars. RCA Victor 1972
David Bowie: Station to Station. RCA Victor 1976
David Bowie: Low. RCA Victor 1977
David Bowie: Heroes. RCA Victor 1977
David Bowie: Lodger. RCA Bow 1979
Kraftwerk: Autobahn. Philips 1974
Neu!: Neu 2. Brain records 1973
Richard Hell and the Voidois: Blank Generation. Sire 1977
Steve Reich: Music for 18 Musicians. Nonesuch 1998
The Long Locline: s/t. Overground Records 1997
V.A.: 2001: A Space Odyssey. Soundtrack. Polydor 1968

Anmerkungen
1 Tatsächlich wurde nur das Album Heroes komplett in Berlin erarbeitet, aber auch Legenden strukturieren das Feld der Popkultur.
2 Christoph Ribbat: »»Beim Leben meines Kindes, ich habe gewunken«: David Bowie als Schnappschuss«, in: Museum Folkwang (Hg.): A star is born. Fotografie und Rock seit Elvis. Edition Folkwang/Steidel o.J., S. 245
3 Ebd.
4 Vgl. David Bowie / Mick Rock: Moonage Daydream. The life and times of Ziggy Stardust. Berlin: Schwarzkopf&Schwarzkopf 2002
5 Vgl. Peter Waldmann: »Die jüdischen Punks, die Kabbalisten des Rock«, in: Steven Lee Beeber: Die Heebie-Jeebies im CGBG's. Die Jüdischen Wurzeln des Punk. Mainz: Ventil 2008
6 Vgl. Steven Lee Beeber: Die Heebie-Jeebies im CBGB's. Die jüdischen Wurzeln des Punk. Mainz: Ventil 2008
7 Hans-Georg Soeffner: Die Ordnung der Rituale. Die Auslegung des Alltags 2. Frankfurt am Main: Suhrkamp 1992, S. 94

8 Soeffner, Die Ordnung der Rituale, S. 98. Soeffner zeichnet diese Thesen entlang der Beobachtung der sog. Ruhrgebietspunks nach und entwickelt eine idealtypische Beschreibung. Allerdings erhebt er nicht den Anspruch, eine Interpretation des internationalen, insbesondere des amerikanischen Punks vorzulegen.
9 Waldmann, »Die jüdischen Punks, die Kabbalisten des Rock«, S. 9–18
10 Ebd., S. 15
11 Beeber, Die Heebie-Jeebies, S. 208
12 Vgl. Waldmann, »Die jüdischen Punks, die Kabbalisten des Rock«, S. 11
13 Dirk Baecker: Wozu Kultur? Berlin: Kulturverlag Kadmos 2001, S. 190
14 vgl. Waldmann in diesem Band.
15 vgl. Esposito in diesem Band.
16 Hans Jürgen Schultz (Hg.): Mein Judentum. München: dtv 1986, S. 7

17 Hans-Otto Hügel: *Lob des Mainstreams. Zu Begriff und Geschichte von Unterhaltung und populärer Kultur.* Köln: *Herbert von Halem Verlag* 2007, S. 161
18 Bernhard Haupert: »Objektiv-hermeneutische Fotoanalyse am Beispiel von Soldatenfotos aus dem Zweiten Weltkrieg«, in: Detlef Garz (Hg.): *Die Welt als Text.* Frankfurt am Main: *Suhrkamp* 1994, S. 289
19 Vgl. Ribbat: »Beim Leben meines Kindes, ich habe gewunken«, S. 241–250 und Tobias Rüther: *Helden. David Bowie in Berlin.* Berlin: *Rogner und Bernhard* 2008
20 Andreas Höflich: »Pastiche und Parodie. David Bowie – Der verhinderte Filmkomponist«, in: *Schnitt, Das Filmmagazin.* Nr. 31, 2003, S. 14–17
21 Silvio Vietta / Hans Georg Kemper: *Expressionismus.* München 1997, S. 21 f.
22 Alex Ross: *The Rest is noise. Das 20. Jahrhundert hören.* München und Zürich: *Piper* 2007, S. 394
23 Ebd., S. 407
24 Ebd., S. 409
25 Susanne Kaul / Jean-Pierre Palmer: *Stanley Kubrick.* München: *Wilhelm Fink Verlag* 2010, S. 15
26 Ebd., S. 17
27 Ebd.
28 Vgl. Hugo Wilcken: *Low.* New York und London: *Continuum* 2008, S. 71
29 Ebd., S. 78
30 Vgl. dazu auf *Low* »Weeping Wall« und »Subterraneans«
31 Vgl. *www.youtube.com/watch?v=QJaBkkhjyPY*
32 Vgl. *www.youtube.com/watch?v=f43DiHUH-6A*
33 »Nothing to say and nothing to do«, Textzeile aus »Sound and Vision« auf *Low*.
34 Frank Otto: »Der Schrecken der Realität«, in: *Geo Epoche Edition: Expressionismus. Rebellion in Farbe.* Nr. 4, S. 48
35 Walter Benjamin: *Das Kunstwerk im Zeitalter seiner technischen Reproduzierbarkeit.* Frankfurt am Main: *Suhrkamp* 2007, S. 12 f.
36 Zur Methode der sequenzanalytischen Filmanalyse vgl. Werner Faulstich: *Grundkurs Filmanalyse.* Paderborn: *Wilhelm Fink Verlag* 2008, S. 63 ff.
37 Vgl. Helga Stachow: *Populäre Filme in volkskundlicher Perspektive. Schauplatz Berlin: zu Berlin-Filmen aus acht Jahrzehnten*, vgl. *www.kultur.uni-hamburg.de/volkskunde/texte*
38 Das Bühnenoutfit und die Frisur Bowies erinnern an James Dean in dem Film *Rebel without a cause* von 1955.
39 Bertram Weis: »Im Bann des Todes«, in: *Geo Epoche Edition: Expressionismus. Rebellion in Farbe.* Nr. 4, S. 90
40 Erstausstrahlung im amerikanischen Fernsehen am 08.04.1990 bis 10.06.1991, in der Bundesrepublik vom 10.09.1991 bis 15.02.1992.
41 Georg Seeslen: »Ein Gott auf Durchreise. Bowies Movies«, in: *Schnitt, Das Filmmagazin.* Nr. 31/2003, S. 19
42 Georg Seeslen: *David Lynch und seine Filme.* Marburg: *Schüren* 2000, S. 140
43 Seeslen, »Ein Gott auf Durchreise«, S. 21
44 Hans-Georg Soeffner: *Symbolische Formung. Eine Soziologie des Symbols und des Rituals.* Göttingen: *Velbrück Wissenschaft* 2010, S. 49
45 Ebd. S. 50
46 Vgl. ebd.
47 Vgl. Martin Büsser: *Pop-Art.* Hamburg: *Rotbuch* 2001, S. 60
48 Rüther, *Helden*, S. 39 ff.

Jonas Engelmann
Nisht Azoy
Aschkenasische Traditionen im kanadischen Post-Punk

»Your hands like birds in the trees
If the trees themselves were all on fire
Your hips on mine make a choir
Singing ›baruch atta adonaï‹«
Thee Silver Mountain Reveries: »There's a River
in the Valley Made of Melting Snow«

»I had a dream once that I was taken over by the dybbuk of Sigmund Freud,
but it was probably just my own guilty conscience.«
Scott Levine Gilmore (Black Ox Orkestar)

»The Jewish Experience«, so lautet der Titel eines Interviews mit Efrim Manuel Menuck, das anlässlich seines ersten Soloalbums Plays »High Gospel« (2011) geführt wurde.[1] Worin diese »jüdische Erfahrung« allerdings bestehen soll und wer der Adressat dieser Überschrift ist, bleibt offen: Macht die Hörerin beim Auflegen des Albums eine solche oder hat Menuck eigene Erfahrungen als in Montreal lebender Jude in seiner Musik verarbeitet? Oder aber ist - in einer selbstreflexiven Volte des Interviewers - die »jüdische Erfahrung« gemeint, als Jude permanent zu politischen Ereignissen in Israel Stellung beziehen zu müssen, wie es auch im Verlauf dieses Gesprächs der Fall ist: »War das jemals ein Konflikt für dich, Jude zu sein und gleichzeitig die politischen Entgleisungen des Staates Israel zu beobachten?«[2] Menucks Antwort auf diese Frage verwundert im Kontext anderer politischer Positionierungen seiner Bands Godspeed You! Black Emperor und Thee Silver Mt. Zion nur wenig, die sich stets in Äußerungen vehementer Israelkritik gezeigt haben: »Es gibt«, so Menuck, »genug Juden, die nicht an Israel als Staat glauben«[3]. Er verspüre jedoch eine gewisse Verantwortung, sich zu Israel zu äußern, führt Menuck weiter aus[4], um der, auch in der Frage des Interviewers angelegten, Gleichsetzung von Israel mit dem Judentum in der Diaspora etwas entgegenzusetzen. Während die »jüdische Erfahrung«, die in der Überschrift herbeizitiert wird, im Kontext des Interviews wohl vielmehr die Suche des Interviewers nach einem jüdischen Kronzeugen meint – in diesem Fall Menuck –, um die eigene Kritik an Israel nicht selbst formulieren zu müssen, bleibt, wie sich bereits in Menucks Ausführungen sowie seinen musikalischen Bezugnahmen auf jüdische Traditionslinien andeutet, das Verhältnis kanadischer Juden zu ihrem jüdischen Background wie auch Israel wesentlich komplexer als es sich Interviewer deutschsprachiger Hardcore- und Punkmagazine wohl ausmalen mögen.

»I spent most of my punk-rock adolescence being the only Jew in the room«[5], sagt Efrim Menuck 2008 in einem Interview über eine andere »jüdische Erfahrung«. Während die Punkszene New Yorks von Beginn an nicht nur von jüdischen Protagonisten geprägt, sondern auch durchzogen war von Themen der jüdischen Kultur und Geschichte[6], war diese enge Verbindung in Kanada zu keinem Zeitpunkt gegeben. Konnte der »Schutzheilige des jüdischen New York«, Lenny Bruce, über seine Stadt noch konstatieren: »Es ist egal, ob du katholisch bist ... hier bist du jüdisch«[7], gab es in Menucks Heimatstadt Montreal, der bedeutendsten Stadt für das kanadische Judentum, in der 1768 die erste Synagoge gebaut worden war, beim Punkrockkonzert keine Juden unter den Zuhörern, bis auf den einen, »the only Jew in the room« – die anderen gaben sich zumindest nicht als Juden zu erkennen. Zwar war Jiddisch in Kanada zu Beginn des 20. Jahrhunderts durch jüdische Einwanderer vor allem aus Osteuropa zur drittgrößten gesprochenen Sprache aufgestiegen[8], und es existiert auch heute noch eine Jiddisch sprechende Gemeinde in Montreal, dennoch wurden Juden in Kanada niemals wirklich in die bestehende Gesellschaft integriert.[9] Gleichzeitig waren kanadische Juden bis 1945, insbesondere im frankophonen Quebec, mit einem starken offenen Antisemitismus konfrontiert.[10] Nach 1945, als die Gemeinde von Montreal durch den Zuzug von Überlebenden der Shoah weiter angewachsen war, ließ der offen ausgesprochene Alltagsantisemitismus zwar nach, aber spätestens mit dem Beginn der Bombenanschläge der militanten Separationsbewegung »Front du Libération du Quebec« Ende der 1960er-Jahre, die sich in erster Linie gegen die nicht-französischsprachigen Minderheiten richtete, fühlten sich viele Juden in Montreal bzw. Quebec nicht mehr sicher und zogen nach Ontario, die nächstgelegene Provinz Kanadas.[11]

Durch die Isolation der jüdischen Bevölkerung von der kanadischen Mehrheitsgesellschaft lebten osteuropäische jüdische Traditionen als wichtiger Teil der kanadisch-jüdischen Kultur weiter fort und insbesondere das orthodoxe

Judentum war, anders als in den Vereinigten Staaten, in Kanada als stärkste Richtung innerhalb des Judentums vertreten.[12]

Efrim Menuck war da keine Ausnahme, und besuchte, obwohl er aus einer säkularen Familie stammt, eine jüdische Schule. In einem Interview bemerkt er: »I spent grades one through nine at Hebrew day school, and came home every night to my atheist father, who would try to undo any little thing I'd happened to learn that day.«[13] Im Gegensatz zu vielen seiner Mitschüler hat Menuck jedoch sehr genau die kulturellen Entwicklungen außerhalb der jüdischen Community wahrgenommen: Nicht das zeitgleich zur Punk-Explosion einsetzende Klezmer-Revival[14] interessierte ihn, sondern die aus der Punkszene erwachsene politische Subkultur der Stadt Montreal.

Die Punkszene Kanadas hatte sich ab Ende der 1970er-Jahre parallel zur amerikanischen Subkultur entwickelt; vor allem in Vancouver entstand eine große Punk- und Hardcoreszene, aus der weltweit bekannte und bis heute aktive Bands wie Nomeansno (gegründet 1979) oder D.O.A. (gegründet 1978) hervorgegangen sind.[15] Aber auch in Montreal existierte ab den 1980ern eine große und, stärker als in Vancouver[16], politisierte alternative Kulturszene. Die Etablierung von Montreal als kulturellem Zentrum war unter anderem eine Folge der erstarkten Separatismusforderungen in der frankophonen Provinz Québec seit den 1970ern, aufgrund derer auch viele Unternehmen entschieden, in benachbarte kanadische Provinzen abzuwandern, wodurch die Mieten in Montreal extrem sanken. Ian Ilavsky, einer der Betreiber des Montrealer Labels *Constellation*, beschreibt die Situation so: »Für die jungen anglophonen Kanadier, die in den 1980er- und 1990er-Jahren nach Montreal umsiedelten, wie übrigens auch die meisten Leute im *Constellation*-Umfeld, war die Vorstellung attraktiv, an kulturellen Randbereichen und finanziell mit praktisch nichts zu leben. […] In Montreal bot sich ein enormer Freiraum, autonome Kultur und Institutionen zu schaffen, ohne den direkten Druck teurer Mieten oder der Gefahr, sofort von jemand Etablierterem oder dem ›Mainstream‹ vereinnahmt zu werden.«[17]

Das politische Engagement der Montrealer (Post-)Punk-Szene zeigt sich auch im Kollektivgedanken, den viele der dortigen Bands hochhalten – am prominentesten und konsequentesten wohl umgesetzt in der Postrock-Band Godspeed You! Black Emperor. Martin Büsser schreibt zu der aus der soziokulturellen Künstler- und Hausbesetzerszene von Montreal hervorgegangenen Band und deren Umfeld: »Dreh- und Angelpunkt der Community ist das hauseigene *Constellation*-Label, ein Label mit dezidiert politischem DIY-Anspruch. Die Musiker von Godspeed geben keine Interviews und vertrauen ganz darauf, dass der politische Anspruch bereits durch die Community und Vertriebsstrukturen deutlich wird.«[18]

Godspeed You! Black Emperor wurden, obwohl sie rein instrumentale Musik komponieren - elegische Stücke von meist nicht unter 10 Minuten Länge, die eher auf Flächen als auf Akkordfolgen basieren -, aufgrund ihrer nach außen getragenen Haltung tatsächlich von Beginn an als politische Band wahrgenommen. Felix Klopotek hat ihre Alben einmal als »Klagegesang auf die kulturindustrielle Domestizierung der Punkbewegung«[19] umschrieben und in den Paratexten ihrer Alben haben Godspeed ihr eigenes Verständnis als politische Band immer wieder betont: es finden sich etwa Bezüge auf Bakunin[20] oder Verweise auf die Zusammenhänge zwischen der Musik- und der Militärindustrie[21]. Oftmals bleibt die Verweigerungshaltung der Band ambivalent - etwa wenn Felix Klopotek mit Efrim Menuck ein Interview darüber führt, dass sich die Bands Interviews verweigert[22] - und wird von der Band als in einem Prozess befindlich empfunden.[23] Klopotek fasst zusammen: »GYBE lassen [...] keinen Zweifel daran, dass ihre Widersprüche verschwindend gering sind angesichts derer, die der Kapitalismus tagtäglich produziert. Noch mal: Sie tragen ihre Widersprüche aus, stellen klar, dass sie sich in einem fortwährenden Klärungsprozess befinden, der nicht abzuschließen ist. Dies alles vor dem Hintergrund einer Musik, die schon für sich genommen nur nach ihren eigenen Maßstäben bemessen werden will und eine Energie aufbietet, die genau dies einzufordern imstande wäre. Bei aller Angreifbarkeit und auch Absehbarkeit ihrer Statements, ist es vermutlich mehr, als man verlangen kann.«[24] Mit ihrem letzten Album *Yanqui U.X.O.* (2002) jedoch wich diese Ambivalenz, hervorgerufen durch das Hinterfragen der eigenen politischen Position, einer unkritischen Eindeutigkeit; in den Linernotes zum Song »09-15-00« heißt es: »Ariel Sharon surrounded by 1,000 Israeli Soldiers marching on Al-Haram Ash-Sharif and provoking another intifada.«[25] Felix Klopotek kritisiert diese reduzierende Darstellung zurecht und schreibt: »Heute diese ›Information‹ zu veröffentlichen, kann nur heißen, Ressentiments zu bedienen. Längst ist klar, dass die mörderische Al-Aksa-Intifada von langer Hand vorbereitet wurde. Sharons Auftreten auf dem Tempelberg war mit den palästinensischen Sicherheitskräften abgesprochen. Am Ende bleiben Godspeed dann doch genauso dumpf wie ein Großteil ihres Klientels.«[26]

Bei Thee Silver Mt. Zion, der von Efrim Menuck zunächst als Nebenprojekt zu Godspeed gegründeten, um Gesang ergänzten Band, ist die Auseinandersetzung mit den jüdischen Traditionslinien sowie dem Staat Israel differenzierter formuliert. Efrim Menuck hat in einem Interview anlässlich der ersten Platte von Silver Mt. Zion beschrieben, dass nach seiner Erfahrung der Isolation als Jude in der Montrealer Punkszene die Aufnahme des Albums eine »Jewish experience«[27] gewesen sei. Bei Silver Mt. Zion mit drei anderen Juden in einer

Band zu spielen – neben Menuck bestand die Band zur Phase des ersten Albums aus Thierry Amar (ebenfalls beim Black Ox Orkestar aktiv) und Sophie Trudeau sowie den Gastmusikern Aidan Girt, Gordon Krieger und Sam Shalabi – habe ihn zum ersten Mal sich nicht isoliert fühlen lassen. Und was wohl auch die Platte zu einer jüdischen Erfahrung hat werden lassen, ist die auf diesem ersten, aber auch allen anderen Alben von Silver Mt. Zion, zu findende Beschäftigung mit jüdischer Identität nach der Shoah. Diese Auseinandersetzung kommt in den Texten wie auch den

A Silver Mt. Zion: *He Has Left Us Alone but Shafts of Light Sometimes Grace the Corner of Our Rooms ...*, 2000

Paratexten zum Ausdruck – genauso wie die über die Schule vermittelten kulturellen und religiösen Elemente des Judentums Teil der Ästhetik werden. Auf diesem ersten Album *He has left us alone, but Shafts of Light Sometimes Grace the Corner of Our Rooms*, einer Hommage an Menucks verstorbenen Hund Wanda, befindet sich der programmatische Song »Movie (Never Made)«, der einerseits als Auseinandersetzung mit der Namensgebung der Band interpretiert werden kann, andererseits jedoch auch viele Themenstränge jüdischer Identität bündelt, die in anderen Songs immer wieder aufgerufen werden: »On silver Mount Zion / all buried in ruins / we was dancing the hora / until we vomited blood / spinning like crazy / Shoshana was jonesing / the towers had fallen / and the wind called out / my grandfather's name // Let's kill first the banker / With his professional demeanour / Let's televise and broadcast / The raping of kings / Let our crowds be fed on / Teargas and plate-glass / 'Cause a people united / Is a wonderful thing«.

In diesen ersten beiden Strophen von »Movie (Never Made)« finden sich Motive jüdischer Identität sowie jüdischen Lebens in der Diaspora thematisiert wie auch der diasporische Blick auf den Staat Israel. Der Text konfrontiert den Zionismus als Utopie, symbolisiert durch den »Silver Mt. Zion« als Projektionsfläche, mit Problemen der politischen Realität. Der Mount Zion, der für die zionistische Utopie steht, ist in der Staatsgründung Israels zur Realität geworden, die, so deutet der Verweis auf den Tanz der Hora hin, sich selbst eine Tradition zu geben hatte, etwa durch die Erschaffung einer künstlichen Volkskultur[28]. Israel sollte ein Neuanfang im Schatten der Shoah sein, der jedoch den Heimatweltverlust sowie die Traumatisierungen durch die Verfolgungserfahrungen nicht vollständig zu kompensieren in der Lage war. Das »Tanzen der Hora bis zum Blut kotzen« steht der europäischen Vergangenheit der meisten Einwohner Israels entgegen, deren Traditionslinien (»and the wind called out my grandfather's name«) ebenfalls Teil der eigenen Biographie und der eigenen Auseinandersetzung mit jüdischer Identität sind – und auch das Selbstverständnis der kanadischen Juden bestimmen.

Interessant auch die Beschreibungen in der zweiten Strophe, deren »let's first kill a banker« auf die Problematik zu verweisen scheint, dass mit der Gründung des Staates Israel die antisemitischen Stereotype nicht aus der Welt geschafft worden sind, die zu überwinden jedoch eine zentrale, wenn auch nahezu unmögliche, Voraussetzung für ein nicht in seiner Existenz bedrohtes Israel wäre; in der gegenwärtigen Situation jedoch ist die Gefährdung des Staates zum Alltag geworden: »Let our crowds be fed on teargas and plate-glass, 'Cause a people united is a wonderful thing«. Obwohl im Bandnamen bereits eine Verbindungslinie nach Israel angelegt ist und obwohl Silver Mt. Zion mit Andeutungen wie dem »vom Wind ausgesprochenen Namen des Großvaters« nach Osteuropa reichende Traditionslinien aufrufen, lassen die Musiker dennoch auch andere mögliche Interpretationen zu, lassen Andeutungen in ihrer Uneindeutigkeit stehen.

Wichtig für die Suche nach einer Form der Auseinandersetzung mit ihrem Judentum ist auch ein auf der Innenhülle von *He has left us alone, but Shafts of Light Sometimes Grace the Corner of Our Rooms* abgedrucktes Foto, das einen Unterarm zeigt, auf den ein sogenannter Judenstern eintätowiert ist, genau an jener Stelle, an der die eintätowierte Nummer die KZ-Insassen kennzeichnete – die Vergangenheit der Shoah wird so Teil der jüdischen Identität, der sich niemand entziehen kann. Auch in akustischen – und nicht nur über die immer mal wieder durchscheinenden Klezmer-Zitate – Verweisen werden Erinnerungen an die Vernichtung des europäischen Judentums evoziert. So wird etwa der fast 15-minütige letzte Song »Goodbye Desolate Railway« ihres dritten Albums *»This is Our Punk-Rock,«* thee Rusted Satellites Gather + Sing in seiner Mitte durch mehrminütige Aufnahmen einer fahrenden Eisenbahn durchtrennt. Zwar thematisiert das Album städtebauliche Veränderungen in Montreal und deren Auswirkungen auf die Kulturszene, unter anderem durch den Umbau einer Bahnstrecke, ist somit innerhalb des Songs anders kontextualisiert, aber es erscheint im Gesamtkosmos der Bezüge bei Silver Mt Zion durchaus berechtigt, dies als einen weiteren subtextuellen Verweis auf die Shoah zu lesen, für die die fahrenden Züge, spätestens seit der Schlusseinstellung von Claude Lanzmanns Film *Shoah* metonymisch stehen. Der zweite Teil des Songs, der nach diesen Aufnahmen eines Zuges folgt, stellt den Versuch eines sich selbst Mut zusingens im Kollektiv dar: ein sich stetig vergrößernder Chor intoniert »Everybody get's a little lost sometimes.«

Über solche Strategien wird die Shoah zu einem Subtext der Alben der Band, zu einem Bestandteil ihrer auf den Alben thematisierten jüdischen Identität. Anders als die frühen New Yorker Punks tragen Silver Mt. Zion keine Nazi-Symbole zur Provokation des Erinnerungsdiskurses zur Schau, vielmehr scheint es ihnen um eine Suche nach neuen Formen der Bewahrung von Erinnerungen zu gehen, verborgen etwa in der Gesamtästhetik eines Band-Kollektivs und im Gegensatz zu der plakativen offiziellen Erinnerungskultur eines Staates.

Diese Form der Beschäftigung mit jüdischer Geschichte soll jedoch nicht als Spurensuche nach den »wahren biographischen oder kulturellen Wurzeln« verstanden werden, die dem in Kanada erlebten Antisemitismus und der Ablehnung durch die Mehrheitsgesellschaft entgegengesetzt würde, vielmehr gelangen Silver Mt. Zion über die Auseinandersetzung mit Fragen jüdischer Identität zu einer Ablehnung der Vorstellung von Heimat, sei diese Kanada, Polen oder eben Israel. Die Musiker begreifen sich vielmehr als »wurzellose Kosmopoliten«, wie Stalin Juden abwertend bezeichnete, denn als Kanadier, wie noch zu sehen sein wird. Heimat kann nur noch als verlorener Fluchtpunkt dargestellt werden. So ziehen Silver Mt. Zion historische Linien und setzen Querverweise zum zerstörten osteuropäischen jüdischen Leben, wie etwa in einem Song ihres zweiten Albums *Born Into Trouble As the Sparks Fly Upward*[29]. In »Could've Moved Mountains« wird eine Migrationslinie von Polen nach Kanada assoziiert, also jene Linie, die tatsächlich viele kanadische Juden als Teil ihrer Familiengeschichte mit sich tragen: »The community is sick and the community is blind, yeah. / And it's colder than Poland and the sun is not shining here«. Der Text setzt die »alte Heimat« Polen in ein Verhältnis zu Kanada, ein Kanada das, wie ein anderer Song thematisiert, sie auch nicht haben will: In »Teddy Roosevelt's Guns« singt Menuck, in Anlehnung an die kanadische Nationalhymne, »Oh Canada, I've never been your son«. Es wird somit in den Texten auf der einen Seite eine Distanzierung vom Staat Kanada formuliert, gleichzeitig werden Verweise auf Osteuropa integriert, dieser Bezug aber wird nicht konkreter ausgeführt, der Ablehnung der »Heimat« Kanada wird kein anderes Bild von »Heimat« entgegengestellt. Genau wie Israel, auf das über den Bandnamen wie auch Songtexten verwiesen wird, bleibt Osteuropa nur eine Anspielung, eine Möglichkeit im Bedeutungsgeflecht von Silver Mt. Zion, deren Musik, ebenso wie der Bandname, einem steten Wandel unterworfen ist.[30]

Keine »Heimatgefühle« für dieses Land zu empfinden ist durchaus nicht nur unter den jüdischen Punks Kanadas verbreitet. Das Judentum in Kanada war, anders als in den USA, stark vom Gedanken des Zionismus geprägt und hat Kanada tatsächlich oftmals lediglich als Durchgangsstation betrachtet.

Dem ambivalenten Verhältnis zu Kanada, bzw. allgemeiner zu »Heimat« oder Nationalstaaten wird in den Texten von Silver Mt. Zion immer wieder eine Thematisierung von Einsamkeit und dem Überwinden dieser Einsamkeit über selbst gewählte Zusammenhänge, wie etwa innerhalb der kanadischen politischen Punkszene oder dem Kollektivgedanken der Band entgegengestellt. Ein Kollektivgedanke, der sich in allem der Vorstellung von »Wurzeln«, »Heimat« und ähnlichem verweigert und sich dabei in der ästhetischen Gestaltung der Cover immer wieder Metaphern des Schwerelosen und Schwebens bedient. Diese Luftmetaphern finden sich sowohl in den Titeln, wie bei *Born Into Trouble, as the Sparks Fly Upward* (2001) und *Horses in the Sky* (2005), wie auf den Covern: die Alben »This is Our Punk-Rock,« thee Rusted Satellites Gather + Sing (2003), *13 Blues For 13 Moons* (2008) und *Kollaps Tradixionales* (2010) bilden Vögel ab. (Abb. S. 127) Und auch in den Texten schlägt sich dieses Bild nieder; in »I Built Myself A Metal Bird« auf *Kollaps Tradixionales* singen Silver Mt. Zion: »I built! My! Self! A! Metal! Bird! I! Fed! My! Me! Tal! Bird! The! Wings! Of! Oth! Er! Me! Tal! Birds! And oh how my baby flew! With heart so high and aim so true! Up to the roof and into the sky, dumb as fire, and twice as wise«. Eine solche Häufung von Luftmetaphern als Gegenentwurf zu Vorstellungen von auf Boden, Verwurzelung etc. basierenden Identitäten ist ein Bild, das auch im osteuropäischen Judentum eine wichtige Rolle gespielt hat.

In seiner Autobiografie hat Marc Chagall die Sucht nach Festigkeit und Verbundenheit mit dem Boden mit einer Krankheit verglichen: »Und waren unsere bildhaften Vorahnungen nicht richtig, hängen wir denn nicht tatsächlich in der Luft, leiden wir nicht an einer einzigen Krankheit: der Sucht nach Stabilität?«[31] In diesem Sinne will Chagall auch seine berühmt gewordenen Bilder des osteuropäischen Schetllebens, »schwebender Juden«, als eine Reaktion darauf verstanden wissen, dass das antisemitische Klima Juden förmlich den Boden unter den Füßen wegzog. Auch Hannah Arendt bezieht sich auf dieses Bild und sah im Nicht-Verwurzelten des Luftmenschen auch die Möglichkeit einer Unabhängigkeit von religiösen wie gesellschaftlichen Zwängen, wenn auch verbunden mit einer Gefährdung durch diese Unabhängigkeit. Für Arendt, so Nicolas Berg, »waren Luftmenschen Juden, die nach geistiger Unabhängigkeit strebten und gesellschaftlich gefährdet waren, also all jene, die sich freiwillig außerhalb eines vormodern-orthodoxen Judentums gestellt hatten und zugleich in der nichtjüdischen Mehrheitsgesellschaft nicht aufgenom-

a) The Silver Mt. Zion Memorial Orchestra & Tra-La-La Band: *Born Into Trouble as the Sparks Fly Upward*, 2001; b) The Silver Mt. Zion Memorial Orchestra & Tra-La-La Band with Choir: *„This is Our Punk-Rock," thee Rusted Satellites Gather + Sing*, 2003; c) Thee Silver Mt. Zion Memorial Orchestra & Tra-La-La Band: *Horses in the Sky*, 2005; d) Thee Silver Mt. Zion Memorial Orchestra & Tra-La-La Band: *13 Blues For Thirteen Moons*, 2008; e) Thee Silver Mt. Zion Memorial Orchestra: *Kollaps Tradixionales*, 2010 (Ausschnitt Backcover)

men worden waren.«[32] Ähnlich wie die bei Chagall formulierte Kritik an der Vorstellung einer »Verwurzelung von Identität« und die zur künstlerischen Umsetzung dieser Kritik benutzten »Luftmenschen« kann man das ästhetische Konzept von Silver Mt. Zion als eine Auseinandersetzung mit dem eigenen Verhältnis zur nichtjüdischen Mehrheitsgesellschaft, zur jüdischen Kulturgeschichte lesen und schließlich als die Möglichkeit einer Unabhängigkeit von religiösen wie gesellschaftlichen Zwängen verstehen.

Luftmentsch Fareyn hieß auch ein kurzlebiges Bandprojekt von Scott Levine Gilmore, der treibenden Kraft hinter Black Ox Orkestar, die sich wesentlich expliziter auf osteuropäische jüdische Traditionen beziehen und ihre Musik als »angry, politically-charged klezmer-punk«[33] bezeichnen. Black Ox Orkestar singen zwar auf Jiddisch, aber anders als viele andere Klezmerbands beschränken sie sich nicht auf die Sichtung vorhandenen Materials, sondern schreiben auch eigene Songs in dieser hier gar nicht mehr so toten Sprache. Die Musik stellt den Versuch dar, vor dem Hintergrund der persönlichen musikalischen Geschichte (Jazz, Hardcore und Punk) einen neuen Zugang zu osteuropäischen Klezmertraditionen zu finden, der nicht, wie dies in Aktualisierungen von Klezmer à la Giora Feidmann oft der Fall ist, in Kitsch endet, sondern sich eine gewisse Rohheit einer ehemaligen Subkultur bewahrt.

Gleichzeitig reiht sich das Black Ox Orkestar in eine Tradition radikaler jüdischer Kultur ein, Gilmore nennt in Interviews gerne Emma Goldmann, Karl Marx und andere radikale jüdische Denker_innen als Inspiration. Etwa den russischen kommunistischen Dichter Itzik Feffer, Mitglied des EAK (*Yevreysky Antifashistsky Komitet, Jüdisches Antifaschistisches Komitee*), der 1952 den Säuberungen Stalins zum Opfer fiel und dessen Gedicht »Toyte Goyin in Shineln« auf dem ersten Album *Ver Tanz* (2004) vertont wurde. Wie auch bei Silver Mt. Zion spielt der Aufruf zu einem politischen Aktivismus gepaart mit einer Militanz beim Black Ox Orkestar eine ausgesprochen wichtige Rolle - es gibt Songs für jüdische Anarchisten ebenso wie für den schwarzen Block auf Demonstrationen. Wenn man beim jüdischen New Yorker Punk einen Drang herauslesen konnte, selbst zu Akteuren der Geschichte zu werden, der Erinnerungskultur des Opfers eine aktive jüdische Identität entgegenzustellen, sucht die jüdische Punkszene in Montreal nach aktivistischen, radikalen Vorbildern in der eigenen jüdischen Geschichte.

Auch beim Black Ox Orkestar steht im Zentrum eine Ablehnung von »Heimat«, die Wahl, Jiddisch zu singen, soll, wie sie im Interview betonen, den grenzüberschreitenden Aspekt jüdischer Geschichte und jüdischer Diaspora-Kultur zum Ausdruck bringen: »I think Yiddish is amazing because it's such a mishmash of different languages. It's an embodiment of cross-borders culture of diaspora Jewry.«[34] Die darin mitschwingende Kritik an der Vorstellung von Staatsgrenzen lässt sich auch in der Vertonung eines Gedichts von Melech Ravitch finden, der mit seiner Biographie diese Grenzüberschreitung und »Heimatlosigkeit« verkörpert.[35] Der in Ost-Galizien und 1934 über Australien nach Kanada ausgewanderte Dichter hat sich selbst als einen Bürger der Welt, einen Dichter jenseits der Nationalismen bezeichnet - und als solche verstehen sich auch die Musiker.

Zur Gesamtästhetik des Black Ox Orkestar gehört auch der Bezug auf die jüdische Kulturgeschichte und Mystik, im Beiheft zu ihrem Album *Ver Tanzt* wird Gershom Scholem zitiert: »We live in our language like blind men walking on the edges of an abyss. This language is laden with future catastrophes. The day will come when it will turn against those who speak it.« Das Cover zeigt ein kabbalistisches Motiv, eine Abbildung der zehn Schichten zwischen der göttlichen und der irdischen Welt in Form eines Labyrinths, das Gilmore im Interview als Abbildung der Einsamkeit und Isolation sieht, aus der man sich befreien muss (s. Abb. S. 129 oben).[36]

Die Rückseite dieses Albums bildet dagegen ein reales Gebäude ab, eines, das wie wenige andere mit dem osteuropäischen Judentum vor der Shoah verwoben ist (s. Abb. S. 129, Mitte). Um die Alt-Neu-Synagoge in Prag, in der, der

Legende nach, der Golem wirkte, kreist jedoch ein Aufklärungshubschrauber der israelischen Armee, ein Bild, das auf *Nisht Azoy* (2006), dem zweiten Album des Black Ox Orkestar, erneut aufgegriffen wird (s. Abb. unten). Im Song »Golem« singt Scott Levine Gilmore (hier in der englischen Übersetzung): »We made a new golem / We created our guard; / Without soul and without mercy, / He watches the gate. // Like the cameras on the fence / Like the barbs on the wire / Like the concrete barricades / He becomes landscape. // But, no. It can't go on. / No. It can't go on. / Not like this. // By the watered gardens, / The red roofs in the hills; / Under the gate of wall and tower / We delineate a new ghetto. // Now the golem wipes his brows, / He wipes away the Aleph. / And we stand still as clay, / We all stand still as clay. // But no. It can't go on. / No. It can't go on. / Not like this.«

Der Staat Israel wird mit einem außer Kontrolle geratenen Golem verglichen, der im Nahen Osten wütet und nicht mehr zu stoppen ist. Gleichzeitig wird diese harsche Kritik an der israelischen Politik auf Jiddisch und über den Rückbezug auf osteuropäische jüdische Traditionen wie den Golem formuliert, der ja nicht ohne den Hintergrund seiner Erschaffung als Schutz vor antisemitischen Angriffen gedacht werden kann. So heißt es beispielsweise in der bekanntesten Überlieferung, der Golem sei von Rabbi Löw geschaffen worden, um in der Zeit vor Pessach in Prag zu kontrollieren, dass niemand ein totes Kind im jüdischen Ghetto ablegt, um die Juden des Ritual-

a) Black Ox Orkestar: *Ver Tanzt?*, 2004;
b) Black Ox Orkestar: *Ver Tanzt?* (Ausschnitt Backcover); c) Black Ox Orkestar: *Nisht Azoy*. 2006.

mordes anzuklagen. »Er sieht die Bedrohung für das jüdische Volk in Blutbeschuldigung und Lügen - und potenziert die Nähe der Gefahr und die geistige Energie des Glaubens zu einem leibhaftigen Mittel der Gegenwehr«, schreibt Martin Keune über Rabbi Löw.[37] Dies relativiert nicht die problematische Stoßrichtung des Textes, zeigt jedoch, dass sich Gilmore, der 2003 mit dem jiddischen Puppentheaterprojekt *Le Petit Theatre de líAbsolu* durch Israel und das Westjordanland tourte, durchaus über die Geschichte des Antisemitismus wie auch der Notwendigkeit des Staates Israel - dessen Exstenzrecht von den Musikern auch nicht in Frage gestellt wird - bewusst ist, und dies nicht nur dank seines Studiums der jiddischen Literatur in Montreal.

Dass die Komplexität des Umgangs mit der eigenen Jüdischkeit, Israel und der Erfahrung der Isolation als »only Jew in the room« von Bands wie Silver Mt. Zion oder dem Black Ox Orkestar in der Rezeption, wie das eingangs zitierte Interview mit dem deutschen Punk- und Hardcore-Magazin *OX* zeigte, oftmals auf eine plumpe Israelkritik reduziert wird, kann man den Musikern nicht vorhalten, auch wenn sie sich in ihrem Aktivismus und Interviews oftmals alle Mühe geben, tatsächlich jegliche Reflexionsebene vergessen zu wollen. Bleiben die Musik, die Paratexte und das ästhetische Konzept, in der einerseits der Glaube an die zionistische Utopie, den Silver Mt. Zion, durchscheint, und andererseits die Vorstellung einer essentialistischen Vorstellung von Identität permanent unterlaufen wird. Das Judentum in der Diaspora wird als positiv gesetzt, genauso wie die Außenseiterposition in der herrschenden Gesellschaft, was sich im bewussten sich Entziehen vor gesellschaftlichen Erwartungen über das Schaffen eigener Kollektive manifestiert und dabei Hannah Arendts Beschreibung des »bewussten Paria« ähnelt[38], also des bewussten Nicht-Assimilierens von Juden, wodurch dieser durch den Blick eines Außenseiters zum eigentlichen Kritiker der Gesellschaft und der sozialen Ordnung werden kann, und, wie im Falle der jüdisch-kanadischen Punks, zum Kritiker der Idee von Nationalstaaten. Dennoch: Die Widersprüche bleiben bestehen, das von Felix Klopotek kritisierte dumpfe Füttern von Ressentiments bricht sich immer wieder Bahn. Aber wiederum dennoch: Was bleibt ist das auch widersprüchliche Konzept einer jüdisch-kanadischen Punkszene, ein »fortwährender, nicht abgeschlossener Klärungsprozess«, schwerelos und voller offener Fragen, auf jiddisch und englisch, mit der jüdischen Kulturgeschichte, Luftmenschen, Klezmer, Postrock und Punk, Emma Goldmann, Karl Marx und dem jüdischen Antifaschistischen Komitee im Gepäck mit dem Ziel der Erschütterung gesellschaftlicher Zwänge. Und ein Berg schwebender großartiger Musik, den zu besteigen sich lohnt. Wenn man denn die Widersprüche auszuhalten bereit ist.

Anmerkungen

1 Vgl. Thomas Kerpen: »The Jewish Experience. Efrim Manuel Menuck«, in: *OX* # 97 (August / September 2011), S. 54

2 Ebd.

3 Ebd.

4 Vgl. auch Paul Mitchell: »A Silver Mt. Zion: Hi, How Are You, Efrim Menuck?«, *www.theskinny.co.uk/music/features/41830-a_silver_mt_zion_hi_how_are_you_efrim_menuck*

5 Matthue Roth: »Silver Mt. Zion on Protest Music, Montreal, and Being the Only Jew in the Room«, in: *www.jewcy.com/arts-and-culture/silver_mt_zion_protest_music_montreal_and_being_only_jew_room*

6 Vgl. Jonas Engelmann: »Blank Generation? Der amerikanische Punk als Reflexionsmedium jüdischer Geschichte«, in: *Medaon. Magazin für jüdisches Leben in Bildung und Forschung* 6/2010 http://medaon.de/archiv-6-2010-artikel.html

7 Steven Lee Beeber: *Die Heebie-Jeebies im CBGB'S. Die jüdischen Wurzeln des Punk.* Mainz: Ventil 2008, S. 31

8 Vgl. zu den Migrationsbewegungen: Gerald Tulchinsky: *Taking Roots. The Origins of the Canadian Jewish Community.* Hanover / London: Brandeis University Press 1993, S. 158 ff.

9 Vgl. auch: Harold Troper: »Jews and Canadian Immigration Policy«, in: Moses Rischin (Hg.): *The Jews of North America.* Detroit: Wayne State University Press 1987, S. 48

10 Vgl. Erna Paris: *Jews. An Account of their Experience in Canada.* New York: Macmillan 1980, S. 49 ff.

11 Vgl. ebd., S. 109 ff.

12 Tulchinsky, *Taking Roots*, S. xxii

13 Roth: »Silver Mt. Zion on Protest Music, Montreal, and Being the Only Jew in the Room«

14 Vgl. Georg Winkler: *Klezmer. Merkmale, Strukturen und Tendenzen eines musikkulturellen Phänomens.* Frankfurt a. M. u. a.: Peter Lang 2003, S. 57 ff.

15 Anders als im New Yorker Punk, in dem viele Juden aktiv waren und Fragen der jüdischen Identität nach der Shoah diskutiert wurden, war das in Kanada nicht der Fall. Höchstens in den Bandnamen The Subhumans aus Vancouver – nicht zu verwechseln mit der britischen Band gleichen Namens – könnte man eine provokative Aneignung und Umdeutung nationalsozialistischer Ideologie hineininterpretieren, allerdings gibt es da in den sonstigen Äußerungen der Band keine weiteren Hinweise darauf.

16 Zur kanadischen Punkszene der Westküste vgl. Stephen W. Baron: »The Canadian west coast punk subculture: A field study«, in: *The Canadian Journal of Sociology / Cahiers canadiens de sociologie* Vol. 14, No. 3, Sommer, 1989, S. 289–316

17 Matthias Rauch: »Zwischen Kollektiv und Individualismus. Die kanadische Independent-Szene zwischen Montreal, Toronto und dem Rest der Welt«, in: *testcard # 19. Blühende Nischen* (2010), S. 29

18 Martin Büsser: »Animal Collective / Broken Social Scene. Der Geist des Kollektivs«, in: *Intro* 153/2007 www.intro.de/kuenstler/interviews/23043094/animal-collectivebroken-social-scene-der-geist-des-kollektivs?current_page=4

19 Felix Klopotek: *how they do it, Free Jazz, Improvisation und Niemandsmusik.* Mainz: Ventil 2002, S. 193

20 Vgl. http://anarchistnews.org/?q=node/1381

21 Vgl. das Backcover des Albums *Yanqui U.X.O.* (Constellation 2002)

22 Vgl. Klopotek, *how they do it*, S. 190 ff.

23 Vgl. ebd., S. 191

24 Ebd., S. 192

25 Vgl. Linernotes des Albums *Yanqui U.X.O.*

26 Vgl. www.intro.de/platten/kritiken/23029851/godspeed-you-black-emperor-yanqui-uxo

27 So Menuck in einem Radiointerview, vgl. *www.archive.org/details/asmz2001-01-26.flac*

28 Motti Regev / Edwin Seroussi: *Popular Music and National Culture in Israel.* Berkeley / Los Angeles: University of California Press 2004, S. 62. Ein ähnliches Beispiel wäre etwa die Einführung des Ivrit als Amtssprache in Israel.

29 Der Albumtitel ist ein Zitat aus dem Buch Hiob wo es heißt: »But man is born unto trouble. as the sparks fly upward«. Darüber hinaus finden sich bei Silver Mt. Zion unzählige alttestamentarische Bezüge, die allerdings immer wieder in irdisches gebrochen werden, etwa im Song »God Bless our Dead Marines« von 2005, der einen Traum Jakobs aus der Genesis aufruft, in dem Engel über eine Leiter in Richtung Himmel steigen; bei Silver Mt. Zion wird dieses Motiv in eine Kritik an der kanadischen Politik umgeschrieben, konkret in eine Kritik an der kanadischen Beteiligung an Kriegseinsätzen.

30 Der Bandname ändert sich immer wieder um die Basis Silver Mt. Zion herum, vgl. Diskographie im Anhang dieses Buches.

31 Marc Chagall: *Mein Leben.* Stuttgart: Hatje 1959, S. 173

32 Nicolas Berg: *Luftmenschen. Die Geschichte einer Metapher.* Göttingen: Vandenhoeck und Ruprecht 2008, S. 36

33 Steven Horowitz: »Absolutely Kosher Music: The Story of American Jews in Rock and Roll«, in: Leonard J. Greenspoon / Ronald A. Simkins (Hg.): *Studies in Jewish Civilization. American Judaism in Popular Culture.* Omaha: Creighton University Press 2006, S. 226

34 Myriam Bardino: »Interview with Black Ox Orkestar«. www.southern.com/southern/news/?id=19

35 Vgl. Allison Schachter: *Diasporic Modernisms. Hebrew & Yiddish Literature in the Twentieth Century.* New York: Oxford University Press 2012, S. 111f.

36 Vgl. Bardino: »Interview with Black Ox Orkestar«

37 Martin Keune: »Nachwort«, in: *Golem. Texte von Gustav Meyrink, Chaim Bloch, Egon Erwin Kisch. Gezeichnet von Dino Battaglia.* Berlin: Altamira 1991, S. 54

38 Vgl. Hannah Arendt: *Die verborgene Tradition.* Frankfurt am Main: Jüdischer Verlag 2000, S. 54

Alexander Peleman
Lost & Found in Ost
Eine *Zonic*-Spurensuche
zwischen Subkultur
und Judentum in Osteuropa

Wenn es um Judentum und Osteuropa geht, dann stellen sich schnell starke Bilder ein[1]. Vor allem solche des Verlusts. Sorgte die modernistisch barbarische Massenvernichtung europäischer Juden durch die Nazis doch vor allem dort für die fast vollständige Auslöschung der jüdischen Population und damit natürlich auch der jüdischen Kultur. Die Massenemigration der Überlebenden nach dem Zweiten Weltkrieg, ausgelöst auch durch den anhaltenden Antisemitismus in Teilen der einheimischen Bevölkerung, tat ihr Übriges zum Verschwinden jenes Zusammenhangs, aus dem sich so viele Vorstellungen einer osteuropäischen Kultur des Judentums speisen[2]. Die, wenn es nicht um den Anteil von Juden an der künstlerischen Moderne oder den Revolutionen des frühen 20. Jahrhunderts geht, oft genug auch geprägt sind durch Klischees als Wahrheitsannäherungen, medial immer wieder aufs Neue befeuert – partiell in einer Vehemenz und Penetranz, als gelte es die Vorurteilswahrnehmungen der so genannten Ostjuden ins Positive gekehrt zu zementieren: Ewig singt das Schtetl, während die Chagall-Figuren pastos am ahnungserfüllten Schicksalshimmel kreisen. Um es mal arg zuzuspitzen. Nicht zuletzt wird auch das jüdische musikalische Erbe allgemein im Osten Europas verortet, in der Kultur der im Mittelalter aus dem Westen geflohenen Aschkenasim (unter Auslassung des durch andere kulturelle Einflüsse geprägten Erbes der sephardischen Juden, die sich aus Spanien fliehend im Herrschaftsbereich der Ottomanen auf dem Balkan ansiedelten). Kurzgeschlossen mit Klezmer, zwischen trauriger Fiedel und klagender Klarinette, die all dem Leid zum Trotz plötzlich lostanzen, auf dünnem Boden über dem Abgrund des geschichtlichen Grauens, von dem wir alle so viel wissen, ohne begreifen zu können.

Aber es gibt auch anderen Umgang mit dem Erbe ebendort, beziehungsweise anderes Agieren vor und mit jüdischem Hintergrund. Davon will ich in dieser vagen Annäherung künden, einer gewiss oberflächlichen Sammlung von randständigen Blicken ohne musikwissenschaftliche oder kulturhistorische Reflektionstiefe oder gar Anspruch auf Vollständigkeit in irgendeiner Hinsicht. Entworfen eher als Zwischenstand zusammenfassende Bewegung im Aufzeigen von Spuren und Wurzel(er)findungen dialektischer Art, die zu neuen Luftwurzeln werden könnten - bis hin zur selbst beschworenen jüdischen Renaissance wie in Polen, allen Klischee-Widerständen zum Trotz. Fund-Spuren also aus der Verlustzone. Sowie aus jener heraus.

Am Anfang steht: Punk (keine Zukunft ohne No Future)!

Am Anfang jedenfalls auch dieser Publikation, die sich unmittelbar einer Fokussierung auf den Kontext von Subkultur und Judentum verdankt, ausgelöst vom Buch *Die Heebie-Jeebees im CBGB's* von Steven Lee Beeber. Dessen Formel ja lautet: am Anfang von Punk stehen Juden! Vor allem: New Yorker Juden natürlich.

Angewendet auf Punk im Systemvergleich des Kalten Kriegs könnte man die verkürzende Formel allerdings auch wie folgt drehen: dies wie jenseits des Iron Curtain gilt, es waren Budapester Juden!

(Für Punk bei den blockfreien Staaten schlage mensch unter Pankriti/Slowenien/Jugoslawien/1977 nach).

Auf der einen, der westlichen Seite haben wir Tamás Erdélyi, dessen jüdische Familie 1956 aus Budapest über Österreich in die USA flieht, unmittelbar nach dem Einmarsch der sowjetischen Truppen in brutaler Reaktion auf den ungarischen Volksaufstand. Aus jenem Tamás Erdélyi, dessen ursprünglicher Nachname Grunewald war, übersetzt in das ungarische Synonym als Teil jener typischen Assimilierung bürgerlicher Juden in der späten K.U.K-Monarchie, wurde schließlich, 1975, Tommy Ramone. Der Rest dürfte bekannt sein, auch wenn Lee Beeber da neue Deutungshorizonte anreißt.

Auf der anderen Seite haben wir Gergely Molnár, Peter Hegedüs, Tibor Zatonyi, Laszlo Najmani[3]. Als Mitglieder der Band Spions: Anton Ello, Pierre Violence, Bunny, A.L. Newman. Was nicht die letzten Pseudonyme bleiben sollten, die permanente Neufindung dieser »Blank Generation« Ost setzt gerade erst an, ausgelöst von den frischen Wellen des Nihilismus, die Punk und seine Vorväter inspirativ über die Grenze spülen, die eben doch nicht gegen alle Medien abschirmen konnte. Der Rest jedenfalls dürfte unbekannt[4] sein und kann hier nur angerissen werden.

Die Spions - eine absurde deutsch-englische Wortschöpfung, die fake-englisch ausgesprochen wurde und den außer-magyarischen Bezugsrahmen, den anti-nationalen Alien-Charakter der Unternehmung klar stellen sollte-kamen

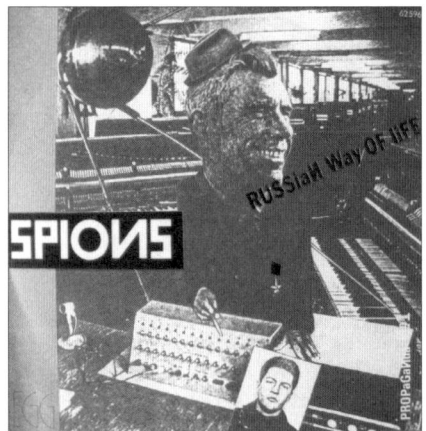

Spions: *Russian Way Of Life*, 1979

aus der Boheme Budapests, die traditionell stark jüdisch geprägt war, was auch in den Siebzigern noch galt, trotz Holocaust - die Einbeziehung der ungarischen Juden in die so genannte Endlösung setzt wegen der eigenen Position des Horthy-Regimes in dieser Frage relativ spät erst an, zu spät, um alle zu erfassen-und trotz jener steten Auswanderung, die nicht zuletzt eben Tamás Erdélyi nach New York brachte. Dieser jüdische Hintergrund spielte im Schaffen der Künstler allerdings kaum eine Rolle, mit den Ausnahmen von Miklos Erdelyi[5] und Janos Major, zweier führender Vertreter dieser sogenannten Budapester Neo-Avantgarde. Laszlo Najmani und Gergely Molnár trafen in diesem Umfeld beim experimentellen Amateurtheater aufeinander und hatten Erfahrungen als Performance-Künstler gesammelt, die sie nun, müde des eingegrenzten und überwachten Daseins im mehr oder weniger dissidentischen Kunstghetto, auf das potentiell massenwirksame Feld des Rock'n'Roll übertragen wollten. Zuerst in Form einer Art Rock'n'Roll-Akademie mit musikalisch gespickten Vorträgen zu aktueller radikaler Pop-Kultur, besonders der dunkel konzeptionellen Art: von Velvet Underground bis David Bowie. Für den Abschluss jener pop-akademischen Abende des Jahres 1977, dem deklamierenden Abgesang von »Walk on the Wild Side«, Lou Reeds Hymne auf den Außenseiter, holte sich Gergely Molnár, der als geistiger Vater der Spions gelten darf, Gitarristen hinzu. Womit der Schritt zur Bandgründung getan war. Es dauerte jedoch bis zum März 1978, bis die Spions zum ersten ihrer nur drei Auftritte in Ungarn die Bühne betraten. Angekündigt als »Anna Frank Memorial Evening«, endete die Show frühzeitig in einem Skandal. Eingeleitet vom Striptease zweier Frauen, die sich zu Iggy Pops »Sister Midnight« ihre 1940er-Jahre-Sachen mit Rasierklingen vom Leib schnitten, und inszeniert vor der Projektion eines typischen Hinterhofs der jüdischen Viertel von Budapest (die auch als Flyermotiv diente), spielten die Spions lediglich zwei Titel, bis das Konzert abgebrochen wurde und das Publikum anfing, zu randalieren. Neben »Nirvania«, einem Abgesang auf die ungarische Gesellschaftsmentalität des Gulasch-Kommunismus, erklang auch der Show-Titel gebende Song von »Anna Franks Traum« (»Anna Frank álma«). Molnár, monoton jaulender Spions-Frontmann und -Texter, entwarf hier das gewagte Bild einer libidinösen Beziehung zwischen Anna/Anne Frank und ihrem Peiniger, der sie in sadistischer Gier mit brutal wollüstiger Vergewaltigungsphantasie ansingt, dabei aber auch davon, dass sie ihn träumt. Eine radikale Punk-Provokation mit Sado-Nazi-Chic einerseits, auf kaltem intellektuellem Niveau zelebriert von einer komplett jüdischen Band vor einem wohl auch größtenteils jüdischen Publikum im Universitätstheater der Hauptstadt eines real-sozialistischen Landes. So viel Konfliktpotential muss erst einmal geballt werden. Laut Laszlo Najmani war aber andererseits die eigentliche Idee hinter dem Song, ein krasses Gleichnis für das allgemeine Stockholm-Syndrom zu finden, in dem sie Ungarn als »lustigste Baracke des Ostblocks« gefangen sahen: als eine Gesellschaft in abhängiger Liebe zu ihren Peinigern.

Musikalisch verkörperten die Spions eher eine minimalistische Kammer-Rock-Variante, der vom Studium der klassischen Avantgarde geprägte Peter Hegedüs aka Pierre Violence als musikalischer Kopf hatte entweder keine Rhythmusgruppe aufgetrieben oder bewusst darauf verzichtet, live kam zu den zwei Gitarren lediglich ab und an eine Rhythmusmaschine zum Einsatz. Aber militantes Auftreten und Outfit machte viel wett, zudem hatten sie keine Angst vor schweren Symbolen und expliziten Thematiken, was für maximale Effekte der Ablehnung und Aufregung sorgte[6]. Zielsicher spielten sie auf der Klaviatur der Provokation in sich rasant beschleunigendem Konfrontationskurs nach allen Seiten hin. Als Spione des Rock'n'Roll, der als einzige Bindung über Nation, Rasse, Religion oder Ideologie hinweg gelten konnte, als Verräter jedes Systems. So wurde die nächste Show durch Najmani mit einem »Pere Lachaise« benannten elektronischen Vorprogramm zu »Dr. Louis-Ferdinand Celine« eingeleitet, der jeweils als Literat, Antisemit und Verräter groß war. Najmani wie Molnár entwickelten zudem in ersten Schritten die bandeigene Ikonographie, zu der eine Art Bandlogo gehörte, das jene sich ausschließenden Symbole vereinte, die sie als wirksame Bezugssysteme ihrer sozialen wie geistigen Realität empfanden: fünfzackiger Stern, Swastika und Davidstern[7]. Nach der dritten Desaster-Show ist allerdings Schluss mit dem Spiel, dessen Ernst die omnipräsente Staatsmacht mit dem Schwenk von geheimdienstlicher Dauerüberwachung zu offensiver Polizeipräsenz vor der Haustür bereits angedeutet hatte. Die wirtschaftliche Krise allerdings verhindert allzu schlimme Folgen: wie so viele andere unbequeme Quergeister im Ungarn der Siebziger werden die Hauptfiguren der Spions nicht ins Gefängnis geworfen, sondern außer Landes getrieben. Das hoch verschuldete Land will sich keine öffentlichen Skandale in westlichen Medien leisten wegen ein paar absurd durchgeknallter Querulanten und erzwingt den sommerlichen Systemwechsel nach Paris. Hegedüs, Najmani und Molnár landen also plötzlich in einem Zentrum des europäischen Punk mit einer Vorliebe für avante Experimente in elektronischen Gefilden und gliedern sich sofort ein. Konsequent das Spions-Konzept aufnehmend und weiter treibend, geben sie sich nun als KGB-Agenten und proklamieren in zugespitzter Über-Affirmation den »Russian Way of Live«. So der Titel ihrer Debütsingle. B-Seite: »Total Czecho-Slovakia«. Aufgenommen für das Majorlabel *Barclays*, produziert von Robin Scott[8]. Vermittelt von einer anderen wichtigen Figur im Punk-Exil: Malcolm McLaren. Der als Nachbar einer der Spions auftauchte und zudem ja seine eigenen (negativen) Erfahrungen mit kommunistischen Rock-Agenten hatte, versuchte er doch die späten New York Dolls als solche zu managen, was ein gigantischer Misserfolg wurde, aber eventuell manche Erkenntnis für die spätere Entwicklung brachte[9]. Die Single war dann auch die letzte gemeinsame Aktion der drei Exilanten. Peter Hegedüs aka Pierre Violence verließ das Projekt im Streit, nahm den Namen Ogi an und arbeitete fortan mit McLaren zusammen[10]. Hingegen wurden Najmani aka A.L.Newman zu Boris Popoff und Molnár aka Anton Ello zu Sergei Pravda sowie Gregor Davidoff, gründeten die *Overnational Socialist Party* in folgerichtiger Fortschreibung der Überblendung von Systemen und Symbolen und nahmen als SPIONS Inc. zusammen mit der französischen Synthie-Wave-Band Artefact und dem Produzenten Jean-Marie Salaun die mit Songs wie »Race Riot« oder »Never Trust A Punk« allseitig kontroverse Statements deklamierende »Party«-EP auf[11]. Deren Cover zudem die Zeitraumangabe 1979–1984 ziert: ein Fünfjahrplan, der im Orwell-Jahr endet. Aber da sind die Spions als aktive Einheit de facto schon Geschichte und als Personen in Kanada. Dazwischen liegen der Diebstahl des Passes von Molnár (ungarische Stasi? westliche Geheimdienste?), die dadurch notwendige Ausreise und das Landen in härtester Survival-Realität in Amerika, aber auch eine tiefer gehende Beschäftigung mit jüdischer Mystik bei Najmani, die unter anderem in die »Karte des neuen Jerusalem« einfließt, das als grafische Spions-Arbeit gilt[12]. Die Pseudonyme werden fortlaufend stetig mehr, die Lage wird adäquat komplizierter (oder umgekehrt). Molnár landet schließlich als DJ Helmut Spiel in Montreal bei Heroin und Najmani nach Aufenthalten in New York, Indonesien und der Karibik sowie dem Bekenntnis sowohl zu Buddhismus als auch Rastafari schließlich als alleiniger Forttreiber der Spions-Aktivitäten wieder in Budapest (wohin auch Peter Ogi nach dem Systemwechsel zurückkehrt). Wo sich Najmani unter anderem im »Jehuda Löw Social Club« und mit dem »Kosher Kabarett« an jüdischen Themen abarbeitet, Theremin[13] spielt und die Spions-Saga bei diversen Magazinen, vor allem aber online pflegt und fortschreibt, sich des Sonderstatus überaus bewusst[14]. Eine Geschichte, die in ihrer Unwahrscheinlichkeit fast mythisch erscheint und zu den großen ungeschriebenen Einträgen im Logbuch der Welt-Subkultur-Historie zählt. Mit und ohne Jewishness.

Die zweite Geschichtsspur führt ebenfalls in die westliche Diaspora, wenn auch weit später. Dafür aber umso tiefer in die Auseinandersetzung mit jüdischen Sounds und Identifikationsangeboten. Leonid Soybelman[15] wurde im moldawischen Balti geboren, also etwa in jenem Gebiet von der Bukowina bis nach Bessarabien, in der die Wurzeln des heute überlieferten Klezmer verortet werden, und wuchs in einer russisch-jüdischen Familie auf, bei der lediglich in der Großelterngeneration jüdische Bräuche und Jiddisch als Sprache noch lebendig waren. Bereits als Kind zog er mit seiner Familie nach Tallinn, damals Hauptstadt der Estnischen Sowjetrepublik, wo er in der russischen Community aufwuchs und noch in der Schulzeit mit seinem Freund Ilja Komarov eine Band gründete, aus der sich später, 1987, die Formation Ne Zhdali entwickelte. Ne Zhdali spielten, ihrem Namen bestens entsprechend[16], ziemlich unerwartbare Musik, die in ihrer explosiven Hibbeligkeit am ehesten als wilde estnisch-russische Rock in Opposition-Variante durchgeht, mit einem kräftigen Schuss Dada und einer Prise jazzig zuckender Punk-Energie. Die Band, deren Eigenbezeichnung für ihre Stücke »Rhinocerose« war, tourte in der Offenheit der späten Sowjet-Tage bald im Westen und nahm dort auch ihre erste Platte auf. Mitten im scheinbaren Aufstieg stieg allerdings Mastermind Leonid Soybelman erst einmal aus und setzte sich 1990 im Chaos der zerfallenden Sowjetunion nach Israel ab. Von wo es ihn allerdings ziemlich bald zurück nach Europa zog.[17] Einerseits setzt Soybelman nun die Arbeit mit Ne Zhdali fort, anderseits entstehen aber auch Solo-Stücke, die sich in diasporischer Aufarbeitung mit dem musikalischen Fundus Osteuropas auseinandersetzen. Auf *Juliki–Deranged Music Of Eastern Europe*, erschienen 1993 beim Label *Cave12Disque* und eingespielt in Genf mit diversen Schweizer MusikerInnen, arbeitet sich Soybelman erstmals auf schräge Weise an einem Repertoire zwischen russischer Folksweise, odessitischem Gaunerlied, Gypsy-Song und Klezmer ab. Ob dies Ausdruck einer Selbstsuche im Exil oder ein Spiel mit funktionierender und zugleich gegen die Wahrnehmungshaltung gebürsteter Exotik war, sei dahingestellt. Fest steht, dass sich Elemente davon im flirrenden Stilwirrwarr von Ne Zhdali wieder finden, wie beispielsweise beim jiddisch intonierten hektischen Avantpunk-Stück »Spill A Noch A Moll« auf der CD *Whatever Happens, Twist!*[18], darüber hinaus aber die Fortführung des Derangierungskonzepts von *Juliki* auf radikalste Weise mit dem Projekt Kletka Red vorangetrieben wird,

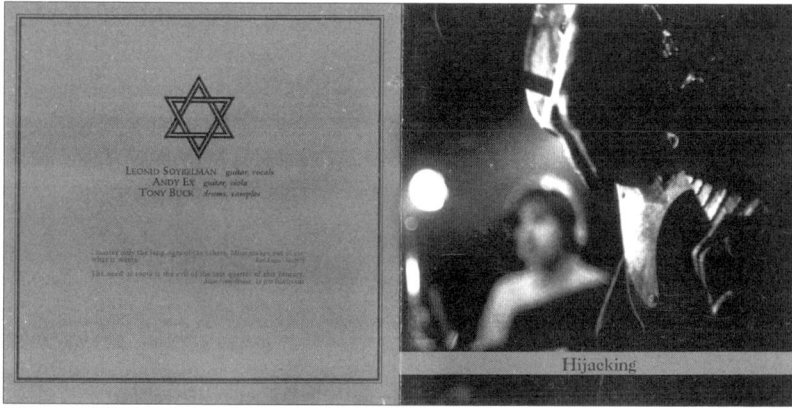

Kletka Red: *Hijacking*, 1996

das Soybelman in Berlin gründet, wo er auch heute noch lebt. Soybelman, der schnell in der entstehenden Impro-Szene der damals noch so grau-bunten Stadt andockt, verbündet sich bei Kletka Red mit zwei ausgesuchten Virtuosen des freieren Querklangs: dem australischen Drummer Tony Buck, der u. a. bei The Necks und Peril spielte, und Andy Moor, ehemals Mitglied der schottischen Post Punk-Band Dog Faced Hermans und zu jenem Zeitpunkt bereits zwei Jahre als Andy Ex Mitspieler bei den Amsterdamer Anarcho-Soundfreigeistern von The Ex. In dieser minimalen Teambesetzung spielen sie ein explosives Demo ein, das sie an ein paar Firmen schicken. Eine davon ist *Tzadik*, das gerade erst gegründete Label von John Zorn. Der antwortet sofort und nimmt die Band unter Vertrag. Mit *Hijacking*, der bei Tzadik mit der Laufnummer 11 erscheinenden ersten CD von Kletka Red, wird die Band also Teil der gerade entstehenden Radical Jewish Culture. Stilistisch gehörte sie da auf jeden Fall auch hin, bietet *Hijacking*, dessen Kompositionen teils auf einem von Soybelman in Genf gefundenen Song-Buch mit alten Klezmer-Stücken basieren, doch rasante Splittersprengvarianten von Klezmer, bei denen zwei schneidende Gitarren in- und gegeneinander fragile, zerfetzte Melodiebögen in den scheppernden Krachteppich fräsen, während stürmische Drumattacken das von jiddischen und hebräischen Wortfetzen überflogene Klangfeld erschüttern. Eine überbordende Energie-Ausschüttungsorgie, die durch kleine elektronische Spielereien bei jenen Songs akzentuiert wird, die strukturell dieser Bezeichnung nahe kommen. *Hijacking* detoniert in einer knappen halben Stunde und hinterlässt blühende Wüsteneien, lässt Traditionen brennen, um aus der Asche Neues entstehen zu lassen. Das Album kann dabei auch als eine Art Freischlag gelten, mit dem Soybelman gegen die Klezmer-Gemütlichkeit des neuen Berlin anlärmte, dessen jüdischen Gemeinde ja mittlerweile auch von ex-sowjetischen Einwanderern dominiert wurde.

Die Einsendung des Demos an John Zorn und die Unterzeichnung bei *Tzadik* erfolgte laut Soybelman aber vollkommen ohne konzeptionelle Gedanken. Sich der potentiellen Kompliziertheit derartiger Verarbeitungen von traditionellen jüdischen Liedern wahrscheinlich schon bewusst, sucht er allerdings für jene Zitate, die *Tzadik*-typisch das Innencover zieren sollen, zwei Textauszüge aus, die zumindest interpretatorisch schon die Distanzierungsmöglichkeit von einer allzu leichten Eingemeindung in irgendeine Art von (über-)identitärem Roots-Bezug offen hält. Zum einen Karl Kraus: »I master only the languages of the others. Mine makes out of me what it wants«[19], zum anderen Alain Finkielkraut: »The need of roots is the evil of the last quarter of this century«[20]. Über jenen Sprüchen aber prangt der Davidstern, schwarz auf goldenem Grund, der zudem auf dem Rückcover der CD seine Entsprechung hat, diesmal sogar zusammengeführt mit dem Bandnamen zu einer Art Logo. Das war dann doch ein Stück potentielle Eineindeutigkeit zuviel. Zumindest für Andy Ex, dessen nunmehrige Band The Ex im Jahr 1988 ja auch zwei Songs zum Sampler *Intifada. The Palestinian Uprising*[21] beisteuerte in klassisch antiimperialistischer Solidaritätshaltung als eindeutiges Sympathiebekenntnis in Sachen Nahostkonflikt. Hinzu kam eine Portion Enttäuschung darüber, dass von Seiten des Labels wohl nicht jene Unterstützung kam, die beim Zuschlag für *Tzadik* erhofft worden war. Auf *Hybrid*, der zweiten CD von Kletka Red, greift Soybelman jedenfalls wieder auf die bei »Juliki« gepflegte Vielfalt osteuropäischen Erbes zurück und fokussiert die Sounds der Schwarzmeer-Anrainer, bis hin zur Einbindung des griechischen Drogen-Blues Rembetiko–das Label dafür heißt *Red Note*. Ein drittes Album wird leider nicht mehr vollendet, es hätte sich aber vor allem auf die Beschäftigung von Andy Ex mit äthiopischem Jazz gestützt.

Etwa zur Zeit der Werdung von Klekta Red kooperiert Leonid Soybelman aber auch mit dem in Amsterdam lebenden Exil-Odessiten Alec Kopyt und tritt dessen Projekt Poza bei, das sich auf weitaus traditionellere Art, wenn auch immer mit partiell schrägen Untertönen, mit Musik aus Odessa beschäftigt. Nachzuhören unter anderem auf der programmatisch betitelten CD *Diadromes. Original Klezmer and Gipsy Music from the Streets of Odessa*[22]. Hier geht es dann also plötzlich doch um Originalität und Authentizität – und sei es nur im Titel zwecks Promotion-Wertsteigerung. Die Musik von Sinti und Roma sowie die der odessitischen Juden zusammen zu denken, ist dabei nicht nur konsequent im Sinne der Ballung von gesellschaftlichem Außenseiter-Poten-

Various Artists: *Shtetl Superstars. Funky Jewish Sounds From Around The World*, 2006

tial, der Sounds der Nomaden und Ausgegrenzten, der Verfolgten und Vernichteten - es entspricht auch ganz der realen historischen Vermengung der Stile und Musiker vor Ort[23]. Die wiederum nicht zuletzt ihre Spur in der langen randständigen Tradition des odessitischen Gaunerlieds hinterließ. Denn, um Soybelman frei zu zitieren: Juden waren nicht nur Marc Bolans usw., manche waren auch verdammte Gangster ...[24] Alec Kopyt ist übrigens heute Frontmann der Amsterdam Klezmer Band, deren eher freie, zumeist aber auf Tanzbarkeit hin angelegten Klezmer-Bearbeitungen aber auch von seiner großen Liebe zu Reggae und Dub künden[25].

Auf eine eher verborgene Erbe-Linie in Sachen jüdischer Kultur verwies Soybelman dann mit einer Version von Burt Bacharachs »Walk On By«, die auf einen jiddischen Song des »Hijacking«-Repertoires zugreift und ihn wie eine Art Mashup auf der rudimentär erahnbaren Melodie des Bucharach-Klassikers montiert[26]. Ein radikales Traditions-Palimpsest auf doppelt trauriger Liebeslied-Ebene oder nur Spiel mit Kontrasten und Kontexten? Das spielerische Hantieren mit osteuropäischem Quellenmaterial jedenfalls setzt sich Anfang der 2000er fort, als er kurzzeitig Mitglied der frühen Formation von Rotfront wird, einem Berliner Emigranten-Kollektiv, als dessen Front-Figur Yuryh Gurzhy gelten darf. Gurzhy, in der sowjetischen Ukraine aufgewachsener russisch-jüdischer Berlin-Immigrant, ist vor allem als Russendisko-DJ-Kompagnon von Wladimir Kaminer bekannt, widmet sich aber neben der Band Rotfront seit geraumer Zeit auch dem Sammeln und Aufzeigen von irgendwie jüdisch konnotierter Pop-Musik aus aller Welt.[27] Was bis dato in der Compilation *Shtetl Superstars. Funky Jewish Music* gipfelte, die er mit dem Londoner Lemez Lovas von der Band Oi Va Voi für das Münchener Label *Trikont* zusammenstellte und stilistisch entgrenzte Grundlage ist für seine bis dato eher seltenen DJ-Ausflüge in die weltweite jüdische Funkyness. Auf dieser unideologisch entspannten Ebene des Traditionsumgangs in der (doppelten) Diaspora stehen neben den bis dato zwei Rotfront-CDs auch andere Releases des Shantel-Labels *Essay Recordings*, von der israelischen Jew-Surf-Combo Boom

Pam über den ex-ukrainischen O.M.F.O. mit seinen Ethno-Dub-Elektrik-Visionen oder die erwähnte Amsterdam Klezmer Band bis hin zu den israelisch-russischen Jewrhythmics mit ihrer äußerst artifiziellen jiddischen 80s-Disko – aber all das ist schon wieder eine eigene Geschichte, die zwar stark nach Osteuropa als Soundquelle oder Authentizitätsversprechen weist, auf die ich hier aber zugunsten der Rückkehr ins Ausgangsterritorium verzichten muss.

Zurück nach Polen also!
    Was ganz aktuell ja der Slogan der Jewish Renaissance Movement ist. Kreiert und ausgerufen von der israelischen Künstlerin Yael Bartana, die damit 2011 sogar Polen auf der Kunstbiennale in Venedig vertrat, geht es hier in zielsicherer Provokation um die Umkehr des zionistischen Projekts und die Aufforderung der Rückkehr der Juden nach Polen wie Europa im allgemeinen. Kommen wir also zum potentiellen Soundtrack der JRM.[28]
    Ein mögliches Revival polnisch-jüdischer Kultur deutete sich bereits Ende der Achtziger an, als 1988 das erste Festival für jüdische Kultur in Krakau stattfand. Dies allerdings eben vor dem Hintergrund, dass der jüdische Bevölkerungsanteil verschwindend gering ist. Denn von den fast 3,5 Millionen Juden vor dem Weltkrieg überlebten das wahnsinnige Morden nur etwa 300.-500.000, die dann entweder infolge der polnischen Nachkriegs-Pogrome das Land verließen oder sich nach den antisemitischen Attacken in der Reaktion des Staates auf das polnische Rebellionsjahr 1968 gezwungen sahen und wurden, zu emigrieren[29].
    Die weltweit am ehesten bekannte Band, die mit jenem ersten Revival in Beziehung gesetzt werden kann, sind Kroke (jiddisch für Krakau), deren mit leichtem Jazz und einer Spur klassischer Kammermusik durchsetzter Neo-Klezmer-Sound via Steven Spielberg in die westliche Wahrnehmung gelangte, der die Band während der Dreharbeiten zu *Schindlers Liste* zufällig live sah und spontan zum Konzert nach Israel einlud. Der Rest ist prägende Erfolgsgeschichte, zu der nicht zuletzt die Kooperation mit Nigel Kennedy gehört. Prägend auch in der Festschreibung eines zugänglichen Klangbilds, das zudem die historische Tragik des unbegreiflichen wie unwiederbringlichen Verlusts in melancholisch-musikalische Bilder zu fassen verstand, gespielt von Herren mit schwarzem Hut und weißem Hemd. Seither gibt es eine kleine Schwemme an, um Finkielkraut etwas schräg anzuwenden, imaginierten Klezmorim.
    Aber es geht auch anders. Seit Anfang des neuen Jahrtausends gibt es eine Art parallele Gegenbewegung. Fast schon ironischerweise ist allerdings die Band, die auf dem vermuteten Gegenstrahl kulturökonomisch am weitesten entfernt aktiv wurde, klanglich in Teilen dem stilistisch offenen Kroke-Sound

gar nicht so unähnlich, zumindest oberflächlich behört. The Cracow Klezmer Band, also Stadtnachbarn oder -konkurrenten, veröffenlichte seit 2000 bereits sechs Alben bei *Tzadik*, die ebenfalls von avantgardistischer Kammermusik und Jazz geprägt sind, zudem orientalische Nuancen und viel Tango-Anmutung enthalten. Allerdings, wenn denn der Vergleich überhaupt sein muss, ist das Zusammenspiel etwas freier, etwas avanter, zugleich etwas strenger. Zumal die Band um Jaroslaw Bester oft auch Kompositionen von John Zorn umsetzt. 2007 allerdings formieren sich die gleichen Musiker zum Bester Quartett, wurde also in unbescheidener Tradition großer Jazz-Musiker der Bandleader zum Namensgeber. Ob damit zugleich ein Austritt aus der Klezmer-Zuschreibungsbeengung avisiert war, kann jedoch nur vermutet werden. Zumindest wird aber weiter bei *Tzadik* veröffentlicht. Dem Label in seiner programmatischen Orientierung auf radikales jüdisches Neutönertum ist seit 2007 sogar ein *Tzadik*-Festival in Poznan gewidmet. Neben dem Meister selbst und anderen internationalen *Tzadik*-Artists traten dort auch fast all jene Bands oder Projekte auf, die als beispielhaft für eine Renaissance jüdischer Klangkultur stehen können. Darunter auch Raphael Roginski mit seinen Projekten Cukunft und Shofar. Unter all den polnischen Künstlern, die sich mit jüdischem Musikerbe auseinandersetzen, oft genug lediglich in unterschiedlichen Konstellationen bei stilistisch differenten Projekten, ist Raphael Roginski wohl der konzeptionellste. Was auch aus seiner familiären Prägung abgeleitet werden könnte.[30] Geboren 1977 in Frankfurt a. M., wuchs er zunächst in einer polnisch-jüdischen Enklave auf, in der sogar noch jiddisch gesprochen wurde und kaum Kontakt zur deutschen Außenwelt herrschte. Sein Vater, der den Krieg durchstanden hatte, gehörte zu den zwangsexilierten polnischen Juden der Intelligenzia und gab dem staatlich ausgeübten antisemitischen Post-68-Auswanderungsdruck 1972 nach. Nach der Scheidung der Eltern kehrt seine Mutter 1983 mit dem Jungen nach Polen zurück, wo er schließlich Jazz- und klassische Gitarre sowie nicht zuletzt Musikethnologie studiert. Die zur Grundlage der verschiedenen Projekte und von ihm quasi in Feldversuchen an sich selbst bzw. mit Freunden in praktische Anwendung gebracht wird. Sein spezifischer Gitarrenklang, der oft etwas kantig Scharfes, splitter-klirrend Sperriges hat, intoniert zum Beispiel bei Cukunft jüdische Traditionals der urban-laizistischen Art[31] - teils Stücke aus der Sammlung von Mordechaj Gebirtig[32] - oder Eigenkompositionen, begleitet von zwei Klarinetten und Drums. Cukunft ist dabei genauso getragen vom Geist freier Improvisation, wie er sich in der chassidischen Tradition findet, wie Shofar[33], wo er mit Mikołaj Trzaska (sax) und Macio Moretti (dr) eher liturgische Stücke aufführt, die auf der Sammlung von Moshe Beregowski beruhen[34], der in der Bukowina Notationen jener Trancekompositionen fand und publizierte. Daneben gibt es aber noch weit mehr. Alte Zachen ist seine Interpretation von Surf in Kombination mit chassidischen Nigunim-Sounds. Nefesh ist ein internationales Projekt, das kabbalistische Texte zu einem Verschnitt von Trip-Hop-Beats, Electronics, Free Jazz und der Musik der sephardischen Juden liefert und an die relative religiöse Toleranz unter den Ottomanen erinnern soll. Drom hingegen stellt seinen Tribut an die Gypsy-Jazz-Gitarre von Django Reinhardt bzw. die Musik der Sinti und Roma allgemein dar, ein logischer Schritt, wie ihn Soybelman und Freunde schon vollzogen. Womit die Liste nicht vollständig wäre (solo spielt dann auch schon mal Johann Sebastian Bach ein[35]). Szeneknotenpunkt ist dabei oft das Warschauer Label *Lado ABC*, zu dessen Flaggschiffen die Band Mitch & Mitch zählt, bei der Shofar-Drummer Macio Moretti als bass-spielender Sänger und Entertainer agiert.[36] Mitch & Mitch sind dereinst gestartet als Warszawa-Freak-Projekt mit mutiertem Großstadt-Country & Western, und präsentierten sich auch weiter auf dem Weg durch alle Stile humorfett, skurril und voll ultravitaler Musikalität. 2007 wurde die Band vom zukünftigen *Museum der polnischen Juden* in Warschau zum *Mizrach*-Festival eingeladen, um auf ihre ganz eigene Art John-Zorn-Kompositionen zu interpretieren. Heraus kamen unzornige Zorn-Varianten: humorvolle Latin Swing-, Oriental Groove- und Easy Listening-Rock-Versionen, die Zorn um die Ecke begradigten und zugleich virtuos neu verjazzten. Nach dieser beugenden Verbeugung werden die Mitchiz im Rahmen des Polnischen Kulturjahres 2008/09 nach Israel eingeladen, wo sie auf die exil-russischen Geistesverwandten von Kruzenshtern i Parohod treffen, mit deren Sänger sie zu Mitch & Igor Krutogulov & Mitch fusionieren, um die *Three Cockroaches Opera* einzuspielen. Eine antiauthentische Imagination par excellence: die CD besteht aus Kompositionen einer Oper des frühen 20.Jahrhunderts von Zelig Rabitchnyak, dem im Booklet eine ganze Biografie verliehen wird. Rabitchnyak war allerdings schon 2006 auf dem Album *12 Catchy Tunes (We Wish We Had Composed)* als vergessener Komponist lanciert worden, ohne aber eingehend vorgestellt zu werden, erwähnt lediglich als amerikanischer Jude, dessen Vision einer Kreuzung von Blue Grass und Klezmer mehr war, als »die Einwohner von New Mexico ertragen konnten«. Nun, der auf *Three Cockroaches Opera* zelebrierte post-sowjetische Estraden-Punk im Klezmer-Verschnitt, aufgebrüht und übergekocht als Gaga-Absurd-Cocktail, in dem Woody Allen mit John Zorn und Frank Zappa um die Wette schwimmt, könnte es auch heute dort noch schwer haben.

Dass sich die relativ kleine Gruppe polnischer Musiker, die mit Jewishness und jüdischen Sounds hantiert, mittlerweile zu einer Art Bewegung ausgewachsen hat, dokumentiert unter anderem die Ende 2011 erschienene Compilation

Various Artists: MuLaKuZ. *New Jewish Music Out Of Poland*, 2011

MuLaKuŻ. New Jewish Music Out Of Poland, herausgegeben vom *Cheder Cafe* in Krakau, dem offiziellen Cafe-Hauptquartier des eingangs erwähnten Jüdischen Kulturfestivals in Krakau, das nunmehr die weltweit größte Veranstaltung seiner Art ist. *MuLaKuŻ* steht für Muzyczne Laboratorium Kultury Żydowskiej[37], das als serielle Live-Veranstaltung angelegt ist, bei der auch sämtliche Acts der CD aufgetreten sind – und ein Großteil der Aufnahmen wurde auch auf jenen Konzerten gemacht. Zu den erwähnten Üblichen des erweiterten Jazz-Sounds, teils in Neuanordnung präsent, treten hier auch neue Namen und Soundspektren. Vom druckvollen Post-Punk-Jazz bei Daktari über die Elektro-Pop-Variante von Plazmatikon bis zur jüdisch-masurischen Ethno-Folk-Trance von Maćko Korba. Für Kornelia Binicewicz vom *Cheder Cafe*, die diese Werkschau zusammenstellte, ist dabei vor allem die Vitalität und Vielfalt der »New Jewish Music« Polens wichtig, ihr subversiv kreatives Eingebundensein ins multikulturell aufzuweitende polnische Hier & Jetzt, die souverän proklamierte wie praktizierte Selbstverständlichkeit des Daseins, des Jüdisch-Seins oder von Jewishness inspirierten Seins vor Ort, das sich eben nicht retrovertiert auf stereotypisierte Vergangenheit beschränken will, »verkörpert von Musikern mit weissen Hemden und schwarzen Hüten«[38]. Wobei die Eigenwerte schaffende Abgrenzung zu den international erfolgreichen örtlichen Vorverwertern nur ein Moment ist. Für Rogiński nämlich steht außer Zweifel, dass er, verglichen mit der New Yorker *Tzadik*-Perspektive, einen authentisch-auratischen Standortvorteil in seine Arbeit einfließen lassen kann. Die sozusagen auf tragisch geschichtssattem Grund basiert, an jenen Orten, in denen es Jahrhunderte lang eine lebendige jüdische Kultur gab – auch wenn heute oft nur noch architektonische Artefakte davon zeugen. Eine Arbeit zwischen wissender Tradition und Innovation, empfunden als direkte Kontinuität dessen, was vor dem Holocaust war. Mit der er im Verbund mit den hier unvollständig Aufgereihten und Beschriebenen dialektische Future-Roots schafft, die da ganz nebenbei auch lokale Basis sein könnten, sollte Yael Bartana kühne Vision einer Jewish Renaissance in Polen (wie Europa) aus der Kunst ins Leben wechseln.

Auswahldiskographie

Spions: *Russian Way Of Life* (Barclays, 1979)
Spions Inc.: *The Party 1979–1984* (Dorian/Celluloid, 1979)
Kletka Red: *Hijacking* (Tzadik, 1996)
Leonid Soybelman: *Juliki–Deranged Music Of Eastern Europe* (Cave12Disque,1993)
Leonid Soybelman: *Much Ado About Burt Bacharach's Walk On By* (Prospekt Mira,1998)
Poza Diadromes: *Original Klezmer and Gipsy Music from the Streets of Odessa* (Raumer Records, 1996)
Cukunft: *Lider fun Mordechaj Gebirtig* (CD-R, 2005)
Itstikeyt/Fargangenheit (Lado ABC, 2010)
Shofar (Rogiński, Trzaska, Moretti): *Shofar* (Kilogram, 2007)
Daktari: *This is the last song I wrote about Jews. Vol. 1* (Multikulti Project, 2011)
The Cracow Klezmer Band: *Remembrance* (Tzadik, 2007)
Balan: *Book Of Angels Vol.5*(Tzadik, 2006)
Sanatorium Under The Sign Of The Hourglass. A tribute to Bruno Schulz. Cracow Klezmer Band plays John Zorn (Tzadik, 2005)
Bereshit (Tzadik, 2003)
The Warriors (Tzadik, 2001)
De Profundis (Tzadik, 2000)
Mitch & Igor Krutogulov & Mitch Igor Krutogulov: *Three Cockroaches Opera* (Auris Media / Lado ABC, 2010)
V.A.: *MuLaKuZ. New Jewish Music Out Of Poland* (Cheder Cafe / Jewish Culture Festival in Krakow, 2011)
V.A.: *Shtetl Superstars. Funky Jewish Sounds From Around The World* (Trikont, 2006)
Shantel & Oz Almog: *Kosher Nostra. Jewish Gangsters Greatest Hits* (Essay Recordings, 2011)
Alte Zachen: *Total Gimel* (Lado ABC, 2012)

Anmerkungen

1 Zu diesem riesigen Gesamtkomplex siehe unter anderem: Manfred Sapper / Volker Weichsel / Anna Lipphardt (Hg.): Impulse für Europa. Tradition und Moderne der Juden Osteuropas. Berlin: Deutsche Gesellschaft für Osteuropakunde 2008 [= OSTEUROPA 8–10/2008]
2 Zum Umgang mit dem Holocaust und folgenden Entwicklungen siehe Micha Brumlik / Karol Sauerland (Hg.): Umdeuten, verschweigen, erinnern. Die späte Aufarbeitung des Holocaust in Osteuropa. Frankfurt a. M.: Campus 2010
3 Der Abschnitt zu den Spions basiert unter anderem auf von mir geführten Interviews mit Laszlo Najmani und Peter Hegedüs / Ogi im Dezember 2010 und September 2011.
4 Es sei denn, man versteht ungarisch und kennt entsprechende Publikationen oder Homepages, ist zufällig auf der Spions-Homepage gelandet oder hat folgenden Beitrag gefunden: József Havasréti: »Anna Frank und der Große Bruder. ›Krieg gegen die Gesellschaft‹ in den Liedtexten der Gruppen Spions und URH um 1980«, in: Stefan Michael Newerkla / Fedor B. Poljakov / Oliver Jens Schmitt (Hg.): *Das politische Lied in Ost- und Südosteuropa*. Wien/Berlin/Münster: Lit 2011, S.141
5 Miklós Erdély drehte beispielsweise den Film *Verzio* (1979, basierend auf dem Roman *A tiszaeszlári Solymosi Eszter* von Gyula Krúdy aus dem Jahr 1931), in dem der antisemitische Ritualmord-Prozess von Tiszaeszlár in den Jahren 1882/83 thematisiert wurde, der den modernen politischen Antisemitismus in Ungarn begründete.
6 Inspiration waren die Spions unter anderem für die Band URH, eine der wichtigsten ungarischen Post Punk-Bands, die live mehrere der als Demo-Kassette überlieferten Spions-Stücke spielte.
7 Das Logo taucht zwar als Teil der »Map of New Jerusalem« auf (siehe Fußnote 12), wurde aber laut Najmani von den Spions veröffentlichenden Plattenfirmen des Westens als zu radikale Provokation abgelehnt.
8 Robin Scott bediente sich kurz darauf offensiv des Spionage-Themas in einer Art Spions-ploitation, nachzuhören auf der LP *Official Secrets Act* (Sire, 1980) seines Bandoutfits M.
9 Dass mit Nazi-Chic-Symbolik besser »Cash from Chaos« zu machen wäre, zeigt sich dann ja kurz später. Mehr zum den New York Dolls von McLaren verordneten Flirt mit kommunistischer Symbolik siehe Legs McNeil / Gillian McCain (Hg.): Please Kill Me. Die unzensierte Geschichte des Punk. Höfen: Hannibal 2004, S. 232 f.
10 McLaren schrieb für mehr als die Hälfte der Songs der Peter Ogi-LP *OGI* (Pathé Marconi EMI, 1980) die Texte. Ogi arbeitete später unter anderem in London als gefragter Studio-Musiker und -Techniker.
11 SPIONS Inc.: *The Party. 1979–1984* (Dorian/Celluloid, 1979). Als kleine Andeutung nur der geballten Interpretationsangebote sei folgendes Zitat aus »Race Riot« eingefügt: »the morning is Jewish / but the day turns Aryan soon / Christian sunset Krishna rises in fascist half-moon/ grey riders in the sky / communist rain's gonna fall / the King is a spy / the Red Star changed its colour«
12 Siehe http://spions.webs.com/eden.htm. Die ersten Grafiken zur »City of Eden (The Map of New Jerusalem)« entstanden 1980 in Paris, später wurden von Najmani in Toronto (1984) und New York (1986) weitere hinzugefügt. Die Originale gelten allerdings als verschollen.
13 Das früh-elektronische Instrument des KGB-Spions wie -Opfers Lew Sergejewitsch Termen, im Westen genannt Leon Thérémin, das Najmani unter anderem als Karl Heinz Koala in Kooperation mit dem Anima Sound System bedient hat.
14 http://spions.webs.com
15 Der folgende Abschnitt basiert zum Teil auf einem von mir geführten Interview mit Soybelman im Jahr 2010.
16 Ne Zhdali, russisch: Unerwartet. Titel eines berühmten Gemäldes des russischen Realisten Ilja Efimowitsch Repin von 1984–88, das einen plötzlich aus der sibirischen Verbannung Heimkehrenden zeigt.
17 Ob die Erlangung des israelischen Passes lediglich als Brückenfunktion zur Legalisierung eines Aufenthalts in (West-)Europa diente, kann lediglich gemutmaßt werden.
18 *RecRec Music*, 1995

19 Deutsches Original: »Ich beherrsche nur die Sprache der andern. Die meinige macht mit mir, was sie will.« In: Karl Kraus: *Aphorismen. Sprüche und Widersprüche. Pro domo et mundo.* Nachts, Frankfurt a. M.: Suhrkamp 1986
20 Alain Finkielkraut: *Le Juif imaginaire*, Paris: Seuil 1980 / *Der eingebildete Jude*, München/Wien: Hanser 1982
21 V.A: *Intifada. The Palestinian Uprising* (LP Konkurrel k031/116, 1988). Mit The Vernon Walters, The Plot, Swampsurfers, Seein' Red, De Kift, The Ex, Trespassers W
22 Raumer Records, 1996
23 Interessant ist dabei die prägende Vermengung durch die Tatsache, dass die Militärkapellen der zaristischen Armee vor allem aus jüdischen Musikern sowie Sinti und Roma bestanden. Über diesen Marschmusik-Einfluss kamen auch vermehrt Bläser in den Klezmer-Sound, adäquat übrigens zur Ausprägung des Brass-Sounds auf dem osmanisch verwalteten Balkan. Kurioserweise verbrachte Soybelman seinen Militärdienst in der Sowjetarmee ebenfalls als Musiker – und spielte eine Zeitlang in einer Gypsy-Band.
24 Eine Traditionslinie, die Osteuropa-Soundverwerter Shantel zusammen mit Oz Almog auf der Compilation *Kosher Nostra* (*Essay Recordings*, 2011) verfolgt, allerdings mit Augenmerk auf Aufnahmen, die in irgendeiner Weise in Bezug auf die jüdische Mafia in Amerika gesetzt werden können – deren familiäre Wurzeln aber zumeist in den ausgewanderten Juden Osteuropas und dabei vor allem Russlands lagen.
25 Der Zusammenhang von Roots Reggae und Rastafari auf der einen und jüdischer Religion auf der anderen Seite verdient eine besondere Untersuchung. In Sachen Osteuropa sei hier nur auf die starke punky Reggae-Strömung in Polen verwiesen, die sich des alttestamentarischen Vokabulars als Ausdruck von spiritueller Rebellion sowohl gegen das (babylonische) System des Realsozialismus als auch die katholische Kirche bediente und als deren Hauptgruppe die Band Izrael gelten darf, die bei der Namensgebung sicher auch die Provokation gegenüber staatlichem wie tradiertem Antisemitismus mit auf der Rechnung hatte.
26 »Much Ado About Burt Bacharach's Walk On By« (Prospekt Mira, 1998). Die teils mit den Kletka Red-Mitstreitern Tony Buck und Joe Williamson gemachten Aufnahmen geschahen allerdings, bevor bei Tzadik die Compilation *Great Jewish Music: Burt Bacharach* erschien, auf der diverse Tzadik-Künstler sich mit Songs von Bacharach auseinandersetzten.
27 Rotfront bezogen 2011 auf der CD *Visa Free* (*Essay Recordings*) mit fast schon Village People-haftem Disco-Schlachtgesang offensiv Front mit »Gay, Gypsy & Jew«, adressiert unter anderem an die aktuellen politischen Zustände in Ungarn, wo ein Teil der Band herkommt.
28 Mehr in Sachen Jewish Renaissance Movement siehe: *www.jrmip.org*. Ein potentieller Soundtrack könnte allerdings auch eher das der JRM-Ikonografie adäquate Pathos einer zu schaffenden neue Jüdische Kunst-Ästhetik haben, angelehnt an die Neue Slowenische Kunst und deren Klanghauptprotagonisten Laibach.
29 Exakte Zahlen gibt es nicht. Die meisten Schätzungen gehen von 8–12.000 in Polen lebenden Juden aus, andere vermuten mehrere zehntausend, die zwar jüdischer Abstammung, aber nicht religiös sind.
30 Ein Großteil der Informationen stammt von einem unveröffentlichten Interview mit Rogiński, das der Leipziger Kultur-Geograph Bernd Adamek-Schyma 2006 vor der Synagoge in Wrocław führte.
31 Der Bandname verweist dabei auch offensiv in diese Richtung, war Tsukunft/Cukunft doch die 1910 ins Leben gerufene Jugendorganisation der sozialistischen Bundisten, Anhänger des 1897 gegründeten *Algemejnen jidischen Arbeterbunds in Russland un Pojln* und seiner Nachfolger. Mehr dazu siehe Gertrud Pickhan: *Gegen den Strom: der Allgemeine Jüdische Arbeiterbund »Bund« in Polen 1918–1939*, Stuttgart u. a.: Deutsche Verlagsanstalt 2001
32 *Lider fun Mordechaj Gebirtig* (CD-R, 2005). Für das deutsch-polnische Kunstradio Kopernikus collagierte Rogiński im selben Jahr diese Stücke, die aus dem Werk des jüdischen Dichters und Komponisten Mordechaj Gebirtig (eigentlich Mordche Bertig, 1877–1942, gestorben im Krakauer Ghetto) aus Krakau schöpften, mit Fieldrecordings, die er an wichtigen jüdischen Stätten machte, vor Synagogen oder auf Friedhöfen. Beziehungsweise an den ehemaligen Orten ihrer Existenz.
33 Shofar, benannt nach dem liturgischen Instrument aus Antilopen- oder Widderhorn, das zu Neujahr und Jom Kippur vom Kommen des Messias kündet, ist Rogińskis religiöse Band. Wobei lediglich für Mikołaj Trzaska, der erst sehr spät von seiner jüdischen Abstammung erfuhr, dieser Aspekt von Bedeutung ist, Macio Moretti ist weder Jude noch religiös.
34 Moshe Beregovski (oder Moisei Iakovlevich Beregovskii, 1892–1961) war der bedeutendste musikethnologische Forscher und Sammler für die jüdische Musik Osteuropas. Mehr dazu: Moshe Beregovski: *Jewish Instrumental Folk Music*, übersetzt und herausgegeben von Mark Slobin / Robert A. Rothstein / Michael Alpert, New York: Syracuse University Press 2001. Siehe auch: Karl E. Grözinger: *Klezmer, Klassik, jiddisches Lied. Jüdische Musikkultur in Osteuropa*, Wiesbaden: Harrassowitz 2004
35 Raphael Rogiński: *Bach Bleach* (Multikulti Projekt, 2009)
36 Ur-Mitch Macio Moretti ist ein kreativer Wirbelwind des polnischen Untergrunds, der permanent zwischen Impro-Jazz, Experimental-Elektronik, metallenem punky Indie-Rock hoher Verschmitztheit und sonstigen Absurd-Projekten unterwegs ist.
37 Frei: Musikalisches Laboratorium der jüdischen Kultur
38 Zitiert nach einem Email-Interview, geführt im Januar 2012.

Frank Apunkt Schneider

»My Future In The SS«

Zur Identifikation mit den Täter_innen im deutschen (Post-) Punk

Die Katastrophe und die semiotische Katastrophe

Lange Zeit bildete der Flirt mit den Zeichen des Nationalsozialismus das latent schlechte Gewissen der Punkgeschichtsschreibung. Nazi-Symbole und -Begriffe konnten nämlich im frühen Punk unvermittelt und vor allem unmoderiert auftauchen: in Songtexten und Bandnamen, auf Plattenhüllen, als Elemente des Outfits oder als genereller Bezugsrahmen. Und das bisweilen ausgesprochen ambivalent. Die Schwebe, in der die schweren Zeichen belassen waren, wurde erst viel später vereindeutlicht: Ab ungefähr 1981 waren die Hakenkreuze, die die Punks obsessiv auf Lederjacken oder Toilettenwände kritzelten, in der Regel durchgestrichen. In dieser Form wurden sie zum bis heute validen Bestandteil ihrer Ikonographie, und fast scheint es dabei, als könnten sie sich nur so ihre alte Faszination mit der Symbolpolitik des Nationalsozialismus bewahren: in der konsequenten antifaschistischen Gesinnungsdarstellung.

Solange die NS-Zeichen des Punk aber noch nicht in einem moralisierenden Sinne bearbeitet, nämlich kommentiert, waren, wirkten sie wie Affirmation, auch wenn diese vor einer Folie stattfand, deren Zerrissenheit und Beschädigung sich kaum zur Affirmation eignete. Gerade in der aggressiven (Nicht-)Verbundenheit mit beliebigen anderen Zeichen waren das von Sid Vicious getragene Hakenkreuz, Songtitel wie »Master Race Rock« von den Dictators oder das Logo der Plattenfirma *Industrial Records* der Gruppe Throbbing Gristle (das den Schornstein von Auschwitz zeigte) ein popgeschichtlich neues Phänomen, verstörend auch deshalb, weil es die vermeintlich subjektbezogenen Aussagesysteme des Pop mit neuen Worten, Bildern und Referenzen überschrieb, die bislang dem Bereich der Hochkultur vorbehalten waren.

Dafür gab es mehrere Deutungsmöglichkeiten. Die einfachste war, es für den Ausdruck nazistischer Gesinnung zu nehmen. So reagierten jedenfalls politisierte Rockfans, die sich vor allem deswegen entsetzten, weil sie bisher ganz selbstverständlich davon ausgegangen waren, dass ihre Kultur gewissermaßen naturwüchsig antifaschistisch sei.[1] Wenig später bürgerte es sich aber bereits ein, dieses Spiel als mehr oder weniger glückliche Provokation abzutun, eine Interpretation, die nicht selten von den Protagonist_innen selbst vorgeschlagen wurde.

Beides blieb der ästhetischen Komplexität des Zeichengebrauchs im frühen Punk jedoch äußerlich, weil es sowohl den kunsthistorischen Anknüpfungspunkt als auch das genuin Neue daran verkannte.

Die Zeichen des Punk waren eigentlich Realitätsmaterial, das aus seinen Zusammenhängen gerissen und neu zusammengesetzt wurde, ohne dabei auf Harmonie oder Sinn abzustellen. Sie repräsentierten nur noch ihre eigene Zeichenhaftigkeit. Damit übertrugen die Punks längst eingeführte Verfahrensweisen der ästhetischen Moderne ins Feld sogenannter »Jugendkultur«. Ihre Plattencover, Lederjacken oder Kinderzimmer waren Collagewerke. In Zeiten erweiterter Kunstbegriffe eigentlich keine große Sache, nur konfligierte das mit den Ausdruckstheorien, die über Popkultur im Umlauf waren: Sowohl Jugendliche als auch ihre Eltern (und deren soziologische Stichwortgeber_innen) waren nämlich bisher ganz selbstverständlich davon ausgegangen, dass Äußerungen im Pop stets affirmativ und authentisch - gewissermaßen »rockistisch« - sein müssten. Schließlich erzählen sie ja von den Nöten und Träumen der Teenager_innen. Und denen wurde zwar einiges zugetraut, aber sicher keine Materialästhetik, die sich bei Kurt Schwitters oder Hannah Höch bediente.

NS-Zeichen kommentarlos zu benutzen war also vielleicht nur ein besonders drastisches Mittel, um die Behauptung zurückzuweisen, Popkultur sei Freizeitgestaltung. Dagegen brachten die Punks Ausdrucksmittel der Kunst in Anschlag, der der Diskurs der 1970er automatisch ein kritisches Bewusstsein unterstellte. Indem sie diese Ausdrucksmittel deterritorialisierten, überforderten sie das öffentliche Bewusstsein, dem das Logo von *Industrial Records* sicher keinerlei Schwierigkeiten bereitet hätte, wäre es nur in einem Kunstraum präsentiert worden. Dort hätte es von vorneherein als kritische Auseinandersetzung gegolten. Als Bestandteil einer künstlerischen Intervention, die noch dazu als Band auftrat, blieb es aber rätselhaft und wurde nur von Eingeweihten verstanden, auch wenn Throbbing Gristle (deren Musik freilich kaum noch etwas mit dem zu tun hatte, was gemeinhin unter Popmusik verstanden wurde) sich auf klassische Realismuskonzepte beriefen: »Ich weiß nicht, wieso es plötzlich für eine Gruppe, die Musik macht, indiskutabel sein soll, Dinge zu erwähnen, wie sie sonst überall in den Medien gang und gäbe sind«[2].

Zugleich war die Verarbeitung von NS-Material die radikalste Konsequenz einer Zeichentheorie, die sich mit allerneuester poststrukturalistischer Lektüre eng führen ließ: Informationsgesellschaften lösen in der unablässigen Produktion und Ventilation von Zeichen deren Verbindlichkeit auf und damit den in ihnen verankerten Sinn. Darauf konnte mit konservativer Kontrollverlustangst reagiert werden oder indem man/frau sich lustvoll in den aus seinem angestammten Sinnbett getretenen Zeichenstrom gleiten ließ. Als avantgardistische Bewegung wählte Punk natürlich die zweite Option und war damit der bürgerlichen Kunst ein gutes Stück voraus: »In der Geschichte der Popkultur, die schneller und direkter reagiert als andere Kulturen, entspricht Punk dem Gewahrwerden der semiotischen Katastrophe. Punk war dabei die letzte Mode, die einen Bezugspunkt hatte. Und der war die Bezugslosigkeit selbst«[3], befand Diedrich Diederichsen. Ein derartiges Verständnis war zwar durchaus verbreitet[4], aber zu kompliziert, um zu einer allgemeinen Deutung werden zu können.

Die semiotische Katastrophe war vor allem eine Öffnung: Alle Zeichensysteme waren plötzlich verfügbar, und das Banale konnte mit dem Schwersten verknüpft werden, ohne dass damit eine bestimmte Aussage getroffen sein sollte (etwa im Sinne einer »Banalität des Bösen«). Die neue Kombinatorik setzte eher auf disharmonische Effekte. Alle Zeichen mussten dafür entwertet werden, schon um ihre soziale Konstruiertheit zu veranschaulichen. Alle waren gleich leer und folglich gleichberechtigt.

Die denkbar schwersten waren freilich diejenigen, die die Nazis geschaffen hatten. Und deswegen gerieten gerade sie in den Fokus der neuen Zeichenpolitik, auch weil sie sich zur Abgrenzung eigneten: Wer dieses Spiel nicht kapierte, hatte die neue Situation nicht verstanden, für die Diederichsen effekthascherisch sogar das allerschwerste Zeichen einsetzte: »Der Holocaust, der durch die Köpfe spukt [...] hat in Wirklichkeit längst stattgefunden. Seht euch nur um! Überall die ausgebrannten Ruinen der semiotischen Katastrophe, Berge von Zeichen-Leichen, verdunkelte Horizonte: einsame Krüppel schleppen sich durch die Nacht und röcheln von ›Botschaft‹ und ›Verständigung‹ – dampfende Müllhaufen von Illusionen und Ideologien rundherum.«[5]

Jewish Nazi-Schatzis: Zur Wiederaneignung der eigenen Auslöschung

Dergleichen Erklärungsmodelle werden bis heute bemüht, wenn es darum geht, den Gebrauch von Nazi-Zeichen im Punk zu erhellen. Allesamt leuchten sie ein und doch hinterlassen sie ein flaues Tabubruchsgefühl. Erst Steven Lee Beebers Buch *The Heebie-Jeebies at CBGB's: A Secret History of Jewish Punk* von

2006 bot eine andere, bislang vollkommen übersehene Lesart an. Beeber zeigt dort nämlich, wie stark der New Yorker Proto- und Früh-Punk von jüdischen Protagonist_innen geprägt wurde. Sie waren es, die das Spiel mit dem Nationalsozialismus zuerst gespielt haben. Textzeilen wie »I'm a Nazi schatzi« (aus dem Ramones-Song »Today your love, tomorrow the world«) erhalten so eine andere Bedeutung. Sie erscheinen nicht mehr als beziehungslose, abstrakte Provokation, sondern werden zu einer Auseinandersetzung mit der eigenen Geschichte, die von jener Vernichtungsdrohung überschattet ist, die über allen Menschen schwebt, die der Nationalsozialismus zu Jüd_innen erklärt hat.

Allerdings bleiben diese Zeichen, wo sich jüdische Punks ihrer bedienten, stets genau das: Der Nationalsozialismus erscheint in ihnen nur verschwommen, eben zeichenhaft: in den »laws of Germany« (im Ramones-Song: »Commando«), als Hakenkreuz und Devotionalie, beinahe so, als ließe sich auf diese Weise vergessen, wovon all das handelt. Es auszusprechen, vermeiden sie jedoch, wo sie die Nazis in Form ihrer Symbole heraufbeschwören: Die Shoah wird weder sprachlich noch bildlich konkretisiert. Erst die Sex Pistols sangen in der britischen Auslegung des New Yorker Tabubruchs: »Belsen was a gas«.

Der New Yorker Punk hingegen riss die Nazizeichen aus ihrem Zusammenhang. Als isolierte erzählen sie von dem Wunsch, sie wieder in normale Zeichen zu verwandeln und so vom Nationalsozialismus zu reden wie von einem beliebigen Gegenstand von Geschichte. Auf diese Weise wehren sie die Vernichtungsdrohung ab: Sie verschieben die Nazis in eine Comicwelt und verwandeln sie in ein fassliches Monsterböses, das Regeln folgt, Grenzen hat, heroisch bekämpft werden kann und klammheimlich faszinieren darf. Die Identifikation mit den Täter_innen nimmt ihnen den Schrecken und entzaubert sie. Die jüdischen Punks lehnen sich so gegen jene Macht auf, die die Nazis noch immer über ihre Geschichte ausüben.

Als Kinder potentieller oder tatsächlicher Überlebender war es ihnen verwehrt, in klassischer Rock'n'Roll-Manier gegen ihre Eltern und deren Leben aufzubegehren, angesichts dessen, was dieses Leben bedeutete. Indem sie die Zeichen, die von ihrer Auslöschung handeln, adaptieren, triumphieren sie über diese und destabilisieren sie.

Diese ungeheure Respektlosigkeit richtet sich jedoch nicht an irgendeine Öffentlichkeit, die schockiert werden musste, sondern an die Täter_innen selbst, die bereits im Bewusstsein ihrer eigenen Zeichenhaftigkeit agierten, worauf Georg Seeßlen anlässlich von Quentin Tarantinos Film *Inglourious Basterds* hingewiesen hat: »Dass sie im Kino weiterlebten als Monster und faszinierende Unholde, gegenüber von leidenden, schwachen und chancenlosen Opfern, das wäre nach dem ›Endsieg‹ die zweitliebste Phantasie der Nazis.«[6]

Infolgedessen muss antifaschistische Kunst mit dem Respekt vor den Nazis brechen, der, wie Seeßlen meint, allen Filmen und Büchern zum Thema eingeschrieben ist. Im Erschaudern vor ihnen erhalten solche Darstellungen nämlich – freilich ungewollt – die faschistische Ästhetik am Leben, in der der Held stirbt, »um zum ewigen Bild zu werden«. Nicht nur Hitler selbst muss vernichtet werden, sondern auch jene Ehrfurcht, die er der Nachwelt noch immer gebietet. Wo die Opfer mit ihm umspringen, wie es ihnen beliebt, und dabei sogar – wie in *Inglorious Basterds* – die geschichtlichen Tatsachen ihrer Selbstermächtigung aufopfern, weigern sie sich, »die Geschichte des deutschen Faschismus weiter[zu]erzählen«. Stattdessen setzten sich »rüpelhaft über die Schwere des Mythos«[7] hinweg und zerstören ihn, indem sie ihn in zum Element von Pop- und Trashkultur machen. Damit erfahren die Nazis jene Entwertung, vor der sie sich schon immer gefürchtet haben, wie sich in *Die Rückseite des Hakenkreuzes* nachlesen lässt, das Einblicke in den Schriftverkehr des NS-Verwaltungsapparates gibt. Dort wird festgehalten, wie vehement sich dieser gegen die Dekonstruktionsmechanismen der Popkultur wehrte, indem er z. B. begeisterten Volksgenoss_innen untersagte, »Hitlererdbeeren« zu züchten und Töchter Hitlerike zu taufen, weil »der Name unseres Führers viel zu hehr und heilig ist, als das wir ihn dem Missbrauch nationalen Kitsches ausliefern lassen«.[8]

Die popkulturell versierten jüdischen Punks erkannten diese Schwachstelle intuitiv. Statt vor den Nazis zu zittern, verramschten sie sie als leere Popzeichen. Sie eignen sich die eigene Geschichte wieder an, indem sie die Definitionshoheit darüber den Nazis entrissen. Statt Opfer (in zweiter oder dritter Generation) zu bleiben, werden sie popkulturell handelnde Subjekte. Das Spiel mit den NS-Zeichen war im Grunde ein jüdisches Resignifizierungsprojekt und der Tabubruch durchaus konkret, weil er vom eigenen (Über-)Leben auf eine Weise erzählte, die die Endlösung eigentlich verhindern wollte: nämlich unbekümmert. Die Provokation war also doppelt adressiert: Sie zerstörte den Code der ehemaligen Nazis, die in Deutschland längst eine ganz anders geartete Gedenkkultur aufgelegt hatten, *und* ebenso den der eigenen Gemeinde, zu deren Holocaustaufarbeitung sie sich klassisch subkulturell verhielt.

Reimportierte Zeichen: Nazi-Punk-Provokation in Deutschland

Was aber, wenn die alten Zeichen im Zustand ihrer Entwertung heim ins Reich kehren? Da die jüdische Herkunft dieser Strategie lange eines der bestgehütetsten Geheimnisse der Punkgeschichte war, wurde der Tabubruch in Europa zunächst als abstrakter verstanden und weitergegeben.

Zudem hatte Punk in Europa eine neue Bedeutung angenommen. Im *CBGB's* war er eine New Yorker Angelegenheit, aber der britische Intellektuelle Malcolm McLaren machte daraus jenen radikalen Bruch, der die erschlaffte Pogeschichte mit neuer Reibungsenergie auflud. Dazu musste er ihn nur nach London holen, von wo aus er wenig später – neu formatiert – überall hin gelangte, auch zurück in die USA, wo sich kurz darauf eine neue Punkgeneration formierte, die nicht mehr viel mit dem New Yorker Urpunk zu tun hatte.

Für McLarens Umsturzprogramm waren Nazizeichen ein hervorragendes Propagandainstrument. Sie garantierten jene Aufmerksamkeit, der Kulturrevolutionen bedürfen, um sich fortzupflanzen. In Großbritannien hatte das Hakenkreuz ohnehin eine andere Bedeutung. Es stiftet eine identitäre britische Erzählung, die nämlich, Hitler widerstanden und zu guter Letzt besiegt zu haben. Es war also kein Symbol der Vernichtung mehr, sondern als besiegtes Zeichen Element spezifisch britischen Nationalbewusstseins, das attackiert werden konnte, indem britische Jugendliche es stolz zur Schau trugen. Damit ließ sich der »Generationenvertrag mit den Eltern«[9] aufkündigen, der aber längst ein anderer war, als innerhalb der jüdischen Gemeinden von New York.

Für McLaren waren bürgerliche Medien ein elementarer Bestandteil des Äußerungssystems von Punk. Sie mussten nur gefüttert werden. Der mediale Reizwert von Hakenkreuzen, getragen von den Angehörigen einer provozierend neuen Jugendkultur, war so groß, dass diese gar nicht *nicht* darüber berichten konnten. Das Unverständnis, das sie dabei an den Tag legten, war wiederum eine subversive Botschaft, die von dissidenten Jugendlichen sofort verstanden wurde: als das lang erwartete Aufbruchssignal. Auf diese Weise verbreitete sich Punk wie ein Lauffeuer und kam schließlich nach Deutschland, wo er in Form von konfusen Artikeln bald in jedem Zahnarztwartezimmer auslag. Natürlich wurden die Nazizeichen hierzulande ebenso begeistert wie empört hergezeigt: der uralte *double bind* des bürgerlichen Journalismus sprang sofort auf sie an. So gut wie alle frühen deutschen Artikel rieben ihren Leser_innen das gleiche Bild unter die Nase: einen englischen Punk, der in NS-Uniform im Pub saß: »Selbst vor der Nazi-Uniform des Grauens schrecken die Punk-Fans nicht zurück«[10], kommentierte der *Stern* in der Diktion von B-Film-Plakaten, und die *Deutsche Zeitung Christ und Welt* sprach ordnungsgemäß verwirrt vom »Erlöser Marx mit der Hakenkreuzkrone«[11].

Diese krude Mischung aus Empörung und medialer Erregtheit trug dazu bei, dass die neue Provokationstechnik in Deutschland hemmungslos genutzt wurde. Bereits 1977 erschien im Düsseldorfer Fanzine *The Ostrich* (im Untertitel als »Anti-Fascist-Jubilee-Issue!« ausgewiesen) ein Erlebnisbericht über ein Konzert der Gruppe Charley's Girls (eine Keimzelle des deutschen Post-Punk, aus der sich später u. a. Mittagspause und die Deutsch Amerikanische Freundschaft entwickelten).

Dort heißt es: »Was der Polizeifunk da verkündete, hatte Ähnlichkeiten mit SA-Übergriffen aus segensreicheren Zeiten. Eine Welle von Gewalt, Vergewaltigung und Sachbeschädigung wälzte sich vom Bahnhof Richtung Altstadt. Meine berühmte Sicherheitsnadel um den Hals gehängt und den finsteren ›GEH-MIR-AUS-DEM-WEG-JUDE-ODER-ICH-HOLE-MEINEN-GASOFEN-RAUS‹-Blick aufgesetzt, stiefelte ich durch die Straßen der grauen Stadt«[12]. Im weiteren Verlauf der Ereignisse setzen die Punks, zu denen der Ich-Erzähler stößt, eine Synagoge in Brand, und die Charley's Girls spielen ihren Hit »My future in the SS«.

Ein derlei krasses Benutzen nazistischer Sprache und Fantasien ist im deutschen Punk zwar nicht die Regel - und Franz Bielmeier distanzierte sich als Herausgeber sogleich davon[13] -, dennoch zeigt sich hieran, welche Verschiebung in dem Moment stattfand, als die entwerteten Nazi-Zeichen in Deutschland ankamen. Die Grenze, die die jüdischen Punks stets beachtet hatten: den Holocaust selbst nicht zu erwähnen, wurde dabei nämlich sofort überschritten. In den Mittelpunkt rückte die nazistische Gewalt, und zwar: als Geschehen, das sich exzessiv vorgestellt und ausgemalt wurde. Die schweren Zeichen waren also auf einmal überhaupt nicht mehr leer oder leicht. Sie beharrten vielmehr - wenn auch merkwürdig verdreht - darauf, dass sie durchaus etwas bedeuteten: nämlich eine Politik der Vernichtung.

Während die jüdische Schein-Identifikation mit den Täter_innen deren Codes dekonstruierte, sprachen westdeutsche Punks ungerührt aus, was diese eigentlich getan hatten, *rekonstruierten* sie also gewissermaßen, indem sie ihre Taten rekonstruierten. Sie entrissen sie den Verdrängungsprozessen, die das psychosoziale Betriebssystem des bundesdeutschen Alltags waren.

Dies geschah jedoch nicht in Form vordergründiger Kritik oder moralischer Abscheu, die noch durch die offizielle Aufarbeitungspolitik der BRD gedeckt gewesen wären. Die wiederum achtete streng darauf, gerade soviel Schuld einzugestehen, wie nötig war, um sich geläutert zu zeigen. Das schwer aushaltbare Bekenntnis zu den deutschen Verbrechen, das sich ohne jegliche Zurückhaltung z. B. durch Pretty Vacants Text zieht, brachte also - beabsichtigt oder nicht - die sensible Ökonomie der deutschen Nachkriegsschuld ins Ungleichgewicht.

Die Täter_innen, mit denen sich Pretty Vacant identifizierte, indem er ihre Motive und Werthaltungen übernahm und sich vorstellte, so zu handeln wie diese, wurden dabei auf eine ganz andere Weise dekonstruiert. Von entscheidender Bedeutung für die deutsche Generalamnestie (und Generalamnesie) war es, die Schuld einigen wenigen prägnanten Gesinnungstäter_innen unterzujubeln. Die deutsche Nachkriegserinnerung entwarf diese als Besessene oder Wahnsinnige, von denen sich die gewöhnliche Deutschen gleichsam automatisch unterschieden. Damit brach die Schein-Identifikation deutscher Punks, indem sie die Täter_innen als jene Menschen zeigte, mit denen sie täglich zu tun hatten: Eltern und Großeltern, Lehrer_innen, Nachbar_innen und Arbeitskolleg_innen, eben ganz gewöhnliche Deutsche: »Alle folgen Interessen, alle haben ihren Spaß, alle haben Pläne und treffen Entscheidungen.«[14]

Dennoch hatten die es irgendwie geschafft, ihre Taten oder Mitwisserschaften erfolgreich zu verdrängen. Und die Öffentlichkeit der BRD half ihnen dabei, weil sie auf genau ausgeklügelten Ritualen des Sprechens und des Schweigens basierte, denen je eigene Orte zugedacht waren. Für das Sprechen gab es Gedenkstätten und die »kritische Aufarbeitung«, denen man/frau sich aber sehr leicht entziehen konnte: in jene Alltagswelten, die dem Verschweigen vorbehalten waren. Die Punks erinnerten die Deutschen aber gerade dort an ihre Taten, wo dies gar nicht vorgesehen war, z. B. an den illegitimen Orten der Jugendkultur, wo sie exzessiv und scheinbar begeistert, jedenfalls auf andere Weise darüber sprachen, als es der legitime, kleinlaute, kranzniederlegende und pietäts-wattierte offizielle Umgang mit dem Holocaust vorsah. An den hatten sich die Täter_innen ohnehin längst gewöhnt. Und damit konnten sie gut leben. Die möglichst geschmacklose grelle und finstere Schein-Affirmation hingegen hebelte jene Gedenk-Standards und streng reglementierten Betroffenheitsrituale aus, in denen sich das postnazistische bundesdeutsche Kollektiv begründete.

Vor allem kontaminieren die Punks das Geschehen und die Orte der Vernichtung plötzlich mit Begriffen, die auf jene Bereitwilligkeit und sadistische Freude verwiesen, mit der viele Deutsche die Endlösung ins Werk gesetzt hatten: »In Dachau gibt's ne Disco / Da ist jeden Tag was los / Da machen die Juden Pogo«, heißt es in »Dachau Disco«[15], einem Stück der Cretins, A + P wiederum sangen: »In Dachau ist nichts mehr los / Im KZ war es doch so nett, nett, nett«[16] und die Middle Class Fantasies fantasierten von der »Party in der Gaskammer«[17].

Damit durchbrachen sie den Teufelskreis bundesrepublikanischer Gedenkkultur und sie demontierten jene Entlastungsmythen, die die eigene Schuld an Hitler und »das System« delegierten, das er errichtet hatte. Und ebenso die Behauptung, die Endlösung habe zu allseitiger postnazistischer Überraschung unter Ausschluss der Öffentlichkeit stattgefunden.

In der BRD-Aufarbeitung erschien die Shoah ohnehin meist nur als besonders krasses Beispiel für eine Diktatur, die den Durchschnittsdeutschen gegenübergestellt wurde, die allenfalls als Verführte oder als »schweigende Mehrheit« ein bisschen mitschuldig geworden waren. Die BRD-Linke erklärte den eleminatorischen Antisemitismus aus kapitalistischen Verwertungsinteressen (die »dem Volk« per Definition antagonistisch gegenüberstehen); das bürgerliche Lager machte den individuellen Fanatismus typisierter Blockwarte dafür verantwortlich. Auch die »kritischen« Bücher und Filme zum Thema wiederholten derlei Klischees mantraartig und mit heiligem Ernst, selbst Marvin J. Chomskys Serie *Holocaust*, die in Deutschland erstmals 1979 ausgestrahlt wurde, zeigte die Deutschen meist nur als Opfer oder ohnmächtige Empfänger_innen unmenschlicher Befehle.

Nur die jungen BRD-Punks sprachen unverhohlen aus, dass das alles gelogen war, eben Schuldabwehr. Was sie dabei vielleicht mehr ahnten als wussten, wurde erst Jahre später mit Daniel Jonah Goldhagens *Hitlers willige Vollstrecker* und der »Wehrmachtsausstellung« öffentlich diskutiert.

Jedenfalls erscheinen die Täter_innen in deutschen Punktexten meist in der Ich- oder Wir-Perspektive[18], z. B. bei Vadder Göbbels und die Nazischlümpfe, wo es heißt: »Wir sind die Nazischlümpfe / Und finden Adolf gut / In unserem Nazifreizeitcamp / Da spritzt das Judenblut«[19].

Die Infantilität des Stückes lässt sich vielleicht sogar als Hinweis auf das kindliche Gefühl lesen, dass in den Erzählungen der Eltern oder Großeltern etwas nicht stimmt. Der Holocaust wird dabei zu jenem kollektiven Projekt, als das er dann ja auch durchgeführt wurde. Das Verhältnis der Nazischlümpfe zu ihrem Anführer ist nämlich keines der Diktatur, weil der - in der klassischen Schlumpferzählung - nur ein erster Schlumpf unter Schlümpfen ist, ein charismatischer Patriarch, der eine Konsensgemeinschaft vereint. Insofern geben Vadder Göbbels und die Nazischlümpfe schon in ihrem Namen eine präzise Beschreibung der Volksgemeinschaft »ganz gewöhnlicher Schlümpfe«, die niemand zwingt, das zu tun, was sie gerne und bereitwillig tun, ebenso wie Pretty Vacants Text nicht auf Befehlsnotstände verweist, sondern auf »unsere rassisch begründete Überlegenheit«[20].

Die Identifikation mit den Täter_innen zeichnet diese als eben das: als Täter_innen, die zwar vielleicht verschlumpft, aber niemals vermenschlicht werden. Ebenso wenig, wie sie als jene komplexen Persönlichkeiten erscheinen, von denen deutsche Schauspieler_innen der Gegenwart gewissermaßen vollautomatisch zu reden beginnen, wo sie sich der »schauspielerischen Herausforderung« stellen dürfen, Nazigrößen darzustellen[21]. Das unterscheidet den frühen deutschen Punk von der revisionistischen Bearbeitung der deutschen Geschichte durch Guido Knopp und andere, wie sie spätestens seit der Berliner Republik zum Standard erhoben wurde.

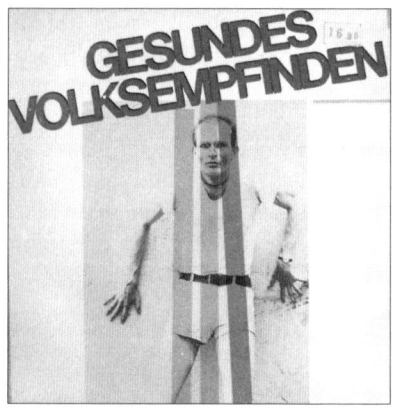

Gesundes Volksempfinden: s/t, 1981

Damit kündigen der deutsche Punk und Post-Punk - die Neue Deutsche Welle - ebenfalls einen »Generationenvertrag«, nämlich jenen, der deutsche Nachkriegsjugendliche in die kollektive Verdrängungspraxis einbindet.

Hierfür mussten sie »lediglich« den kulturellen Fundus des tausendjährigen Reiches plündern und die Fundstücke stolz herzeigen: als Gruppenname, Liedtext oder Plattenhülle. Wichtig war nur, dass all das nicht im eigentlichen Sinne konzeptuell benutzt wurde, z. B. indem die Bezüge textlich oder musikalisch erläutert und dergestalt in »kritische Aufarbeitung« eingereiht worden wären. Stattdessen mussten sie verstören, was sie vor allem da taten, wo sie kommentarlos auftraten, etwa bei Gruppen wie Gesundes Volksempfinden, bei denen unklar blieb, warum sie so heißen. Bei ihnen gibt es keinerlei weiterführende ästhetische Auseinandersetzung mit dem Dritten Reich -abgesehen von »Blitzkrieg«, einem Liebeslied (»Blitzkrieg / In allem, was sie tut / Rockroll Musik / Im Gehirn und im Blut«[22]), stellt allenfalls die Hüllengestaltung ihrer Platte einen Kommentar zum darauf abgedruckten Namen dar, etwa in dem Sinne, dass ein »gesundes Empfinden des Volkes« wohl eher in der angstvollen Distanzierung bestünde, wie sie Blick und Haltung des Sängers ausdrücken. Auch das österreichische Duo Rassemenschen helfen armen Menschen führt den im Namen enthaltenen Hinweis auf die rassistischen Implikationen postnazistischer Entwicklungspolitik nicht weiter aus (allerdings lässt ihr Bandfoto an Darstellungen rassenphysiognomischer Lehrbücher denken).

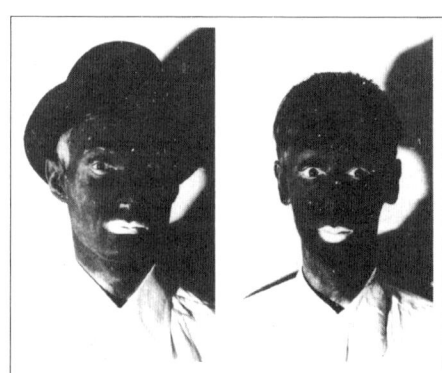

Rassemenschen helfen armen Menschen: »Die Ballade von der Peripherie«, 1982

Auf diese Weise lösen sich die NS-Bezüge im deutschen (Post-)Punk nicht in inhaltliche

Auseinandersetzung auf, sondern bleiben als belastendes Material stehen: beklemmend und ohne jegliche Katharsis. Damit unterscheiden sie sich von solchen Punk- oder NDW-Stücken, die den Holocaust in kritisch gemeinte Verse verpacken, die eher an Abzählreime erinnern, als an die vermutlich gar nicht zu leistende ästhetische Wiedergabe nazistischen Terrors (z. B. »Mein Nachbar war SS-Soldat / Und schlachtete die Juden ab«[23] oder »Deutschland / Juden verbrannt«[24], letzteres als ausdrucksloser Sprechgesang ...).

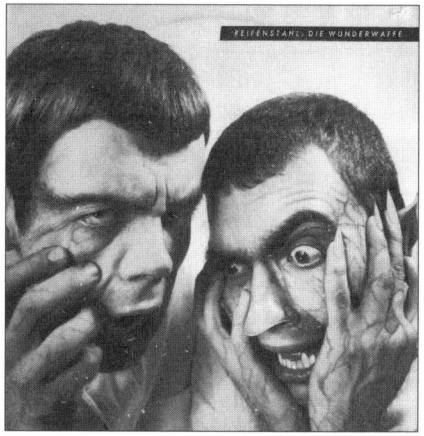

Reifenstahl: *Die Wunderwaffe*, 1981

Wo derart vorgetragene Holocaustkritik bloß redundant bleibt, und die Shoah gewissermaßen ästhetisch relativiert, verweigern sich Stücke wie »My Future In The SS«[25] der leicht zu habenden Distanzierung von deutscher Schuld durch Kritik, die den bewährten Entlastungsstrategien und -mythen ähnelt. Gruppennamen wie Flakhelfer, Mülleimer SS, Reifenstahl, Adolfs, Türkmenisches Muselmanen Bataillon der SS bei Gebetsübung, Oberste Heeresleitung, Hitlers, Adolf + Eva,

Deutsch Amerikanische Freundschaft: *Die Kleinen und die Bösen*, 1980

Deutsche Schäferhunde oder Plattentitel wie *Stürmer* von der Freiwilligen Selbstkontrolle bleiben dunkel und ambivalent, ebenso wie die Inszenierungsstrategien der Deutsch Amerikanischen Freundschaft, die schon bevor ihr Hit »Der Mussolini« breitere Diskussionen auslöste und der Konzertveranstalter Fritz Rau fand: »Sie sehen aus wie Hitlerjungen, sie sind Hitlerjungen, nur wissen sie nicht, wer Hitler war«[26], sangen: »Die lustigen Stiefel marschieren über Polen / Die deutschen Kinder / Marschieren ein in Polen / In lustigen Stiefel«[27].

Auf diese Weise behielt die Neue Deutsche Welle, die der bundesdeutschen Musikindustrie eine erste Erfolgsgeschichte »einheimischer Produkte« bescherte, immerhin etwas Verstörendes und Unheimliches, die sie nicht bruchlos »deutsche Popmusik« im affirmativen Sinne werden ließ. Bereits 1984 klagten Thomas Garms und Matthias Döpfner (der spätere Vorsitzende der Springer AG): »NDW wäre als Sammelbegriff für ein erstarkendes Selbstbewusstsein der Unterhaltung ›Made in Germany‹ uneingeschränkt akzeptiert worden, wenn sie nicht wegen der teilweise geschmacklosen Verwendung von Nazi-Vokabular und faschistoiden Äußerlichkeiten ins Kreuzfeuer der Kritik geraten wäre.«[28]

Anders gesagt: Die unverkrampfte deutsche Popnormalität, die sich in vollem Umfang erst Ende der 1990er einstellte[29], wurde noch einmal abgewendet, indem NDW-Gruppen deutsche Geschichte auf eine unversöhnliche Weise ins Spiel brachten. Sie sperrten sich damit gegen deutschen Pop als Versöhnungsmedium mit dem eigenen Land und jene unverkrampfte deutsche Popidentität, die unter Rot-Grün dann zur Staatsraison erhoben wurde. Stattdessen erinnern deutsche (Post-)Punk-Gruppen daran, warum Deutschland kein normales Land ist, in dem einfach zur popkulturellen Tagesordnung übergegangen werden könnte. Und sie beharren darauf, dass es eine andere Form der Betroffenheit durch Auschwitz geben müsse, als die der offiziellen deutschen Erinnerungspolitik mit weithin sichtbarem Trauerrand und dickem Kloß im Hals, deren ritualisierte Formen sich allzu leicht in bewältigte Vergangenheit (nicht von ungefähr auch das ein Post-Punk-Gruppenname um 1981) auflösen, aus der sich dann jener neue deutsche Stolz beziehen lässt, der Auschwitz zum moralischen Standortfaktor und zur Legitimationsgrundlage für neue Sendungsaufträge gemacht hat.

Und dennoch ist diese Strategie der offiziellen deutschen Auschwitzverarbeitung näher, als sie womöglich glaubt: Auch sie benutzt den Holocaust für Anliegen und Zwecke, die letztlich deutsche bleiben. Gerade, wo ihre Anrufung gegen das Kollektiv gerichtet ist, bleibt die Vergangenheit eine *deutsche* (statt zu der der Ermordeten und der Überlebenden zu werden), weil sie deutschen Kindern und Enkeln dabei hilft, den lästigen »Generationenvertrag« loszuwerden und mit ihm die Zwangsverhältnisse von Scholle und Volksgemeinschaft. Darin unterscheiden sich die Interventionen des deutschen Punk gegen das Schweigen noch viel zu wenig von diesem selbst, weil sie dem deutschen Kollektiv verpflichtet bleiben, indem sie es angreifen, wo sie deutsche Schuld unverhohlen aussprechen. Anders als bei jüdischen Punks beraubt die Weise, wie deutsche Pinks über ihn sprechen den Nationalsozialismus nicht seiner Nachwirkungsgeschichte, sondern bestätigt nur seine Schwere: die der

Grund dafür ist, mit dem eigenen Deutschsein zu brechen. So wiederholt sich der deutsche Umgang mit der Vergangenheit auf einer zweiten Ebene. Das Reden über den Holocaust (um sich darin vom eigenen Volk zu emanzipieren) setzt die Vernichtung zumindest symbolisch fort, weil es sich eben keine Gedanken darum macht, wie dergleichen in den Ohren der Überlebenden klingt. Fast so, als wäre deren Vernichtung tatsächlich vollständig vollzogen.

Anmerkungen

1 Vgl. hierzu z. B. Holly-Jane Rahlens: »›Ich bin ein Nazi-Schatzi‹. Seit zwei Jahren verstärkt faschistoide Elemente in der Rock-Musik«, in: Jan Peters (Hg.): *Neofaschismus. Die Rechten im Aufwind*. Berlin: *Sozialpolitischer Verlag für Kultur und Politik* 1979, S. 167–169

2 Zitiert nach Walter Hartmann: »TG: Show me thee bunker darling ...«, in: W. H. / Gregor Pott (Hg.): *Rock Session 6*. Reinbek bei Hamburg: *Rowohlt* 1982, S. 196

3 Diedrich Diederichsen: »Die Auflösung der Welt. Vom Ende und Anfang«, in: D. D. / Dick Hebdige / Olaph-Dante Marx (Hg.): *Schocker. Stile und Moden der Subkultur*. Reinbek bei Hamburg: *Rowohlt* 1983,. S. 167

4 Vgl. dazu z. B. Hank von Ewald: »Die Enzyklopädie des Widerstands«, in: *Tüte* 11/84, S. 24–26

5 Diederichsen, »Die Auflösung der Welt«, S. 167

6 Georg Seeßlen: »Inglourious Basterds. Zwei Texte über Quentin Tarantinos neuen Film«, zitiert nach: *www.filmzentrale.com/rezis2/inglouriousbasterdsgs.htm*

7 Ebd.

8 Beatrice und Helmut Heiber (Hg.): *Die Rückseite des Hakenkreuzes. Absonderliches aus den Akten des Dritten Reiches*. München: dtv 1993; S. 121

9 Peter Waldmann: »Die jüdischen Punks, die Kabbalisten des Rock«, in: Steven Lee Beeber: *Die Heebie Jeebies im CBGBs. Die jüdischen Wurzeln des Punk*. Mainz: Ventil 2008, S. 16

10 Paula Almquist: »Punk-Rock« in: *Der Stern* 43/77, vgl. *www.highdive.de/over/dz.htm*

11 Peter Schmid: »Erlöser Marx mit der Hakenkreuzkrone«, in: *Deutsche Zeitung Christ und Welt*, 18. August 1978, vgl. *www.highdive.de/over/dz.htm*

12 Pretty Vacant: »Charley's Girls live ... Von einem, ders überlebt hat«, in: *The Ostrich* 5/77, S. 6

13 »Ich übernehme keine Verantwortung für Artikel, die nicht von mir sind« (Pretty Vacant: »Charley's Girls live«, S. 9)

14 Georg Seeßlen: »Inglourious Basterds«

15 Zuerst veröffentlicht auf dem Sampler *HanNover Fun Fun Fun. Live im UJZ Glocksee Hannover, am 7. + 8. März 1980*, LP, *No Fun Records* 1980

16 »Dachau« auf der LP *A + P*, *Jupiter Records* 1981, erste Auflage; ab der zweiten wurde das Stück weggelassen.

17 Auf der Single »Tradition«, *Aggressive Rockproduktionen* 1981

18 Dies änderte sich allerdings in dem Moment, als sich Punk explizit politisierte, um die immergleichen Missstände in immergleichen Wendungen anzugreifen. Ab ca. 1981 haben deutsche Punkbands neben dem obligatorischen Antibullenstück in der Regel auch einen Song gegen Nazis im Programm, und fallen damit wieder in identitätsstiftende deutsche Abgrenzungsstrategien (»Bunt statt braun«, etc.) zurück.

19 Vadder Göbbels und die Nazischlümpfe: (Ohne Titel), auf: *Wolfsburg Delirium Sampler*, C-90, *Stockprügel / Der Eiserne Gustav* (ohne Jahr)

20 Pretty Vacant: »Charley's Girls live«, S. 10

21 Vgl. dazu z. B. Moritz Bleibtreus Ausführungen zu seiner Rolle als Goebbels in *Jud Süß – Film ohne Gewissen*; zitiert nach Herman Gremliza: *Gremlizas Express*, in: *konkret* 12/201, S. 66

22 »Blitzkrieg« auf: *Gesundes Volksempfinden*, LP, *Ahorn Records* 1981

23 Die Nützlichen Idioten: »Mein Nachbar war SS-Soldat«, auf der Single »Wir sind lebendig begraben«, Selbstverlag 1985

24 Rhythmus Radikal: »Deutschland /Avantgarde«, auf der Mini-LP *Das Konzept der Weltherrschaft, Intoleranz!* 1981

25 Das allerdings ein Phantomsong blieb, der von der Gruppe zwar lanciert, aber nie geschrieben wurde; vgl. dazu Frank Apunkt Schneider: *Als die Welt noch unterging. Von Punk zu NDW*. Mainz: Ventil 2007, S. 149

26 Mit dieser Aussage tritt er u. a. in »Unter uns« auf, einer Talkshow, die am 03.10.1982 vom *Hessischen Rundfunk* ausgestrahlt wurde.

27 »Die lustigen Stiefel« auf: *Die Kleinen und die Bösen* LP, *Mute Records* 1980

28 M. O. C Döpfner./ Thomas Garms: *Neue deutsche Welle. Kunst oder Mode?* Frankfurt a. M. / Berlin/Wien: Ullstein 1984, S. 110

29 Vgl. dazu Frank Apunkt Schneider: »Für eine kleine Identität. Zur Ästhetik der Verkrampfung«, in: *testcard* 20 (2011), S. 121–129

Sebastian Görtz

André Herzberg. Langeweile als Strategie

»Die DDR ist das langweiligste Land der Welt«,[1] lässt Volker Braun 1965 eine Figur in seinem Drama *Die Kipper* sagen. Diese Einschätzung spiegelt sich in der DDR-Popkultur der 1980er-Jahre wider. Dabei ist Langeweile eine zunächst subjektive Empfindung. Welches Zusammenspiel von persönlicher Erfahrung und Kontext ist also notwendig, um ein Land als langweilig zu begreifen?

Langeweile ist ein häufiges Thema im Punk, Post-Punk und New Wave der 1970er- und 80er-Jahre – also in nordamerikanischen und westeuropäischen Subkulturen, zunehmend im Mainstream. Musik aus der DDR konnte aber keine unmittelbare Reaktion auf westlich-zeitgenössische Phänomene wie die Thatcher-Ära, den Falklandkrieg oder Massenarbeitslosigkeit sein. Der jeweilige Kontext ließ sich nicht übertragen. So wurde eine bereits zur kulturellen Strömung gewordene Reaktion aus den Ursprungsländern der Genres importiert und inhaltlich auf die eigenen Gegebenheiten angewandt, formal kopiert. Bei diesem Transfer entstanden Varianten, die nicht länger ausschließlich epigonal waren.

Dies kann auch für Teile des DDR-Mainstreams gelten. Beispielsweise übertrugen Tamara Danz, die frühere Sängerin von Silly, und der Texter Werner Karma die im New Wave ästhetisch stark überzeichneten Pole von Hedonismus einerseits und andererseits Tristesse auf einen DDR-Kontext. Neben Silly waren es Bands wie Rockhaus, Chicorée oder Pankow, die für populäre Musik der 1980er Jahre in der DDR standen. Im Fall von Pankow und ihrem Sänger und späteren Texter André Herzberg wird dabei deutlich, dass unterkühlte Reduktion in Text und Musik nicht ausschließlich Orientierung an zeitgenössischen Standards oder Trends sein musste, sondern einen subjektiv-biografisch geprägten Sonderweg bedeuten konnte.

André Herzberg wurde 1955 in Berlin-Weißensee als jüngster Sohn kommunistisch orientierter, jüdischer Eltern geboren.[2] Er absolvierte ein Musikstudium an der Hochschule für Musik *Hanns Eisler* und feierte erste Erfolge mit der Gaukler-Rock-Band. 1981 stieg er in die Gruppe Pankow ein. Insgesamt erschienen bis 1989 fünf Langspielplatten der Band. Seit 1986 durfte Pankow Tourneen auch durch Nord- und Westeuropa bestreiten. Ab 1990 konzentrierte sich Herzberg auf eine Solokarriere als Schauspieler und Sänger. Nach weiteren Alben und erneuter Zusammenarbeit mit Pankow erschien im Jahr 2000 Herzbergs erster Erzählband *Geschichten aus dem Bett*, 2004 der autobiografische Roman *Mosaik*.

Langeweile ist ein zentrales Motiv dieses Romans und »Langeweile«[3] ist auch der Titel eines Lieds von 1988, für das Pankow und André Herzberg bis heute nachhaltige Wertschätzung erfahren. Der Liedtext beginnt mit einer Aufzählung von Tätigkeiten, die keinerlei Möglichkeiten in sich tragen, einen Zustand allgegenwärtiger Langeweile zu überwinden:

Den alten Krimi so oft gelesen
Rohe Spaghetti zu viel gekaut
Zu lange geschlafen, zu oft gebadet
Und vor allem zu viel Fernsehn geschaut

Wenngleich diese Akkumulation von Sinneinheiten zum Thema Langeweile ganz subjektive »Leerlauf-Aktivitäten« darstellt, wird auf das Personalpronomen »ich« verzichtet, sodass zunächst Privates durchaus Allgemeines bezeichnen kann. Trotz eines einzelnen Personalpronomens im Refrain scheint auch dort subjektives Empfinden für einen allgemeinen Ausdruck zu stehen:

Ich bin rumgerannt
Zu viel rumgerannt
Zu viel rumgerannt
Ist doch nichts passiert

In der zweiten Strophe wird die Aufzählung der Versuche, Langeweile zu überwinden, fortgesetzt. Es steht aber nun nicht mehr die Abkehr von der Welt – schlafen, lesen, fernsehen – sondern die gescheiterte Interaktion mit anderen im Blickfeld:

Zu viele Frauen nur angesehn
Zu viel nur an mir rumgespielt
Zu viel gesoffen, zu viel geredet
Zu viele Nächte, wo nichts passiert

Die tatsächliche Übertragung des subjektiven Empfindens auf ein gesellschaftliches Phänomen folgt in der letzten Strophe:

> Dasselbe Land zu lange gesehn
> Dieselbe Sprache zu lange gehört
> Zu lange gewartet, zu lange gehofft
> Zu lange die alten Männer verehrt

Insbesondere die Erwähnung der »alten Männer«, die auf die überalterte DDR-Staatsführung hatte bezogen werden können, führte dazu, dass das Lied bis zum Sommer 1989 nicht öffentlich beworben oder im Radio gespielt werden durfte; die Aufführung bei Konzerten wurde gestattet.[4] Herzberg allerdings will die Aussage gar nicht ausschließlich politisch sehen: »Vielleicht habe ich an meine Eltern gedacht. Alte Männer. Alte Genossen.«[5] Er spricht auch von einem »Sendungsbewusstsein«[6] der kommunistischen Eltern. Hier wird deutlich, was sich durch das Gesamtwerk des Sängers und Autors zieht: Jeder Text ist in gewisser Weise auch eine Auseinandersetzung mit der eigenen Biografie – der Biografie eines Außenseiters, zumindest eines Einzelgängers, sowohl in der DDR als auch im wiedervereinigten Deutschland. Wenn sich Herzberg in Liedern oder literarischen Texten über kommunistisch geprägte Funktionäre äußert, über Eros, der Amor ersetzt, über Erfahrungen in der Armee, über Judentum oder den Verlust des Erfolgs nach 1989, dann hat all dies einen unmittelbaren privaten Hintergrund.

Herzbergs Sprache täuscht durch Pointierungs- und Komprimierungsstilmittel in der Regel Naivität vor, die statt einer tiefgreifenden Erörterung Kerngedanken extrahiert und scheinbar ungefiltert artikuliert. Im Refrain des Titels »Marilyn«[7] wird eine Situation entworfen, in der der Erzähler sein weibliches Gegenüber zum One-Night-Stand zu überreden versucht, ohne ihr dabei zu verheimlichen, dass sie nicht seine erste Wahl ist:

> Ich hätte es auch gern mit Marylin getrieben
> doch ich wusste, die kann ich nicht kriegen
> Und jetzt steh ich hier bei dir

Herzbergs Text ist keineswegs nur frivol. Subtil zeigen sich auch hier allgemeine Langeweile und Ernüchterung sowie Verweigerung von zwischenmenschlichen Emotionen: Die Gewünschte ist unerreichbar; über die andere heißt es: »Hab nie von dir geträumt«, ohnehin sei der Erzähler »zu müde zum Lügen«. Mit Marilyn Monroe wird auf einen Typus von Frauen verwiesen, der bereits im Titel »Doris«[8] benannt wurde:

Jeder kleine Junge träumt von seiner Prinzessin
Die er auf Händen tragen will
Meine sollte blond sein und große Brüste haben ...

Herzbergs Frauenbild wird im Roman *Mosaik* durch die autobiografische Erzählerfigur konkretisiert, indem der Bezug zum familiären jüdischen Hintergrund hergestellt wird:

> »Aber noch früher, ganz tief innen, dort, wo man keine Worte finden kann, war Mutters Zärtlichkeit. ... dann teilte es sich im Kopf. Mutter versuchte die eine Hälfte zu besetzen, das waren die Mädchen mit Baskenmützen, schwarzhaarig, mit Plisseerock, die guten Kameradinnen. ... Die Teilung war vollzogen, sie war unsagbar ...«[9]

An anderer Stelle erklärt er die Hälften der Teilung genauer:

> »Es gab diese Teilung bei mir im Kopf, nach der die Mädchen nach körperlichen Eigenschaften und dann nach Sympathie eingeteilt wurden. Es ging nicht zusammen. Da mich zunehmend die Mädchen nur nach ihren sexuellen Merkmalen interessierten, gab es kein Gespräch. ... So bestand ein Steinchen im Mosaik aus schwarzen Haaren mit Baskenmütze, möglichst jüdisch, verständnisvoll über Literatur, Politik diskutierend, eben meiner Mutter oder Schwester ähnelnd; das andere, das einfach über mich kam, war blond, üppig, sexuell aufreizend. Hier hat spätestens seit meiner Entjungferung eine gewisse Entscheidung stattgefunden, die aber zur Trennung mit meiner Familie führen sollte.«[10]

Demnach ist Herzbergs Bild von jüdischen Frauen zu stark mit dem der Mutter verknüpft, als dass es mit rein physischem Eros, der in *Mosaik* teilweise ausgesprochen explizit dargestellt wird[11], in Verbindung gebracht werden dürfte. So schildert der Autor beispielsweise die schwierige Liebesbeziehung zu einer Frau mit blond gefärbtem Haar[12], die Begierde nach einer rothaarigen Frau und nach einer Frau, deren Vater Araber ist.[13] Diese Form des Strebens nach Distanz zur Mutter ist ein häufiges literarisches Motiv; exemplarisch ist es in *Portnoys Beschwerden* von Philip Roth geschildert.[14] Steven Lee Beeber beschreibt Vergleichbares in den schwierigen und zum Teil zerstörerischen Beziehungen zwischen Lou Reed und der Sängerin Nico[15], zwischen Chris Stein und Debbie Harry[16] (Blondie) sowie zwischen Nancy Spungen und John Simon Ritchie (Sid Vicious, Sex Pistols).[17]

Herzbergs Eltern waren der Shoah durch Exil in England entkommen, die Großmutter hatte in Auschwitz bzw. während der Deportation ihr Leben verloren.[18] Nicht Herzberg, sondern der Autor Eckhard Mieder, verfasste den Text des Pankow-Lieds »Der Ausreißer«[19], doch wenn der Sänger die Verse über einen seinen Selbstmord imaginierenden Jugendlichen singt, fallen Parallelen zum Tod der Großmutter auf:

> Jetzt rückt der Zeiger auf die Zehn
> Ich möchte nie mehr nach Hause gehen
> Lieber will ich irgendwo verrecken
> Auf den deutschen Reichsbahnstrecken
>
> Der Zug fährt ein, die Bremsen schrein
> Jetzt bin ich endlich mit mir allein
> Der Zug fährt los, es knall'n die Tür'n
> Jetzt geht es endlich weit weg von hier
>
> Es gibt kein Zurück
> Es ist vorbei

Das Sterben auf Strecken der Deutschen Reichsbahn, der Zug in weite Ferne, die Endgültigkeit, am Ende der Tod – all dies sind Kennzeichen einer Deportation, wie sie Herzberg auch in *Mosaik*[20] oder Interviews[21] schildert. Herzberg recherchierte in Archiven, um Informationen über den Tod der Großmutter zu bekommen – im Erwachsenenalter begann seine Auseinandersetzung mit der Familiengeschichte.[22] Als Kind hatte Herzberg diese Geschichte hauptsächlich als Differenz zu seiner Umwelt begriffen:

> Irgendwann lernte ich von meinen Eltern, dass bei mir etwas anders ist als bei anderen Kindern, das hing auch mit dem Matzeteller auf dem Bücherschrank zusammen und mit meiner krummen Nase, meine Mutter rieb sie, aber davon wurde sie nicht gerader.[23]

Die Differenz zeigte sich Herzberg insbesondere in der unmittelbaren Konfrontation mit einem alltäglichen Antisemitismus in der DDR, etwa im ihn entsetzenden Lachen anderer Kinder bei einer Exkursion nach Buchenwald.[25] Das Erfahren von Differenz zeigte sich jedoch nicht nur in der Konfrontation mit offenem Antisemitismus. In der Ostberliner Synagoge in der Rykestraße kam kaum ein Minjan zustande, ein Quorum von zehn, um einen vollständigen Gottesdienst abzuhalten, so klein war die Gemeinde.[26] Die Erkenntnis, dass die Väter und Großväter nicht-jüdischer Freunde auf Fotos Wehrmachtsuniformen trugen[27] oder als junge Männer der SS beigetreten waren, irritierte.[28] Gemessen an den vielschichtigen Formen der Ausgrenzung, gab es sehr viel weniger Momente der Integration in Überlegenheit demonstrierende Gruppen. Herzberg nennt in *Mosaik* etwa das Beispiel, wie er zusammen mit anderen einem Mitschüler, der die Haare »länger als erlaubt [trug,] ... den Kopf festgehalten und mit der Schere bearbeitet«[29] habe. Grundsätzlich jedoch scheint die Kindheit von einem Gefühl der Differenz und daraus resultierender Isolation begleitet, was sich nicht zwangsläufig durch einen Mangel an Kontakten und Freundschaften zeigte, sehr wohl aber durch das Fehlen gemeinsamer Verständnisgrundlagen. Isolation wiederum ist ein Nährboden für Langeweile.

Eine zentrale Passage von *Mosaik* ist die Schilderung eines Alptraums der Erzählerfigur, der ihr aus frühester Kindheit bekannt sei: In einem Amtsgebäude, das den Eingang zur Hölle bildet, muss der Knabe Formulare ausfüllen. Von einer Frau in grauer Uniform geführt, gelangt er durch eine ein Spalier bildende Menschenmasse zu einer Tribüne. Dort steht er neben Adolf Hitler, der eine Clownsnase und Teufelshörner trägt. Tausende von Menschen starren den Jungen an, darunter viele Kinder, über die es heißt: »Sie sehen mich an, wie sie mich immer angesehen haben.«[30] Die Erzählerfigur beginnt zu singen, während »sich die Stimme des Führers wieder an die Masse wendet. ›So sieht er aus ..., das ist er, der letzte Jude Deutschlands.‹«[31]

Herzbergs Positionierung zum Judentum begann mit Verwunderung über die Differenz, entwickelte sich über deutliches Interesse an der jüdischen Herkunft der Familie, bis hin zu einer immer stärkeren, auch öffentlichen, Identifikation. Zaghafte Kennzeichen einer solchen Entwicklung waren etwa das hebräische Wort *Tohuwabohu* als Titel von Herzbergs zweitem Soloalbum (1994), auf dem auch Musiker der Klezmatics zu hören sind. Bei öffentlichen Auftritten trug Herzberg einen Davidstern sichtbar an einer Halskette.[32] Er reiste auf eigene Initiative nach Israel.[33] Die Brit Mila holte er im Erwachsenenalter nach. Diese Beschneidung und weitere Themen, die im Zusammenhang mit Herzbergs jüdischer Herkunft stehen, beschreibt er in Kurzgeschichten und Essays.[34]

Inzwischen hat Herzbergs Verständnis von deutschem Judentum ausgesprochen elitäre Formen angenommen. In einem Interview mit der *Leipziger Volkszeitung* verteidigte er Thilo Sarrazin und dessen umstrittene Thesen zu (muslimischen) Migranten in Deutschland.[35] Herzberg erhoffte sich durch die begonnene Debatte ein größeres Verständnis für Israel: »Die Probleme, die wir in Berlin zwischen Prenzlauer Berg und Neukölln haben, betreffen dort das ganze Land.«[36]

Es folgte am 10. September 2010 ein Interview mit der rechten Wochenzeitung *Junge Freiheit*. Dort äußerte Herzberg:

> Die Juden sind hier irgendwie eine Chimäre, in deren Namen jeder meint, den anderen belehren zu können. Wer sind eigentlich die Juden? Die meisten hierzulande sind Einwanderer aus Osteuropa. Es gibt kaum noch echte deutsche Juden, wie unsere Familie. Aber in deren Namen wird dann das große Wort geführt. ... Wer verteidigt denn Herrn Sarrazin? Henryk M. Broder, ein jüdischstämmiger Deutscher, Ralph Giordano, ein jüdischstämmiger Deutscher, das gleiche gilt für mich und schließlich Necla Kelek, eine türkischstämmige Deutsche. Jetzt frage ich Sie mal: Was ist da eigentlich los?[37]

Herzberg kritisierte den Umgang der Medien mit Sarrazin als »unfair«[38] und bemühte zur Beschreibung den Vergleich: » ... der Unterschied ist immerhin, Herr Sarrazin geht weder ins Lager, noch nach Bautzen.«[39]

Herzberg griff zudem Stephan Kramer, den Generalsekretär des Zentralrates der Juden, an:

> Also verzeihen Sie mir jetzt die saloppe Antwort, aber der [Stephan Kramer - S. G.] regt sich zu Recht [über Thilo Sarrazins Äußerungen - S. G.] auf. Schließlich ist er Konvertit, wenn sich da jetzt herausstellt, daß es ein jüdisches Gen tatsächlich gibt ... Dann war's das für ihn.[40]

Im Oktober 2010 führte Herzberg ein Interview mit dem Musikmagazin *melodie & rhythmus*, verweigerte anschließend jedoch den Abdruck. Der Redakteur Jürgen Winkler schrieb stattdessen in der November-/Dezember-Ausgabe der Zeitschrift einen Artikel, in dem er das Interview zusammenfasste. Es heißt dort über Herzberg:

> Er sieht die Millionen Moslems, die in Deutschland leben und ihre eigene Religion mitbringen. Er glaubt, das Boot sei irgendwann voll. Er fragt sich, wie deutsch Deutschland in Zukunft sein wird. ... Vielleicht ist Herzberg wirklich desillusioniert, immer noch geschockt vom rasanten Publikumsverlust der Band nach 1990 ... . Vielleicht hat aber auch die *Junge Freiheit* eine Saite in ihm angestoßen, die schon lange existierte.[41]

Bereits Jahre vor den deutsch-jüdisch-elitären Äußerungen war Herzberg kritisiert worden: Als er anlässlich der »Tage der jüdischen Kultur« in Cottbus ein Musikprogramm mit Heinrich Heines *Lorelei* einleiten wollte, wurde die Zusammenarbeit gestoppt.[42] Artikel, in denen Herzberg den Einsatz der Bundeswehr im Libanon als großen Moment in der deutsch-jüdischen Beziehungsgeschichte beschrieb, wurden nicht veröffentlicht.[43] Nach der Lektüre einer von Herzbergs Kurzgeschichten warf ihm sein Vater Antisemitismus vor.[44] Alexander Osang schreibt im Vorwort zu *Mosaik*: »Herzberg sucht ... keinen

Streit, er hört nur nicht auf zu fragen, wenn alle anderen sich bereits irgendwie geeinigt haben«[45]

Dies gilt ebenso für die Zeit vor 1990. Herzberg hatte seit der frühen Jugend eine zunehmend kritische Distanz zur DDR aufgebaut[46] – einem Land, das – wie Osang schreibt – »Israel verteufelte«[47]. Weiter heißt es bei Osang über Herzbergs sich für den Sozialismus engagierende Eltern: »Sie lebten ein schizophrenes Leben und André Herzberg spürte das, aber verstand es nicht. Manchmal scheint es, als habe sich diese Zerrissenheit in seiner Biografie fortgesetzt.«[48] Zunehmend setzten Selbstzweifel ein: »Wir hatten gemerkt, die Revolution würde durch unsere [d. h. Pankows – S. G.] Lieder nicht kommen, ... langsam wurden wir belächelt, und auch mir erschien unsere Arbeit ein wenig harmlos.«[49] Die Distanz zur DDR bedeutete auch eine Distanz zur DDR-Mainstream-Musikszene. Unter Musikerkollegen, die er in *Mosaik* mit Pseudonymen bezeichnet, war er auch weitgehend isoliert.[50] Einzige Freunde aus dem Kollegenkreis waren Tony Krahl, der Sänger von City, und der Schriftsteller Thomas Brasch.[51] Doch auch innerhalb der Band Pankow empfand Herzberg Differenz – sowohl durch eine seinen Gesang betreffende Unsicherheit[52] als auch im Umgang mit dem Gitarristen Jürgen Ehle, der Inoffizieller Mitarbeiter der Staatssicherheit war.[53] Hinzu kamen aufreibende Verhandlungen mit Rene Büttner, dem Chef der Plattenfirma *Amiga*.[54] Zudem schienen Herzberg Klischees ein Anspruch gewesen zu sein, dem er nur schwer genügen konnte:

> Eigentlich bedeutet Rockmusiker werden, Handwerker zu sein, denn alles, was man braucht, Instrumente, Verstärker, muss erbastelt werden, alles, was man braucht kommt aus dem Westen. Westgeld besorgen. Handwerker. Oder Händler. Geschäftsmann. Dieses uralte Bild des Juden – ausgerechnet mir fehlt der Sinn dafür.[55]

Trotz aller Hürden und der personellen Verknüpfung mit dem Ministerium für Staatssicherheit gehörten die Mitglieder der Band Pankow zu den Unterzeichnern der sogenannten »Resolution der Rockmusiker und Liedermacher für die Demokratisierung der DDR-Gesellschaft« vom 18. September 1989. Herzberg verlas den Text der Resolution auf Konzerten.[56] Das Ende der DDR begriff er jedoch nicht als das Resultat einer Revolution sondern als Zusammenbruch des Systems.[57]

Die Jahre ab 1990 brachten neue Formen der Isolation mit sich. Herzberg schreibt: »Aber jetzt gab es keinen Osten mehr, kein Verstecken in der Enge, kein Untertauchen im Grau, keine beruhigende Langeweile, wo man alles kannte.«[58] Nach der Wiedervereinigung hatten Pankow und André Herzberg wie beinahe die gesamte ehemalige DDR-Mainstream-Popkultur stark an

Einfluss verloren. Herzberg begann sich als Unternehmer zu begreifen, dessen wirtschaftlicher Erfolg, eigenen Maßstäben folgend, nur unzureichend ausfiel.[59] Er hielt jedoch an seinen Lebensentwürfen fest: »Ich möchte auch mitschwimmen, etwas zu sagen haben. Ich möchte etwas darstellen, etwas beweisen«[60], und an anderer Stelle: »Ich wünsche mir wie andere Anerkennung, Anerkennung drückt sich in meinem Beruf aber in Verkaufszahlen aus, das macht es so schwierig.«[61] So zeigen Herzbergs Schilderungen in *Mosaik* die Langeweile eines Mannes, der auf staatliche Hilfe angewiesen ist[62], der die Kunst nicht aufzugeben gedenkt, der sich die Zeit mit Langstreckenlauf vertreibt, über den es also heißen könnte: »... rumgerannt. / Ist doch nichts passiert.« Kleine Tagesziele[63] und Dinge immer in der gleichen Reihenfolge zu tun, werden zur Strategie,[64] das Gegenteil also von Ernst Blochs Auffassung: »Dieselben Dinge täglich bringen langsam um.«[65] Die neue Situation ist Langeweile ohne Unmut.[66]

Die Überschriften im Roman *Mosaik* tragen Namen von Wochentagen, wobei das, was etwa an einem Montag geschieht, auch durchaus an einem Mittwoch oder einem Samstag, der im Buch auch keinen Sabbat bedeutet, hätte passieren können. Herzberg schreibt, keinem äußeren Plan folgen zu können.[67] *Mosaik* wird zu einem Tagebuch, einer subjektiven Chronik der Langeweile. Die Form dieser Langeweile entspricht dabei einer Definition von Peter Weigelt, der den komplexen Zustand anschaulich umrissen hat:

> Langeweile ist, wenn nichts los ist, aber man doch das Gefühl hat, es müsse irgend etwas passieren. Andererseits kann sehr viel passieren, ohne daß man dadurch angeregt würde. Einmal ist die Außenwelt zu wenig reizvoll, als daß man sich für sie erwärmen könnte. Im anderen Fall wird eine erregend organisierte Umgebung durchaus als ungeeignet empfunden, die eigenen Bedürfnisse nach Veränderung der aktuellen Lebenssituation aufzunehmen.[68]

In Weigelts Analyse treffen sich beide für Herzberg beschreibbare Varianten. In der DDR - Volker Brauns »langweiligstem Land der Welt« - musste die Außenwelt zu wenig reizvoll sein. Herzberg schrieb: »Was soll man in der DDR machen, man hat doch wenig Spaß, man kann ein bisschen trampen von Kap Arkona an der Ostsee bis zum Fichtelberg im Erzgebirge. Weiter geht es doch nicht.«[69] Nach der Wiedervereinigung konnte eine Überfluss bietende Außenwelt, das innere Bedürfnis nach Wahrnehmung der eigenen Unterhaltungskunst nicht ersetzen.

Welche Perspektiven lassen sich aus solch einer Strategie gewordenen Langeweile ablesen? Zunächst ist zu bemerken, dass sie keine zwangsläufig freiwillige Strategie darstellt. In *Mosaik* wird ein Selbstmordversuch während

Herzbergs Armeezeit geschildert.[70] Weitere Gedanken an Selbstmord, um »Mythen zu schaffen, ... auf keinen Fall kläglich und alltäglich«,[71] verbietet sich der Sänger selbst, da er zu sehr an den Reaktionen der anderen interessiert wäre: »Vor allen Dingen wollte ich den Höhepunkt erleben, das großartige Dahinscheiden, meine Eltern, ihre Telefonanrufe hören, die Frauen sehen, die an mein Grab kommen würden.«[72]

Doch Herzbergs Langeweile besitzt auch konstruktives Potenzial. Zunächst ganz grundsätzlich: Es gelingt dem Sänger und Autor, aus einem Zustand, der eigentlich Phlegma bedeutet, ein ihn über Jahrzehnte inspirierendes Thema zu gewinnen. Hinzu kommt vielfache Skepsis, die sich einmal aus einer ihn isolierenden Umwelt ergeben hatte. Dies betrifft auch die Fälle, in denen Herzberg öffentlich Stellung bezog: 1989 im Rahmen der Resolution um bessere Bedingungen in der DDR bemüht, in der Sarrazin-Debatte (unter ausgesprochen anderen Vorzeichen) spaltend. Trotz des Verlusts an öffentlicher Anerkennung nach der Wiedervereinigung hatte sich Herzberg entschieden, Künstler zu bleiben, »ein Chronist, einer der was zu seiner Zeit sagt. Einer, der ... mit dem starken Blick übers Ich, sich und seine Umwelt beschreibt ...«[73] Diesen Anspruch löste er mit *Mosaik* ein, nutzte die Langeweile für kreatives Agieren.

Der biografische Roman kann auch als ein poetologischer Text begriffen werden, denn inmitten der Alltagsschilderungen wird der Leser auch Zeuge der Entstehung des ihm vorliegenden Buchs. Der eigentliche Schreibprozess wird dabei ebenso nachvollzogen,[74] wie Gespräche mit dem Verleger[75] und der Abschluss der Arbeit mit dem Fazit: »... heute sind wir fertig geworden. Alles andere liegt nicht bei mir.«[76]

Das Schreiben ist also ein Stein im Mosaik der Langeweile. Dass Kunst bei Herzberg jedoch eine sogar erhabene Stellung einnimmt, zeigen verschiedene Verweise auf das Göttliche. So bezeichnet Herzberg Musik als das Höchste,[77] fühlt sich beim Ausdauerlauf – dem Laufen, ohne dass etwas passiert – von Gott in Gestalt zweier Vögel beobachtet. Herzberg schreibt: »Herr und Frau Gott waren bei mir. ... Sie würden immer bei mir sein.«[78]

Das größte Potenzial besitzt jedoch bei Herzberg jene Kategorie der Langeweile, die sich selbst aufhebt. Während der Weltfestspiele der Jugend und Studenten in Ost-Berlin 1973 reiste Herzberg aus dem auf die Großveranstaltung ausgerichteten Berlin spontan und mit Krankenschein auf die Insel Hiddensee, zeltete allein in den Dünen und geriet in einen ihm unbekannten Bewusstseinszustand.[79]

Der von Herzberg beschriebene Zustand der Erhabenheit beinhaltet fraglos auch Motive, die auf Tod und Sterben verweisen. Langeweile als Strategie bedeutet generell eine Gratwanderung, die zwischen sozialem Absturz und Rettungsanker oszilliert. Und doch ist die Reise nach Hiddensee eine der wenigen Passagen in Herzbergs Roman, die am ehesten reines Glück und grundsätzliche Zufriedenheit beschreiben: der Ausbruch aus langweilenden Strukturen – der staatlich verordneten Jugendkultur im Rahmen der Weltfestspiele sowie dem Lehrlingsalltag – hinein in einen Kreativität freisetzenden Zustand der Einsamkeit. Ausbruch ohne Substitut kann eine Perspektive im Rahmen von Langeweile sein.

Mosaik endet mit einer drastisch geschilderten Auferstehungsszene, in der die Erzählerfigur sich aus dem Grab erhebt, um schlussendlich zu sagen: » ... ich bin frei und ich lebe.«[80] Sie ist damit eine jener literarischen Figuren, wie sie in den Texten und Bühnenprogrammen Pankows immer wieder im Mittelpunkt standen, Paule Panke etwa, über den es hieß: »Komm aus dem Arsch«[81] oder Hänschen Mittelmaß, der sich gleichfalls aufraffte und reflektierte: »Und so stand ich auf, wie ein Stehaufmann / und fing von vorne an.«[82]

Anmerkungen

1 Volker Braun: »Die Kipper«, in: V. B.: *Stücke 1.* Frankfurt: *Suhrkamp* 1998, o. S.
2 Der Lebenslauf bis zum nächsten Absatz: Vgl.: www.andreherzberg.de/i_herzberg.html sowie Christoph Dieckmann: »Machs gut, Inge Pawelczik! Die Stones des Ostens treten ab«, in: *Rolling Stone* 12 (1999), o. S.
3 Pankow: *Aufruhr in den Augen* (1988)
4 Vgl.: Christoph Dieckmann: »Machs gut, Inge Pawelczik! Die Stones des Ostens treten ab«, o. S.
5 TV-Sendung *Popsplits. Ein Song und seine Geschichte* (RBB): www.youtube.com/watch?v=sFNfPnNVcEU
6 André Herzberg: *Mosaik.* Berlin: Avinus 2004, S. 31
7 Pankow: *Aufruhr in den Augen* (1988)
8 Pankow: *Keine Stars* (1986)
9 Herzberg, *Mosaik*, S. 56 f.
10 Ebd., S. 31 f.
11 Vgl. ebd., S. 46 f.
12 Vgl. ebd., S. 37 ff.
13 Vgl. ebd., S. 58
14 Vgl. Philip Roth: *Portnoys Beschwerden.* Hamburg: Rowohlt 2008
15 Vgl. Steven Lee Beeber: *Die Heebie-Jeebies im CBGB'S.* Mainz: Ventil 2008, S. 43 ff.
16 Vgl. ebd., S. 183 ff.
17 Vgl. ebd., S. 197
18 Vgl. Herzberg, *Mosaik*, S. 63 ff.
19 Erschienen 1988 auf der LP *Aufruhr in den Augen.*
20 Vgl. Herzberg, *Mosaik*, S. 64
21 Vgl. Moritz Reininghaus: »Der letzte Jude. Mosaiksteinchen einer deutsch-jüdischen Identität – André Herzberg«, in: *Jüdische Zeitung* (Dezember 2006), www.j-zeit.de/archiv/artikel.172.html
22 Vgl. Herzberg, *Mosaik*, S. 65
23 André Herzberg: »Führers Geburtstag«, in: *Berliner Zeitung* (16.06.2007), www.berlinonline.de/berliner-zeitung/archiv/.bin/dump.fcgi/2007/0616/magazin/0038/index.html
24 Ebd.
25 Vgl. ebd.
26 Vgl. Reininghaus
27 Vgl. Herzberg, *Mosaik*, S. 77
28 Vgl. ebd., S. 72
29 Ebd., S. 76
30 Ebd. S. 75
31 Ebd. S. 75
32 Vgl. DVD *Die wundersame Geschichte von ...* Pankow (2004)
33 Vgl. Herzberg, *Mosaik*, S. 54
34 Vgl. André Herzberg: *meine brit mila.* www.andreherzberg.de/i_lesen.html
35 Vgl. Thilo Sarrazin: *Deutschland schafft sich ab. Wie wir unser Land aufs Spiel setzen.* München: Deutsche Verlags-Anstalt 2010
36 ddp: »Musiker Herzberg aus Pankow. Rückendeckung für Sarrazin«, in: tagesspiegel.de (30.08.2010), www.tagesspiegel.de/kultur/rueckendeckung-fuer-sarrazin/1914306.html
37 Moritz Shwartz: »Ich finde Sarrazin mutig«, in *Junge Freiheit* (10.09.2010), www.jf-archiv.de/archiv10/201037091010.htm
38 Ebd.
39 Ebd.
40 Ebd.
41 Jürgen Winkler: »Mach's gut, Inge Pawelczik«, in: *melodie & rhythmus* (5/2010), S. 62. Herzberg reagierte auf den Artikel mit einem Beitrag auf seiner offiziellen Website. Dort heißt es: »vor ein paar wochen meldete sich die zeitschrift melodie und rythmus [sic – S. G.] wegen eines interviews bei mir, sie gehört dem verlag »junge welt« nachfahre aus ddr zeiten [sic – S. G.] man wolle mit mir darüber reden, weshalb ich der zeitung junge freiheit ein interview gegeben hätte. ich war verwundert, bin ich doch musiker, fragte mich sofort, was es diese leute angeht, mit wem ich rede, trotzdem sagte ich zu, verbunden mit dem standartsatz [sic – S. G.]: ich möchte die schriftliche fas-

sung vorher lesen, autorisiere ich sie, kann es veröffentlicht werden. als ich las, was die interviewer aus unserem gespräch gemacht hatten, autorisierte ich nicht. darauf drohten sie mir, eine einseitige ›stellungnahme‹ zu drucken. so sah ich in der oktober ausgabe [sic – S. G.] die denunziation, ein foto von mir verbunden mit einem text aus lügen, halbwahrheiten und ihrer aussage: ich wäre (vielleicht) zu den feinden übergelaufen.« André Herzberg: »nicht viel geändert, nur gedreht – die geschichte«, in: *www.andreherzberg.de/i_lesen.html*
42 Vgl. Osang »Heart of Gold«, in: Andre Herzberg, *Mosaik*, S. 6
43 Vgl. Reininghaus, »Der letzte Jude«
44 Vgl. Herzberg, *Mosaik*, S. 68
45 Osang »Heart of Gold«, S. 7
46 Vgl. Herzberg, *Mosaik*, S. 78; ebd., S. 84
47 Osang »Heart of Gold«, S. 7
48 Ebd., S. 9.
49 Herzberg, *Mosaik*, S. 121; vgl.: Ebd. S. 51 und ebd. S. 123
50 Vgl. ebd., S. 82 ff.
51 Vgl. ebd., S. 87
52 Vgl. ebd., S. 121
53 Vgl. ebd., S. 127

54 Die Verbitterung Herzbergs über Büttners fehlende Kooperationsbereitschaft war so groß, dass der Sänger während der Feierlichkeiten zu 50 Jahren *Amiga* eine Torte nach Büttner warf. Vgl.: Abini Zöllner: »Letzte Instanz. Eine Torte für Herrn Büttner«, in *Berliner Zeitung* (4.12.1997) www.berlinonline.de/berliner-zeitung/archiv/.bin/dump.fcgi/1997/1204/berlinberlin/0029/index.html (29.07.2011)
55 Vgl.: Radiomitschnitt: *Die wundersame Geschichte eines Ost-Rockers* (Deutschlandfunk, 21.09.2007) www.andreherzberg.de/i_hoeren.html (29.07.2011)
56 Vgl. Herzberg, *Mosaik*, S. 126
57 Vgl. Reininghaus, »Der letzte Jude«
58 Herzberg, *Mosaik*, S. 130
59 Vgl. Reininghaus, »Der letzte Jude«
60 Herzberg, *Mosaik*, S. 31
61 Vgl. ebd., S. 53
62 Vgl. ebd., S. 66
63 Vgl. ebd., S. 19
64 Vgl. ebd., S. 94
65 Ernst Bloch, *Das Prinzip Hoffnung. Wunschbilder im Spiegel. Der Reiz der Reise*, Band 1. Frankfurt: Suhrkamp 1982, S. 424

66 Vgl. Herzberg, *Mosaik*, S. 60 f.
67 Vgl. ebd., S.17
68 Peter Weigelt, »Langeweile«. In. *Ästhetik und Kommunikation* 22–23 (1975), S. 141
69 Herzberg, *Mosaik*, S.121
70 Vgl. ebd., S. 140
71 Ebd., S. 148
72 Ebd., S. 149
73 Reininghaus, »Der letzte Jude«
74 Vgl.: Herzberg, *Mosaik*, S. 75
75 Vgl. ebd., S. 99
76 Ebd., S.150
77 Vgl. ebd., S. 101
78 Ebd., S. 13
79 Vgl. ebd., S. 80; Auf das Vogelpaar ist auch noch an anderer Stelle angespielt. Während der Selbstmordgedanken fragt er, sich auf die Vögel beziehend: » ... würden sie mich auf ihren schwarzen Flügeln nach oben tragen, oder müsste ich dem Bösen mit seiner roten Clownsnase [d. h. der oben beschriebenen Hitlerfigur – S. G.] in die lachenden, kalten Augen sehen?«
80 Ebd., S.152
81 Pankow: *Paule Panke. Live 1982* (1989)
82 Pankow: *Hans im Glück* (1985)

Sascha Seiler

»Ich kann nicht mehr mit Juden schlafen«

Dichtung und Wahrheit bei Lou Reed

»Ich kann nicht mehr mit Juden schlafen«[1], mit diesem Ausspruch tat die deutsche Chanteuse Nico bei einer Probe von The Velvet Underground, denen sie, auf Druck von deren Mentor Andy Warhol, als Teilzeit-Sängerin diente, das Ende ihrer Affäre mit dem notorisch übellaunigen und auch schon in jungen Jahren stets provokanten Lou Reed kund. Dieser Ausspruch deutet einerseits an, dass Lou Reed in Nicos Augen durchaus als ›typisch‹ empfundene jüdische Eigenschaften mitbrachte, andererseits ist er aus dem Mund der deutschen, blonden, großgewachsenen Verwandten eines ehemaligen Mitglieds der Hitlerjugend eine gezielte Provokation gewesen. Wie Reed-Biograph Joe Harvard bemerkt: »Zieht man die Tatsache in Betracht, dass er ein kleiner Jude aus New York war, und sie eine große Frau aus Deutschland mit einer – zumindest in ihrer Familie vorhandenen – Nazi-Vergangenheit, kann man sich seinen Teil dazu denken.«[2] Und Steven Lee Beeber, Autor des Buchs *Die Heebie-Jeebies im CBGB's*, fragt sich, ob Reed sich gerade deswegen so anfällig für Nicos Angriff zeigte, »weil er ein Jude aus Long Island war und ihm Selbstzweifel beigebracht worden waren.«[3]

Eine solche Provokation passte aber nur allzu gut ins dreckige, als zutiefst unmoralisch und dekadent empfundene Umfeld der Band, deren Songs in der Popmusik seinerzeit tabuisierte Themen wie Sadomasochismus oder Heroinkonsum behandelten, deren Sänger eindeutige homosexuelle Tendenzen an den Tag legte und die ihre Shows stets von einem eine Peitsche schwingenden Jüngling (der sonst keinerlei Funktion aufwies) begleiten ließen. Denn mit Reeds Verhältnis zum Judentum war es nicht so weit her, auch wenn ihm einzelne Interpreten, allen voran Steven Lee Beeber, sowohl eine tiefe Verletzung als auch eine Bekräftigung seines typisch jüdischen Selbsthasses unterstellen wollen.[4] Beides ist nicht unbedingt der Fall, und doch ist es interessant, dass Lou Reed, den Beeber als den Großvater des New Yorker Punk bezeichnet, in seinem gesamten Werk kaum Referenzen zum Judentum erkennen lässt.

Im Folgenden soll der Versuch unternommen werden, Reeds Kunst im Zeichen der Subkultur vorsichtig in zwei Kontexte zu setzen: in den seines jüdischen Glaubens und, hiermit verbunden, in den seiner literarisch-künstlerischen Ambitionen. Es mag zwar etwas forciert anmuten, doch scheint es zumindest unsichtbare Verbindungen zwischen Reeds literarischer und musikalischer Kunst, seinem Judentum und seiner Rolle als Subkultur-Ikone gerade in New York zu geben, vielleicht im Zeichen dessen, was man als jüdischen Selbsthass bezeichnen kann, vielleicht aber auch nur im Zeichen einer rein ästhetischen Stilisierung. Tatsache ist, dass die Abwesenheit des Judentums in Reeds Werk als auffälliges Signal gewertet werden kann.

Lou Reed hieß bei Geburt noch Lewis Allan Rabinowicz, doch sein Vater änderte den Familiennamen in ›Reed‹ als Lou knapp ein Jahr alt war. Beeber unterstellt Reed, er sei hiermit bereits als kleines Kind seiner Vergangenheit beraubt worden[5], doch gibt es keine Selbstzeugnisse des Musikers, der sich über einen solchen Vorgang beschwert. Dies ist deswegen von großem Interesse, da Reed während seiner Zeit auf der *Syracuse University* und auch in frühen Karrierejahren keine Möglichkeit verstreichen ließ, seine Eltern als ›Monster‹ zu bezeichnen und sie an den Pranger zu stellen. Tatsächlich hatten die Reeds den aufsässigen und zu ihrem Erschrecken zur Homosexualität neigenden Lou eine damals gar nicht so unübliche Elektroschocktherapie in einer berüchtigten psychiatrischen Klinik verabreichen lassen[6], ein Umstand, den er in Songs wie »Kill Your Sons« und »The Blue Mask« eingehend beschreibt.

Frühe Freundinnen Reeds sahen allerdings die Familie als sehr fürsorglich an, Beeber sieht hier gar ein »jüdische Mütter Syndrom«[7], also ein von zwar überschwänglicher, aber von Mitleid und Herablassung getränkter Liebe gezeichnetes Verhältnis, bei dem der Sohn stetigen stillen Tadel und schweigende Missbilligung ertragen muss. Tatsächlich galt Reed im Laufe seines Lebens als stets übellauniger Mensch, dem es Spaß machte, sein Gegenüber weichzukochen und es, so Reed-Biograph Victor Bockris »zu zerstören«[8]. Doch scheint Reeds asoziale Art einer tiefen Verunsicherung und der Angst vor der oben erwähnten Form der Missbilligung entsprungen zu sein, denn dahinter, so schließt Bockris aus Gesprächen mit zahlreichen Weggefährten, lauerte dann eben jene tiefgehende Verunsicherung.

Die Lou-Reed-Figur war bereits mit dem ersten Album *The Velvet Underground and Nico* geschaffen und orientierte sich an der avantgardistischen Tradition des Künstlers als halbseidener, an der Schwelle zur Kriminalität stehender Ästhet, eine ›ästhetisierte Punk-Persona‹[9], wie Ellen Willis richtig bemerkt, die allerdings in deutlichem Widerspruch zum üblichen Bild des Rock'n'Roll-Outlaw stand: Dieser war weiß, hatte einen Working-Class-Background und war in den Augen der Erwachsenen ein Tunichtgut, ein Chaot, vielleicht auch ein größerer Störenfried, der die soziale Ordnung auf den Kopf stellte, aber er war kein Krimineller. Reed sah sein Vorbild im schwarzen Hipster: man bewegte sich an der Schwelle zu harter Kriminalität, man nahm harte Drogen und verschwieg dies nicht, vor allem aber bevorzugte man soziale und sexuelle Praktiken, die vom Establishment als pervers bezeichnet wurden.

Dass Reed eben nicht der Arbeiterklasse, sondern einer jüdischen Familie der oberen Mittelschicht entstammt, muss hier nicht unbedingt ein Widerspruch sein, denn das fehlende Working-Class-Argument der archetypischen Rock'n'Roller wurde ersetzt durch eine am *Fin de Siècle* und den Avantgarden der 1920er-Jahre geschulten Künstlerattitüde, die ihn, erstaunlicherweise bezüglich seiner Texte kaum mehr verlassen würde. Doch die Ironie, dass gerade ein Jude aus gutem Hause sich mit dem schwarzen Hipster, der zehn Jahre zuvor in Norman Mailers berühmten Essay *The White Negro* ja als Vorbild für die verklemmte weiße Gesellschaft ausgerufen wurde, identifiziert, ist unverkennbar, auch wenn Reeds Attitüde in den 1960er-Jahren stets gepaart war mit einer Faszination für ästhetizistische Dekadenz.

Den Grundstein zu Lou Reeds Punk-Persona wurde also gleich zu Beginn seiner Karriere gelegt, und obwohl er im Laufe dieser Karriere mehrere Identitäten annahm, unterscheidet er sich doch in einem zentralen Punkt von einem David Bowie, der sich stets wie eine Schlange häutete und dessen wahres Ich hinter den zahlreichen Maskeraden verschwand[10] – denn im Grunde blieb Reed stets der jüdische Punk, der Kostüme ausprobierte, doch seine Unsicherheit niemals ganz kaschieren konnte: Weder hinter dem dekadenten Bohemien der Velvet-Underground-Jahre, noch hinter dem homosexuellen Glam-Rocker, noch hinter dem sarkastischen Lenny-Bruce-Verschnitt der späten 1970er, als Reed, in der Hochphase des Punk, zu seinem Judentum fand, indem er den beißenden, sarkastischen Humor eines Lenny Bruce (und den seines Vaters) nachahmte; ein Humor, der ihn in Jugendjahren angeblich schwer verletzt hat, und hinter dem nicht wenige Interpreten sein ambivalentes Verhältnis zum Judentum vermuten.

Auf seinem ersten Album mit The Velvet Underground *ohne* John Cale findet in einigen Texten eine hier und da kritisch hinterfragte Zuwendung zu religiöser Symbolik statt, die Beeber aufgrund ihres »unverhohlen religiösen Gehalt[s]« als eine Wiedergeburt im christlichen Sinne deutet, eine bewusst inszenierte Abwendung vom Judentum, gerade, weil Beeber eine Szene mit

Andy Warhol völlig überbewertet: »Reed musste von der Anspielung angestachelt worden sein, dass es ihm nur um Geld gehen würde. Selbst wenn es nicht antisemitisch gemeint war, hat diese Aussage bei Reed sicherlich die Alarmglocken schrillen lassen. Ist das der Grund, warum sich Reed auf dem neuen Album an religiösen Themen von eindeutiger nichtjüdischer Natur festklammerte?«[11]

Doch betrachtet man die Anspielungen, die beispielsweise von Ellen Willis als Invokation einer *jüdisch*-christlichen Sprache gesehen werden[12], so zerfällt jene angebliche Hinwendung zu religiösen Themen letztlich in der Instrumentalisierung eines typischen Rockjargons. Zeilen wie »It's truly… a sin«[13] oder »the difference between wrong and right«[14] sind beileibe kein Beleg für eine Zuwendung zum Christentum, wie sie etwa bei Bob Dylan in seinen Jahren als wiedergeborener Christ stattgefunden hat. Willis sieht vielmehr in Songs wie »Jesus« oder »Beginning To See The Light« eine bewusste Abkehr von den amoralischen Themen des ersten Albums mittels einer etwas verwirrten Evokation von Spiritualität.

Die Tatsache, dass Lou Reed sich auch als Lyriker begreift – man beachte nur die Kommentare zu seinen Songs in seiner ersten, 1992 erschienenen Songtextsammlung *Between Thought and Expression* – begründet sich in seinem Literaturstudium an der Syracuse University und seinem Mentor, dem amerikanischen Dichter Delmore Schwartz. Als Reed Schwartz kennenlernte, war dieser bereits im fortgeschrittenen Stadium eines alkoholbedingten Verfalls zu beobachten; er gab zwar noch Kurse, doch lernte Reed mehr in den seinerzeit wohl legendären nächtlichen Besäufnissen, bei denen Schwartz den Kneipenphilosophen gab, als in dessen Vorlesungen. Schwartz, heute wohl vergessen, wäre da nicht Saul Bellows Roman *Humboldt's Gift*, ein wenig verschlüsseltes Porträt des gefallenen Genies, predigte Reed vor allem eines: die Reinheit der Kunst zu bewahren, sich nicht zu verkaufen und immer den eigenen, künstlerischen Weg zu gehen. Sollte er ihn jemals erwischen, wie er in der Werbebranche endet, sagte der Dichter einst, so würde ihn Schwartz' Geist aus dem Grab hinaus verfolgen, so eine von Reed gerne erzählte Anekdote.

Nun durfte Schwartz jedoch niemals erfahren, dass sein Schüler, den er als Dedalus zu seinem Bloom sah[15], sich vor allem für Rockmusik interessierte; eine Kunstform, die Schwartz zutiefst ablehnte. Und so entschied sich der Student für die transmediale Variante – Lyrik und Musik zu verbinden. Auch hier könnte man den jüdischen Einfluss Delmore Schwartz hervorheben, doch Beebers seltsam anmutende Versuche sind von vorneherein zum Scheitern verurteilt, denn nur weil Reed Schwartz in seiner 1982 erschienen Hommage an seinen Mentor, »My House«, als »the wandering jew« bezeichnet, ist ein wenig dünn[16]. Und schreibt nicht Reed selbst in jenem Text »*other* friends had put stones on his grave«[17], was ja impliziert, dass Reed dies eben nicht getan hat, also eher ein Hinweis auf sein religiöse Desinteresse.

Eine Zusammenfassung von Reeds früher Karriere mit The Velvet Underground verbindet also die gerade thematisierten Eckpfeiler: Das Schaffen einer dunklen, dekadenten Kunstfigur, die dem Ideal der Rock'n'Roll-Persona der späten 1960er-Jahre diametral entgegenstand, das Verbinden dieser Figur mit einer literarischen Ästhetik im klassischen, bzw. modernistischen Sinn – das ist kein Widerspruch, weil diese Figur sich bewusst gegen das postmoderne Pop-Establishment, das *anything goes*, wo eben doch nicht alles ging, richtet – und der Tatsache, dass der Schöpfer dieser neuen Rockstar-Persona aus einem gutbürgerlichen, jüdischen Elternhaus kam, mit dem er letztlich ja doch niemals gebrochen hat. Die schönste Anekdote um den frühen Lou Reed besteht darin, dass der Sänger nach seiner letzten Show mit The Velvet Underground im *Max's Kansas City* in New York City weinend hinter der Bühne wartete, bis seine von ihm herbeitelefonierten Eltern ihn abholten.

Wenn Beeber, Bockris und andere von Lou Reed als frühem Punk, gar vom Großvater des New Yorker Punk, sprechen, so bezieht sich dies auf seine nonkonformistische Rolle bei The Velvet Underground, was, zumindest aus heutiger Sicht, allenfalls pophistorisch vertretbar sein mag, doch niemals ästhetisch, mutet doch gerade die bahnbrechende Platte *The Velvet Underground and Nico* im Grunde ziemlich brav und sogar recht ›catchy‹ an. Dass das zweite Album *White Light / White Heat* und vor allem das 17-minütige »Sister Ray« das künstlerisch weitaus radikalere Statement war, wird hierbei ebenso ignoriert, wie die Tatsache, dass Reeds Mitstreiter und Widersacher John Cale, der im Allgemeinen für ebenjene Radikalität verantwortlich war, der innovativere, mutigere und sicherlich gerade gegen Mitte und Ende der 1970er-Jahre, um diese nicht klar umrissene Vokabel des Nonkonformismus zu bemühen, ›punkigere‹ Musiker war. Dies ist vor allem im Spannungsfeld von Mainstream und Underground sehr spannend. Gerade jene Band, welche diesen Dualismus aufbrach und eine konsequente, avantgardistische Haltung verkörperte, die Band, welche die Forderungen des Mainstreams durchgehend ignorierte, wird von der Kritik und auch von den Wissenschaften eben nicht mit dem Album *White Light / White Heat* rezipiert, das dieses selbst auferlegte Ideal auch tatsächlich erfüllt, sondern mit einem Werk, das erwiesenermaßen in nicht unbedeutender Weise vom Meister des Pop-Marketings, Andy Warhol, konzipiert und inszeniert worden war. Vielleicht hat die Bedeutung des Albums aber noch einen anderen, tiefer liegenden Grund, der in seinem Entstehungskontext, New York City, zu finden ist.

John Simons sieht in seiner semiotischen Analyse von *The Velvet Underground and Nico* das Album als »dismembered song-cycle which offers the reader a variety of possible reassemblies.«[18] Das Leben in New York wird in verschiedenen Varianten einmal durchgespielt, die der Hörer zu seinem Vergnügen irgendwie wieder zusammensetzen kann; die Kontrastierungen von Geschlecht, das wechselnde, oft ambivalente Verhältnis zu Gewalt und Drogen wird gespiegelt in einer breit gefächerten Auswahl an musikalischen Spielarten und den verschiedenartigen Berührungspunkten von Hochkultur und Popkultur. Simons sieht The Velvet Underground als Mythographen einer Welt, ihre Ikonographie New Yorks als pointierte Reflexion über ihre Kultur. Die positiv konnotierten Begriffe von ›Geschlecht‹ und ›normaler Sexualität‹ werden durch das diskursive Aufzeigen der ›Stadt als Text‹, also der Velvet-Underground-Narration ›New York City‹ ins Fremde, Negative verwandelt, was den damaligen Hörer ratlos zurückließ. Ratlos nicht nur ob der ungewohnten Darstellung, sondern des ungewohnten Mediums, denn Popkultur traf bei The Velvet Underground auf Hochkultur und Lou Reed schrieb (und schreibt heute noch) an seinem Text »New York«.[19] New Yorker Underground-Kultur als semiotisches System also?

Man könnte die subsequenten Kostümierungen in Lou Reeds früher Solokarriere nun vor allem als Übersimplifizierung des Velvet-Underground-Ethos lesen, jener komplexen und innovativen mythischen Signifikanz, die Simons in die Besetzung des ersten Albums hineindeutet, und deren pophistorische Bedeutung als Symbol die musikalische immer überschatten wird.

Und gerade deswegen möchte ich behaupten, dass *The Velvet Underground and Nico* trotz allem ein sehr kontrolliertes Popalbum war, während erst *White Light / White Heat* den radikalen Nonkonformismus, gerade im Kontext des dualistischen Verhältnisses von Hochkultur und Popkultur, der den New Yorker Punk ja auch prägen sollte, repräsentiert.

Zynisch gesprochen: Während Lou Reed sich also in den 1970er-Jahren auf die Bühne stellte und auf recht peinliche Weise imitierte, wie er sich einen Schuss setzte, riss der von ihm seinerzeit bezeichnenderweise nach *White Light / White Heat* gefeuerte John Cale immerhin Hühnern den Kopf ab. Jedenfalls verschanzte sich gerade Reed, der als dekadenter Bohemien begonnen hatte, im Verlauf seiner Karriere immer mehr hinter der Sicherheit eines abgestandenen 3-Akkorde-Gitarrenrock, schwarzen Lederjacken und stumpfen Texten, in denen es von Rock-Klischees nur so wimmelte. Bei Reed hießen die Songs fortan »Rock'n'Roll Heart« oder »Banging On My Drum«, während Cale »Hedda Gabler« oder »Macbeth« besang. Ersterer bot meist uninspiriertes Geschrammel, letzterer durchdachte akustische Kakophonien. Doch es gibt eine

Ausnahme, das wohl mutigste artistische Statement der Rockgeschichte: das 1975 erschienene Album *Metal Machine Music*.

Man kann *Metal Machine Music* als bewusst provozierten Bruch im Werk Reeds sehen; er hatte das von ihm gehasste Album *Sally Can't Dance* veröffentlicht und einen Erfolg damit gelandet. »Ich habe während der ganzen Arbeit an *Sally Can't Dance* geschlafen. [...] Das Album ist echt nervtötend. Können Sie sich vorstellen, eine Platte wie *Sally Can't Dance* mit Ihrem Namen drauf rauszubringen? Sich die Haare färben und all den Scheiß? Die Leute haben bekommen, was sie wollten. [...] Ich hasse das Album. Ich kann einfach keine Songs schreiben, zu denen man tanzen kann.«[20]

Dass er als nächstes eine Platte, die lediglich aus vier Seiten Gitarrenfeedback zu jeweils exakt 16:01 Minuten besteht, herausbringen würde und dies auch noch als ›elektronische Komposition‹[21] im Geiste des Avantgarde-Komponisten La Monte Youngs ausgab, war jedenfalls für Fans und Plattenfirma zuviel. Seine Anhänger brachten das Album zurück in die Läden, und seine Plattenfirma fürchtete einen langfristigen Schaden und nahm die Platte nach wenigen Wochen vom Markt. Bis heute streitet man über den künstlerischen Wert der Aufnahmen. Victor Bockris etwa sieht in *Metal Machine Music* jedenfalls, wie die meisten Hörer, kompletten Blödsinn, ein *Fuck You* an Publikum und Plattenfirma und entsprechend die vielleicht medienwirksamste subkulturelle Geste, die ein Mainstream-Musiker jemals unternommen hat[22]. Während die meisten Kritiker das Album zerrissen, glaubte gerade der berühmteste unter ihnen, Lester Bangs, recht bald seinen künstlerischen Wert zu erkennen: »a cry for emanzipation couched in the stoniest wall of impenetrable cool, a depersonalized work with the human touch all over it, the heaviest of all possible metals, the purest of the puerile«[23], schrieb er in seinem ersten von zwei seitenfüllenden Essays über das Werk, während er im zweiten gleich in der Überschrift von »The Greatest album ever made«[24] sprach und nur die Tatsache, dass auf Rang zwei *Kiss: Alive!* folgte, deutete eine Spur von Ironie an.

Doch in den letzten Jahren hat *Metal Machine Music* seinen Weg zurück in den Mainstream gefunden, und zwar nicht als symbolische Punk-Geste, sondern als Kunstwerk. Vor einigen Jahren transkribierte die Avantgarde-Formation Zeitkratzer das Werk und führte es, teilweise von Reed begleitet, sogar auf. 2010 erschien eine CD/DVD-Edition des Original-Albums und das Erstaunlichste passierte: Die beiden größten englischen Musikmagazine für klassische Rockmusik, *Mojo* und *Uncut*, überschütten das Werk mit Lob und setzen es in einen Kontext mit der New Yorker Avantgarde-Szene, der ja eigentlich eher Cale zuzurechnen war. Reed formierte jüngst gar das Metal Machine Trio und ging mit diesem auf Tournee.

William Ham weist auf den »touch of Jewish comedian in him«[25] hin, wenn er die Veröffentlichungsgeschichte von *Metal Machine Music* reflektiert, ein böser Witz gegen die Erwartungshaltungen des Mainstream, gegen den sich seine Plattenfirma aus vertraglichen Gründen nicht wehren konnte. Weiterhin stellt er fest: »For a quarter-century now, Metal Machine Music has been something of a prestige album among the record freaks, thrift-store scavengers and trivia buffs that make up the outer edge of the male geek contingent that forms the scoliotic backbone of this country – owned, cherished, admired and pretty much never listened to. Most people stick with it for six minutes, maybe a full side, just to show that they're hip to the joke, or maybe to prove their, uh, mettle – for this crowd, MMM's a rite of passage, an endurance test, a point of boastful pride.«[26]

Und über den Entstehungsprozess: »Reed knocked it off in more-or-less real time; just leaned a couple of guitars against a couple of amps, ran the resulting racket through a battery of effects pedals, ran it through a four-track, split it into separate channels and cut it off 64:04 later. More effort than that would have only diminished his point (presuming you consider ›fuck you‹ a point).«[27]

Soweit könnte man von einer Punk-Geste sprechen, einer musikalischen Manifestation des viel gepriesenen jüdischen New York-Humors, den er auf seinem drei Jahre später erschienenen – ebenfalls recht kontroversen – Live-Album *Take No Prisoners* in den Mittelpunkt stellte, und der auch schon, ebenso wie die von Hann und im Grunde allen anderen Rockkritikern in den Mittelpunkt gestellte Fuck-You-Attitüde, die von Reed geschriebenen Linernotes mit dem berühmten abschließenden Satz: »My week beats your year!«[28] unterstreichen. 1976 gab der Künstler indes zu Protokoll: »Ich war gespannt, ob das Album es mit La Monte Young und Xenakis und solchen Leuten aufnehmen können würde. Und ich glaube, das kann es. Eigentlich ist es noch besser. [...] ich habe mich bei einer ganzen Reihe klassischer Komponisten bedient und deren Symphonien durchziehen das gesamte Album. Beethovens Dritte und Mozart kommen zum Beispiel vor. [...] Ich habe fünfzehn Jahre klassischen Klavierunterricht gehabt, Theorie, Kompositionslehre und das ganze Zeug.«

Bis heute beharrt Reed auf dem Standpunkt, das Rückkopplungsalbum sei eine minutiös durchstrukturierte Komposition, auch wenn die meisten Kritiker anderer Meinung sind. Was jedoch bestehen bleibt ist, ähnlich wie im Falle von *The Velvet Underground and Nico*, der Tatbestand eines Albums als kulturellen Artefakt, das einen Repräsentationsmechanismus ausgelöst hat, der, wir erinnern uns, an die von Simons dargestellte Abwandlung von Barthes' sekundären semiologischen System, als Zeichen fungiert.

Innerhalb dieses Systems wird der Zusammenhang von Reeds Judentum und seines Status als Ikone einer New Yorker Subkultur sowie seine hochkulturellen Ambitionen immer wieder am Rande hineingelesen, doch ergibt dieses Tryptichon eine neue Sicht auf die Persona Lou Reed während seines künstlerischen ›Bruchs‹ der späten 1970er-Jahre. Dies soll zum Abschluss noch kurz expliziert werden:

Man kann in der Geschichte der Rockmusik beobachten, dass ein möglicher Bruch in der Karriere eines Musikers stets als wichtiges Element zum Verständnis des Gesamtwerks und der dahinter stehenden Persona gesehen werden kann. Ein Bruch kann hierbei sowohl künstlerisch, kommerziell oder auch anderen Bedingungen geschuldet, lesbar sein. Beispiele wären Bob Dylans Phase als wiedergeborener Christ oder Neil Youngs in voller Absicht eingespielte unsägliche Platten für *Geffen*, die ihm sogar eine Klage des Labelbesitzers eingebracht haben, weil er auf ihnen ›nicht wie Neil Young‹ klang. Auch Paul McCartneys kommerziell sehr erfolgreiche Wings-Jahre oder das Konzeptalbum *The Elder* sowie die Soloplattenaktion von Kiss können als Brüche in der Kontinuität eines Gesamtwerks gesehen werden. Lou Reed beschreitet diese Phase mit *Metal Machine Music* und setzt sie mit seinen seltsam anmutenden fünf Platten auf dem *Arista*-Label fort; Alben, die an Ziellosigkeit nicht zu überbieten sind, und die ihren fast schon komödiantischen Höhepunkt in besagtem *Take No Prisoners*-Album erreichen, auf dem der Musiker fast ausschließlich Lenny Bruce'sche Monologe führt, während seine Band sich abmüht, irgendwie die angekündigten Songs im Hintergrund zu spielen. Victor Bockris sieht in *Take No Prisoners* dann aber genau das künstlerische Statement, das den Juden und die Subkulturikone in Lou Reed einem kurzen Moment vereint: Im Zeichen einer stark jüdisch geprägten New Yorker Punk-Szene und einer stark jüdisch geprägten New Yorker Stand-up-Comedy-Szene begegnet er der Ernsthaftigkeit des 1970er-Jahre-Rock mit beißendem jüdischen Humor, so zumindest Bockris, und besiegt damit auch die Dämonen, die ihn seit seiner Kindheit jagten.[29] Lou Reed, denkt man Bockris' Gedanken einmal weiter, wird auf der Subkultur-Bühne zu seinem eigenen Vater, er kehrt dahin zurück, der Lewis Allan Rabinowicz zu sein, der er eigentlich immer sein wollte, doch aufgrund seines Hasses auf die Eltern stets von sich wies. Um diese These zu untermauern, eröffnet das erste Album nach dem Bruch, wieder auf *RCA*, *The Blue Mask*, dazu noch eine seiner wenigen wirklich durchweg gelungenen Platten, mit dem friedlichen, idyllischen Stück »My House«, wie gesehen eine Hommage an seinen jüdischen Mentor Delmore Schwartz, in dem Reed auch seinen Frieden mit dem Judentum schließt.

Noch weiter gesponnen offenbart sich diese Freud'sche Thematik erst recht in einem wenig beachteten Song von Reeds nachdenklichsten Album *Magic and Loss* aus dem Jahr 1992, »Harry's Circumsicion«:

Looking in the mirror Harry didn't like what he saw
The cheeks of his mother the eyes of his father
As each day crashed around him the future stood revealed
He was turning into his parents
The final disappointment

Stepping out of the shower Harry stared at himself
His hairline receding the slight overbite
He picked up the razor to begin his shaving
and thought oh I wish I was different
I wish I was stronger I wish I was thinner
I wish I didn't have this nose
These ears that stick out remind me of my father
and I don't want to be reminded at all
The final disappointment[30]

Der Protagonist führt die jüdische Zeremonie der Beschneidung auf radikale Weise an sich selbst durch, weil er eines Morgens beim Rasieren bemerkt, dass er sich in seinen eigenen Vater verwandelt. Der symbolische Vatermord wird auf die Spitze getrieben, indem eine - hier auch noch stark jüdisch konnotierte - Automutilation durchgeführt wird, an deren Ende aber nicht der gewaltsame Tod des Protagonisten steht, sondern seine Erlösung durch Mutilation.

Lou Reed, so könnte man annehmen, ist nicht so weit gegangen, er hat es akzeptiert, zu seinem Vater zu werden, aber nur zu seinen eigenen, subkulturell gefärbten Bedingungen. Doch dazu bedurfte es eines radikalen Bruchs, der weiter ging als etwa die Vergangenheitsbewältigung im Song »Kill Your Sons«, der von einem ultimativen Statement wie *Metal Machine Music* eingeleitet werden musste - und so kann, endlich retrospektiv der mutige Schlussstrich gezogen werden. Wie es im Text zu »My House« dann auch heißt: »At peace at last, the wandering jew.«[31]

Anmerkungen
1 Zitiert nach Steven Lee Beeher: *Die Heebie-Jeebies im CBGB's. Die jüdischen Wurzeln des Punk*. Mainz: Ventil 2008, S. 43
2 Zitiert nach Beeber, *Die Heebie-Jeebies im CBGB's*, S. 43
3 Vgl. ebd., S. 32
4 Vgl. ebd., S. 42–44
5 Vgl. Beeber, *Die Heebie-Jeebies im CBGB's*, S. 35
6 Vgl. Victor Bockris: *Lou Reed. Eine Biografie*. Übersetzt von Sabine Reinhards und Gerald Jung. Höfen: Hannibal 2001, S. 9–12

7 Beeber, *Die Heebie-Jeebies im CBGB's*, S. 36
8 Bockris, *Lou Reed*, an zahlreichen Stellen, erstmals, S. 22–23.
9 Vgl. Ellen Willis: »Velvet Underground: Golden Archive Series«, in: Greil Marcus (Hg.): *Straded. Rock'n'Roll for a Desert Island. Second Edition*. New York: Da Capo 1996, S. 76–79
10 Vgl. Sascha Seiler: »Authentizitätsstrategien und Imagebildung in der Popmusik«, in: Friedemann Kreider / Sabine Sörgel: *Theater seit den 1990er Jahren*. Tübingen: Francke 2008, S. 51–61
11 Beeber, *Die Heebie-Jeebies im CBGB's*, S. 48.
12 Vgl. Willis, *Velvet Underground*, S. 79.
13 The Velvet Underground: »Pale Blue Eyes«, auf: dies.: *The Velvet Underground* (Verve 1968).
14 The Velvet Underground: »That's the Story of my Life«, auf: dies.: *The Velvet Underground* (Verve 1968).
15 Lou Reed: »My House«, auf: ders.: *The Blue Mask* (RCA 1982)
16 Vgl. Beeber, Die Heebie-Jeebies im CBGB's, S. 38–39
17 Lou Reed: »My House«, auf: ders.: *The Blue Mask* (RCA 1982)
18 John Simons: »Andy Warhol's Velvet Underground«, in: John Simons / Christopher Mulvey: *New York. City as Text*. London et al: Macmillan 1990, S. 95
19 Vgl. ebd., S. 95–104
20 Zitiert nach Bockris, S. 266.
21 Lou Reed: *Metal Machine Music*, Linernotes (RCA 1975)
22 Vgl. Bockris, S. 290.
23 Zitiert nach Hann, *www.dancingaboutarc.com/essays/e052201*
24 Ebd.
25 Ebd.
26 Ebd.
27 Ebd.
28 Lou Reed: *Metal Machine Music*, Linernotes (RCA 1975)
29 Vgl. Bockris, S. 333–335
30 Lou Reed: »Harry's Circumsicion«, auf: ders.: *Magic and Loss* (Warner 1992)
31 Lou Reed: »My House«, auf: ders.: *The Blue Mask* (RCA 1982)

Andreas Stuhlmann
Radical Jewish Noise
John Zorn, New York und ein
Sabbat im Paradies

Der Musikredakteur des *New Yorker*, Alex Ross, schreibt in seiner instruktiven und zugleich lebendigen Musikgeschichte *The Rest is Noise. Listening to the Twentieth Century*: »Die Geografie New Yorks und besonders Manhattans – Downtown und Uptown, jung und erwachsen, rebellisch und etabliert – dient immer noch als praktisches Einteilungsprinzip, obwohl die Entwicklung der Immobilienpreise billige Lofts in Manhattan ins Reich der Phantasie älterer Filme verbannt hat.«[1] Unter anderem verschmelze an der Avenue C, wo John Zorn seit 2005 künstlerischer Leiter des Clubs *The Stone* ist, »der Free-Jazz-Saxophonist, Klezmer-Liebhaber, Collagekünstler, und Avantgardekomponist (...) alle Klänge seines Erfahrungshintergrunds zu einer Musik, die ebenso hektisch-cool ist, wie die Stadt selbst.«[2]

Das Projekt von John Zorn, der außerdem als Klarinettist, Bandleader, Musikproduzent, Musiklabel- und Clubbesitzer in Erscheinung tritt, lässt sich als Arbeit an der Durchsetzung einer radikalen jüdischen Musik- und Medienkultur und der Kartierung der radikal-(jüdisch-)avantgardistischen Kultur Manhattans beschreiben. Mit großer Beharrlichkeit und zugleich immenser Innovationskraft und Wandlungsfähigkeit betreibt er seine Projekte seit den frühen 1970er-Jahren und gehört damit zu Recht chronologisch ans Ende der Reihe, die diesen Band aufmacht, aber thematisch genau in ihr Zentrum. Dabei spiegelt die Entwicklung seiner Arbeit, seine Migration durch den Süden Manhattans, die Geschichte seiner Musik und der mit ihr verbundenen Orte auch die Geschichte des jüdischen New York und der jüdischen Avantgarde wieder.

Locus Solus – Phantomschmerzen

1953 als Sohn eines Friseurs, der aus Osteuropa in die USA gekommen war, und einer Professorin für Erziehungswissenschaften an der *New York University*, als Tochter jüdischer Einwanderer in der Bronx aufgewachsen, wurde Zorn

John Zorn, Ausschnitt aus *Sabbath in Paradise*.

von seinen Eltern zunächst ohne jede konfessionelle oder kulturelle Bindung zum Judentum erzogen. Im Elternhaus wurden keine jüdischen Feiertage begangen, er besuchte stattdessen eine protestantische Schule. Steven Lee Beeber gegenüber machte Zorn jedoch später deutlich, dass diese Erziehung zum »Freigeist« nicht funktionierte, ihm ein Stück Identität fehlte: »Meine Eltern sagten, dass sich mir, wenn ich dort hinginge, ein ›Ausweg‹ böte, aber ich wurde tyrannisiert, wie ›der kleine Jude‹ behandelt. (...) Natürlich waren meine jüdischen Freunde nicht viel besser. ›Was glaubst du denn, wen du betrügst?‹, fragten sie. Es war schwierig. Und sehr verwirrend.«[3]

Dieses fehlende Stück Identität entwickelte so etwas wie einen Phantomschmerz. In einem der ersten Porträts in einem deutschsprachigen Mainstream-Medium beschrieb Thomas Mießgang 1997 in der *Zeit* Zorns Jugend am (ironischerweise) Utopia Parkway in Flushing im New Yorker Stadtteil Queens so: »reizlose Klinkerbauten, kleinbürgerliche Öde, Frittenbuden und verwahrloste Basketballfelder. Man starrt den Flugzeugen nach, die vom Kennedy Airport aufsteigen, oder guckt in die Glotze. Ein locus solus, wie geschaffen, um einen existentialistischen Mythos darauf zu gründen. ›Musik und Film‹, wird John Zorn später schreiben, ›waren alles, was ich damals hatte, in meinem traurigen Leben der selbstauferlegten Entfremdung.‹ Er identifiziert sich mit dem Wolfsmenschen Lawrence Talbot aus dem gleichnamigen Film, ›dieser einsamen und mißverstandenen Gestalt‹ und heult aus seinem Teenager-Zimmer den Mond an. Das innere Exil wird zur Lebensmaxime, der Wunsch, wenigstens diese Schwundstufe des Lebens völlig zu kontrollieren, zur Obsession.«[4]

»Locus solus«, der einsame Ort oder Ort der Einsamkeit, ist hier zugleich Anspielung auf eine metaphysische Diaspora und einen humanistisch-bildungsbürgerlichen Topos, vor allem aber ist es ein musikalisches Zitat, denn es ist der Titel einer der ersten Platten-Veröffentlichungen Zorns aus dem Jahr 1983. *Locus Solus* war ein Vinyl-Doppelalbum mit Improvisationen auf dem

Label *Rift Records*. Die 38 Improvisationen sind zwischen einer und drei Minuten lang, neben Zorn sind auf einzelnen Tracks der Gitarrist und Sänger Arto Lindsay, der Keyboarder Wayne Horvitz, die japanische Elektronikerin Ikue Mori und der DJ Christian Marclay zu hören. Den Titel *Locus Solus* entlehnte Zorn einem 1914 erschienenen Roman von Raymond Roussel, der seit 1970 in englischer Übersetzung vorlag und schnell zu einem Geheimtipp wurde. Der Lyriker John Ashbery hat den Plot dieses frühen surrealistischen Experiments so zusammengefasst: »A prominent scientist and inventor, Martial Canterel, has invited a group of colleagues to visit the park of his country estate, Locus Solus. As the group tours the estate, Canterel shows them inventions of ever-increasing complexity and strangeness.«[5]

Im Zentrum der Erzählung steht die Beschreibung von acht merkwürdigen *Tableaux vivants*, die im Innern eines gigantischen gläsernen Käfigs aufgeführt werden. Canterel erläutert seinen Gästen, dass die Darsteller tot seien, aber mit Hilfe der Droge Resurrectin noch im Tod gezwungen wären, immer wieder die wichtigsten Erlebnisse ihres Lebens aufführen zu müssen. Nicht nur, dass der Roman eine Vielzahl von Themen anspielt, die Zorn faszinierten – etwa die spielerische Inszenierung verschiedener Lebensentwürfe, okkultistisches und kabbalistisch-wissenschaftliches Geheimwissen um Leben und Tod, Drogen, Mystik und Religion, aber auch Elemente der in Groschenromanen, Comics und B-Pictures remediatisierten Schauerromantik des 19. Jahrhunderts – auch formal lassen sich Analogien zwischen der episodischen Struktur der Darstellung der einzelnen Experimente, Erfindungen und der *Tableaux vivants* einerseits und Zorns einzelnen Improvisationen andererseits herstellen. Eine Reihe von Titeln verweisen auf Filme, Bücher oder Musikstücke: »You only Live twice, Mr Bond«, »Disco Volante«, oder »Thunderball« – besonders James-Bond-Filme scheinen damit als Referenzrahmen auf – daneben finden sich aber auch »Jedi Mind Trick«, »Sign of the Four« oder »The footman's eyes get crossed« – eine Textzeile aus dem Song »Live With me« der Rolling Stones.

Der Wolfsmensch

Wie Ross beschreibt auch Miesgang den Stil Zorn als eklektizistisch und nähert sich ihm über die für ihn identifizierbaren Elemente dieses Pastiches. Während er allerdings den Wolfsmenschen und das innere Exil als Lebensmaxime einzig auf die Lebensperspektive des gelangweilten Teenagers am Stadtrand der Millionenmetropole New York verengt, entgeht ihm, dass Zorn diese »einsame und mißverstanden Gestalt«[6] als eine zutiefst jüdisch-geprägte Figur wahrgenommen haben könnte.

The Wolf Man aus dem Jahr 1941 ist ein Monster-Horror-Film aus der Feder von Curt Siodmak, einem jüdischen Emigranten, produziert und in der Regie von George Waggner. Neben Lon Chaney, Jr. in der Titelrolle, spielen Claude Rains, Evelyn Ankers, Béla Lugosi und Maria Ouspenskaya. 1937 war Siodmak in die USA geflohen und hatte sich dort eine Existenz als Schriftsteller und Drehbuchautor zunächst bei *Paramount*, dann bei *Universal Film* aufgebaut. Als Science-Fiction- und Horrorspezialist schuf er Filmklassiker wie *The Invisible Man Returns*, *The Invisible Woman* oder eben *The Wolf Man*. Der Film, mit für heutige Verhältnisse ungewöhnlicher Starbesetzung, wurde zum Klassiker des Werwolf-Genres. Die Geschichte des Larry Talbot (Lon Chaney Jr.), der nach Jahren der Wanderschaft, Selbstfindung und -bildung nach Llanwelly in seine walisische Heimat zurückkehrt, um sich mit seinem Vater Sir John Talbot (Claude Rains) zu versöhnen, endet tragisch. Larry verliebt sich in Gwen Conliff (Evelyn Ankers) und wird beim Versuch, sie vor einem Angriff durch einen Wolf zu schützen von diesem verletzt. Der Wolf, dies enthüllte eine alte Zigeunerin (Maria Ouspenskaya), war ein Werwolf (Béla Lugosi), der Fluch geht auf Larry über, der nun als zweibeiniger Wolfsmensch im Kampf mit seinem Fluch rastlos umherirrt. Als er auch Gwen angreift, wird er schließlich von seinem ahnungslosen Vater mit einem silbernen Spazierstock zu Tode geprügelt.

Siodmaks Geschichte modernisiert verschiedene Volksmythen von Werwölfen und enthält zugleich als Revision des alten antiken Ödipus-Mythos alle Elemente dessen, was er ironisch die Aristotelische Poetik des Horrorfilms nannte: »The Athenian noble watching a semi-religious dramatic performance and the modern teenager looking at a monster movie demand a protagonist who bears some moral responsibility for the suffering and terror to which he and his community will be committed. (...) The protagonist in a monster movie, however, like the hero in a classical tragedy, has, through some character flaw or error of judgment, helped create or release the monster which he must now aid or exorcise. In *Nosferatu* a German horror story of the early 1920s, a young real estate agent must seek out the vampire whom he helped to locate in urban Germany. Henry Frankenstein must destroy the Monster he created. Carl Denham must help track down the monster ape he kidnapped from Skull Island. Dr. Jekyll must destroy Mr. Hyde.«[7]

Auch der Teenager Larry Talbot durchläuft den Zyklus aus kaum zu zügelnden Emotionen, aus Leidenschaft, Angst, sexueller Frustration und Aggression, Selbstopferung und Sühne. Die körperliche Wandlung ist als Chiffre der Pubertät gelesen worden, zugleich wurde die Figur des Werwolfs bzw. des Wolfsmenschen immer wieder als eine jüdisch konnotierte Figur gesehen.[8] Als Symbol eines Fluchs des Judeseins taucht bei Siodmak ein an einen Judenstern erinnerndes Pentagramm auf der Haut der Befallenen auf; die Juden sind wie die »Zigeuner« heimatlos, verfolgt, von Lynchmobs gejagt. Zieht man auch noch ältere Quellen des Mythos hinzu, aus denen Siodmak geschöpft und seine Werwolf-Figur collagiert hat, wie das jiddische Prosagedicht »Der volf« von Haim Leivick (1920), so wird die Analogie zur jüdischen Geschichte noch deutlicher.[9] In Leivicks Ballade verwandelt sich ein Rabbi nach einem verheerenden Pogrom, den er als einziger überlebt, in einen Werwolf. Nachdem er als Rabbi den Wiederaufbau des Dorfes und der Synagoge zu verhindern versucht und als Wolf die Ermordeten beklagt und die neu hinzugezogenen Einwohner terrorisiert hat, wird er an Yom Kippur in der Synagoge erschlagen.[10] In Interviews, die zum Bonusmaterial der DVD-Wiederveröffentlichung von 2002 gehören, hat Siodmak zudem selbst die Parallele zur Zeitgeschichte gezogen, indem er behauptete, die Handlung seiner Geschichte spiele eigentlich in Deutschland und der Werwolf erinnere ihn an ihn selbst.[11]

Mit Siodmaks »jüdischem« Wolfmann entsteht ein über 60 Jahre hinweg wirkungsmächtiger Topos der Jugend- und Populärkultur. Allein Lon Chaney Jr. verkörpert die Figur bis 1948 noch viermal. Zahllose Adaptationen folgten, vor allem in Billigproduktionen, die mit dem Ausscheiden des Werwolfs Daniel Oz aus der vierten Staffel der Fernsehserie *Buffy the Vampire Slayer* im Jahr 2000 zu einem vorläufigen Ende kamen.[12] Dass Zorn die Geschichte dem deutschen Journalisten Mießgang für seine Recherchen zukommen ließ, scheint mir zu belegen, dass er sich der Polysemantik und des jüdischen Subtextes als Element der Selbstdarstellung bewusst war.

First Recordings

Obwohl John Zorn in seinem Elternhaus eine musikalische Erziehung genoss, war eine musikalische Karriere keineswegs vorgezeichnet. Zwar lernte er schon an der *UN International School* in Queens als Kind bei Leonardo Balada Klavier, Gitarre, Flöte und Grundlagen der Komposition und hörte zuhause Klassik, Jazz, Chanson, Country, Doo-wop und Rock'n'Roll, aber der Weg hätte von der Surf-Band, in der er als Teenager spielte, gerade bei seiner Vorliebe für B-Filme und popkulturellen Trash, auch direkt in den Punk führen können. Zu seinen ersten musikalischen Erfahrungen zählte er David Tudors Aufnahmen von Mauricio Kagels »Improvisation Ajoutée«, die er im September 1967 mit 14 Jahren für 99 Cents erwarb, und den Soundtrack des Disney-Films *Fantasia* von 1940. Die Verbindung von Musik und Film faszinierte ihn und brachte ihn dazu, sich für die Musik des Soundtracks zu interessieren. Grundidee von *Fantasia* ist es, ein Konzert des Philadelphia Orchestra unter Leopold

Anthony Braxton: *For Alto*, 1970

Stokowski in Animation zu übersetzen. Zorn erinnerte sich dabei vor allem an Igor Strawinskis »Le Sacre du Printemps«, dessen Ballettmusik mit Bildern aus der Frühgeschichte der Erde; von der Entstehung der Erdteile über die ersten Einzeller bis zum Untergang der Dinosaurier und an Paul Dukas »L'Apprenti sorcier« nach dem Gedicht Johann Wolfgang von Goethes, in dessen Visualisierung Mickey Mouse mit roter Robe, spitzem blauen Hut und funkensprühendem Zauberstab die Rolle des Zauberlehrlings übernimmt und an die mit abstrakten Figuren u. a. des deutschen Filmzeichners Oskar Fischinger animierte Fuge Johann Sebastian Bachs. Bachs Orgelmusik faszinierte Zorn, als er Lon Chaney Sr. als Erik in *Phantom of the Opera* von 1925 über die Orgel gebeugt sah später so sehr, dass er begann systematisch Bach-Aufnahmen zu kaufen.[13] Doch dass er sich neben dem Keyboard, auf dem er bis heute komponiert, für das Saxophon entschied und von 1971 bis 1973 ein Musikstudium am *Webster College* in St. Louis, Missouri aufnahm, ist damit noch nicht hinreichend erklärt.

Zorn selbst hat, wieder ganz im Sinne des Mythos um die eigene Person, Anthony Braxtons Album *For Alto* aus dem Jahr 1969 als Moment der Initiation benannt. *For Alto* war gerade einmal die zweite LP Braxtons und das erste Album, das je komplett von einem Saxophonisten ohne jede Begleitung eingespielt worden war. Vorbild war Coleman Hawkins' Stück »Picasso« von der gleichnamigen LP aus dem Jahr 1948, mit der Hawkins die heraufziehende Dominanz des Bebop gegenüber Swing und Big-Band-Sound unterstrichen hatte. Braxtons Platte markierte den Übergang zum Free Jazz. Er widmete die Stücke einzelnen seiner Heroen, darunter dem Pianisten Cecil Taylor und John Cage.

Ob Oliver Lake, Zorns Dozent am *Webster College*, der der *St. Louis's Black Artists Group* (*BAG*) angehörte und über die *Association for the Advancement of Creative Musicians* (*AACM*) Kontakt zu Braxton hatte, ihn auf diese Art von Musik aufmerksam gemacht hatte, oder ob er selbst auf die damals zwar hoch gehandelte, aber nicht gerade populäre Platte gestoßen war, wissen wir nicht. Auf jeden Fall befand er sich, so hat er später in verschiednen Interviews bestätigt, auf der Suche nach etwas, was härter, rauer war als der straighte Free-Bob eines Ornette Coleman.

Am College entstand 1972 die Kammermusik »Christabel« nach Motiven der Lyrik des englischen Romantikers Samuel Taylor Coleridge. Coleridge litt als Erwachsener unter lähmenden Angstattacken und Depression, heute geht man bei ihm von einer bipolaren Störung aus; zeitlebens klagte er über schlechte Gesundheit sowie Anfälle von rheumatischem Fieber, gegen die er mit Laudanum behandelt wurde, was eine dauerhafte Opiumsucht nach sich zog. Als Zorn das Stück 1998 erstmals mit dem *Callithumpian Consort* des *New England Conservatory* unter Leitung von Stephen Drury für das Album *Angelus Novus* aufnahm, nannte er es einen »Spuk« und »one of the most enduring of my student pieces, at the crossroads where [Charles] Ives meets minimalism.«[14] Noch bevor er Webster – ohne Abschluss – verließ, um nach einem kurzen Aufenthalt an der Westküste nach New York zurückzukehren, entstanden erste Aufnahmen, in denen Zorn Elemente des Free Jazz, der Avantgarde und Experimentalmusik, Alltagsgeräusche und ungewöhnliche Instrumente mit Musik für Spiel- und Animationsfilme, wie z. B. denen von Carl Stalling kombinierte.

Stalling hatte wie kein zweiter die Musik im Animationsfilm geprägt und mit seinen Kompositionen für *Disney*, vor allem für *Mickey Mouse* und die *Looney Tunes* wie *Bugs Bunny* der *Warner Bros.*, zum Erfolg der Serien und der Figuren beigetragen. Was Zorn hier faszinierte war, wie Stalling mit Zeit umging und dass die Musik nicht autonom funktionierte, sondern nach den klaren Vorgaben und einem festen Regelwerk auf die Animation komponiert wurde, aber dennoch als Werk hörbar blieb. Zu seinen Einflüssen gehörten in dieser Zeit neben Braxton die Jazz-Saxophonisten Albert Ayler und Ornette Coleman, der Gitarrist Eugene Chadbourne, aber auch Karlheinz Stockhausen. Gerade Ayler und Braxton beeindruckten ihn mit ihrem musikalischen Nonkonformismus, denn ihre Kompositionen und Arrangements stießen über die Grenzen des Jazz in eine Abstraktion vor, die eine große Nähe zur neuen Musik und zu den Experimenten der Avantgarde herstellte.

Diese ersten Aufnahmen veröffentlichte Zorn allerdings erst 1995 unter dem Titel *First Recordings 1973*. Das Herzstück ist »Mikhail Zoetrope«, eine 45 Minuten lange Solo-Performance, die in nuce schon zentrale Kompositionsprinzipien enthält: die scheinbar anarchische, zugleich strategisch durchkomponierte Bricollage von Klängen: wir hören Zorn und sein Saxophon, aber auch Töpfe und Pfannen, Radio und Fernsehen, Plattenspieler und Kinderspielzeug. Er bläst und klopft in sein Horn, stöhnt und schreit, blubbert, hustet und röchelt, verfremdet Instrumente wie Gitarre, Klavier und Keyboards elektronisch, mischt Feedbacks, Ätherrauschen und Frequenzüberlagerungen, Zwitschergeräusche und Sprachfetzen mit ein, intoniert »God Save the Queen« (vier Jahre vor den Sex Pistols) und recherchiert mit Fetzen aus dem »Maple Leaf Rag« von Jelly Roll Morton an den schwarzen Wurzeln des Jazz. Als Saxophonist sind Referenzen an Braxton und Ayler, von dem Zorn auch ein Thema bearbeitet, bei ihm nicht zu überhören. Die Technik der Verfremdung der Töne und das Mischen verschiedener auch perkussiver und elektronischer Klänge verweist aber zugleich auf ein anderes epochales Jazz-Album der Zeit: Miles Davis' *Bitches Brew*, das - ebenfalls 1969 eingespielt - 1970 auf den Markt gekommen war.

Der Musikkritiker Guy Peters schrieb über die *First Recordings*: »A portrait of the artist as a young genius, goofball or radical experimentalist, depending on your point of view. (...) Mainly pursuing a direction in musique concrète, the bulk of the material here seems to be concerned with pure and immediate sounds, or offering a lexicon of the possible ›new‹ sounds. The three-parted ›Mikhail Zoetrope‹ (running more than three quarters of an hour) is in Zorn's own words ›the craziest piece I've ever written.‹ Those who've heard some of his more challenging works know what that implies: it's batshit insane. When discussing the brief ›Wind Ko/La‹, Zorn reveals it's probably no surprise that his mother put him under observation at a psychiatric clinic from age 8 to 16. His mother must've been quite a tolerant person, as most other parents would undoubtedly hire an exorcist ... but for the most part, it's a pure mess that probably works fine as a concept (if you're into this stuff), but is simply un-listenable and worthless as ›music.‹«[15]

Auch wenn Peters den Beweis schuldig bleibt, dass Zorns Behauptung, seine Mutter habe ihn in psychiatrische Behandlung gegeben, mehr als eine Selbststilisierung ist, so wird hier wieder die Figur des Unverstandenen, in seiner Kreativität und seinen Leidenschaften Unterdrückten vom Fluch ererbter Traumata Verfolgten ausgestellt, die sich schon in den Figuren des Wolfsmenschen, des Phantoms, des Alchemisten ausdrückte.

Zurück in New York zog Zorn nach Manhattan. Er fand Anschluss an die »Loft-Bewegung« und gab Konzerte in seiner Wohnung und anderen kleinen Locations. Downtown Manhattan war damals die Heimstatt ganz unterschiedlicher Künstler von Philipp Glass über Steve Reich und Ornette Coleman bis Patti Smith, Robert Mapplethorpe, Roy Lichtenstein und Andy Warhol. Die Gräben zwischen ›weißer‹ und ›schwarzer‹, Hoch- und Populärkultur oder zwischen Avantgarde und Punk schienen überwunden. Obwohl der Jazz, so hieß es damals und so perpetuiert es auch der Kritikerpapst Stanley Crouch in seiner Geschichtsschreibung des Jazz, sich in der Krise befunden habe, zog es viele Musiker aus dem Mittleren Westen und von der Westküste in die Stadt.[16]

Und auch wenn der Jazz, folgt man Crouch, durch den Jazz-Rock und ähnliche Infusionen aus der ›weißen‹ Musik immer weiter verwässert worden sei und gleichzeitig eine schwarze Symbolfigur fehlte, die einen anderen, eigenständigen Weg zur Rückbindung an die Jugendkultur gefunden hätte, und somit Auftrittsmöglichkeiten für traditionellen Jazz selbst in New York rar gewesen seien, gab es unter den jungen Musikern eine kritische Masse kreativer Energie. Zorn folgte seinen Vorbildern wie Lake und Braxton, aber auch Henry Threadgill aus Chicago und David Murray aus Los Angeles. Schon 1963 hatte Amiri Baraka einen Trend zu einer ›do it yourself‹-Kultur in der Jazzszene ausgemacht, da Musiker, die in den großen Clubs keine Gigs bekommen konnten, Downtown in Lofts und Coffee Shops spielten: »one small ad is placed in the *Village Voice*, and a few hand-painted signs are posted in important places all over the downtown area.«[17] In Soho und Noho gab es etwa *Ali's Alley* des Coltrane-Drummers Rashied Ali, *The Ladies' Fort*, das der Sänger Joe Lee Wilson betrieb und das *Studio We* in der Eldridge Street auf der Lower East Side. 1972 stellte der Saxophonist Sam Rivers in seinem Loft *Studio Rivbea* in der Bond Street sogar ein Gegenfestival zum Klassiker in Newport auf die Beine. Free Jazz und Bob mischten sich mit Funk, afrikanischen und afro-karibischen Einflüssen und komplex strukturierten Techniken der Avantgarde-Komposition. Auf seinen Konzerten spielte Zorn, wie auf den *First Recordings*, Saxophon und eine Vielzahl von Holzblasinstrumenten, setzte aber auch Tonbänder und alle möglichen anderen Klangquellen wie z. B. Entenpfeifen ein. Er wurde als Komponist, Performer und Produzent von Musik schnell ein wichtiger Teil der fruchtbaren Avantgarde der Downtown-Musikszene, die die Grenzen einzelner Musikgenres in Frage stellte. Zorns musikalisches Vokabular erweitert sich um Hardcore und Punk, allerdings steht er über Ikue Mori und die Gitarristen Fred Frith und Arto Lindsay eher dem Post-Punk, der Artrock- und No-Wave-Szene mit Bands wie *DNA* nahe. Es folgten, so beschreibt es auch Steven Lee Beeber, Auftritte im *CBGB's* und in *The Kitchen*.[18] Zorn inszenierte sich bei seinen Gigs in Camouflage-Hosen und T-Shirts mit »Fuck off!«-Aufdruck.

Zugleich öffnete Zorn sich auch wieder einem weiteren subkulturellen Spektrum und kooperierte in interdisziplinären Projekten mit dem Kulturanthropologen, Schallplattensammler, Experimentalfilmer und Mystiker Harry Everett Smith, dem Assemblage-Künstler, Post-Surrealisten und Filmemacher Joseph Cornell und dem Dramatiker und Theaterpionier Richard Foreman. Er habe, so Zorn stets halb ironisch, in jenen Jahren »alchemical synthesis from Harry Smith, structural ontology from Richard Foreman, how to make art out of garbage from Jack Smith, cathartic expression at *Sluggs* and hermetic intuition from Joseph Cornell«[19] gelernt. 1975 gründete er u. a. mit Lindsay, Foreman und der Violonistin Polly Bradfield in Anlehnung an Foremans *Ontological-Hysteric Theater* das *Theater of Musical Optics*, ein Performance-Kunst-Projekt, »in which he presented different colored objects for different lengths of time according to predetermined rules of presentation, on a miniature stage. These performances took place in Zorn's own flat, and the ›auditorium‹ could accommodate at maximum four people. The practice of these pieces was indebt in part to the radical theatre of Richard Foreman and Jack Smith, but for Zorn, the *Theater of Musical Optics* were pieces of music and means of addressing central musical questions.«[20]

Während Zorn Anfang 1975 diese Performances noch so einrichtete, dass Musiker sich an den Bewegungen der Objekte abarbeiteten, und mit oder gegen ihre Präsentationsmodi improvisierten, rückte er bald davon ab und erkannte, dass bereits die optischen Manipulationen selbst, etwa durch den Einsatz von Zoetropen, mit denen er schon am *Webster* experimentiert hatte, die entscheidenden musikalischen Ideen enthielten und die Musiker eher die Funktion von Puppenspielern haben sollten.[21] Oder, wie Zorn es selbst im Interview mit Cole Gagne beschrieb: es ging um »musical pieces that were completely visual and didn't use sound«.[22]

Diese Formen der Aleatorik, der Komposition auf Basis mittels improvisatorischer oder kombinatorischer Zufallsoperationen, verbindet Zorns Projekte der 1970er-Jahre mit dem großen Projekt der Aleatorik bzw. Kombinatorik in der Moderne, dem etwa der Surrealismus, der Abstrakte Expressionismus eines Jackson Pollock, die Pop Art, aber auch die Choreographie eines Merce Cunningham und die Musik seines Partners John Cage zuzurechnen sind. Die Kunsthistorikerin Rosalind E. Krauss, die zur selben Zeit mit der Zeitschrift *October* eine Plattform für postmoderne Kunstkritik etablierte, entwarf in Anlehnung an Fredric Jamesons Theorie des »politischen Unbewussten« eine Theorie des »optischen Unbewussten«, das aus einer »Verweigerung der optischen Logik des Mainstream-Modernismus« heraus zum Leitmotiv einer schillernd-facettenreichen alternativen Genealogie der Moderne wird und ihre scheinbar ehernen Prinzipien von innen unterminiert.[23]

Strategien, Spielregeln und freies Spiel: Game Pieces

Nur drei Jahre nach den *First Recordings* hatte sich Zorns Stil deutlich verändert. Er versuchte das Paradoxon zu lösen, Musik für Instrumentalisten zu komponieren, die auf Basis von Improvisation arbeiteten. Das Ergebnis waren »game pieces«, die er als »complex systems harnessing improvisers in flexible compositional formats» beschreibt.[24] Diese Kompositionen setzten Kagel und

Stockhausen zu Braxton und Roscoe Mitchell in Spannung, verwandten Regeln und Strategien aus verschiedenen Zeichen- und Regelsystemen, um sie auf Improvisation in Musik zu übertragen. Ein wesentliches Merkmal dieser Stücke ist die »Ästhetik der produktiven Kollaboration«, denn dadurch, dass es keine im Voraus festgelegte Abfolge der komponierten Teile gibt, tragen die Musiker mit ihrer Persönlichkeit wie ihren musikalischen Fähigkeiten zur Performanz des Stückes bei. Zorn komponierte einzig Strukturen, etwa Duos, und legte Längen fest. John McGuire hat als die wichtigsten Charakteristika dieser Musik »kurze, scharf geschnittene Blöcke«, eine Mehrschichtigkeit zunächst einander fremder Klänge, und eine bestimmte Rhythmik »kurzen, harten Eingreifens in laufende Texturen« identifiziert.[25] Die Stücke entfalten sich frei nach bestimmten Abfolgemustern und geben Raum für spontane Improvisation, ähnlich wie im Sport.[26] Ihren individuellen Regelsystemen entsprechend wurden die Stücke oft auch nach einer Sportart benannt: auf *Baseball* und *Lacrosse* von 1976 folgten 1977 *Domino*, *Curling* und *Golf*, sowie 1978 *Hockey*, *Cricket* und *Fencing* und schließlich 1979 *Pool* und *Archery*. *Lacrosse* wurde 1977 als erstes »game piece« auf dem Doppelalbum *School* von Eugene Chadbourne für dessen Label *Parachute* eingespielt. Bis 1981 folgten drei eigene Doppelalben Zorns dieser sportiven »game pieces« mit einer Auflage von jeweils nur 1.000 Stück. Als musikalische Partner stießen in dieser Zeit die Klangkünstler Bob Ostertag und Kramer, der Bassist Bill Laswell, der Pianist und Posaunist Anthony Coleman und der Cellist Tom Cora zu Zorns Downtown-Netzwerk hinzu. Für sie alle galt, dass jeder von ihnen eine eigene polyphone musikalische Sprache besaß und selbst eigene Musik mit einbrachte. 1978 schrieb Zorn speziell für Chadbourne *The Book of Heads*. Er kombinierte hier Improvisations- bzw. Manipulationstechniken für die Gitarre, die Cadbourne perfektioniert hatte, wie den Einsatz von sprechenden Puppen, Luftballons, Lamellophonen wie der afrikanische Mbira, und sogenannter wet finger whoops mit eigenen Ideen, wie die Saiten mit Bleistiften oder Reis zu traktieren oder sie aus dem Steg zu ziehen. Chadbourne nahm die Stücke allerdings nie auf, sie wurden erst 1995 mit Marc Ribot realisiert, der eigene Techniken zu ihrer Umsetzung einbrachte.

Mit den drei Alben *The Big Gundown* (1985), *Spillane* (1987) und *Godard* (1986) führte Zorn erstmals seine Begeisterung für Filmmusik mit der Ästhetik der »game pieces« zusammen. Auf *The Big Gundown* dekonstruierten Zorn und seine Mitspieler die Musik von Ennio Morricone und verfremdeten und unterbrachen die bekannte Filmscores zu Spaghetti-Western-und Mafia-Epen durch den Einsatz von Schreien, Schüssen, Alltagsgeräuschen, verzerrten Instrumenten und improvisierten Soli. Bei *Spillane* und *Godard* komponierte Zorn nach einigen Versuchen mit dirigierter Improvisation wieder im Filecard-System, bei dem mit Anordnungen beschriebene Karteikarten zum Einsatz kommen. *Spillane* ist eine Hommage an den Kriminalautor Mickey Spillane, dessen Texte für Zorn Rhythm'n'Blues, Jazz und das Tempo von New York atmen und ihn zu Soundtracks für Verfilmungen seiner Romane inspirierten - ein Soundscape über die Trivialkultur New Yorks.[27]

Sein langlebigstes »game piece« ist bis heute *Cobra* (1984), das Zorns erstmals 1987 auf Platte veröffentlichte und 1992, 1994 und 2002 wieder bearbeitete und neu einspielte. Zorn band dabei zunächst ein Dutzend Musiker der Downtown-Szene ein, die er für Aufführungen dieser Stücke zu bisweilen recht großen Ensembles zusammenstellte. Dabei setzte er eine Reihe von Methoden ein, um die Richtung und die Entwicklung der Musik zu steuern, wie Gesten der Hand oder die per Zufall entschiedene Reihe von Filecards.[28]

So ambitioniert, so radikal individualistisch, subjektiv-eklektizistisch und provozierend diese Musik Zorns war, so sehr spaltete sie Hörer und Kritiker. Vor allem viele akademische Kritiker sprachen ihr, z. T. allerdings erst 15 bis 20 Jahre später, als Zorn schon eine feste Größe auf der internationalen Musikszene war und sein Frühwerk durch Wiederveröffentlichungen entdeckt wurde, das innovative Potenzial ab. In Deutschland schrieb etwa Peter Niklas Wilson enttäuscht wie befremdet vom »metropolitanen musikalischen Zynismus« und von angestaubter »Nierentischromantik«[29] der »game pieces«, die ihre Sentimentalität als Ironie tarne, von postmoderner Simulation im Geiste Baudrillards und musikalischer Hyperrealität statt Originalität. Sein amerikanischer Kollege David Nicholls beschrieb einen rasenden Stillstand in der Wiederholung bereits sattsam bekannter Improvisationstechniken, denn seit John Cages *Variations IV* bewege sich nichts voran, »we can only go round and round. Thus even the most attractive, or striking, new works - for instance those of ... John Zorn (and others ...) - must inevitably be allusive rather than elusive, referential (and reverential) rather than radical.«[30]

Im Zuge seiner Revision der Postmoderne hat Fredric Jameson ihr ja trotz eines parodistischen Grundzugs und der Bevorzugung von intertextuellen und sebstreflexiven Formen des Pastiche, die auch für Zorns Musik zutreffen, eine bedauerliche Neigung zur Humorlosigkeit attestiert, die ebenfalls für einen Teil von Zorns Arbeit gelten kann.[31] Susan McClary, als Feministin in der Musikwissenschaft ebenso wichtig wie als Vertreterin der »New Mucicology«, beobachtet einen »hellzapoppin' nihilism«, der in den Trümmern der Moderne herumwühle, sieht aber, vielleicht sensibler als andere, in den frühen Arbeiten bereits einen Ausdruck von Schmerz und Gewalt: »Much of John Zorn's music relies on signs of violence for narrative coherence. Expressions of pain become expected structure markers as they do in our actions films, television, and video games. They engage our interest and provide the incentive for our continued attention.«[32]

Radical (New) Jewish Culture

Erst die Zäsur eines beinah zehn Jahre dauernden Japan-Aufenthalts in den 1980er-Jahren führte Zorn zu einer Auseinandersetzung mit seinen jüdischen Wurzeln: Es sei die Konfrontation mit einer in jeder Hinsicht fremden Sprache und Kultur gewesen, so Zorn, die für ihn zu einem Erlebnis radikaler Einsamkeit und Entfremdung wurde und ihn zu einer Suche nach der eigenen Identität gebracht habe.[33] Die

Anthony Coleman und Marc Ribot in *Sabbath in Paradise*.

Downtown-Szene hatte sich zudem verändert, mittlerweile gaben Musiker wie Tom Waits, John Lurie und seine Lounge Lizards oder Elliott Sharp den Ton an. Nicht nur die »produktiven Kollaborationen« mit anderen jüdischen Musikern, vor allem die Gespräche mit Anthony Coleman, Marc Ribot und Frank London im *Ratner's*, dem koscherem Deli an der Delancy Street und der Second Avenue, hätten sie, so Zorn im Interview mit der deutsch-amerikanischen Dokumentarfilmerin Claudia Heuermann, zu einer Entdeckung der ihnen gemeinsamen jüdischen Identität sowie der jüdischen Tradition in New Yorks Lower East Side und Süd-Manhattan geführt.[34] »We looked around – each of us individually«, so Anthony Coleman, »and saw that this major part of our selfhood was missing as a consciously chosen color in our palette. And this seemed a little ridiculous.«[35] Dieser Dialog habe in ihnen die Erkenntnis wachgerufen, dass es, über das Interesse an improvisierter aleatorischer Collage-Musik hinaus, in der jüdischen Musik, die vor allem im Klezmer schon immer eng mit jüdischer Spiritualität gekoppelt gewesen war, ein verbindungs- und identitätsstiftendes Element gäbe: »und dann fanden wir diese Sache«, so Coleman an anderer Stelle, »die cool war, und sie hatte so viel Funkiness wie der Blues oder die andere schwarze Musik, die wir zu stehlen versuchten.«[36] Zorn fand ein Label für die Gruppe, das schnell zu einer kontroversen und damit erfolgreichen Marke werden sollte: Radical New Jewish Culture (RNJC). Vorausgegangen war allerdings bereits ein Revival der Klezmer-Musik durch Bands wie The Klezmatics mit Platten wie *Shvaygn = Toyt* (*Rounder*, 1988) Brave Old World oder später Hasidic New Wave (*Jews and the Abstract Truth*, Knitting Factory, 1997) und Künstler wie Andy Statman oder David Kracauer.

Einen ersten musikalischen wie rhetorischen Auftritt hatte das um Zorn und Ribot organisierte Kollektiv 1992 beim Münchner *Art Projekt*-Festival mit der Aufführung von Zorns *Kristallnacht* und der Veröffentlichung des Manifests »Was genau ist diese Radical New Jewish Culture?« *Kristallnacht* war eine gezielte Provokation des deutschen Publikums, denn es thematisiert nicht die bei aller brutalen Realität in ihren Dimensionen abstrakte industrielle Vernichtung der Juden, sondern einen Höhepunkt lokaler, handfester kollektiver Verfolgung, Demütigung und Gewalt, der aus dem deutschen Alltag heraus zu einem Fallen aller zivilisatorischer Schranken geführt hatte. Der NS-Judenstern auf dem Cover macht auch deutlich, dass jüdische Identität nicht zu letzt seit dem Zivilisationsbruch der Shoah prekär, fragil und instabil bleibt. Peter Nikolas Wilson übersetzte aus dem Booklet zu *Kristallnacht*: »Der Jude ist immer Ursprung einer doppelten Infragestellung gewesen: der Infragestellung des Selbst und der Infragestellung des ›Anderen‹. Da ihm nie die Möglichkeit gewährt wird, aufzuhören, jüdisch zu sein, ist er gezwungen, die Frage seiner Identität zu formulieren. Daher ist er von Anbeginn mit dem Diskurs des ›Anderen‹ konfrontiert, und oft hängt sein Leben davon ab.«[37]

Damit zitiert Zorn indirekt den ägyptisch-französisch-jüdischen Schriftsteller Edmond Jabès, für den die Erfahrung des Holocaust die Idee einer sinnvollen, zielgerichteten jüdischen Biografie zerstört hatte – und damit zugleich die Möglichkeit, eine solche in der Kunst, Literatur oder Musik bruchlos widerzuspiegeln. Marc Ribot erinnerte sich 1996 in einem Essay an den Kontext der Aufführung: »While we premiered John Zorn's *Kristallnacht* in the Lincoln Center-like complex where the Munich festival took place, a different kind of event was taking place in Rostock. Further north and east and light-years away from our protected environment, Germans were throwing rocks and fire-bombs through the windows of immigrants to shouts of ›Ausländer raus‹.«[38]

Wilson nennt die Musik von *Kristallnacht* entgegen einer Mehrheit begeisterter, teils überforderter, teils eingeschüchterter Kritiker schlicht »brachial«[39] und unangemessen. Er konstatierte allerdings, Zorn habe als Kurator des Münchner Festivals ein offenes und pluralistisches Angebot gemacht, was Bausteine einer neuen jüdischen Kultur sein könnten. Er habe Identität über Alterität und Selbstbefragung einzukrei-

John Zorn: *Kristallnacht*, 1993

sen versucht, er schlage keine Festschreibung jüdischer Musik, keine Reduktion auf einen spezifisch jüdischen Stil vor. In ihrem Manifest stellten Ribot und Zorn an sich und ihre Musiker-Kollegen eine Reihe von Fragen, die teils Thesen implizierten, teils offen gestellt waren: »Have these artists (many of whom remain entirely secular or removed from direct contact with Judaism) somehow reproduced Jewish paradigms in their work? (...) Does Jewish music per se have to employ Hebraic scales and be on specific Jewish themes, or is Jewish music simply music made by Jews? Has the intensity of participation in new music been motivated by a desire to assimilate into a branch (albeit radical) of American culture, or is it a sign of a estrangement from it (or both)? (...) Has the Jewish genius for myth construction been useful in the angry mythdeconstructing of punk, hardcore and their rock predecessors (like Lou Reed, Iggy Pop and Neil Young)?«[40]

In den Notizen zu dem im Oktober 1992 in New York in der *Knitting Factory* von Zorn und seinen Mitstreitern organisierte *RNJC*-Festival ergänzten sie: »is the (Jewish) historical memory of statelessness related to the patchwork music that came out of New York in the 1980s? Do the ›rules‹ of game pieces like *Cobra* (or for that matter, in Schoenbergs 12-tone system) reflect a talmudic desire to codify? (...) Does the loose. motivic group improvising in Roy Nathanson's work derive in part from Orthodox (Jewish) prayer traditions (in which members of the group may read the text at different speeds)? For those whose works contain the signifiers (...) of punk and hardcore, does their rage ... connect with prophetic Jewish rage at a history of exile and aggression?«[41]

Anthony Coleman hat dies als eine Herausforderung an seine Arbeit formuliert, jenseits der Klezmer-Stereoptypen »to figure out a new way to use [«Jewish«] tropes and signifiers in a more abstract way: Barnett Newman, Morton Feldman, that is my Radical Jewish Culture, too.«[42] Was aber dieses abstrakte Andere sei, bleibt nur angedeutet. Dass damit letztlich ein ethnisch-basiertes Kriterium beinah wortwörtlich zum Shibboleth zwischen den Protagonisten der Downtown-Szene wurde, dass von der RNJC eine wenn auch flüchtige, ephemere »jüdische« Essenz innerhalb der sonst fragmentierten Identität behauptet wurde, die Franz Kafka, Mark Rothko, Albert Einstein, Walter Benjamin, Lenny Bruce, Sigmund Freud und Steven Spielberg als Juden im 20. Jahrhundert verbinde, wurde von verschiedenen Seiten massiv kritisiert.[43] Ganz zu schweigen davon, dass in den fast ausschließlich männlichen Zirkeln der RNJC Fragen nach der jüdischen Identität oder dem Ort einer Emma Goldmann, einer Hannah Arendt oder Rosalind Krauss schlicht keine Rolle spielen. Bei Zorn sieht man sich jenseits kultureller Klischees schnell auf einen biologistischen Diskurs zurückgeworfen. Zukunft braucht eben Herkunft, nicht-jüdische Musiker, wie etwa der schwarze Klarinettist Don Byron, der vielfach ›jüdische‹ Musik für sein Instrument eingespielt hat (*Don Byron Plays the Music of Mickey Katz, Nonesuch* 1992). Musiker wie Byron sind in der Regel von den Projekten der RNJC ausgeschlossen und damit wurde für einen der produktivsten Kulturräume der USA, New Yorks Downtown-Szene, eine ungemein fruchtbare Phase der Interaktion Befruchtung und hybriden Befruchtung zwischen schwarzer und jüdischer Kultur teilweise aufgegeben.[44]

Zorn kontert, es gehe ihm nicht um Segregation, sondern um die Position eines konsequenten Außenseitertums. Kein noch so großer kultureller Beitrag zu der Kultur irgendeines Nationalstaats führe dazu, dass man als Jude akzeptiert werde, sondern es gelte zu einer Verständigung über die gemeinsame Position als konsequente Außenseiter zu gelangen. Im Interview mit Fred Kaplan betonte Zorn, dass es diese Position sei, die für ihn Judentum attraktiv machte: »This is what was attractive to me about the *tribe* – the *culture* of the *outsider*«[45]

Hier kommen sie nun zusammen, die Masken des John Zorn: der jüdische Außenseiter der Second Generation, der Wolfsmensch, das Phantom der Oper, der Avantgarde-Musiker in Camouflage-Hose und Punk-T-Shirt. Wilson kritisiert, dass Zorn diesem Credo nach 1992 keineswegs treu geblieben sei, sondern ein Doppelspiel betreibe, indem er sich plakativer semantischer Codes wie der Ehrenbezeugung *Tzadik* für sein Label und des Judensterns als seines Signets bediene, die Musik mit »akustischen Chiffren wie stereotyp jüdisch konnotierten Skalen« oder dem »Kol Nidre« garniere und offensiv martialisch konnotierte jüdische Namen wie »Bar Kokhba« oder »Masada« instrumentalisiere.⁴⁶ Damit unterlaufe er die propagierte Offenheit seines Konzepts von Judentum ostentativ zugleich wieder. Zorns kulturelle Heimatlosigkeit, seine Sehnsucht nach Zugehörigkeit führten zu einer Konstruktion eines privaten Mythos als Heimat für die eigene beschädigte Identität. Das Stichwort »Heimat« ruft unweigerlich die Frage nach der Positionierung dieses Projekts zum Zionismus auf. Zorn hat stets vehement abgelehnt, politisch etwa im Sinne der *Jewish Defence League* des ultra-nationalistischen amerikanisch-israelischen Rabbi Meir Kahane vereinnahmt zu werden. Er hat im Gegenteil im Sinne »kulturellen Zionismus« eines Asher Ginsberg (Ahad Ha'am) als Aufgabe des Zionismus nicht die Landnahme in Palästina, sondern die Pflege der Traditionen der Sprache, Geschichtsschreibung, Philosophie und Kunst betont. Ha'am widmete er 1994 auch die erste der zunächst vier Aufnahmen seines Band-Projekts Masada, *Alef*. Im Interview mit David Pehling für den Sender *KTVU* in San Francisco erläuterte Zorn im März 2009 im Rückblick die Geschichte des Projekts so: »The project for Masada was to create something positive in the Jewish tradition something that maybe takes the idea of Jewish music into the 21st century the way jazz developed from the teens and 1920s into the '40s, the '50s, the '60s and on. ... The *Masada* songbook was really something that was like the Irving Berlin songbook or the Burt Bacharach songbook or the Thelonious Monk songbook. My initial idea was to write a hundred tunes. And then I ended up writing over 200 for the first book and then performed it countless time for years.«⁴⁷

Inzwischen hat Zorn ein zweites Songbook für Masada begonnen und – so wird er nicht müde zu kolportieren – in einem Schaffensrausch nur weniger Monate weitere dreihundert Stücke für die Band komponiert. Obwohl die kreative Energie und Qualität der Musiker weiterhin ungemein hoch sind, beruhen viele Stücke wie Wilson es schon 1998 bemängelt hatte, musikalisch auf »matten Klischees«, die nur durch ihre »improvisatorische Veredelung« zum Leuchten gebracht werden.⁴⁸ Wilson hat allerdings m. E. die hegemoniale Position und musikalische Dominanz von Zorn für das Projekt der Radical Jewish Culture überschätzt. Zorn hatte weniger einen homogenen kulturpolitischen Entwurf im Sinn, als eine Plattform für eine lebendige jüdische Streitkultur. In diesem Geist ist auch das Label *Tzadik* ausgelegt, das Zorn 1995 gründete. Der Blogger Sean Murphy charakterisiert es kurz und trocken so: »some of the very best music in the world is being created on Zorn's middle-finger-to-the-industry label.«⁴⁹ Auf *Tzadik* findet sich ein breites Spektrum »jüdischer« Musik – und nicht alle diese Musik entspricht in den Details den Ideen Zorns, nicht alle beteiligten Musiker stimmen politisch, ästhetisch oder spirituell mit ihm überein. Wilson nennt selbst zwei Beispiele: Ben Goldberg, Leader des *New Klezmer Trio*, habe ihm gegenüber die Verwendung des Judensterns als »Marketingmittel« des Labels als wenig »hilfreich« bezeichnet. »Und der Trompeter Steve Bernstein gibt zu seiner *Tzadik*-CD *Diaspora Soul*, die jüdische Markenzeichen-Melodien in Jazz- und Funk-Rhythmen kleidet, zu Protokoll: »Ich spiele keine jüdische Musik, ich spiele Trompete. Ich mache Musik, und *Diaspora Soul* war ein Job, ein Auftrag, den Zorn mir gab: eine jüdische Platte zu machen. Es dauerte drei Jahre, bis ich etwas fand, das mir gefiel. Selbst Zorn sagte: ›Das ist keine Platte, die du machen möchtest‹, und ich antwortete: ›Du hast Recht.‹«[50]

Die beiden entscheidenden Aufgaben des Labels sind aber zum einen, die jüdischen Musiker Downtown durch Studioarbeit und Veröffentlichungsmöglichkeiten ökonomisch abzusichern und auch jungen Musikern wie Joe Madof, Yoshie Fruchter oder Jamie Saft Anstöße, Anregungen und Verwirklichungsmöglichkeiten zu geben. Gewiss entstehen dadurch auch Abhängigkeitsverhältnisse. Zorns Radical Jewish Culture ist nicht das einzige, aber das langlebigste Projekt der Renaissance jüdischer Musikkultur in Manhattan. So schloss sich beispielsweise 1998 der New Yorker Jazz-Pianist Uri Caine einem Label-Projekt der *Knitting Factory* an, das sich kurz und nicht ohne Ironie JAM – Jewish Alternative Movement – nannte und seine Kollaboration unter Anspielung auf das Hauptwerk des berühmten jüdischen Gelehrten Maimonides aus dem Spanien des 12. Jahrhunderts *Guide for the Perplexed – Moreh Nevukhim* (»Anleitung für Verwirrte«) – betitelt hat. In den letzten zehn Jahren haben sich daneben noch eine Reihe anderer Szenen und Kreise entwickelt, in denen z. B. Rapper wie Socalled und Reggae-Künster wie Matisyahu aus der chassidischen Chabad-Lubawitsch-Gemeinde in Crown Heights wirken, die mit HipHop und Samples experimentieren.

Sabbath in Paradise

Der Dokumentarfilm *Sabbath in Paradise* von Claudia Heuermann aus dem Jahr 1998 nähert sich der jüdischen Downtown-Szene in einer Rekonstruktion der verschiedenen Zugangswege ihrer Protagonisten an. Heuermann interviewt acht Musiker – Andy Statman, Anthony Coleman, David Krakauer, Frank London, John Zorn, Mark Ribot, Michael Alpert und Roy Nathanson – und konfrontiert jeden von ihnen zunächst mit der Frage, was jüdische Musik sei. Die Antworten sind umständlich und mäandrieren, sind teil biographisch, teils theoretisch, philosophisch oder spirituell motiviert, die Befragten berichten von Klezmer und kantoraler Musik, vom »Yiddish Revival« der 1980er-Jahre, der jeweils individuellen und vereinzelten Suche der zweiten und dritten Generation der Immigranten nach ihren kulturellen Wurzeln und ihrer Identität. Zentrale musikalische Figur des Films ist Zorn, auch wenn, oder gerade weil er Heuermann nicht erlaubte, ihn im Bild zu zeigen. Heuermann rahmt ihre Interviews, Proben- und Konzertausschnitte auf mehrfache Weise: Zu Beginn hören wir John Zorn, der aus seiner Kinderzeit von Besuchen der Synagoge an der Hand seines Vaters berichtete und davon, wie ihm dieser dort alte Geschichten erzählt habe. Dann erscheint der Comic-Autor, Herausgeber des *American Splendor* und Jazz-Kritiker Harvey Pekar, der aus der von Beatrice Silverman Weinreich und Leonard Wolf herausgegebenen Sammlung von *Yiddish Folktales* die Geschichte des Besuchs des Rabbis im Paradies vorliest, die Toyvye Brand aus dem polnischen Torn um 1930 notiert hat. Als Verkörperung des Rabbis wiederum erscheint Anthony Coleman in Wintermütze und schneebestäubtem Mantel, den wir am Beginn des Sabbats mit seinem voluminösen Posaunenkasten durch New York reisen sehen. Diese »Reise« bildet den fiktiven Rahmen für die Begegnungen und Besuche bei den Proben und Konzerten und einer orthodoxen jüdischen Hochzeit in Brooklyn. Allerdings ist es die Regisseurin, die hier durch die Montage einen kohärenten Dialog über religiöse und musikalische Differenzen hinweg stiftet und - im Sinne des Marketings von Zorns Label, das den Film auch vertreibt - einen Geist von Community suggeriert, der wahrscheinlich durch die Lebenswirklichkeit der Musiker nicht wirklich gedeckt ist. Doch auch die teils ironisch markierten Brüche in der Fiktion liefert Heuermann mit. Das Paradies ist kein Ort, zu dem wir visuell Zugang erhalten, das aber in der gemeinsamen Feier der Tradition, im musikalischen Zusammenspiel entsteht. Der zweite Film von Heuermann *A Bookshelf on Top of the Sky: 12 Stories about John Zorn* (2002) ist dafür umso mehr auf Zorn fokussiert. Die zwölf Episoden sind zugleich Teile eines Puzzles, das das Bild einer widersprüchlichen und provozierenden und im Umgang schwierigen Person zeigt. Auch dieser Film entfaltet seine Wirkung dort, wo er die Entstehung von Musik dokumentiert, bei den elegischen Proben von Masada, beim explosiven Punk eines Konzerts von Naked City, oder bei der Erarbeitung der Spielregeln zum »game piece« *Cobra*. Er zeigt aber vor allem auch immer wieder eine begeisterte aber auch bisweilen verzweifelte Filmemacherin, die dem verehrten Gegenstand wenig entgegenzusetzen hat, sich letztlich das eigene ästhetische Vorgehen vom Gegenstand der Art der Darstellung diktieren lässt und sich von ihm auch noch gute Ratschläge für die eigene künstlerische Praxis mitgeben lassen muss. »I've got a lot on my plate, and I'm not one of these guys who wants to relive my days of beatnik glory. That's not my modus operandi. I want to keep moving forward come up with new ideas and try things out. I think my role in this society - on the planet - is to take some chances and to make some music and ask some questions. Some of what I do is entertaining and fun for people to listen to, but entertainment is not why I'm doing this. This is art music. This is music that in some ways can raise questions and can deal with consciousness and - I honestly believe - can make the world a better place.«[51]

Im April 2011 eröffnete das *Jüdische Museum Berlin* eine Ausstellung unter dem Titel »Radical Jewish Culture«. Der Bassist Greg Cohen, Mitglied von Zorns Masada Quartett und als Solist wie Begleitmusiker international arriviert und im Jazz wie auch im Rock und Pop beheimatet, kuratierte das musikalische Rahmenprogramm, nicht zuletzt mit zahlreichen Kollegen des *Tzadik*-Labels. Damit erhielt die Radical Jewish Culture nicht nur endgültig hochkulturelle Weihen, sie wurde auch zu einer Keimzelle einer »radikalen« kulturellen Renaissance in Musik, Kunst Literatur und Film verklärt. Die »radikalen« Abgrenzungsbewegung der frühen Manifeste relativiert darüber hinaus Marc Ribot in einem Begleitvideo zur Ausstellung als Teil jener »identity politics«[52], die in den 1990er-Jahren die Auseinandersetzungen um ›sex‹, ›race‹ und ›gender‹ zu einem intellektuellen, kulturellen und politischen Schlachtfeld gemacht haben.

In seinem Vorwort für *Beneath the Underdog*, die von ihm überarbeitete Autobiographie des Jazz-Bassisten Charles Mingus, schrieb Richard Williams 1971: »Never was there music in which violence and tenderness were so thoroughly entwined as that of Charles Mingus, the bassist, composer and bandleader who is one of the towering figures of American *twentieth* century music, In other words, never did music speak more directly or reflect more accurately the complexities and contradictions of mankind.«[53]

In diesem Sinne hat Mingus einen Nachfolger gefunden, der kompromisslos und eigensinnig diesen Weg weitergeht: John Zorn.

Filmographie

Bay Area Music Scene, R.: David Pehling (USA, KTVU 10. März 2009) (www.ktvu.com/bayareamusicscene/18902349/detail.html)
A Bookshelf on Top of the Sky: 12 Stories About John Zorn, R.: Claudia Heuermann (D/USA, 2002)
Fantasia, R.: James Algar, Samuel Armstrong, Ford Beebe et al. (USA, 1940)
John Zorn: A Film in 15 Scenes (i.e.: 15 Scenes: 254 Shots, R.: Gobolux, Well Then There Now, R.: Lewis Klahr, Bare Room, R.: Joey Izzo und Arcane, R.: Henry Hills) (USA, 2011)
Loonie Tunes / The Bugs Bunny Show, R.: Fritz Freleng, Robert McKimson, Arthur Davis, Chuck Jones et al. (USA, 1931–1969)
The Phantom of the Opera, R.: Rupert Julian (USA, 1925)
Put More Blood into the Music. R.: George Atlas (USA, 1987)
Sabbath in Paradise, R.: Claudia Heuermann (USA, 1998)
The Wolf Man, R.: George Waggner (USA, 1941)

Diskographie

Anthony Braxton: *For Alto* (Delmark Records, 1970)
Don Byron: *Plays the Music of Mickey Katz* (Nonesuch, 1992)
Miles Davis: *Bitches Brew* (Columbia, 1970)
Paul Dukas: »L'Apprenti Sorcier«, auf: *Fantasia OS* (Walt Disney Records / RCA, 1942)
Hasidic New Wave: *Jews and the Abstract Truth*, (Knitting Factory, 1997)
Coleman Hawkins: *Picasso* (Clef/ Epic 1948)
JAM / Jewish Alternative Movement: *Guide for the*

Perplexed (JAM / Knitting Factory, 1998)
Mauricio Kagel: »*Improvisation Ajoutée*«, auf: Tudor, David: *A Second Wind For Organ* (Odyssey, 1967)
The Klezmatics: *Shvaygn = Toyt* (Rounder, 1988)
Philadelphia Orchestra / Leopold Stokowski: *Fantasia OS (Walt Disney Records / RCA, 1942)*
Igor Strawinski: »*Le Sacre du Printemps*«, auf: *Fantasia OS (Walt Disney Records / RCA, 1942)*
John Zorn: *Locus Solus (Rift Records, 1983 / Tzadik, 1995)*
— *Cobra (HatHut, 1987 / Tzadik, 2002)*
— *Spillane (Elektra Nonsuch, 1987, Tzadik, (als Spillane/Goddard) 1999)*
— *Kristallnacht (Eva, 1993 / Tzadik, 1995)*
— *First Recordings 1973 (Tzadik, 1995)*
— *The Book of Heads (Tzadik, 1995)*
— *Angelus Novus (Tzadik, 1995)*
— *The Parachute Years: 1977–1981 (Tzadik, 1997)*

Anmerkungen

1 Alex Ross: *The Rest is Noise. Listening to the Twentieth Century*, New York: Farrar, Straus & Giroux 2007 und *The Rest is Noise. Das 20. Jahrhundert hören*. Übers. v. Ingo Hertzke. München: Piper 2009, S. 574
2 Ebd.
3 Steven Lee Beeber: *Die Heebie-Jeebies im CBGB's. Die jüdischen Wurzeln des Punk*. Main: Ventil 2008, S. 249
4 Thomas Mießgang: »Der Klangkannibale. Der Avantgarde-Musiker John Zorn navigiert souverän zwischen Zeitgeist, Lärm und Chaos«, in: *DIE ZEIT*, Nr. 31 vom 25. Juli 1997, S. 28–29. Die Zitate in Mießgangs Text stammen aus den Liner Notes zu *Locus Solus*, Tzadik (1997). Die Erstveröffentlichung war 1983 auf *Rift Records* erfolgt, die erste CD-Veröffentlichung dann auf 1990 mit zusätzlichen Stücken auf *Eva/Wave*.
5 John Ashberry: »On Raymond Roussel«, in: Michel Foucault: *Death and The Labyrinth*. New York: Continuum 2004, S. 190
6 Mießgang, »Klangkannibale«, S. 29
7 Curt Siodmak: »By Way of Introduction«, in: Donald F. Glut: *Classic Movie Monsters*. Metuchen, NJ: Scarecrow Press, 1978, S. iii-iv
8 Vgl. Nathan Burstein: »The Werewolf's Jewish Roots«, in: *The Jewish Daily Forward* vom 19. February 2010, S. 8
9 Sol Liptzin: *A History of Yiddish Literature*. Middle Village, N.Y.: J. David, S. 220 f.
10 Obwohl Leivick sich beinah explizit auf die sogenannten Petliura Pogrome (1917–1920) in der Ukraine in der Folge der russischen Revolution bezieht, bei denen zwischen 35.000 und 50.000 Juden ermordet wurden, galt das Gedicht in den USA oftmals als prophetische Vision des Holocaust. Vgl. Saul S. Friedman: *Pogromchik: The Assassination of Simon Petliura*. New York: Hart 1976 und Henry Abramson, »Jewish Representation in the Independent Ukrainian Governments of 1917–1920«, in: *Slavic Review* 50/3 (1991), S. 542–550 und David Shneer: *Yiddish and The Creation of Soviet Jewish Culture 1918–1930*. Cambridge: Cambridge University Press 2004
11 Curt Siodmak zit. im Dokumentarfilm *Monster by Moonlight* als Teil des Bonus-Materials der 2-DVD-Edition *The Wolf Man* (Universal, 2010)
12 Vgl. David Louis Edelman: »On Jewish Werewolves«, in: www.davidlouisedelman.com/current-events/on-jewish-werewolves/ und Jeremy Wexler, »Should Jews save the werewolf from extinction?«, in: www.jewish-journal.com/arts/page2/tv_should_jews_save_the_werewolf_from_extinction_20061027/
13 Der Film war 1925 von Carl Laemmle für *Universal* als Stummfilm produziert worden, wurde aber nach 1930 in einer Tonfassung mit zusätzlicher Musik des jüdischen Komponisten Sam Perry vertrieben und auch im Fernsehen gezeigt. Vgl. das Interview mit Zorn in *Put More Blood into the Music* von George Atlas aus dem Jahr 1987.
14 www.tzadik.com/John_Zorn_Angelus_Novus
15 www.quypetersreviews.com/johnzorn.php
16 Vgl. Stanley Crouch: *Considering Genius. Writings on Jazz*. New York: Basic Civitas Books 2007
17 Imamu Amiri Baraka: *Black Music*. New York: Da Capo Press 1998, S. 96
18 Beeber, *Heebie-Jeebies*, S. 250
19 Aus den biografischen Angaben auf der von Zorn mitbetriebenen Website www.hipsroadedition.com/
20 Tom Anderson Service: *Playing a New Game of Analysis: Performance, Postmodernism and the Music of John Zorn*. Southampton: University of Southampton 2004, S. 3
21 Ela Troyano: »John Zorn's Theatre of Musical Optics«, in: *The Drama Review* 23/4 (1979), S. 37–44. Vgl. auch den 2011 entstandenen Film *John Zorn: A Film in 15 Scenes* mit den vier Kurzfilmen: *15 Scenes: 254 Shots* von Gobolux, *Well Then There Now* von Lewis Klahr, *Bare Room* von Joey Izzo und *Arcane* von Henry Hills.
22 Cole Gagne: *Soundpieces 2. Interviews with American Composers*. Metuchen, NJ: Scarecrow Press 1993
23 Rosalind E. Krauss: *Das optische Unbewusste*. Übers. v. Hans H. Harbort u. Andreas Stuhlmann. Hamburg: Philo Fine Arts 2011
24 John Zorn: »The Game Pieces«, in: Christopher Cox / Daniel Warner (Hg.): *Audio Culture: Readings in Modern Music*. New York: Continuum 2004
25 John McGuire: »Spiele um des Spiels willen. Der New Yorker Komponist und Musiker John Zorn«, in: *MusikTexte* 23 (1988), S. 32
26 Vgl. Howard Mandel: »›Ich habe viele kleine Tricks...‹. John Zorn im Gespräch«, in: *MusikTexte* 23 (1988), S. 28–30 und McGuire: »Spiele um des Spiels willen«, S. 33–34
27 Vgl. Anne Runkel: *Signifying American Pop Culture: John Zorn's »Spillane«*. Universität Hamburg, FB Kulturgeschichte 2009
28 Zorn beschreibt die musikalische Philosophie hinter seinen frühen Arbeiten in dem Buch von William Duckworth: *Talking Music*. New York: Da Capo Press 1999. Vgl. John Brackett: *John Zorn: Tradition and Transgression*.

Bloomington: *Indiana University Press* 2008
29 Peter Niklas Wilson: »Früchte des (John) Zorn«, in: *Neue Zeitschrift für Musik* 152/2 (1991), S. 41 f.
30 David Nicholls: »Avant-garde and Experimental Music«, in: ders. (Hg.): *The Cambridge History of American Music.* Cambridge: *Cambridge University Press* 1998, S. 531–532
31 Frederic Jameson: *Postmodernism or the Cultural Logic of Late Capitalism.* Durham, NC: *Duke University Press* 1991, S. 77.
32 Susan McClary: »Revelling in the *Rubble*: the Postmodern Condition«, in: S. MC.: *Conventional Wisdom: The Content of Musical Form. Ernest Bloch Lectures.* Berkeley, CA: Berkeley University Press 2000, S. 148
33 John Zorn im Interview mit Claudia Heuermann im Bonusmaterial zur DVD des Films *Sabbath in Paradise* (USA 1998).
34 Ebd.
35 Anthony Coleman: »Reflections in J«, in: *Etcetera* 20/81 (2002), o. S. Vgl. Tamar Barzel: »An Interrogation of Language: ›Radical Jewish Culture‹ on New York City's Downtown Music Scene«, in: *Journal of the Society for American Music* 4/2 (2010), S. 215–250
36 Peter Niklas Wilson: »Jazz und ›Jewish Roots‹. Von Gershwin zur ›Radical New Jewish Culture‹«, in:

Eckhard John / Heidy Zimmermann (Hg.): *Jüdische Musik? Fremdbilder – Eigenbilder.* (Jüdische Moderne, Bd. 1) Köln/Weimar/Wien: *Böhlau* 2004, S. 266
37 Wilson, »Jazz und ›Jewish Roots‹«, S. 259
38 Marc Ribot: »The Representation of Jewish Identity in Downtown Music« (ca. 1996) zit. nach: Tamar Barzel: »Radical Jewish Culture on Manhattan's Downtowns Music Scene: an Overview«, in: *JMB* 4 (2011), S. 18 und 21
39 Peter Niklas Wilson: »›Radical New Jewish Culture‹, Polemische Anmerkungen zu einer erfolgreichen Inszenierung«, in: *Neue Zeitschrift für Musik* 152/3 (1998), S. 22
40 Marc Ribot / John Zorn: »Just What Is This Radical New Jewish Culture? / Was genau ist diese Radical New Jewish Culture?« in: *JMB* 4 (2011), S. 36. Zuerst auf deutscher Übersetzung von Peter Niklas Wilson in: *Neue Zeitschrift Für Musik* 152/3 (1998), S. 23
41 Marc Ribot / John Zorn: »Radical Jewish Culture at The Kntting Factory«, October 8–11 1992 (Programmheft), o. S.
42 Anthony Coleman im Interview mit Tamar Barzel, zit. nach: Barzel: »Radical Jewish Culture«, S. 21
43 Wilson, »Radical Jewish Culture«, S. 23 f. und ders.: »Jazz und ›Jewish Roots‹«, S. 267 f.

44 Dass die RNJC diese Symbiose einseitig aufgekündigt hätte, stimmt natürlich auch nicht, denn spätestens seit der zweiten Hälfte der 80er Jahre drängten schwarze Musiker und Kritiker wie Crouch und Wynton Marsalis auf eine Wiederaneignung des Jazz als originär ›schwarzer Musik‹ durch die ›schwarze‹ Community.
45 Fred Kaplan: »Horn of Plenty. The Composer Who Knows No Boundaries«, in: *The New Yorker* vom 14. Juni 1999, S. 88
46 Wilson, »Jazz und ›Jewish Roots‹«, S. 266
47 John Zorn im Interview mit David Pehling für *Bay Area Music Scene* auf *KTVU* am 10 März 2009: *www.ktvu.com/bayareamusicscene/18902349/detail.html*
48 Wilson, »Radical New Jewish Culture«, S. 24
49 Sean Murphy: *http://bullmurph.com/tag/john-zorn/*
50 Wilson, »Jazz und ›Jewish Roots‹«, S. 268
51 Zorn im Interview mit David Pehling, 10 März 2009
52 Vgl. *Jüdisches Museum Berlin*: *www.jmberlin.de/main/DE/01-Ausstellungen/02-Sonderausstellungen/2011/radical.php*
53 Richard Williams: »Introduction«, in: R. W.: *Beneath the Underdog. Charles Mingus.* New York: *Knopf* 1971, S. vii

Martin Büsser

Hybrider Countryjazz und das jüdische Dazwischen

Eugene Chadbourne

WARNING PARENTS:
Narrow-minded ultra-conservative zealots will want to note this album and keep it away from their kids! It contains lyrics of an explicit social an political nature accompanied by rowdy, outrageous music.
Aufdruck auf dem Cover von Eugene Chadbournes *Corpses Of Foreign War*

Auf Chadbournes Doppel-LP *LSD C&W* (Aufnahmen von 1979-81, *Fundamental Records*) findet sich eine illustre Liste an beteiligten Musikern, wie man sie kurz darauf kaum mehr in dieser Anballung auf einer einzigen Veröffentlichung vorgefunden hat. Die Platte, eine hybride Mischung aus Country, Psychedelic, Free Form Rock, Free Jazz und Folk, schon vermessen und scheinbar chaotisch in ihrer Auswahl an Coverversionen (die von den Beatles und Rolling Stones über Duke Ellington und Albert Ayler bis zu Johnny Cash, Jimi Hendrix, B.B. King und Mission of Burma reichen), wurde unter anderem mit der Beteiligung von John Zorn, David Licht, (Marc) Kramer, Toshinori Kondo und Tom Cora eingespielt. Obwohl die meisten dieser Namen mit der New Yorker Downtown-Avantgarde in Zusammenhang gebracht und also einer ›Familie‹ zugerechnet werden, haben sie doch teilweise in den darauf folgenden Jahren ganz verschiedene ästhetische Ansätze entwickelt und weiterverfolgt. Kramer, Kopf des *Shimmy Disc*-Labels, umtriebiger Musiker (bei Shockabilly, B.A.L.L., Bongwater u. a.) und Produzent, arbeitete die 1980er hindurch an einer ganz eigenen Vision von weich trancehafter Psychedelic, eine ironisch kritische Post-Hippie-Musik, in der verträumter Pop und avantgardistische Noise-Elemente einander fabelhaft ergänzt haben; John Zorn dagegen, Labelgründer von *Tzadik* mit dessen eigener *Radical Jewish Music*-Reihe, avancierte seit Beginn der 1980er zum Musiker mit tausend Köpfen, die von

Kammermusik bis Noisecore, von Post-Easy-Listening bis Post-Industrial, von Hard Bop bis zu Klezmer reichten. Eugene Chadbourne, unter dessen Schirmherrschaft die Aufnahmen von *LSD C&W* Ende der 1970er entstanden, ist seinem damals bereits voll entwickelten hybriden Stil treu geblieben, covert bis heute auf seine unverkennbare Art Künstler wie Albert Ayler, die Beatles und Duke Ellington ... hat sich also streng genommen am wenigsten weiterentwickelt und darf damit gerade deshalb als so etwas wie der beständige und beharrliche Dreh- und Angelpunkt jenes Nicht-Stils gelten, der sich am ehesten durch seine ständige Durchmischung charakterisieren lässt – ein permanentes Dazwischen, aus dem sich eine der wesentlichen Eigenschaften dieser Musik (na, welche wohl?) erklärt: Humor.

Es ist nicht willkürlich, dieses Kapitel auf Naiv-Pop[1] folgen zu lassen, schon alleine deshalb nicht, weil es zahlreiche personelle Verstrickungen gibt. Sowohl Jad Fair wie Daniel Johnston haben auf Kramers *Shimmy Disc*-Label veröffentlicht, dort gibt es auch eine ausgezeichnete Duo-Platte von Kramer und Jad Fair (*Roll Out The Barrell*, 1988); Don Fleming von B.A.L.L. wiederum taucht als Gastmusiker auf Moe Tuckers Album *Life In Exile After Abdication* (1989) auf. Ein weiterer Dreh- und Angelpunkt sind die Violent Femmes: Mit Brian Ritchie und Victor DeLorenzo von den Violent Femmes hatte Eugene Chadbourne seine vielleicht zugänglichste Platte aufgenommen – *Corpses Of Foreign War* –, eine musikalisch humoristische Platte voller Slapstick-Elemente (bereits die erste Nummer ist Coverversion eines Anti-Nazi-Trickfilm-Songs »Der Fuehrer's Face« von Oliver Wallace), textlich jedoch eine Ansammlung von hochkarätigen, politisch ganz und gar ernsten Protest-Songs. »Explicit lyrics«, wie Chadbourne auf dem Cover gegenüber konservativen Eltern warnt (s.o.), im Zusammenhang mit »rowdy, outrageous music« – eine Mischung, die mehr Sprengstoff beinhaltet als alle bitter ernst vorgetragene Protestmusik (im Folk ebenso wie im Hardcore). Die Violent Femmes waren es wiederum, die gemeinsam mit Moe Tucker Mitte der Achtziger eine Platte aufnehmen wollten, was wegen der damaligen Flugangst von Moe Tucker nicht zustande kam.

Es gibt aber noch eine ganz andere Gemeinsamkeit zwischen dem Naiv-Pop und den hier genannten Avantgarde-Vertretern: Die humoristische Distanz gegenüber jeglicher musikalischen Identität – auf der einen Seite das naivdilettantische Lachen, das sich dem Ernst eines auf Identitäten gründenden Rockgeschäfts verweigert, auf der anderen Seite die stilistische Heimatlosigkeit. Wenn Chadbourne Partikel aus Folk, Country, Psychedelic und Free Jazz wild durcheinandermixt, will er nicht etwa die Originale destruieren, sondern auf die Hybridität hinweisen, die in den als »rein« gehandelten Stilen selbst immer schon angelegt ist. Er verdeutlicht nur noch einmal durch teilweise absurdistische Überzeichnung, wie ›unsauber‹ die Musik von zum Beispiel Albert Ayler selbst bereits gewesen ist. Chadbornes Wunsch, die eigene Musik von Tag zu Tag »weirder« werden zu lassen, wie er in den Liner Notes zu seiner Veröffentlichung *Ayler Undead* (*Grob*, 2002) schreibt, hat zum Ziel, den Mittelpunkt aufzulösen und Fäden in alle Richtungen zu spinnen und also zu zeigen, dass es »die Reinheit« (und die mit ihr gerne assoziierte Identität) in jeglicher Musik nicht - oder höchstens als Konstrukt - geben kann.

Dilettantisch und in dieser Hinsicht mit Naiv-Pop vergleichbar ist Chadbournes Herangehensweise ganz und gar nicht, wird man hier mit Recht einwenden können. Wenn Chadbourne komplette Duke-Ellington-Big-Band-Arrangements auf ein einziges Banjo überträgt, gibt sich vielmehr die pure Virtuosität - live, authentisch, ohne doppelten Boden - offen zu erkennen. Und doch arbeitet der Virtuose Chadbourne mit ähnlichen Mitteln wie der Naiv-Pop: Nicht nur sein Cartoon-Gesang, sondern auch die Wahl der Instrumente (hier zum Beispiel: die ›Reduktion‹ der Big Band auf ein knarzig gespieltes Banjo) hat den Effekt einer Verniedlichung, die das Material brüchig werden lässt. So gelingt es Chadbourne, politisch ganz und gar nicht witzigen Sachverhalten dank scheinbar alberner musikalischer Comic-Verpackung eine im Kontrast umso eindringlichere Wirkung zu verleihen. Ein ähnlicher Effekt der Intensitäts-Steigerung wie im Naiv-Pop: Das Traurige und Kaputte wird über den heiteren Vortrag erst in seiner vollen Tragweite deutlich.

Der Humor, der bei Chadbourne dadurch entsteht, dass scheinbar völlig fremde Elemente einander durchdringen und oft sogar (im Gegensatz zum politischen und sozialen Alltag) bestens koexistieren - zum Beispiel der als »schwarz« konnotierte Blues, Swing und Freejazz und die »weiße« Countrymusik oder aber auch sein politisches, längst wieder aktuelles Experiment *Country Music In The World Of Islam*, in dem US-Folk und die Musik des Islam einander durchdringen -, entsteht dadurch, dass mit den auf Identität gegründeten Erwartungshaltungen und Zuweisungen gebrochen wird. Zugleich entspringt der Witz einer Position, bei welcher der Künstler selbst keinen Boden unter den Füßen mehr zu haben scheint, also (auf durchaus souveräne Weise) heimatlos wirkt.

Entsprechend einer Äußerung des jüdischen Musikers Kramer, dass jüdischer Humor immer auch im Lachen über die eigene (Nicht-)Position besteht, ist es möglich, die Ansätze sowohl von Musikern wie Jad Fair, den Moldy Peaches wie auch von Eugene Chadbourne als Formen oder doch Kinder eines alten jüdischen Humors zu bezeichnen. Jüdisch insofern, als dass diese Musik auf keiner Heimat fußt, sondern das Nomadische und Hybride angenommen hat, das auch Jiddisch als Sprache innewohnt. Und etwas, das bei aller beißenden Kritik auch Milde walten lässt, weil es die eigene Position nicht überbewertet. Ein jüdischer Witz erzählt davon, wie ein Rabbi im Zug mit anhören muss, wie sein Gegenüber antisemitische Witze reißt. »Hören Sie doch auf, sich über uns lustig zu machen«, entgegnet ihm der Rabbi, »wir können das doch viel besser.«

Jüdischer Witz als Melting pot

Im Programmheft zum Münchner *Art Projekt*-Festival 1992 veröffentlichten John Zorn und Marc Ribot den umstrittenen Text »Was genau ist diese Radical New Jewish Culture?«, aus dem hier ein paar längere Passagen zitiert werden sollen: »Immer schon wurde die neue amerikanische Musik ihrer Vielfalt wegen gerühmt. Sie ist nicht das Eigentum oder die Kreation einer einzigen kulturellen Gruppe. Aber man kann mit einiger Gewissheit sagen, dass die amerikanischen Juden einen großen Anteil daran haben. Ebenso sicher kann man sagen, dass, während diese Musik nach ihrer geographischen Herkunft (Downtown, East Coast, West Coast), nach Gattungszugehörigkeit (Jazz, No Wave, Hardcore, Avantgarde), nach ihrer politischen Richtung, ihrer ethnischen oder sozialen Herkunft oder nach Geschlechtern klassifiziert und analysiert wird, das Phänomen dieses wichtigen jüdischen Beitrags auf merkwürdige Art unsichtbar bleibt.

Der Grund für diese Unsichtbarkeit ist ein Rätsel, aber wenn diese Konzerte auch keine Antwort liefern können, so hoffen wir doch, dass sie wenigstens einige Fragen aufwerfen. Über welche Musik sprechen wir eigentlich? Die Musik in diesem Programm stammt aus den verschiedensten Genres: Klassik, Neue Musik, Jazz, freie Improvisation, Rock, Hardcore usw. Gibt es irgendeinen ›roten Faden‹ zwischen diesen Gattungen? Warum werden Juden von dieser Musik angezogen und die Musik von ihnen? (...) Wurde dieser immense Anteil an der Entwicklung der neuen Musik vom Wunsch gesteuert, sich in einen Bereich der amerikanischen Kultur (und sei es ethnisch) einzugliedern, oder ist er ein Zeichen der Entfremdung von der eigenen Herkunft – oder beides? (...) Inwieweit hat die traditionelle jüdische Eigenart, die unterdrückten Elemente aus anderen Kulturen zu verteidigen und aufzunehmen, zur Patchwork-Musik beigetragen, die in den 80er Jahren aus New York kam?«

Es brachte John Zorn nicht nur positive Kritik ein, dass er zwar das musikalische »Patchwork« und auch dessen Witz (an anderer Stelle ist von »Ironie« die Rede) als jüdischen Beitrag würdigte, sich zu jener Zeit aber mit seinem *Masada*-Projekt bewusst vom Patchwork-Gedanken entfernte und einer vermeintlich reinen jüdischen Folklore zuwandte, die Peter Niklas Wilson (in

Neue Zeitschrift für Musik 3/1998) dafür kritisierte, dass sie weniger »jüdisch« sei als aufgesetzt »jüdelt«. »Zorns Aktionismus unter dem Banner der Radical Jewish Culture ist ein Katalog symbolischer Handlungen, die ad hoc etwas herstellen sollen, was Zorns bisheriger Musik fehlte: kulturelle Identität.«

Und in der Tat: Mit dem Moment, an dem Zorn auf der Suche nach jüdischer Identität von der Patchwork-Arbeit abgewichen war, verlor sie auch ihren Humor. »So brillant Zorn die Dekonstruktion (musik-)kultureller Identität gelang«, schreibt Wilson, »so kläglich scheitert eine Rekonstruktion einer ungebrochen jüdischen Musik.«

Inzwischen haben sich die Wogen etwas geglättet. Zorn selbst beharrt in seiner Musik nicht mehr ausschließlich auf einem traditionalistischen Ansatz. Inzwischen ist es auch möglich, dem Manifest von damals etwas Aufklärerisches abzugewinnen, was jenseits aller problematischen Versuche einer Rekonstruktion von Identität zu äußern längst an der Zeit war – nämlich endlich einmal darauf hinzuweisen, dass der jüdische Anteil an der hybrid-ironischen Musik, die die Avantgarde der 1980er- und 1990er-Jahre in allen Bereichen prägte, stets verschwiegen wurde – so wie auch viele Mainstream-Künstler (z. B. Serge Gainsbourg) ihre jüdische Herkunft aus Angst vor Antisemitismus verschwiegen hatten. Problematisch war weniger das Manifest selbst als Zorns plötzliche musikalische Wandlung und ihr Versuch, dieser Ironie und Heimatlosigkeit dank neuer Ernsthaftigkeit eine neue Heimat geben zu wollen – obwohl doch gerade die heimatlose Musik viel besser geeignet war, Kritik an bestehenden Verhältnissen (zu deren festen Bestandteil auch der Antisemitismus gehört) zu äußern.

Es versteht sich von selbst, dass die musikalische Thematisierung des Holocaust auf Humor verzichten muss oder ihn doch nur in einer so verhaltenen Art und Weise einsetzen kann, dass einem das Lachen förmlich im Hals stecken bleibt. John Zorn war sich dessen bereits vor der Veröffentlichung seines Manifests bewusst: Wenn er neben seinen Slapstick-Patchwork-Arbeit, dem blubbernden und quietschenden Spiel mit Posaunen- und Saxophon-Mundstücken in Wasserbecken (höre z. B. *A Classical Guide To Strategy*), explizit jüdische Themen aufgriff (z. B. auf *Kristallnacht*), verzichtete er aus guten Gründen auf all die für seine Musik so typischen Cartoon-Überspitzungen. Wenn es jedoch darum geht, den jüdischen Beitrag hervorzuheben, der die Musik der letzten Jahrzehnte als positiven Gegenentwurf zum auf Identität begründeten Ernst (der für Jazz ebenso wie für Rock konstitutiv ist) so bereichert hat, dann lässt sich mit Blick auf die Zukunft sagen: Sein Humor ist dringend notwendig, um der überall durch Musik stattfindenden Re-Nationalisierung Bremsblöcke in den Weg zu legen. (Nichts anderes versuchen diesbezüglich schon seit

Jahren F.S.K. in deutschem Kontext als explizit nicht-deutsche Band, deren Ansatz einer stil- und heimatlosen Musik entfernte Verwandtschaft mit Eugene Chadbourne hat; den jüdischen Aspekt einer solchen Herangehensweise unterstrichen sie mit dem Titel ihrer 2000er-Veröffentlichung: *Tel Aviv*).

Das Jüdische an dem Humor, der Naiv-Pop (dessen »schräges« Spiel sich im Klezmer zurückverfolgen lässt) und der Patchwork-Musik geistig miteinander verbindet (unabhängig davon, ob all diese Musiker tatsächlich jüdischer Herkunft sind, da es hier vor allem um eine Idee geht), hat nichts mit dem sogenannten jüdischen Selbsthass zu tun, der einem *Radical Jewish Music*-Projekt rund um Anthony Coleman den Namen – Selfhaters – gab, sondern ist positive, nach vorne gewandte, aufklärerische Kritik. Es meint eher so etwas wie Distanz und geistige Unabhängigkeit gegenüber jeglicher Versuchung, über Musik und Texte Identität konstruieren zu wollen. Wer das Konstrukt Heimat nicht kennt, sehr wohl aber mit all den verschiedenen Versuchen vertraut ist, mit denen es weltweit kulturell konstruiert werden soll, ist frei genug, mit diesen Konstrukten spielen zu können. Der Witz, der da ein befreiendes Lachen befördert, entsteht aus dem Gefühl, sich an keine lokale oder mentale Konstante klammern zu müssen.

Anmerkung
Der Text erschien ursprünglich im Rahmen der vergriffenen *testcard* #11 zum Thema »Humor« (2002) als Kapitel eine Artikels über Naiv-Pop. Martin Büsser hat unser Projekt in seiner Planungszeit interessiert verfolgt. Zur Tagung in Halle 2010 wollte er einen Beitrag zum Thema »Jüdischer Humor bei den Moldy Peaches und Jeffrey Lewis« beisteuern. Dass es dazu, wie auch zu vielem anderen, nicht kam, ist tragisch, Martin starb im Herbst 2010 an Krebs. In Erinnerung an die Bedeutung von Martins Denken für die Popkritik und daher nicht zuletzt auch für unser Projekt, haben wir entschieden, diesen Text mit in das Buch aufzunehmen.

FILM, LITERATUR UND NEUE MEDIEN

»Bonzo goes to Bitburg,
then goes out for a cup of tea
as I watched it on TV«

Joey Ramone

»I will Survive«

Daniel Steinmaier im Gespräch mit Janet Korman

Die australische Künstlerin Janet Korman filmte ihren Vater, den Holocaust-Überlebenden Adam Kohn, wie er mit seinen Enkelinnen und Enkeln zu Gloria Gaynors Megahit »I will survive« vor dem Tor des Vernichtungslagers Auschwitz und vor anderen Konzentrationslagern tanzt. Das Video »Dancing Auschwitz« wurde im Internet millionenfach abgerufen und löste teils große Empörung, teils auch Begeisterung aus.

Wie kamen Sie auf die Idee, ein Tanzvideo vor ehemaligen Konzentrationslagern zu drehen?

[Janet Korman:] Mein Mentor an der Universität in Melbourne wusste, dass mich mein jüdischer Hintergrund und damit auch Fragen nach »jüdischer Identität« und die Schwierigkeiten, die man hat, wenn man jüdisch ist, sehr beschäftigen, und er brachte mich auf die Idee, zusammen mit meinen Kindern in Europa und vor allem in Polen die Orte zu besuchen, wo meine Eltern aufgewachsen sind und wo sie während des Krieges überall waren. Auf die Idee, dort zu tanzen, kam ich, weil ich sehr gerne tanze und meine Familie immer Tanzpartys gegeben hat. Es gibt ja zahlreiche Videos im Internet, auf denen Menschen, die auf Weltreise sind, vor berühmten Orten tanzen, und da fragte ich mich, wozu man eigentlich in Auschwitz tanzen könnte. Tanzen hat etwas mit der Freude am Leben zu tun, und ich suchte nach Songs, in denen es ums Überleben ging. So kam ich auf Gloria Gaynors »I will survive«.

War es einfach, Ihre Familie und insbesondere Ihren Vater zu überzeugen, zu diesem Song in Auschwitz zu tanzen, wo er selbst interniert war?

Es ging erstmal noch nicht ums Tanzen, sondern nur um diese gemeinsame Reise, deren Vorbereitung schon sehr kompliziert war, denn wir alle waren an verschiedenen Orten in verschiedenen Ländern. Als es dann ums Tanzen ging, habe ich allen verschiedene solcher Videos im Internet gezeigt, auf denen Menschen vor besonderen Plätzen tanzen, und dann habe ich mit allen über die Idee geredet, vor Auschwitz zu tanzen. Mein Vater hat meine

Idee sofort verstanden. Aber ob wir dann wirklich gemeinsam vor Auschwitz tanzen würden, das war lange nicht klar. Letztlich hat es funktioniert, und wir haben das gemacht.

Fiel es Ihnen und Ihrer Familie nicht schwer, dort zu tanzen?

Das war natürlich sehr schwierig, wir versuchten dann zu tanzen, wenn nicht so viele Touristen da waren, ich musste meinen Laptop mit der Musik irgendwo platzieren, das fühlte sich sehr, sehr merkwürdig an. Das schwierigste war, meinen Kindern zu sagen: »In drei Minuten tanzen wir.« Einige von ihnen waren, nachdem wir diese Orte besucht haben, sehr bedrückt, und es war schwer, aus so einer Stimmung heraus umzuschalten und zu tanzen.

Ihre Mutter, die wie Ihr Vater Auschwitz überlebt hat, ist nicht mitgekommen. Sie sagten, für sie wäre es zu hart gewesen, wieder an diesen Ort zu fahren.

Mein Vater ist in Lodz aufgewachsen in einer jüdisch geprägten Umgebung, während meine Mutter nicht zusammen mit anderen Juden aufwuchs. Sie ging nicht in eine jüdische Schule und fühlte sich als Jüdin in ihrer Umgebung immer unwohler. Die anderen Kinder sagten etwa zu ihren Freunden, dass man eine Jüdin nicht mögen darf, und als der Krieg ausbrach, haben die Nachbarn sie und ihre Familie an die Deutschen verraten. Das war ein großer Schock für sie, sie war damals erst 14 Jahre alt. Sie hat in Auschwitz ihre Mutter verloren, die dort im Alter von 36 Jahren getötet wurde. Für meine Mutter wäre die Reise dorthin sehr belastend gewesen. Mein Vater scheint damit etwas weniger emotional umzugehen, ich weiß nicht, warum. In einem anderen Video, das wir auf der Reise gemacht haben, stehen wir in einem der Viehwaggons, die für die Deportationen genutzt wurden, mein Vater steckt den Kopf aus dem Fenster, und er schauspielert, er ruft Dinge aus dem Wagen, als spiele er die Deportation nach, und manchmal lacht er. »Wie kannst du darüber lachen«, fragt dann eines der Kinder, und er sagt: »Wenn mir hier vor 60 Jahren jemand gesagt hätte, in 60 Jahren kommst du hier mit deinen Enkelkindern her, ich hätte gesagt: Was redest du?« Und darüber lacht er.

Hat Ihrer Mutter das Video gefallen?

Ja. Es gab ja viele Leute, die das Video sehr empört hat, viele Holocaust-Überlebende fanden es geschmacklos. Also wollte ich von ihr wissen, was sie dazu sagt, und sie sagt: »Wir kamen aus der Asche – und jetzt tanzen wir.«

Wenn man das Wort »Holocaust-Überlebender« hört, denkt man an Trauma, an traumatisierte Kinder und an das angeblich verbreitete Schuldgefühl derer, die überlebt haben, während so viele andere sterben mussten. Wie gingen Ihre Eltern mit dieser Vergangenheit um?

Bis ich etwa 18 Jahre alt war, haben wir darüber nicht wirklich gesprochen.

Familie Kohn am Ort der Vernichtung.

Meine Eltern lebten nach dem Krieg vier Jahre in München, mein Vater studierte danach Architektur in Vietnam, floh dann vor dem Bürgerkrieg, und schließlich kamen meine Eltern nach Australien. Bei der Ankunft waren sie beide Anfang 20 und hatten nur ein paar Münzen und einen Koffer, und sie hatten meine damals vier Jahre alte Schwester dabei. Sie haben jahrelang nur gearbeitet. Das Einzige, was sie nach meiner Erinnerung außerhalb der Arbeit gemacht haben, war, Tanzpartys zu geben. Als ich älter wurde und meine Eltern ihr Leben etwas langsamer führten, kamen die alten Geschichten hoch. Insbesondere für meine Mutter war es sehr hart, darüber zu reden. Mir wurde mehr und mehr klar, was das alles bedeutet. Dann fragte ich mich, ob ich auch traumatisiert bin, was woher kommt und so weiter. Mir wurde dann mehr bewusst, was es bedeutet, jüdisch zu sein und mit Vorurteilen konfrontiert zu werden, und dann fragt man sich irgendwann: Was würde ich denn von Juden denken, wenn ich nicht selber Jüdin wäre? Und wo verläuft diese Grenze zwischen den »Monstern« und den »Heiligen«? Vorher hatte ich mich nicht als Überlebende aus der zweiten Generation gesehen, aber dann merkte ich, dass ich durch die Geschichte meiner Eltern auf jeden Fall geprägt bin.

Ihr Video versucht, den Begriff des »Überlebenden«, der vor allem mit Trauma verbunden wird, mit der Freude, am Leben zu sein, zu füllen. Funktioniert das?

Ich denke, ja. In »Dancing Auschwitz« blicken wir erst nach unten, am Anfang tanzen wir nur ganz verhalten, wir zeigen unseren Respekt vor den Toten. Vor dem Tanzen wollte mein Vater das Kaddisch beten, ein jüdisches Totengebet, das man aber nur sprechen kann, wenn zehn Juden zusammen für die Toten beten, und wir waren nicht genug. Er traf dann einen Rabbi aus Amerika, und zusammen haben sie das Totengebet gesprochen, meinen Vater hat das sehr bewegt. Und danach wollten wir das Überleben feiern. Feiern, dass sie überlebt haben, Kinder bekommen haben und die wieder Kinder bekommen haben, und dass das Leben weitergeht, trotz der schrecklichen Vergangenheit.

Aber tanzen Sie da nicht auf den Gräbern all der Toten, die nicht das Glück hatten zu überleben?

Das haben uns viele Menschen vorgeworfen, insbesondere aus der jüdischen Gemeinde in Melbourne, in der es viele Holocaust-Überlebende gibt. Ich kann es verstehen und muss es akzeptieren. Es tut mir leid, diese Menschen verletzt zu haben, aber ich denke, dass dieses Video die Erinnerung an das Geschehene wach hält und zum Nachdenken anregt, auch weil es so kontrovers ist. Ich würde mir in Auschwitz ja nicht die Kleider vom Leib reißen und einfach nur tanzen, um zu tanzen. Aber das ist ein Tanz gewesen für die kommenden Generationen, egal ob jüdisch oder nicht, ein Tanz, der das, was passiert ist, in Erinnerung halten soll, der dabei aber in die Zukunft gerichtet ist und die Freude am Leben betont.

Ihnen wurde auch vorgeworfen, Sie beabsichtigten mit der Provokation nur, Ihre Bekanntheit als Künstlerin zu steigern und Ihre Karriere voranzubringen. Haben Sie erwartet, dass das Video so provokativ und damit so erfolgreich sein würde?

Nein, überhaupt nicht. Ich war mir lange nicht klar, ob ich es auf Youtube stellen solle oder nicht, ich habe es im November 2009 gemacht und erst im Januar 2010 online gestellt, obwohl mir meine Mentoren und Kollegen davon abrieten, da ich damit mein Kunstwerk zu billig verkaufen würde. Aber um Geld ging es mir nicht, man kann mit Videokunst ohnehin nicht viel verdienen. Mir war es wichtiger, dass es Leute sehen können. Ich dachte aber nicht, dass es so viele Menschen ansehen würden, auch wenn Künstler natürlich immer ihr Werk möglichst vielen Menschen zeigen wollen. Ich habe es immer gehasst, Selbstvermarktung zu betreiben und mich um Public Relations zu kümmern, auch wenn man das als Künstler machen muss, wenn man davon leben will. Durch dieses Video habe ich jetzt jede Menge Public Relations am Hals, aber um Ruhm ging es mir nicht.

Warum haben Sie ausgerechnet in Auschwitz getanzt? Israel oder andere Orte jüdischen Lebens sind doch viel eher ein Triumph über die Vernichtungspläne der Nazis. Wären das nicht geeignetere Orte zum Feiern als die Konzentrationslager, die für die Vernichtung stehen?

Natürlich könnte man das in Israel tun, ich dachte auch, ich könnte mit meiner Familie oder mit noch mehr Leuten vor der Klagemauer tanzen, aber für mich steht in Israel der Konflikt im Vordergrund und die ungelöste Frage, wie Juden und Palästinenser friedlich zusammenleben können. Ich habe in Auschwitz die Möglichkeit genutzt, etwas zu machen, das mit der Geschichte meiner Familie zu tun hat und darüber hinaus viele interessante Aspekte hat, aber ich bin nicht nach Auschwitz gefahren, weil ich dachte, das sei der ideale Drehort für einen Tanzfilm.

Deutsche Neonazis verlinkten Ihr Video und kommentierten, sie würden auch nach Auschwitz fahren, um dort auf den Gräbern zu tanzen. Andere kommentierten, das Video zeige, dass Auschwitz ja harmlos gewesen sei. Haben Sie viele antisemitische Reaktionen auf ihr Video bekommen?

Jetzt ist das Video aufgrund von Urheberrechtsfragen zum hinterlegten Song leider nicht mehr auf *YouTube* verfügbar, und man kann auch die vielen Kommentare dort nicht mehr nachlesen. Am Anfang kamen Tausende antisemitische Kommentare. Viele Nazi-Seiten auf der ganzen Welt haben das Video verlinkt und kommentiert, ich habe diese Kommentare dann per E-Mail bekommen, etwa »Stirb, Jude«.

Lea Wohl

(Gegen-)Bilder des Jüdischen auf YouTube

Oder: »Lasst uns alle Juden sein«

»... people make films on the Internet to show that they exist,
not in order to look at things.«[1]
Jean-Luc Godard

Das Posten von Videoclips auf *YouTube* ermöglicht es NutzerInnen sich selbst zu präsentieren und zu inszenieren, Position zu beziehen zu aktuellen Debatten und Diskursen und sowohl die individuelle als auch gruppenbezogene Identität sichtbar zu machen. Die häufig einfach gestateten Videos dienen der sozialen Selbstversicherung und gleichzeitig der Kommunikation mit anderen. Sie sind – unabhängig davon, dass sie sehr unterschiedlich große Publika erreichen – als Teil einer partizipatorischen (Netz-)Kultur zu verstehen.

Im Folgenden geht es um (Gegen-)Bilder des Jüdischen auf *YouTube*.[2] Dabei sollen drei sehr unterschiedliche, aber in ihrer medialen Form für die Plattform *YouTube* ›gattungstypische‹, Videoclips analysiert werden. Diese entwerfen neue, von hegemonialen Vorstellungen abweichende Bilder dessen, was es heute bedeutet jüdisch zu sein. Nachdem zunächst zu überlegen ist, wogegen sich diese (Gegen-)Bilder richten und wie die Videos formal-ästhetisch und inhaltlich beschaffen sind, soll anschließend nach den Kommunikationsräumen und -strukturen gefragt werden, in denen die Videoclips wirken. Diese sind trotz der gemeinsamen Distributionsplattform unterschiedlich und prägen mit ihren unterschiedlichen Regeln und Besonderheiten ihre Rezeption, Reichweite und Bedeutung.

Der gesellschaftliche Kontext, der hier als Interpretations- und Rezeptionskontext angenommen werden soll, ist die zeitgenössische deutsche Gesellschaft bzw. deren mediale Öffentlichkeiten und damit zusammenhängend das aktuelle deutsch-jüdische Verhältnis. In einem Artikel, der unter dem Titel

»Juden in Deutschland. Leben statt mahnen« im Februar 2010 in der ZEIT erschien, heißt es: »Was es heute heißt, Jude in Deutschland zu sein, muss neu bestimmt werden.«[3] Diese Neubestimmung ist von unterschiedlichen Faktoren und Entwicklungen bestimmt: Veränderungen innerhalb der jüdischen Gemeinden in Deutschland, ein Generationswechsel, der dazu führt, dass junge Jüdinnen und Juden, viele von ihnen mit Migrationshintergrund, sich zunehmend nicht mehr von den offiziellen jüdischen Institutionen repräsentiert fühlen, eine durch eine generationelle Ablösung bedingte veränderte Rolle und Bedeutung der Shoah-Erinnerung sowie Zuwanderung, die dazu führt, dass Jüdinnen und Juden in Deutschland zunehmend zu *einer* Gruppe von ›Anderen‹ unter vielen werden.[4] Das immer noch hegemoniale Bild, das als das ›offizielle Gesicht‹ dessen bezeichnet werden kann, wovon jüdisches Leben in Deutschland heute vermeintlich geprägt ist, und vor allem wie es nach außen wirkt, offenbart beispielsweise die Homepage des Zentralrats der Juden: Es dominieren politische Themen wie Positionen und Resolutionen zur aktuellen israelischen Politik, Informationen zum Judentum, die sich offensichtlich an nichtjüdische LeserInnen wenden, und Positionen zur Integration der jüdischen Zuwanderer aus der ehemaligen Sowjetunion. Das Judentum, welches sich hier präsentiert, ist einerseits stark an der Vergangenheit und andererseits an Israel orientiert und positioniert sich als politisch und ›ernsthaft‹.

Von diesem ›offiziellen Gesicht‹ des Judentums in Deutschland, wie es in der bundesdeutschen Öffentlichkeit, d.h. vor allem in der Kommunikation mit der nicht-jüdischen deutschen Mehrheitsgesellschaft, sichtbar ist, scheinen sich die hier diskutierten *YouTube*-Videos mit ihren Entwürfen abzusetzen. Die drei Videos, die im Zentrum der folgenden Überlegungen stehen, bieten neue Selbstbilder an und zeigen sich verändernde Selbstverständnisse und Zugänge. Sie visualisieren einen Umbruch, der sich zum Teil, aber nicht vollständig mit einem Generationswechsel deckt. Dieser Umbruch klingt beispielsweise in dem erwähnten ZEIT-Artikel an: Eine junge Generation beansprucht Partizipation an (Selbst-)Bildern jüdischen Lebens und jüdischer Identität und bietet in diesem Zuge alternative Darstellungen an. Dabei sind nicht nur die Bilder, Selbstverständnisse und Habitus neu, sondern auch die Medien und medialen Plattformen, die dafür genutzt werden. Während die damalige Präsidentin des Zentralrats der Juden in Deutschland Charlotte Knobloch 2008 versuchte, wegen der Flut antisemitischer Videos gerichtlich gegen das Unternehmen *YouTube* (*Google*) vorzugehen, wird es von einer jüngeren Generation genutzt, um jüdische Selbstbilder zu multiplizieren und Judentum sichtbar zu machen.

Das Video des jüdischen Jugendzentrums Olam in Berlin,[5] das den Beitrag für den Sing- und Tanzwettbewerb *Jewrovision* darstellt, zeigt einen mit einem

Badeanzug bekleideten dicklichen jungen Mann, der zu einem Lied mit dem Refrain »Are you Jewish, baby?« tanzt und performt. Auf Ebene des Textes wird deutlich, dass es darum geht, sich nicht zu verstecken, stolz auf das eigene Judentum zu sein, an sich zu glauben und damit umzugehen, dass man als Jüdin oder Jude auffalle: »Wo wir auch sind, weiß jedes Kind, wir fallen immer auf.« Implizit wird auf den Sonderstatus verwiesen, den Jüdinnen und Juden als Minderheit (besonders) in Deutschland haben. Visuell umgesetzt wird das Auffallen durch die Aufmachung des Protagonisten. Dass das nicht zu Unsicherheiten führen muss, sondern auch mit Spaß verbunden sein kann, ist die deutliche Botschaft des Videos, z. B. wenn am Ende eingeblendet wird: »Don't be afraid. Be yourself. BE JEWISH.« Es wird ein offener, selbstbewusster Umgang mit dem eigenen Judentum gefordert und eine größere Sichtbarkeit. Das jüdische Jugendzentrum wird als Ort gezeigt, an dem dies möglich ist bzw. von dem aus das möglich wird. Die Bildebene des von *rabbinator27* eingestellten Videos zeigt den skurril bekleideten Protagonisten tanzend im winterlichen Berlin an bekannten Orten wie dem Brandenburger Tor, dem Jugendzentrum Olam und – hier mit dem traditionellen Tallit bekleidet – in der Synagoge. Es sind Räume, in denen sich die jüdischen Jugendlichen bewegen: Die Stadt Berlin sowie Orte der jüdischen Gemeinde. Halbnackt tanzt er, hoch erhobenen Hauptes und umgeben von – bekleideten – jungen Mädchen; er fällt auf und persifliert ironisch seine eigene Aufmachung, wenn er sich mit der Hand auf den Hintern klopft und damit die eigene Nacktheit mit einer Geste betont, die einem HipHop-Video entlehnt scheint und die normalerweise von Frauen ausgeführt wird. Die Bilder bewegen sich zwischen Nonsens, Brüchen mit Sehgewohnheiten und Bildern von Gemeinschaft, die im Jugendzentrum lokalisiert wird. Das Video setzt sich in Bild, Text und Ton mit einem jungen, neuen jüdischen Selbstverständnis in Deutschland auseinander, und es tut dies auf selbstbewusste und gleichzeitig humoristische Art und Weise.

Ebenfalls im Februar 2010 wurde ein Mitschnitt eines Auftrittes von Oliver Polak in Berlin hochgeladen, der ebenfalls jüdische Gegen-Bilder und Gegenpositionen zeigt.[6] In diesem kurzen Clip sieht man ihn vor Publikum das Lied »Lasst uns alle Juden sein« performen. Gegenläufige und irritierende Momente entstehen durch den Text, der von der Idee ausgeht, dass das Leben viel einfacher wäre, wenn alle Menschen jüdisch wären. Anknüpfend imaginiert Polak satirisch, wie eine Welt bzw. Deutschland aussähe, wenn alle jüdisch wären, um dann vorzuschlagen: »Kommt, lasst uns alle Juden sein!« Doch nicht nur durch den Text entsteht ein Widerspruch zu bestehenden Bildern des Jüdischen, sondern durchaus auch durch Polaks Auftreten, sein Outfit und seine Performance: Er tanzt im Trainingsanzug auf der Bühne und imitiert in seiner legeren Aufmachung aufreizende Bewegungen. Polak provoziert, und während seine Pointen in der Regel meist eher grob als subtil sind, so verweist er doch zwischen den Zeilen auf die Schwierigkeiten und die Anspannungen des deutsch-jüdischen Verhältnisses, gerade indem er diese nicht anspricht und stattdessen ironisch eine jüdisch-deutsche Mehrheitsgesellschaft vorschlägt.

Ein Musikvideo zu dem gleichen Lied, das ebenfalls auf *YouTube* abrufbar ist, zeigt statt eines Auftritts eine narrative Inszenierung des Songtextes.[7] Zusammen mit zwei anderen Männern sieht man Polak durch eine Stadt laufen und mit futuristischen Schusswaffen - angelehnt an die *Ghostbusters* - (nicht-jüdische) PassantInnen in Juden verwandeln. Die Verwandlung ist auf doppelte Weise irritierend: Die Metamorphose wird durch den schwarzen Hut und die Schläfenlockenperücke sichtbar vollzogen. Alle ›frisch verwandelten Juden‹ lesen außerdem in Oliver Polaks Buch *Ich darf das, ich bin Jude*[8] und bewegen dabei ihren Oberkörper in gebetstypischen wiegenden Bewegungen. Jüdisch-Sein gleichzusetzen mit Schläfenlockenhaben - und das gleichermaßen bei Männern und Frauen - markiert und ironisiert stereotype Vorstellungen von *Jewishness*. Zusätzlich karikierend wirkt, dass die PassantInnen sich nach ihrer Verwandlung stärker von Polak - dem Juden in diesem Video, unterscheiden als zuvor. Außerdem wird ihnen Polaks Buch, in dem er über sein Heranwachsen in Deutschland und die Schwierigkeiten, aber auch die Skurrilität des deutsch-jüdischen Verhältnisses schreibt, zum Gebetsbuch. Das Ende des Videos rekurriert dann auf das Lied »Ich möchte Teil einer Jugendbewegung sein« der deutschsprachigen Popband Tocotronic, indem es ironisch heißt »Ich möchte Teil einer Judenbewegung sein, ich möchte mich auf Euch verlassen können, und jede Handbewegung hat einen besonderen Sinn.« Judentum wird hier zur Bewegung, der man angehören möchte, wie Polak in anderen Zusammenhängen[9] häufig polemisch betont, »als ob es etwas Schönes wäre«, und die über gemeinsame Zeichen verfügt.

Als letztes Beispiel soll das im 2010 von der australischen Künstlerin Jane Korman hochgeladene Video »Dancing Auschwitz«[10] erwähnt werden: Es zeigt den 89-jährigen Vater der Künstlerin, Adolek Kohn, der mit seinen Enkelkindern zu Gloria Gaynors »I will survive« in Auschwitz tanzt. Die Bilder, die dieses Video liefert - z. B. Kohn, der, mit einem weißen Sweatshirt mit der Aufschrift »Survivor« bekleidet, vor Verbrennungsöfen das Victoryzeichen macht - sind eindrucksvoll und weichen von tradierten Bildern jüdischer Opfer ab, sie entziehen sich einer tradierten Opfer-Ikonographie. Durch die Musik, mit der die Bilder unterlegt sind, wird die Dimension eines Kampfes gegen Unterdrücker und vor allem der Sieg über und die Behauptung gegen nationalsozialistische Werte deutlich: Während ein jüdischer Holocaustüberlebender

Die Feier des eigenen Lebens am Ort der Vernichtung.

vor den Krematorien von Auschwitz tanzt, singt eine schwarze Sängerin ein Lied, welches zum Symbol der Schwulenbewegung wurde. Doch die Tanzperformance auf dem Gelände unterschiedlicher Vernichtungslager trägt nicht nur die fröhlichen Züge des triumphalen Sieges über die Nazis und der Freude über das Überleben: Das etwas über vier Minuten lange Video zeigt zunächst die sehr unsicheren und hölzern wirkenden ersten Tanzschritte von Kohn und seinen Enkelkindern. Nach und nach legt sich die Unsicherheit, der Tanz wird flüssiger, wirkt fröhlicher und ausgelassener. Die letzten 50 Sekunden des Videos ist das Bild schwarz; zunächst hört man einige Takte von Leonard Cohens »Dance Me to the End of Love«, dann beginnt Kohn zu sprechen: »If someone would tell me here, then, that I will come sixty something three years later with my grandchildren, so I'd say: ›What you talking about?‹ So here you are. This is really a historical moment.« Durch die Schwarzblende und Kohns Stimme werden die vorangegangenen Bilder in einen differenzierteren Bedeutungszusammenhang gestellt. Es wird deutlich, dass es sich um einen Überlebenden und seine Enkelkinder handelt und das Video kein Scherz ist, sondern eine Ausdrucksform des Gedenkens und des individuellen Umgangs mit dem Holocaust.

Gemeinsam haben die drei hier diskutierten Clips – und deshalb scheint es bei allen Unterschieden legitim, dass sie hier in einer Reihe stehen – dass sie nicht speziell für YouTube produziert wurden, sondern dort zusätzlich distribuiert werden. Sie wurden nicht von Privatpersonen erstellt, sondern von Künstlern bzw. einer institutionell angebundenen Jugendgruppe. Damit entsprechen sie nicht dem Muster vieler *YouTube*-Videos von Amateurhaftigkeit, die einen Einblick in das Private gibt bzw. in die Selbstinszenierung von Privatpersonen. Gleichzeitig knüpfen das Olam-Berlin- und das »Dancing Auschwitz«-Video durchaus an diese amateurhafte Ästhetik an. Stärker gattungstypisch für *YouTube* sind die Clips in ihrer Form als in ihrer Ästhetik: Alle drei sind kurze, zwischen zwei und vier Minuten lange, mit Musik unterlegte Clips. Sowohl die Länge als auch die musikalische Untermalung und den humoristischen Tonfall teilen sie mit vielen anderen *YouTube*-Videos. Doch nicht nur durch Form und Ästhetik erklärt sich die zusätzliche und erfolgreiche Distribution auf *YouTube*: Die Selbstbilder oder Selbstbeschreibungen, die in den drei beschriebenen Clips entstehen, stellen den Versuch dar, aktiv an gesellschaftlich zirkulierenden Bildern des Jüdischen zu partizipieren und entsprechen damit dem *YouTube*-Motto »Broadcast Yourself«.

Alle drei nutzen *YouTube* als Plattform, um dem hegemonialen und nach außen gerichteten Bild des Judentums in Deutschland, das stark an einer Opfer- und Mahnerrolle, am Holocaust und an Israel orientiert ist, ein anderes (Selbst-)Bild entgegenzusetzen. Interessanterweise fällt dabei auf – und möglicherweise entsprechen sie damit einem *YouTube*-typischen Habitus – dass sie zwar gegenläufig wirken, aber keine politische oder kritische Haltung einnehmen. Das eigentlich Provokante, Irritierende oder Rebellische liegt vielmehr in ihrem vermeintlich unpolitischen, lustigen, nicht ernsthaften und weltumarmenden Gestus. Es liegt darin, dass diese Videos vor allem *nett* daherkommen. Sie sind nicht zielgerichtet, kritisch oder schmerzhaft gegen jemanden oder etwas gerichtet, der oder das benannt oder angegriffen wird. Hierin ist vielleicht der stärkste Bruch mit dem gesellschaftlich hegemonialen Bild von Judentum in Deutschland auszumachen: Mit diesem netten und unpolitischen Selbstbild, was von Stolz, aber auch Selbstironie geprägt ist und sich von einem Opfer-Selbstbild abgrenzt, passen die Videos einerseits perfekt in die *YouTube*-Ästhetik bzw. -philosophie und entwerfen andererseits Gegen-Bilder des Jüdischen.[11]

Unterschiede zeigen sich in der Rezeption der Videos. Um diese genauer zu verstehen, kann man sich zum einen die Tags und die Einordnung der Videos anschauen, die sie auf *YouTube* erst »sichtbar«[12] werden lassen, um Aufschluss darüber zu erhalten, wie die jeweiligen NutzerInnen das von ihnen hochgeladene Video begreifen, wie es gefunden werden soll und damit auch, für wen es bestimmt ist und mit welchen anderen Themen es in eine Art Programmstruktur gebracht wird. Das Video von Olam Berlin und das »Lasst uns alle Juden sein«-Video von Oliver Polak sind als *Unterhaltung* kategorisiert. Während Letzteres aber durch die Tags in einen Zusammenhang mit Oliver Polaks Auftritten, seinem Buch, dem *Admiralspalast* als Veranstaltungsort, »Juden« und »Comedy« gebracht wird, weisen die Tags des Olam-Berlin-Videos einen stärker innerjüdischen Zusammenhang auf: Es wird auf das Jugendzentrum verwiesen und die Namen der Beteiligten werden genannt, allgemein sind auch noch die Tags »Jew« und »Jewish«. Die Verweise auf die Zentralwohlfahrtstelle der Juden in Deutschland, Machane (jüdische Ferienfreizeiten für Jugendliche) und auf den *Jewrovision Songcontest* sind eher an jüdische NutzerInnen gerichtet und machen deutlich, dass das Video (zumindest auch) einer innerjüdischen Kommunikation dient. So beziehen sich die in der rechten Spalte vorgeschlagenen Videos fast ausschließlich auf den *Jewrovision Songcontest* und andere Aktivitäten der jüdischen Jugendzentren in Deutschland.

Kormans Video, welches von den dreien die meisten Aufrufe erlangt hat, wird begleitet von Videos, die es kommentieren, Remix-Versionen anderer NutzerInnen[13] sowie Berichterstattung über den Erfolg des Videos. Korman kategorisiert ihr Video als *Bildung*, nachfolgende Zusammenschnitte, die wahrscheinlich eingestellt wurden, als das Originalvideo wegen Urheberrechtsverletzungen zeitweise entfernt war, sind in der Kategorie *Nachrichten & Politik* eingeordnet. Die Videos, die als passend angeboten werden, knüpfen direkt an das Video oder an die Themen Auschwitz, Jüdischsein und den Gloria-Gaynor-Song an. Betrachtet man die ›programmatische Einbettung‹ durch die vorgeschlagenen Videos, so zeigt sich, dass diese zwar häufig inhaltlich nicht passen, aber interessante Assoziationsketten aufzeigen: Von Jude zu Holocaust, Israel und antisemitischen Hassvideos ist die assoziative Nähe groß. So kommt es, dass solche jüdischen Gegenbilder z. T. fast direkt neben antisemitischen Hass-Videos stehen.

Zum anderen kann man sich der Rezeption nähern, indem man sich mit den dazugehörigen Kommentaren befasst. Interessant ist vor allem, dass die drei Videos, die sich dezidiert und offen mit jüdischem Leben beschäftigen, trotz des Problems, das Antisemitismus auf *YouTube* darstellt, wenig von antisemitischen Kommentaren betroffen sind. Für alle drei ist die Kommentarfunktion freigegeben. Diese kann auch gesperrt werden, was häufig bei Videos von öffentlichen Institutionen oder professionellen NutzerInnen geschieht, die weder hasserfüllte (rassistische, sexistische, antisemitische) Kommentare auf ihrer *YouTube*-Präsenz dulden können, noch es leisten können, den Inhalt der Kommentare regelmäßig zu überprüfen und gegebenenfalls zu entfernen. Auch wenn das Entfernen von Kommentaren auf *YouTube* möglich und üblich ist, so ist ihre Berücksichtigung doch überaus aufschlussreich, da zwar der gelöschte Kommentar nicht mehr sichtbar ist, wohl aber, dass ein Kommentar gelöscht wurde.

Am unterschiedlichsten sind die Kommentare bei Oliver Polak: Von Zustimmung und Komplimenten wie »genial« reichen sie bis zu zwei NutzerInnen, die sich selbst als jüdisch bezeichnen und Polak mit Gewalt drohen. Das Olam-Berlin-Video hat ausschließlich positive Kommentare zu verzeichnen, kein Kommentar wurde entfernt. Kormans Video erhielt ebenfalls hauptsächlich positive Rückmeldungen. Neben einigen entfernten Kommentaren gibt es zwischen den begeisterten Reaktionen auch kritischere Kommentare, die sich aber nicht dem Bereich der *Hate Speech*[14] zuordnen lassen. Das wirft die Frage auf, warum diese Videos nicht antisemitisch kommentiert werden. Diesbezüglich sind drei mögliche Überlegungen denkbar: Erstens, die entsprechenden User sehen diese Videos nicht, was eher unwahrscheinlich ist, da sie anhand der Stichwörter *Juden, jüdisch, Deutschland* oder *Holocaust* zu finden sind; zweitens, diese Videos erregen ihren Hass nicht oder drittens, sie wissen nicht, wie sie darauf reagieren sollen. Möglicherweise führt die Abweichung von tradierten Bildern und Ikonographien des Jüdischen dazu, dass AntisemitInnen darauf nicht so leicht reagieren können, weil sie ihre ebenfalls tradierten Argumentationen und Stereotype darauf nicht anzuwenden wissen. Möchte man die kommunikative Wirkung und Funktionsweise der Videos, die aufgrund der Anzahl der Klicks und ihrer nationalen bzw. internationalen Ausrichtung eine ganz unterschiedliche Reichweite haben, genauer aufschlüsseln, so scheinen einige Überlegungen von Diana Pinto zur Unterscheidung unterschiedlicher kommunikativer ›jüdischer‹ Sphären hilfreich. Sie spricht von einem »set of distinct Jewish ›boxes‹ that taken together form a continuum which I have called the ›Jewish Space‹ [...] One should think of these boxes as different elements each interacting in the wider world while retaining their specific identities, functions and responsibilities.«[15] Diese ›Boxen‹, von denen sie sechs ausdifferenziert,[16] kann man als unterschiedliche Kommunikationsräume oder Teilöffentlichkeiten verstehen, in denen es um jüdische Themen, Belange und auch Bilder des Jüdischen geht. Auch wenn Pinto das Internet im weitesten Sinne der sechsten und offensten, der universellen Sphäre zurechnet, die am wenigsten geschützt ist und in der sich alle Teilnehmer ungestört, unabhängig von Regeln und häufig anonym äußern können, sollen die drei Videos versuchsweise unterschiedlichen »identity-boxes« zugeordnet und damit ihre Rezeption, ihre Adressaten und ihre Bedeutung genauer aufgeschlüsselt werden. Das Olam-Berlin-Video ist in einer Sphäre säkularer Aktivitäten in den jüdischen Gemeinden, wie Kulturveranstaltungen und Jugendarbeit, entstanden und auch die damit verbundene Kommunikation auf *YouTube* scheint der zweiten Box zuzuordnen sein, bei der es sich um einen Raum für und von Jüdinnen und Juden handelt. Sowohl die Intention beim Hochladen des Videos zeigt durch die Tags, dass eine mehr oder weniger inner-jüdische Kommunikation angestrebt wurde, als auch die Kommentare, die verdeutlichen, dass die Kommunikation auch entsprechend funktioniert.

Polaks Performance richtet sich in ihrer Entstehungssituation an ein mehrheitlich nicht-jüdisches Publikum, das aber wahrscheinlich jüdischen Themen positiv gegenüber eingestellt ist, da es Polaks Show besucht. Somit würde die Kommunikationssituation während des Konzerts der vierten Sphäre entsprechen, dem »Jewish-friendly neutral Space«[17]. Die Kommunikationssituation des Videos scheint aber davon abweichend vielmehr der sechsten Box zu entsprechen, einem offenen und unkontrollierten Raum. Kormans Video verweist durch die Tags und die Kategorisierung beim Hochladen eine Intention auf, die auf ein sowohl jüdisches als auch nicht-jüdisches Publikum zielt. Entstanden ist das Video in der Sphäre der Kunst, die ohnehin eine besondere darstellt. Auf *YouTube* ist die Kommunikation wohl der dritten oder vierten Sphäre zuzurechnen, also einem kommunikativem Raum, der entweder von Rahmen und Inhalt her jüdisch geprägt, aber offen für nicht-jüdische AkteurInnen und Positionen ist, oder auch nicht zwangsläufig jüdisch gerahmt, aber jüdischen Themen doch offen bis positiv gegenüber eingestellt ist. In diesem Zusammenhang wird verständlich, warum die Kommentare das Video durchaus kritisch diskutieren, aber nicht antisemitisch angreifen.

Betrachtet man die Rezeption außerhalb von *YouTube* (vor allem des »Dancing Auschwitz«-Videos), so zeigt sich, dass der bereits erwähnte Generationswechsel mit einem medialen Wechsel zusammengebracht werden kann. So verdeutlichen die Reaktionen in der deutschen Presse auf das »Dancing Auschwitz«-Video, ebenso wie die mediale Reaktion auf Charlotte Knoblochs *YouTube*-Kritik 2008,[18] die beschriebene Veränderung: Nachdem das Video in der deutschen und israelischen Presse für Aufsehen gesorgt hatte, fragte die *BILD*-Zeitung bei »bekannten deutschen Juden«[19] nach, ob Kunst wirklich alles dürfe und ein solches Video legitim sei. Von der *BILD*-Zeitung befragt wurden Michael Wolffsohn, Michel Friedman und Rafael Seligmann. Alle drei gehören zu den etablierten jüdischen Publizisten, die in Deutschland den Diskurs über das deutsch-jüdische Verhältnis prägen. Was als jüdisch gilt, welche Darstellungen des Jüdischen und welche Formen des Holocaustgedenkens legitim sind, scheint vor allem diese Generation publizistisch, kulturell oder politisch aktiver Juden (und einige wenige Jüdinnen) in Deutschland zu verhandeln, und sie verhandeln es in den etablierten Medien Zeitung und Fernsehen. Gegenbilder werden auf anderen Kanälen und in anderen Kontexten verbreitet: Auf *YouTube*, in der Kunst und häufig auch der Musikszene. Häufig werden diese Gegenentwürfe von einer jüngeren Generation eingebracht, die sich – so scheint es – mit dem tradierten und nach außen gerichteten Bild zunehmend weniger identifizieren kann und das Bedürfnis hat, sich dagegen abzugrenzen. Das äußert sich z. B. recht polemisch in Oliver Polaks Aussage, er würde, wenn er schlecht drauf sei, aktuelle Pressemeldungen des Zentralrats lesen, dann gehe es ihm jedes Mal besser, weil er sehe, dass andere noch mieser drauf seien als er.

Nur wenige Wochen nach dem *BILD*-Artikel äußerte sich auch Henryk M. Broder auf *Spiegel online* zu Kormans Video.[20] Auch seine Form des Berichtens verdeutlicht diesen Generationswechsel: Er äußert sich positiv über das Video und nutzt damit seinen Einfluss, den er als in der Öffentlichkeit stehender Jude in Deutschland hat, um das Video als akzeptable Darstellung zu legitimieren. Letztlich nutzt er seinen Artikel aber vorrangig, um die Lebensgeschichte Adolek Kohns zu erzählen. Auf die formal-ästhetischen Darstellungen und Details des Videoclips geht er kaum ein, auch nicht auf *YouTube* und die dortige Rezeption. Die Lebensgeschichte Kohns individualisiert das Video und erklärt nun Aspekte, die vorher unbestimmt blieben. Jane Korman hat das Video zwar mit einem kurzen Text versehen, welcher erklärt, dass sie mit ihrem Vater, ihren Kindern und ihrer Nichte nach Polen reiste, um dort die Geschichte ihrer Eltern zurückzuverfolgen. Der Text bezieht sich aber auf die Motivation für die Reise und die dortigen Geschehnisse und nicht auf die Lebensgeschichte ihres Vaters während der NS-Zeit. Kormans Fokus liegt also in der Gegenwart: Darauf, was die Reise nach Auschwitz für ihren Vater und ihre Kinder bedeutet, welche Präsenz die Folgen der Verfolgung heute haben und mit welchen Gefühlen sie verbunden sind. Broder führt in seinem Artikel die historische Perspektive, die auf Kohns Schicksal im Einzelnen blickt und die als tradiert und akzeptiert bezeichnet werden kann, wieder ein, und stellt das Neue an Kormans Ansatz in den Hintergrund.

Anschließend an die beschriebenen Veränderungen in der Mediennutzung und der Funktion, die die Videos für sich verändernde jüdische Selbst-Konzepte und ihre Sichtbarkeit in der deutschen Gesellschaft haben, stellt sich nun die Frage, wie die hier diskutierten Videos in dem (immer noch) komplexen deutsch-jüdischen Verhältnis nach 1945 in Hinblick auf die deutschen nicht-jüdischen RezipientInnen wirken und ihre Fremd- und Selbstbilder verändern. Dafür müssten die Rezeption der Videos durch die nicht-jüdische deutsche Mehrheitsgesellschaft, die Anschlussfähigkeiten der Videos für nicht-jüdische deutsche RezipientInnen und ihre Interpretation dieses ›unkritischen‹, ›netten‹ Habitus genauer untersucht werden.

Anmerkungen
1 Geert Lovink: »The Art of Watching Databases: Introduction to the Video Vortex Reader«, in: Geert Lovink / Sabine Niederer (Hg.): *Video Vortex Reader. Responses to YouTube*. Amsterdam: Institute of Network Cultures, 2008, S.9. *www.networkcultures.org/wpmu/portal/files/2008/10/vv_reader_small.pdf*.
2 Der Beitrag basiert zum einen auf einem Artikel, der in den Hamburger Heften für Medienkultur erscheint, sowie auf einem Vortrag im Rahmen des Workshops *Jüdische Rebellen und subkulturelle Strategien* im Dezember 2010 in Mainz.
3 Jörg Lau: »Juden in Deutschland. Leben statt Mahnen«, in: ZEIT Online, 04.02.2010. http://pdf.zeit.de/2010/06/Juedische-Gemeinde.pdf, S. 1
4 DianaPinto: *The Challenges of Progressive Jews in 21st Century Europe*. EUPJ Conference, Paris, March 3–7, 2010. *www.eupj.org/paris-2010/69-dr-diana-pinto.html*
5 *Jewrovision 2010 Video – OLAM BERLIN*. www.youtube.com. *www.youtube.com/watch?v=XXZl5fdHeRU*
6 *Oliver Polak – ›Lasst uns alle Juden sein‹ // Live @ Admiralspalast / Berlin Revue*. www.youtube.

com. www.youtube.com/watch?v=MHDKr1br300
7 Oliver Polak & Carsten »Erobique« Meyer–*Lasst uns alle Juden sein*. www.youtube.com. www.youtube.com/watch?v=7eWynyA_piR
8 Oliver Polak: *Ich darf das, ich bin Jude.* Köln: Kiepenheuer & Witsch 2008
9 Beispielsweise in seiner Show *Jud süß sauer. Die Show.*
10 *I will survive in Auschwitz.* www.youtube.com. www.youtube.com/watch?v=GUoanho82H4
11 Ein weiterer Aspekt, aus dem ein Irritationsmoment entsteht, welches für das gegenläufige Potential der Videos nicht unwesentlich ist, ist die gezeigte Körperlichkeit und der Tanz. Sowohl der Protagonist des Olam-Berlin-Videos als auch Oliver Polak tanzen in irritierenden Kostümen (Badeanzug bzw. Jogginganzug) und kombinieren diese mit sexuellen Gesten, die mit den Sehgewohnheiten der Zuschauer brechen. Im »Dancing Auschwitz«-Video ist es die Kombination des Ortes mit Tanz, die irritiert, sowie die Tanzbewegungen, die sehr jugendlich wirken.
12 Frank Kessler/Mirko Tobias Schäfer: »Navigating YouTube: Constituting a Hybrid Information Management System«, in: Pelle Snickars/ Patrick Vonderau (Hg.): *The YouTube Reader*. Lithuania: Logotipas 2009, S. 287
13 *In The Name of Peace (Remix of Dancing Auschwitz:* www.youtube.com/watch?v=9kxxwPHVLUY
14 Der Begriff *Hate Speech* bezeichnet nicht nur den Sprecher als hasserfüllt, sondern bezieht sich auch auf die Effekte oder Auswirkungen der Rede, die dazu dienen soll, zu Hass und Gewalt anzustacheln. Während es sich bei dem deutschen Begriff Volksverhetzung primär um einen juristischen handelt, ist der englische Begriff *Hate Speech* weiter gefasst und wird auch in soziologischen oder psychologischen Kontexten verwendet.
15 Pinto, *The Challenges of Progressive Jews In 21st century Europe.*
16 1. Die innerjüdische, religiöse Box, in der ausschließlich zwischen Juden kommuniziert wird, als der explizit spirituelle und religiöse jüdische Raum, in dem Nicht-Juden nichts zu sagen haben und zu dem sie auch nicht zugehörig sind. 2. Das innerjüdische Gemeindeleben bzw. die Sphäre säkularer Aktivitäten innerhalb der jüdischen Gemeinschaft, auch hier geht es um einen Raum, der für Juden gedacht und von Juden geprägt ist, wie beispielsweise Feste oder Kulturveranstaltungen. 3. Das jüdische Leben, das mit nicht-jüdischen Akteuren verbunden ist. Rahmen und Themen sind in dieser Sphäre jüdisch geprägt, aber sie sind offen für Diskussionen sowie nicht-jüdische Teilnehmer und Perspektiven. 4. Eine Sphäre, die jüdischen Themen positiv gegenüber eingestellt und neutral ist (»Jewish-friendly neutral Space«). 5. Eine nicht-jüdisch dominierte öffentliche Sphäre. Diese ist von der breiteren Gesellschaft geprägt und somit ein pluralistischer Kommunikationsraum innerhalb einer Demokratie. Juden sind hier eine Gruppe unter vielen verschiedenen Gruppierungen, ihr Jüdisch-sein spielt nicht in jedem Zusammenhang eine Rolle, sondern nur wenn inhaltlich motiviert. 6. Eine universelle Sphäre, die keinen geschlossenen oder kontrollierten Raum darstellt, sondern die offen für alle ist – auch für AntisemitInnen – und nicht geregelt. Hierzu würden beispielsweise viele Bereiche des Internets zählen. Vgl. ebd.
17 Pinto, *The Challenges of Progressive Jews In 21st century Europe*
18 Das versuchte Vorgehen von Charlotte Knobloch gegen YouTube wegen antisemitischer Videos im Jahr 2008 wurde primär in den Printmedien und im Fernsehen publiziert. In geschnittenen und (großteils hämisch bis offen antisemitisch) kommentierten Videos landeten diese Interviews dann auf *YouTube.*
19 H.J. Vehlewald/ A. Merholz: *Holocaust-Überlebender tanzt mit Familie vor KZ Auschwitz.* www.bild.de/BILD/news/2010/07/14/holocaust/umstrittenes-auschwitz-video-im-internet.html
20 Henryk M. Broder: »Schaut her, ich lebe!«, in: *www.spiegel.de/spiegel/0,1518,710881,00.html*

Caspar Battegay

Juden auf dem Pferd

Vom *Chevalier von Geldern* zu Mordecai Richlers *St. Urbain's Horseman*

… und selbst die Art wie ein Jude aufs Pferd kommt … ist nicht unbedenklich und giebt zu verstehen dass die Juden niemals eine ritterliche Rasse gewesen sind.

Friedrich Nietzsche, *Nachgelassene Fragmente*, 36 (42)

Let's ride

Ein Echo jener abfälligen Bemerkung Nietzsches findet sich in Theodor Herzls zionistisch-utopischem Roman *Altneuland* von 1902. Dieses zentrale Buch des Zionismus malt eine neue jüdische Gemeinschaft in Palästina aus, lange bevor dies politisch im Bereich des Möglichen lag. Der junge Reisende Friedrich aus Wien und der deutsch-amerikanische Millionär Kingscourt besichtigen auf ihrer Tour durch Palästina die landwirtschaftliche Kolonie Rehovot. Dort treffen sie zu ihrer Überraschung auf jüdische Reiter. »Die Burschen stürmten weit weg ins Feld hinaus, warfen die Rosse herum, kehrten jauchzend zurück, warfen im vollsten Lauf ihre Mützen oder ihre Gewehre in die Luft, fingen sie wieder auf. Schließlich ritten sie in einer Reihe und sangen ein hebräisches Lied.«[1]

»Die reiten ja wie der Deibel!«, ruft Kingscourt und ist so »hingerissen«, dass er die reitenden Juden ex post für würdig erklärt, in der preußischen Kavallerie zu kämpfen. Doch Friedrich, selbst ein Jude, hat »wenig Interesse für die Betätigung einer gesunden Lebenslust«[2]. Er ist froh, als man wieder Richtung Küste aufbricht. Herzl greift zwei gleichermaßen stereotype Seiten des Verhältnisses von Juden und Pferden auf. Das Reiten stellt für den politischen Zionisten eine Art »subkulturelle Strategie« jüdischer Erfahrung der

Moderne dar. Einerseits möchte Herzl nämlich dem absurden antisemitischen Vorurteil widersprechen, nach dem Juden keine »ritterliche Rasse« seien; die Juden werden implizit als physisch *und* psychisch fähig erklärt, die soldatische Einheit von Pferd und Mann zu erreichen, die das europäische Bild des *Ritters* ausmacht. Andererseits aber geht er gegen ein internes Selbstbild an, das ebenfalls eine Unvereinbarkeit des Jüdischseins mit einer positiven Beziehung zu Pferden annimmt. Dieses Selbstbild wird etwa vom russisch-jüdischen Autor Isaak Babel artikuliert. In dessen Theaterstück *Sonnenuntergang* sagt der junge jüdische Husar Ljowka: »Ein Jude, der auf einem Pferd gesessen hat, hat aufgehört ein Jude zu sein, ist ein Russe geworden.«[3] Diese Unvereinbarkeit hat wenig mit der historischen Realität von Millionen ländlicher Juden in Osteuropa zu tun. Dennoch ist sie so tief sitzend, dass der Historiker John Hoberman von einer »fundamental dichotomy between equestrian and Jew« spricht.[4] Dieser Dichotomie soll im Folgenden nachgegangen werden. Damit begibt sich der vorliegende Aufsatz auf eine Spurensuche an den Rändern der europäisch-jüdischen Moderne. Die Suche gilt vor allem einem imaginären Anderen jüdischer Identität, das sich – so die folgenden Überlegungen – klassischerweise in der Vorstellung jüdischer Reiter verkörpert, aber auch noch auf andere Weise und historisch später in der versteckten jüdischen Geschichte des Punk, wie sie von Steven Lee Beeber erzählt wird, ihren Ausdruck findet.[5]

Wie im Sport im Allgemeinen haben sich jüdische Reiter im 19. und zu Beginn des 20. Jahrhunderts gegen ein wirkungsmächtiges und teilweise internalisiertes Ensemble von Zerrbildern vermeintlich »jüdischer« und damit minderwertiger Körperlichkeit durchzusetzen. Die Idee des Reitens hat aber noch eine weitere Komponente, die vor allem auf den Einsatz von Pferden im Krieg und auf der Jagd seit der Antike zurückgeht. Reiter sind im europäischen Imaginären immer auch Soldaten und Jäger, virtuell ausgestattet mit Standesprivilegien. Das Pferd selbst ist eine Metonymie dieser adligen Martialik. So hält Eliezer Siegal, Professor für Religious Studies an der Universität von Calgary, fest, dass es eine »age-old animosity between Jews and horses« gebe, die sich bis auf biblische und talmudische Quellen zurückverfolgen lasse.[6]

Tatsächlich bemerkt schon L. Lewysohn in seiner 1858 erschienenen (und heute leicht abseitigen und kurios anmutenden) *Zoologie des Talmuds* implizit einen Widerspruch zwischen dem Bild des Pferdes und dem Ideal des rabbinischen Gelehrten. Das Pferd habe unter anderem »einen starken Geschlechtstrieb«, sei »kriegslustig« und »von stolzem Wesen«[7], alles Eigenschaften, die – so will es zumindest eine einflussreiche Wahrnehmungstradition innerhalb des Judentums – zutiefst *goyisch* erscheinen. Nicht nur die sexuelle Konnotation des Pferdes, mehr noch der bereits im Buch Hiob erwähnte »Muth des Kriegsrosses«[8], also die bellizistische Tradition, die mit dem Pferd verbunden wird, widerspricht dem vermeintlichen Pazifismus des diasporischen Judentums.[9] Herzl musste eben deshalb jüdische Reiter auftauchen lassen, um das Judentum der rabbinischen Tradition zu entwinden und in eine nationalistisch-wehrhafte Moderne eintreten zu lassen. Analog zu Max Nordaus »Muskeljudentum« gibt es bei Herzl als Variante eine Art Pferdejudentum.

Dass religiöse Juden nicht reiten sollen oder können, stößt inzwischen aber selbst bei durchaus traditionsbewussten Gelehrten wie Eliezer Siegal auf ironischen Widerspruch: »I think that the Jews of the Canadian prairies are ideally positioned to effect a reconciliation of this tragic historic enmity. It is finally time for us rein in all that ingrained hostility and ride off together into the sunset.«[10] Bemerkenswert an dieser Aussage ist, dass Siegal eben nicht zum Reiten Richtung Sonnenaufgang auffordert, wo im Osten das gelobte Land liegen würde, sondern Richtung Sonnenuntergang, die Richtung, in der sich die ewige Heimatlosigkeit des Cowboys erstreckt. Fast meint man, in Siegals Aufforderung einen Verweis auf den berüchtigtsten jüdischen Cowboy zu hören, den Texaner Richard S. Friedman, der als Kinky Friedman mit seiner Band *The Texas Jewboys* seit den 1970er-Jahren Kultstatus erlangt hat. Seine melancholische Country-Ballade »Ride 'em Jewboy« hat mit dem »hebräischen Lied«, von dem Herzl spricht, nichts zu tun. Sie stellt vielmehr eine Hymne des Diaspora-Judentums dar.[11] Auf dem Cover des 1992 erschienenen Albums *Old Testaments and New Revelations* ist Kinky auf einem Pferd sitzend von hinten abgebildet, mit einem Cowboyhut und einer Gitarre umgehängt. Der einsame Reiter blickt gen Westen, gegen den linken Bildrand, wo die berühmten weißen Riesenbuchstaben »Hollywood« und eine strahlende Sonne erscheinen. Es ist die archetypische Figur amerikanischer Identität, der Cowboy, der mit dem Bild des Ewigen Juden verschmolzen wird. Gleichzeitig projiziert Kinky Friedman in den Cowboy seine Vorstellung eines Jüdischseins, das sich weder in zionistischen Idealen eines soldatischen Ritterjudentums, noch im Rückbezug auf ein traditionelles Fußgängerjudentum erschöpft.

Im Folgenden sollen zwei Gestalten jüdischer *alter egos* untersucht werden. Erstens soll der historisch verbürgte »Chevalier von Geldern« - ein rheinländisch-jüdischer Abenteurer aus dem 18. Jahrhundert, der vor allem als Großonkel Heinrich Heines noch Bekanntheit genießt - als eine solche Figur des *anderen Juden* gezeigt werden. Zweitens wird die Bedeutung dieser Figur anhand eines Romans des kanadischen Autors Mordecai Richler (1931-2001) und damit für die moderne jüdische Literatur herausgestellt.

(K)ein Königreich für ein Pferd

Als moderner Jude hat man die Wahl: Es gibt *haredim* oder modern Orthodoxe, man kann religiös in einem bürgerlich-liberalen Verständnis oder gänzlich areligiös sein, sei es als Zionist oder als Vertreter eines säkularen und kulturellen Judentums, wie es in den USA verbreitet ist. Die Figur des anderen Juden aber ist die Figur dessen, *der alles das zusammen ist* – und noch mehr. Er verweigert sich der Entscheidung. Er ist die Figur des Abenteurers, des Piraten, des Desperados und Glücksritters, der sein Leben abseits und jenseits von Gesellschaft und Familie im Grenzbereich von Unterwelt und Heldentum führt, dort jedoch in authentischer Weise *als* Jude. Solche Figuren haben das jüdische Imaginäre seit je her fasziniert. Eindrücklich zeigt dies der Journalist und Autor Fritz Heymann in seinem 1937 im Amsterdamer Exil erschienenen Buch *Der Chevalier von Geldern*. Heymann möchte den »Abenteuern der zahlreichen jüdischen Matrosen, Goldsucher, Trapper, Walfänger und Raubtierfänger« sowie den »Artisten, Gauklern und Zirkuskünstlern, unter denen mehr Juden als Christen sind«[12] ein Denkmal setzen und so eine farbige Gegengeschichte zur offiziellen und seriösen jüdischen Geschichte der »Denker und Dulder« etablieren. Der Versuch ist tragisch gescheitert: Heymann wurde 1943 in Auschwitz ermordet, sein Buch ist bis heute ein abseitiger Geheimtipp.

Der »Chevalier« aus dem Titel von Heymanns Buch ist ein Übername des Abenteurers Simon de Geldern, der 1720 in eine bedeutende Dynastie so genannter »Hofjuden« in Düsseldorf hineingeboren wurde. Simons abenteuerliches Leben führte ihn in verschiedene Länder Europas und in den Nahen Osten. Er behauptete offensichtlich, ein Kenner kabbalistischer Texte zu sein und verfasste religiöse Schriften. Seine Reisen beschreibt er in Aufzeichnungen, die heute im *Schocken Archiv* in Jerusalem aufbewahrt werden.[13] Er starb 1788 (oder 1774) in Forbach an der Mosel während einer Reise.

Simon de Geldern ist auch ein Großonkel Heinrich Heines. In einem späten Prosa-Fragment mit dem Herausgebertitel *Memoiren* gibt der Dichter darüber Auskunft. Heymanns auf Archivrecherchen gestützter Stil ist nüchterner als Heines Prosa. Doch auch Heymann, der selbst in der Kleinstadt Geldern geboren wurde, scheint der Faszination des jüdischen »Ritters« und damit einer verdrängten Möglichkeit jüdischer Geschichte erlegen zu sein. Sein Simon ist ein genialer Charmeur, Lebemann, Spieler und rastloser Reisender, ein Zeitgenosse und Bekannter von Casanova, Voltaire und anderer reicher und berühmter Personen, der die Eleganz liebte. Nach der Rückkehr von seiner ersten Palästinareise lieh er sich dem entsprechend »Tag für Tag ein Reitpferd«, gemäß Heymann »um die orientalischen Esel zu vergessen.«[14] Vielleicht war es also nicht gerade ein Königreich, das Simon de Geldern für ein Pferd bot, aber Pferde schienen ihm doch eine wichtige Komponente seiner komplexen Identität zu sein.

Heine schreibt, dass Simon Räuberhauptmann bei einem »Beduinenstamm, der sich nicht zum Islam, sondern zu einer Art Mosaismus bekannte« gewesen und ins Heilige Land gepilgert sei. Dort habe er auch »jene Kenntnisse von Pferdezucht und jene Reiterkünste« erworben, »womit er nach seiner Heimkehr ins Abendland so viel Bewundrung erregte.«[15] Simon von Geldern habe (was Heymann bestätigt) etliche Affären mit »erlauchten Damen« an europäischen Höfen gehabt und sei schließlich esoterischer Schriftsteller in England geworden. Dieser Onkel beschäftigt den kleinen Harry so sehr, dass er von ihm träumt. »In diesen Träumen«, so schreibt Heine, »identifizirte ich mich gänzlich mit meinem Großohm und mit Grauen fühlte ich zugleich daß ich ein Anderer war ...«[16] Der Chevalier von Geldern ist der authentische Doppelgänger des europäischen, assimilierten jüdischen Intellektuellen, der ihn in den Nächten als sein ambivalentes Wunsch- und Schreckensbild heimsucht.

Anhand des Beispiels von Heines halb realem, halb nur erträumten Großonkel wird deutlich, dass es bei der Vorstellung des anderen Juden oft darum geht, sich eine andere Familie zu erfinden, oder besser, die verdrängten oder sich selbst versagten Möglichkeiten auf einen realen Verwandten zu projizieren. Sich selbst eine neue Verwandtschaft, eine neue Familie zu geben, ist ein zentraler Wunsch in der jüdischen Erfahrung der Moderne – sichtbar auch an den Namenswechseln, die einen wichtigen Bestandteil vieler jüdischer Familienchroniken darstellen. Klassisch geschieht dies über Imaginationen des Reitens. Doch letztlich sind auch die »jüdischen Punks«, von denen Steven Lee Beeber spricht, solche jüdischen Abenteurer. Auch Beeber geht es um die Konzeption einer anderen jüdischen Familie, einer anderen Verwandtschaft. Vielleicht beschreibt er deshalb so ausführlich die Verwandlung von Jeffrey Hyman zu Joey Ramone. Denn die Genese der Ramones gleicht der Geburt einer neuen Familie.[17]

Gallopping, thundering

Mit einem Traum von einem Verwandten – dem seit Jahren verschollenen Cousin Joseph, genannt Joey – beginnt Mordecai Richlers Roman *St. Urbain's Horseman*. Wie der berühmte Singer-und-Songwriter Leonard Cohen ist auch der drei Jahre ältere Richler im kanadischen Montreal geboren und aufgewachsen. Die St. Urbain Street, offiziell Rue St. Urbain, war im frühen 20. Jahrhundert eine Ader des jüdischen Viertels von Montreal. Die Anlage des Romans ist von einer grundlegenden sozio-historischen Konstellation geprägt. Es geht um die Auseinandersetzung eines bürgerlich-liberalen, assimilierten Intellektuellen mit seinem Selbstbild, und damit verbunden die Aufstellung eines *alter ego*, auf das alles das projiziert wird, das im eigenen Leben scheinbar verpasst wurde: Einsatz für den Zionismus und den Staat Israel, Rache an den Nazi-Verbrechern, romantische Abenteuer, wilde Physis, kompromisslose Jüdischkeit. Jacob Hershs Faszination für seinen Cousin - in Wahrheit ein Ganove und Kleinkrimineller - und für andere zwielichtige jüdische Gestalten spiegelt die Suche nach einem *anderen* und auch wahrhaftigen Jüdischsein, das sich dem bürgerlichen Liberalismus sowie der orthodoxen jüdischen Tradition entzieht.

Jacob Hersh ist ein nicht allzu erfolgreicher, kanadischer Regisseur, der mit seiner Familie Ende der 1960er-Jahre in London lebt. Der äußere Anlass für Jakes Krise ist ein Strafprozess gegen ihn. Man wirft ihm vor, ein deutsches Au-Pair-Mädchen vergewaltigt zu haben. Schnell wird klar, dass Jake diese Tat nicht begangen hat, und dass er in die unangenehme Geschichte nur unter unglücklichen Umständen hineingeschlittert ist. Die deutsche Identität des Mädchens spielt aber im Buch eine gewisse Rolle: Im Prozess gegen ihn kommt heraus, dass Jake eine merkwürdige Faszination für Nazi-Insignien hat. Insgeheim hat er ein Drehbuch verfasst, das kontrafaktisch die britische Niederlage im Zweiten Weltkrieg und die deutsche Besatzung in obszön-grotesken Bildern schildert. In Jakes Phantasie unterhält General Montgomery - genannt »Monty« - eine homosexuelle, sadomasochistische Beziehung mit einem seiner Offiziere etc. Empört beschreibt der patriotische Staatsanwalt, für den die literarischen Fundstücke bereits Indizien von Jakes Schuld darstellen, das Arbeitszimmer des Regisseurs: »His attic study walls are plastered with photographs of wartime Nazi leaders and their survivors.«[18] Unter den zitierten Papieren ist auch ein satirischer Brief an einen »My dear Sturmbannführer« betreffend die Umschreibung der englischen Geschichte unter der Naziherrschaft, unterschrieben mit »Heil Hitler! / Jacob von Hersh«.

Aus dem Nachkommen von ostjüdischen Emigranten ist in phantasmatischer Umkehrung ex post ein deutscher Offizier geworden (ein Humor, den etwas später auch die britischen und amerikanischen Punks liebten). Der judeo-adlige Name »von Hersh«, der ähnlich unmöglich erscheint wie der Name Simon de Geldern, lässt nicht nur eine Rachephantasie anklingen, sondern steht für eine travestierte jüdische Identität, die in ihren selbstverneinenden Pol gefallen ist. Die imaginäre Annäherung von jüdischer Identität und Adel ist ambivalent. Sie hat einen triumphalen *und* einen bedrohlichen Aspekt, der auch mit dem Vorrecht des Reitens verbunden wird. Nur einige Seiten nach der Stelle mit dem erwähnten Brief, erinnert sich der bereits angetrunkene Jake - in der nächtlichen Küche, schlaflos - angesichts eines Schulheftes seines Sohnes Sammy, dass dieser bald eine Cricket-Ausrüstung für die Schule benötigen würde: »In three generations, from foxy Jews to fox-hunting ones. What next? Lord Hersh of St. Urbain?« (12). Jake empfindet seinen sozialen Aufstieg als unheimlich. Trotz seiner Bewegung von der kolonialen Randlage des kanadischen Ghettos in die Avantgarde Londons bleibt in ihm, mit seinem Namen essentiell verbunden, »fear and filth / and cowardice and shame«, wie es Leonard Cohen in einem Song formuliert.[19] Jake zählt seine Vorfahren »nicht zu den jagenden, viel eher zu den Gejagten«,[20] wie Heine an einer Stelle seiner Reisebilder *seine* Abneigung gegen die Jagd begründet. Auch Richlers Protagonist hat trotz seiner offensichtlich wohlhabenden und sicheren Stellung das Stigma seiner ärmlichen jüdischen Herkunft und das Unbehagen gegenüber dem Jagen internalisiert. In Albträumen sieht er, wie seine Kinder von SS-Männern brutal ermordet werden. Liegt er am Wochenende glücklich mit seiner Familie in Cornwall am Strand, stellt er fest: »Nobody on the beach passed an antisemitic remark. / Not one of the planes circling overhead was a Stuka.« (383). Vergebens versucht er, die irrationalen Ängste - sein »jewish nightmare« - seiner nichtjüdischen Frau Nancy zu erklären. Im Buch gibt es eine Stelle, die die familiäre Freitagabend-Idylle der Familie Hersh beschreibt: »It is Friday night and although they didn't light candles or perform such ablutions that would enable them to welcome the sabbath like a bride, something remained,« and on occasion it stirred within him. Most likely after a good dinner. Roast rib of beef and baked potatoes, salad, cheese and wine. He reclines on the sofa, freshly ground coffee set before him, brandy in a snifter ... Nancy's curled into an armchair, legs tucked under, listening to David Oistrakh playing a Mozart concerto ... Curly-head Sammy is lying on his stomach on the floor, fists jammed against his chin, blue eyes pensive, contemplating his jigsaw puzzle.« (72)

Obwohl er seine Frau und seine Kinder uneingeschränkt liebt, sieht Jake als Familienvater und braver Bürger sein Selbst-Ideal des großen Künstlers schmerzlich unerfüllt. Doch Jakes Konflikt lässt sich nicht auf den topischen Widerspruch zwischen Künstler und Bürger allein reduzieren. Er ist innerlich mit seinem Jüdisch-Sein verbunden. In der eben zitierten Szene ist zwar Schabatt, und obwohl nichts davon übrig geblieben ist, ist doch »etwas« geblieben, ein feierliches Gefühl. Dieses Gefühl ist jedoch mit Schuld verbunden, wie in einem fingierten Selbstgespräch klar wird: »There's food in the larder, money in the bank. His wife is the woman he wants. He enjoys the children. / So, Yankel. How are you doing? / I can't complain. / Then there obtrudes the familiar photograph of a bewildered Jewish boy, wearing a cap, ... his eyes aching with fear as he raises his arms over his head. There are other Jews huddled together on his narrow street in Warsaw.« (72).

Zuerst handelt es sich also um die Schuld, den Feiertag nicht zu begehen, und damit Verrat an der verlassenen jüdischen Gemeinschaft zu begehen. Es ist, als würde der Namen Hersh nicht nur eine äußere Bedrohung, sondern auch die Schuld implizieren, diesem Namen nicht gerecht zu werden, als rechtschaffener Bürger *und* als wie auch immer radikaler Künstler nicht das authentische Leben zu leben, das einem Jacob Hersh eigentlich zukommen würde. Dass seine Frau in der zitierten Szene gerade eine Platte von David Oistrach hört, ein russisch-jüdischer Violinist, der im Krieg heroische Konzerte unter schwierigsten Bedingungen gab, etwa in Stalingrad, lässt diesen Komplex in ironischem Licht erscheinen.

Jake, 1930 geboren, beschreibt sich als zwischen den Generationen stehend. Zu jung, um im Spanischen Bürgerkrieg oder im Zweiten Weltkrieg zu kämpfen, zu alt, um nach Korea und später nach Vietnam eingezogen zu werden, zu alt auch, um sich an der hedonistischen Revolution der Hippies zu beteiligen. »Always the wrong age. Ever observers, never participants« (87) heißt es. Und in einer bemerkenswerten Engführung von historischer Erfahrung und sexuellem Schuldgefühl: »The holocaust was when their parents prospered on the black market and they first learned the pleasures of masturbation.« (88) Jake fühlt sich schuldig gegenüber dem Unglück der Welt, so dass er zu jeder Zeit seine gerechte Bestrafung erwartet. Den Prozess gegen ihn empfindet er als gerechtfertigt, aber nicht, weil er sich als schuldig im Sinn der Anklage betrachtet, sondern weil der Richter, als Repräsentant der älteren Generation des bürgerlichen Establishments, und die Klägerin, als Repräsentantin der jüngeren Generation der totalen Attacke auf alle traditionellen Normen, ihm als vom Schicksal geschickte Rächer erscheinen.

Als ein Rächer der Opfer des Holocausts und der Armen und Schwachen im Allgemeinen, erscheint Jake sein etwa zehn Jahre älterer Cousins Joey. Dieser Cousin stammt aus einem armen Zweig der Familie, der von den wohlhabenden Onkels unterstützt wird. Joey verschwindet mehrmals, taucht elegant gekleidet und mit viel Geld wieder auf, Besitzer eines roten Sportwagens. Niemand weiß, was er genau macht oder gemacht hat – vielleicht hat er als Stuntman in Hollywood gearbeitet, vielleicht war er Krimineller oder Pferderennreiter, vielleicht war er bei den Internationalen Brigaden im Spanischen Bürgerkrieg. Joey stiftet die Jungen an der St. Urbain Street dazu an, sich gegen antisemitische Zumutungen mit Gewalt zu Wehr zu setzen, statt sich wie die Elterngeneration damit zu arrangieren. Doch eines Tages verschwindet Joey wieder, man findet das Wrack seines Autos am Straßenrand. Jake ist überzeugt, dass man ihn loswerden wollte, weil er in den Augen der etablierten jüdischen Gemeinde Montreals eine Gefahr für deren Sicherheit darstellte.

Obwohl schnell klar wird, dass sich Joey als Heiratsschwindler, Schnaps-, Zigaretten- und Haschischschmuggler, Spieler und Betrüger in verschiedenen Ländern betätigt und dass er überall Schulden hinterlassen hat, gerät er für Jake zur mythisch überhöhten Figur, die Authentizität, Gerechtigkeit und Radikalität verkörpert. Auf der Suche nach ihm erfährt er in Israel, dass Joey im Krieg von 1948 irregulären Truppen angehört hat, und bei einer von Joeys vielen verlassenen Ehefrauen sieht er ein Foto von ihm in Uniform auf einem weißen Hengst.

Der Horseman, wie er ihn fortan nennt, stellt trotz seiner offensichtlichen Amoralität eine moralische Instanz für Jake dar, einen ethischen Imperativ, seinen persönlichen apokalyptischen Reiter. An verschiedenen Stellen des Romans sieht Jake seinen Cousin auf einem prachtvollen Pferd dahingaloppieren, entweder in Galiläa, in Spanien oder in Südamerika auf der Jagd nach dem Naziarzt Mengele. »Out there, riding even now. St. Urbain's Horseman. Galloping, thundering. Look sharp, Mengele, *Die Juden kommen!*« (377). Diese Vorstellung des reitenden jüdischen Widerstandskämpfers und Rächers ist für die westliche Vorstellungswelt nicht unwichtig. So zeigt etwa die Hollywood-Produktion *Defiance* von 2008 den polnisch-jüdischen Widerstandskämpfer gegen die Nazis Tuvia Bielski (gespielt von Daniel Craig!) auf einem weißen Pferd reitend, eine Darstellung, die offensichtlich gegen das Stereotyp des wehrlosen, schwachen jüdischen Opfers gerichtet ist.

Als mitten in Jacob Hershs Lebenskrise der Sechs-Tage-Krieg ausbricht, und er bereits die Vernichtung Israels erwartet, fühlt er sich wieder von der Geschichte aufgerufen: »Jake would have to volunteer. He would be obliged to fight. Like the Horseman, he thought. / Along the Ebro. / At Bab el Wad.« (384) Und als dann der überwältigende Sieg der israelischen Armee feststeht: »Israelis swam in the Suez Canal and camped on the banks of the Jordan. Cousin Joey, Jake knew, was there, he had to be, probably in the struggle for Jerusalem.« (385) Während Jake aus der jüdischen Geschichte ausgetreten ist, sie überladen mit Schuldgefühlen bestenfalls von fern verfolgt, dient der Reiter als sein Stellvertreter, der die Geschichte mitschreibt und Jakes Schulden im Imaginären abbezahlt. Ironischerweise bezahlt Jake parallel dazu die ganz realen Geldschulden seines Cousins und überweist monatlich Geld an die verlassene Ehefrau in Israel.

Während Jakes Verwandte ihr friedliches Spießbürgerleben führen, dessen Horizont gerade mal Bar-Mitzwah-Feiern und Todesfälle, vielleicht den Börsengang und etwas kanadische Politik umfasst, während diese Gesellschaft sich also ja nicht exponieren will, findet sich auch Jake vom bürgerlichen Leben eingeholt, das er einst als Nonkonformist so verabscheut hatte. Jake ist in seiner Bohème-Gestalt genau der gleiche Familienmensch, den er in Gestalt seines konservativen und auf die jüdische Tradition bestehenden Onkels Abe verabscheut. Joey dagegen widersetzt sich jeglicher Familialität. Der Reiter ist eine autonome Zelle, ja vielleicht eine Subkultur für sich allein. Als jüdischer Horseman stellt er die möglich gemachte Unmöglichkeit dar, als Jude in der Diaspora auf einem Pferd zu reiten.

Horseman, Batman

Ein Reiter oder ein Ritter ist eine Figur, die sich zu wehren weiß, die mit Waffen umgehen und kämpfen kann, die sich rächt, wenn ein Unrecht geschieht. Heymann war zu einem historischen Zeitpunkt der Verzweiflung im Jahr 1937 von der Vision kämpfender Juden angetrieben, als er seine Geschichte des Chevalier von Geldern schreibt. Es sind »verwegene, unbotmäßige, absonderliche Burschen«[21], denen seine Sympathie gilt. Sein Vorbild ist König David, ein »Kriegsherr der Juden«. Für Heymann ist klar: »Dass der Jude ein Krieger war, bevor seine Kräfte im Ghetto erschlafften.«[22] Es ist bezeichnend, dass in Richlers Roman *St. Urbain's Horseman* der Reiter eine solche verwegene Gestalt darstellt, die klar als Rachephantasie aus dem Ghetto gekennzeichnet ist. An einer Stelle wird der Reiter sogar mit der Golemlegende - also der Geschichte von Rabbi Löw, der im 16. Jahrhundert aus dem Schlamm der Moldau einen künstlichen Menschen herstellt, um die Juden vor einem Pogrom zu beschützen - in Verbindung gebracht. Der Golem ist der bekannteste poetische Ausdruck jüdischer Machtlosigkeit und jüdischer Machtphantasie. In Rückblenden wird in Richlers Roman erzählt, wie Jake nach Israel und Deutschland reist, um seinen Cousin zu suchen, wo dieser unter dem Namen Jesse Hope als Schlagersänger bei amerikanischen Truppen auftrat. Der wieder einmal ziemlich alkoholisierte Jake spricht mit einem amerikanischen Offizier:

> »Say, is Hope really your Cousin?«
> »No. I have figured out who he is. Finally. Jesse Hope, also known as Yosef Ben Baruch and Joey Hersh, is the Golem. Surly that surprises you?«
> »What's the, um, Golem?«
> »A sort of Jewish Batman.«
> »Oh.« (270)

Der Hinweis auf Batman ist bemerkenswert. Es wurde öfters festgestellt, dass Batman im Unterschied zu anderen Superhelden keineswegs über Superkräfte verfügt. Batman ist unter Kapuze und Brustpanzer ein ganz normaler Mensch, nämlich der Milliardär Bruce Wayne, der seine ermordeten Eltern rächen will und sich ganz allgemein als Beschützer und Verteidiger der Schwachen betätigt. Batman ist Waynes zweites Gesicht, seine lichtabgewandte Seite, die jedoch im Dunkeln eine moralische Leuchtkraft entfacht. Zwar ist Richlers Roman mehr als zehn Jahre vor den erfolgreichen Comic-Adaptionen Frank Millers und anderen entstanden, in denen Bruce Wayne als widersprüchliche und von Selbstzweifeln gepeinigte Figur gezeigt wird und den Sinn von Batmans Mission in Frage stellt. Doch weist die Rede vom jüdischen Batman bereits bei Richler darauf hin, dass Jake dem Reiter der St. Urbain Street als seinem *alter ego* nicht ohne Ambivalenz gegenüber steht. Vielmehr stellt die Figur des Reiters gerade die Sehnsucht nach Ambivalenzfreiheit, nach Zweifellosigkeit dar, die Jake in seinem Leben nie erreichen kann. Im Gespräch fügt Jake der Figur des Golem eine bemerkenswerte Ergänzung hinzu: »... and to my mind, still wanders the world, turning up wherever a defender is most needed.« (270) Jake überblendet die Figur des Golem mit der des Ewigen Juden, der nicht sterben kann und ewig um die Welt zieht. Der Reiter ist damit sein ganz persönlicher Mythos, sein individueller Golem, den er aus dem Schlamm seiner eigenen Psyche kreiert, der aus Jakes Unbewusstem als Doppelgänger emporgestiegen ist.

In seinem privaten Archiv, in dem er Dokumente des Reiters sammelt, liegt auch ein Ausschnitt aus Isaak Babels Theaterstück, aus dem das eingangs erwähnte Zitat stammt. Ist ein Jude auf einem Pferd kein Jude mehr? Der »Chevalier von Geldern« hatte keine Mühe, das Reiten und die jüdische Identität zu verbinden. Schon mehr Mühe bereitet dies Jacob Hersh. Dieser ist sich seiner Jüdischkeit viel tiefer verpflichtet, als er sich selbst zugeben mag. Als er nach dem glücklichen Ausgang des Prozesses vom Tod seines Cousins erfährt, beschließt er, selbst zum Reiter zu werden – was ihm aber in mehrdeutiger Weise misslingt. Sein Arbeitszimmer gleicht jener unterirdischen Festung, in der die Identitäten von Batman und Bruce Wayne in einander laufen, nur dass Jakes Verwandlung scheitert. Aus einem Schrank nimmt er den Sattel des Reiters, den er seit Jahren dort aufbewahrt. In einer Satteltasche findet er einen Revolver. Nachdem er ihn in einer faustischen Szene gegen seine Schläfe presst, richtet er die Waffe schließlich gegen die Wand auf ein Foto des leitenden SS-Offiziers Joseph »Sepp« Dietrich und drückt ab. Es knallt zwar, doch in der Wand ist kein Loch. Denn in der Waffe waren nur Platzpatronen. Vielleicht, so mutmaßt Jake, handelte es sich um eine Theaterwaffe, um einen Souvenir aus Joeys Tagen beim Film. In diesem Fall wäre das Utensil wieder am richtigen Ort, denn Jake ist ja Filmregisseur. Nach der Verabschiedung des Reiters bleiben Jacob Hersh, dem verhinderten Reiter von der St. Urbain Street, eine Pistole, die nicht schießt und ein Sattel ohne Pferd. Es sind Embleme des unerfüllbaren Wunsches, ein anderer Jude zu werden.

Am Ende dieses Aufsatzes lässt sich nur Franz Kafkas *Wunsch, Indianer zu werden* zitieren. Denn der Prager Autor ist mit seinen gnadenlosen Anti-Utopien nicht nur ein geheimer Vorfahre der jüdischen Punks, er formuliert auch eine Art Nullpunkt der jüdischen Literatur, die völlige Verschweigung des Jüdischen, auf dessen Bedingung sich doch jeder Satz zurückführen lasst. Und wer weiß, vielleicht würde von Kafka auch eine verborgene Spur zu Mel Brooks unvergesslichen Jiddisch sprechenden Indianern (auf dem Pferd) führen, die in einer kurzen Szene der Westernparodie *Blazing Saddles* von 1974 auftauchen. »Wenn man doch ein Indianer wäre, gleich bereit, und auf dem rennenden Pferde, schief in der Luft, immer wieder kurz erzitterte über dem zitternden Boden, bis man die Sporen ließ, denn es gab keine Sporen, bis man die Zügel wegwarf, denn es gab keine Zügel, und kaum das Land vor sich als glatt gemähte Heide sah, schon ohne Pferdehals und Pferdekopf.«[23]

Anmerkungen

1 Theodor Herzl: *Altneuland. Roman.* Leipzig: Hermann Seemann Nachfolger 1902, S. 53
2 Ebd., S. 53–54
3 Isaak Babel: »Sonnenuntergang«, in: I.B.: *Sonnenuntergang. Geschichten und Dramen*, hg. von Heddy Pross-Weerth, Olten / Freiburg i. Br.: *Walter Verlag* 1962, S. 222. Ganz allgemein sind Pferde, das Reiten und das Reiten-Können ein zentrales Thema Babels, vgl. zum Beispiel auch den Kurztext »Argamak«, in: ebd., S. 50–57
4 John Hoberman: »›How fiercely that Gentile rides!‹ Jews, Horses and Equestrian Style«, in: Jack Kugelmass (Hg.): *Jews, Sports, and the Rights of Citizenships*. Urbana / Chicago: University of Ilinois Press 2007, S. 39
5 Vgl. Steven Lee Beeber: *Die Heebie-Jeebies im CBGB's. Die jüdischen Wurzeln des Punk*. Aus dem Englischen von Doris Akrap. Mainz: *Ventil* 2008
6 Eliezer Siegal: »Horse Sense«, http://people.ucalgary.ca/~elsegal/Shokel/000629_HorseSense.html
7 L. Lewysohn: *Zoologie des Talmuds. Eine umfassende Darstellung der rabbinischen Zoologie, unter steter Vergleichung der Forschung älterer und neuerer Schriftsteller*. Frankfurt a. M. 1858, S. 136. Der Philologe meint mit der ihm eigenen Trockenheit: »Anlangend die ersten Eigenschaften, so wird bemerkt, dass der Hengst beim Anblick einer Frau, zumal wenn sie ihm Futter darreicht, geil zu werden pflegt.«
8 Ebd., S. 137. Vgl. auch Hiob 39, 19–25
9 Hier sei nur auf die unterdessen klassische Schrift von Daniel Boyarin hingewiesen, die dieser Eigenwahrnehmung aus dem rabbinischen Kontext bis hin ins 19. Jahrhundert nachgeht und sie auch in einen Kontext von gender-Vorstellungen rückt. Daniel Boyarin: *Unheroic Conduct. The Rise of Heterosexuality and the Invention of the Jewish Man.* Berkeley/Los Angeles/London: University of California Press 1997
10 Siegal, »Horse Sense«, http://people.ucalgary.ca/~elsegal/Shokel/000629_HorseSense.html
11 Für weitere Ausführungen vgl. Caspar Battegay: »›Ride em Jewboy‹. Transforming Jewish Identity in the Contemporary American Imagination«, in: *Transversal. Zeitschrift für Jüdische Studien* 10,1 (2009), S. 9–19
12 Fritz Heymann: *Der Chevalier von Geldern. Eine Chronik der Abenteuer der Juden*. Mit einem Vorwort von Hermann Kesten. Köln: Joseph Melzer Verlag 1963 [zuerst Amsterdam: Querido Verlag 1937], S. 17
13 Vgl. Lemma »Geldern, Simon von«, in: *Enyclopedia Judaica* (Second Edition, 2007), Vol. 7, S. 419–420
14 Heymann: *Der Chevalier von Geldern*, S. 277
15 Heinrich Heine: *Historisch-Kritische Gesamtausgabe der Werke*. Hg. von Manfred Windfuhr. Hamburg: Hoffmann und Campe 1973–1997, Band 15, S. 71 [=Düsseldorfer Heine-Ausgabe, DHA].
16 Ebd., S. 73
17 Vgl. Beeber, *Die Heebie-Jeebies*, S. 133–154
18 Mordecai Richler: *St. Urbain's Horseman. A Novel*. London: Weidenfeld and Nicolson 1971, S. 7 [Im Folgenden wird der Roman mit Seitenangabe in Klammern zitiert.]
19 Die ersten Zeilen von »Lover, Lover, Lover« auf der LP *New Skin for the old Ceremony* von 1974: »I said before change my name / The one I'm using now is covered up with fear and filth / And cowardice and shame.«
20 DHA 6, 151; auch diese Stelle geht von einer Reitszene aus. Der Ich-Erzähler berichtet nämlich davon, wie er am Strand einige junge Adlige auf Pferden beobachtet, die einen Mann dafür bezahlen, dass sie ihn spielerisch mit den Pferden jagen dürfen.
21 Heymann, *Der Chevalier*, S. 11
22 Ebd., S. 14
23 Franz Kafka: *Drucke zu Lebzeiten*. Hg. von Wolf Kittler, Hans-Gerd Koch und Gerhard Neumann. Frankfurt am Main: *Fischer Verlag* 1996, S. 32

Bettina Vogel von Frommannshausen

Georges Perec

Schreiben zwischen Revolte
und Tradition

In einem Interview charakterisierte Georges Perec seine Bindung ans Judentum wie folgt: »Je suis juif. Pendant longtemps ce ne fut pas évident pour moi; ce n'était pas se rattacher à une religion, à un peuple, à une histoire, à une langue, à peine à une culture; ce n'était nulle part présent dans ma vie quotidienne, ... En fait, c'était la marque d'une absence, d'un manque et non pas d'une identité.«[1]

Georges Perec wurde 1936 in Paris geboren. Seine jüdischen Eltern stammten aus Polen und waren Anfang der 1930er-Jahre nach Frankreich ausgewandert. Die Familie lebte in Paris. die Eltern hatten einen Friseurladen im 19. Arrondissement. Gleich zu Beginn des Krieges im September 1939 meldete sich Perecs Vater als Freiwilliger in der französischen Armee, im Juni 1940 starb er an einer Verletzung. Im Jahr 1942 schickte Perecs Mutter ihren Sohn mit dem Roten Kreuz nach Villard-de-Lans im Département Rhône-Alpes, wo Verwandte Zuflucht vor der deutschen Besatzung gesucht hatten. Sie selbst machte kurz darauf einen Versuch, die Loire zu überqueren, um so in die nicht besetzte Zone des Landes zu gelangen. Da es ihr jedoch nicht gelang, kehrte sie nach Paris zurück. Im Januar 1943 wurde sie bei einer Razzia festgenommen und am 11. Februar nach Auschwitz deportiert. Das Datum ihres Todes ist unbekannt. Nach dem Krieg wurde der 11.02.1943, der Tag der Deportation, als offizielles Sterbedatum erklärt.[2] Perec verbrachte in Villard-de-Lans einige Wochen bei der Familie seiner Tante, später wurde er in ein Kinderheim gebracht und schließlich ins katholische Collège Turenne aufgenommen. Diese Kindheitserlebnisse und die Diskrepanz zwischen jüdischer Herkunft und christlicher Erziehung prägen sehr stark das Werk Perecs. Schon in der Jugend und während des Studiums der Soziologie begann Perec, sich intensiv mit Literatur zu befassen. In dieser Zeit war der Nouveau Roman die bestimmende Strömung der französischen Literatur. Autoren wie Alain Robbe-Grillet und

Nathalie Sarraute wandten sich mit ihrer Literatur vehement gegen den vorherrschenden Realismus im Stil Balzacs. Die Nouveaux Romanciers lösten traditionelle Erzählstrukturen auf. Folge davon war, insbesondere in der Literatur Robbe-Grillets, das Verschwinden jeglichen Erzählens, das mitunter wie eine poetologische Sackgasse wirkte. Mit dem Ziel, diese zu umschiffen und dennoch literarisch experimentell zu wirken, entstand der OULIPO, Ouvroir de la Littérature Potentielle.[3]

1967 wurde Georges Perec als jüngstes Mitglied in den OULIPO aufgenommen. Dieser Schritt war prägend für sein Werk. Der OULIPO wurde 1960 von Raymond Queneau und François Le Lionnais gegründet. Zu dieser Gruppe gehörten neben Schriftstellern Sprachwissenschaftler, Mathematiker und Informatiker. Der Name ist Programm, denn die OULIPO-Literatur zeigt, wie Literatur fabriziert wird. Perec ist einer der bekanntesten Vertreter dieser Strömung und beruft sich häufig auf die Prinzipien der Gruppe, d. h. das Primat der Form, das Herausstellen des *faire*, die Bedeutung von Regeln, die Hervorhebung des spielerischen Charakters von Sprache und Literatur, die parodistisch geprägte Intertextualität.

Mit diesen literarischen Mitteln kreist Perec immer wieder um ein Thema seiner eigenen Biografie, um die Erfahrung einer Leerstelle, die mit Unsagbarem und Undarstellbarkeit im Zusammenhang steht. Oszillierend zwischen den Polen »refus d'être juif«[4] und Faszination am Ausgraben jüdischer Wurzeln, versucht Perec, das Problem von Undarstellbarkeit literarisch zu lösen. Dabei handelt es sich um die Undarstellbarkeit Gottes sowie die Undarstellbarkeit der Shoah. Das Gefangensein in der jüdisch geprägten Thematik lässt permanent einen Befreiungs-, Verweigerungs- oder Revoltewillen erkennen, dessen Potenzial Perec auf semiotisch-poetologischer Ebene vermutet.

Gott - unsagbar

Der Roman *La Disparition* ist 1969 erschienen. Er erzählt eine handlungsreiche Geschichte, voller Peripetien, Morde und geheimnisvoller Anschläge. Der Roman beginnt mit der Geschichte eines Mannes namens Anton Voyl, der in einer Pariser Dachwohnung lebt und an Halluzinationen und Schlafstörungen leidet. Der Grund dieses Leidens ist allerdings weniger physischer Natur. Er versucht fieberhaft, ein Rätsel zu lösen, das seine Herkunft, seinen Ursprung, klärt. In dem Moment, in dem er es löst, verschwindet er spurlos. Seine Freunde Ottaviano, Haig und Olga machen sich auf die Suche nach ihm. Der Satz »Portons dix bons whiskys à l'avocat goujat qui fumait au zoo«[5], den Voyl in seinem Tagebuch als Spur gegeben hat, führt sie zu dem Anwalt Ibn

Hassan. Dieser wird jedoch kurz darauf ermordet. Schließlich beteiligen sich noch Arthur W. und Amaury Conson an der Suche und werden von dem Kriminalbeamten Aloysius Swann und einer Squaw unterstützt. Die Suche nach dem rätselhaften Verschwinden der Personen geht immer mit der Suche nach dem eigenen Ursprung und dem Erzählen des eigenen Lebens einher. Jedes Mal, wenn einer der genannten Protagonisten das Geheimnis gelöst hat und aussprechen will, verschwindet oder stirbt er auf mysteriöse Art und Weise. Am Ende des Romans wird offenbar, dass fast alle Protagonisten miteinander verwandt sind. Sie gehören einer Familie an, einem Clan, wie es immer heißt. Über diesem Clan herrscht ein Fluch. Perec erzählt damit die Geschichte einer Genealogie, einer Filiation, die in vielem an Geschichten der fünf Bücher Mose bzw. der Prophetenbücher erinnert.[6] So denkt man beim mehrfach geschilderten Brudermord zwangsläufig an Kain und Abel, der Fisch Jonas verweist auf den vom Wal verschluckten Propheten Jona, das Aussetzen von Kindern, um sie zu retten, erinnert an die Mosesgeschichte, die deutliche Betonung des Erstgeborenenrechts spielt eindeutig auf Jacob und Esau sowie auf die Josephsgeschichte an. Perec stellt nicht nur eine Genealogie dar, sondern er parodiert sie ganz deutlich, indem er sie umkehrt, d. h. die Kinder kennen ihre Väter nicht und diese wiederum auch nicht ihren Vater. Die Genealogie wird rückwärts, nicht von vorn erzählt. Perec beschreibt die Genealogie explizit als Darwinschen Überlebenskampf. Es geht nicht um Weitergabe einer Religion oder Tradition, sondern um die Zerstörung der Filiation. Es stellt sich am Ende des Romans heraus, dass die Ermordeten Anton Voyl, Ibn Hassan, Olga, Haig, Ottaviano sowie Yorick Geschwister waren. Ihr Vater Arthur W. Savorgnan war der Bruder von Amaury Conson, der ebenfalls sechs Kinder (Söhne) hatte, die nicht mehr leben. Amaury Conson bringt seinen Bruder Arthur W. um, der wiederum von zwei Personen, der Squaw und Aloysius Swann, vernichtet wird, die im Auftrag seines Vaters handeln. Dieser Vater ist der Endpunkt der Genealogie. Er wird als »barbu« bezeichnet, er lässt seine unsagbare Rache an seinen Kindern und Enkeln aus, und er ist das Geheimnis, das alle gesucht haben und auf dem der Roman aufbaut. Wenn man sich die Vornamen der jeweils sechs Söhne von Arthur und Amaury anschaut, dann fällt auf, dass sie alle mit einem gesprochenen Vokal beginnen (das Y gilt im Französischen als Halbvokal). Weiterhin fällt auf, dass alle Vokale vertreten sind, außer dem E. Und dieses geschriebene E fehlt nicht nur bei den Namen der Protagonisten, sondern im gesamten Roman. Das E ist der häufigste Buchstabe der französischen Sprache. Oft wird er geschrieben, aber nicht gesprochen, dann gilt er als »voyelle atone«, Anagramm des Namens Anton Voyl.[7] Das verschwundene E ist das Geheimnis des Romans, der somit als Lipogramm charakterisiert wird. Mit diesem Sprachspiel hat Perec ganz im Sinn des OULIPO ein literarisches Werk geschaffen, das auf einem Experiment aufbaut. Nach der Veröffentlichung von Perecs autobiografischem Roman *W ou le souvenir d'enfance* 1975 wurde das fehlende E mit dem Verschwinden seiner Eltern in Beziehung gesetzt. Denn *W ou le souvenir d'enfance* ist die Widmung »Pour E« vorangestellt, homophon für »pour eux«, für sie.[8] Eux, sie, seine Eltern, sind, wie anfangs erwähnt, umgekommen, der Vater als Soldat im Krieg, die Mutter aufgrund ihrer jüdischen Herkunft in Auschwitz. *La Disparition* wird somit häufig als literarische Verarbeitung des Verlusts der Eltern gesehen. Diese Deutung möchte ich nicht in Zweifel ziehen, gleichwohl lässt sich der fehlende Buchstabe auch auf andere Art interpretieren. Die Deutung des verschwundenen Buchstabens E beruft sich auf Perecs Auseinandersetzung mit seiner eigenen Herkunft, d. h. weniger seiner familiären als seiner religiösen. Im christlichen Umfeld aufgewachsen, versuchte er schon als Jugendlicher, seine jüdische Herkunft zu ergründen. Er hat weder Hebräisch gelernt, noch war er mit den Gepflogenheiten der jüdischen Kultur vertraut. Dennoch tauchen in den Romanen immer wieder Themen auf, die auf jüdische Fragestellungen zurückgreifen. Der fehlende Buchstabe E ist die von allen umkreiste Leerstelle im Roman. Der Roman zeigt sechs Teile auf, davon fehlt jedoch der zweite Teil. E ist der zweite Vokal. Wie das Alphabet 26 Buchstaben hat, so hat der Roman 26 Kapitel. Davon fehlt das fünfte, denn das E ist der fünfte Buchstabe. Die E-Leerstelle wird im Roman auch häufig als »blanc«, als Weiß, beschrieben. Die Protagonisten, die selbst nicht merken, dass das E in ihrem Leben fehlt, versuchen, die geheimnisvolle Leerstelle, das »blanc«, zu ergründen. Bei ihrem Tod werden alle mit der Farbe Weiß assoziiert, sie gehen in der Leerstelle auf, gehören zu den verschwundenen »eux«. So wird der Opernsänger Haig in einem weißen Tuch tot von der Bühne getragen oder Ottaviano verschwindet im weißen Nebel.

Zu den zahlreichen Intertexten des Romans gehört Hermann Melvilles *Moby Dick*. Anton Voyl schreibt in seinem Tagebuch Teile des Romans ab. Er beschreibt dabei den Kampf zwischen Ahab und dem weißen Wal natürlich ganz ohne E. Der weiße Wal, auf den sich die Rache des Kapitäns richtet, lässt sich sowohl als Metapher des Absoluten als auch als Abwesenheit Gottes deuten.[9] Möglicherweise hat das »blanc«, die Leerstelle, der Buchstabe E, in Perecs Roman eine ähnliche Funktion. Die Protagonisten machen sich auf die Suche nach dem Geheimnis, das ihr Leben scheinbar absolut beherrscht. Sie suchen ihre Herkunft. Immer wenn einer der Charaktere das Geheimnis löst, d. h. sowohl erkennt, dass er mit den anderen verwandt ist, dass auf der Familie ein Fluch liegt und der Buchstabe E überall fehlt, stirbt er.[10] Das Wortspiel, das dem ganzen Roman zugrunde liegt, ist mit dem französischen Wort »Dieu« in Verbindung zu sehen. Dieses Wort lässt sich in die Silben Di-eu zerlegen und, wie sehr üblich in der Literatur des OULIPO, Homophone anwendend umschreiben. So ergibt sich die Aussage »dis e«, »sag e«. Das Aussprechen des Buchstabens E leitet sich vom Wort Gott ab, dessen Name im jüdischen Glauben nicht ausgesprochen wird. Sobald sich jemand dem Satz »dis e« nähert, stirbt er. Hier findet eine Engführung von Struktur gebendem Wortspiel und inhaltlicher Ebene statt. Die einzige Person, deren Name nicht genannt wird und über dessen Name es heißt »nous ignorons son nom, ou plutôt sa prononciation«[11], ist der »barbu«, der Bärtige. Der Verweis auf die unbekannte Aussprache seines Namens lässt sich als Verweis auf den Namen Gottes und das hebräische Tetragramm lesen. Der mit dem Attribut »tout-puissant«[12] beschriebene »barbu« ist der Ausgangspunkt, der Ursprung, des Clans. Von ihm gehen die Wut und Rache aus, die sich auf all seine Nachkommen ausbreiten. Und von ihm geht auch das Verdikt, den Buchstaben E zu sprechen, aus. Wenn Perec hier auf den mosaischen Gott anspielt, so tut er dies nicht, ohne zugleich eine blasphemische Provokations- und Verweigerungsstrategie einzubauen. Diesen Gott nennt er zwar nicht beim Namen, aber spielt mit der Umschreibung »barbu« (vollbärtig) auf ein stereotypes Bild (aus der Bildtradition christlicher Kunst) an, das provokant das Bilderverbot des jüdischen Glaubens missachtet. Die Morde offenbaren sich im Laufe des Romans als Vernichtung aller Mitglieder eines Clans, eines Stamms. Mit zusätzlichen Anspielungen auf die Shoah wird der Eindruck hervorgerufen, es handle sich um einen Verweis auf den Holocaust. Am Ende des Romans erweist sich jedoch das Gegenteil. Der »barbu« wird von einem seiner Nachfahren als »nazi« bezeichnet, die Helfer des »barbu« drohen den Verfolgten mit »Auschwitz«.[13] »La Disparition du Clan«[14] wird von dem aus dem Verborgenen heraus handelnden Gott initiiert. Die Überschreibung bzw. Gleichsetzung des Holocaust mit der durch Vernichtung und nicht durch Weitergabe parodierten Genealogie der Thora ist provokant.

Drei Jahre nach der Publikation von *La Disparition* veröffentlichte Perec den Roman *Les Revenentes* (1972). Auch dieser Roman ist ein Lipogramm. Der Buchstabe E taucht hier wieder auf, im Gegensatz zu *La Disparition* fehlen dafür alle anderen Vokale. Die Handlung lässt sich folgendermaßen zusammenfassen: Um den Schmuck einer reichen Halbweltdame namens Bérengère zu stehlen, nehmen die drei Frauen Hélène, Thérèse, Estelle und ihr Komplize, der Erzähler Clément, an einer Orgie beim Bischoff von Exeter, Freund der Halbweltdame Bérengère, teil. Dort rivalisieren sie mit einer Bande homosexueller Ganoven, die es ebenfalls auf den Schmuck abgesehen haben. Die Beschreibung der sexuellen Ausschweifungen aller Beteiligten nimmt einen großen Teil des Romans ein. Auf dem Höhepunkt der orgiastischen Exzesse entwenden die drei Frauen den Schmuck und kehren nach Frankreich zurück.

Zunächst einmal lässt sich feststellen, dass mit *Les Revenentes* nicht nur der Buchstabe E und die Wörter mit diesem Buchstaben zurückkehren, sondern, wie Stella Béhar analysiert, auch die Frauen.[15] Das E zeigt im Französischen insbesondere das grammatikalisch weibliche Geschlecht an. In *La Disparition* gab es somit fast ausschließlich männliche Protagonisten. Das typische Bild der Frau als verführte und verführende Eva wird hier übersteigert.

»Dis e« und die damit verbundene Assoziation zum Aussprechen des Gottesnamens, das als sprachspielerisches Verdikt dem Roman *La Disparition* zugrunde lag, wird nun nicht mehr als Verdikt behandelt – im Gegenteil. Der Roman *Les Revenentes* ist als Umkehrung von *La Disparition* zu verstehen. Das Umfeld, in dem der Roman spielt, sowie intertextuelle Anspielungen, verweisen nicht mehr auf den jüdischen Glauben oder auf Geschichten der Thora. Die Handlung spielt in einem christlichen Kontext, d. h. die drei Frauen und der Erzähler sind zu Gast bei einem Bischof, bei Mönchen und Priestern. Das Gebot, den Buchstaben E zu sagen und damit Dieu zu benennen, führt nicht nur zu einer Textorgie, sondern auch zur Sexorgie. Das permanente Aussprechen des Buchstabens E hat nicht nur den permanenten Missbrauch des Gebots »Du sollst den Namen des Herrn, deines Gottes, nicht missbrauchen; denn der Herr wird den nicht ungestraft lassen, der seinen Namen missbraucht« (2. Mose 20,7), sondern auch den Missbrauch christlicher (katholischer) Regeln zur Folge. Die Darstellung der sexuellen Exzesse von Bischöfen, Mönchen und Priestern sind explizit provokant. Perec nimmt mit seinem Text nicht nur den Zölibat aufs Korn, sondern beschreibt die Orgie als heilige Messe, in der die Priester und Mönche sich nicht zum Kreuzzeichen mit Weihwasser benetzen, sondern sich an der feuchten Vagina einer Frau laben.

Stella Béhar und Claude Burgelin verweisen in diesem Zusammenhang auf Michail Bachtin und die karnevaleske Funktion des Romans. Sie beschreiben ihn als »exutoire«, als Ventil.[16] Sie spielen damit jedoch in erster Linie auf die sprachliche Freude an, die die Befreiung vom E-Verbot auslöst und unzählige Wortneuschöpfungen und Sprachvarianten hervorruft. Übertragen auf die inhaltliche Ebene hieße dies, den christlichen Glauben, in dessen Umfeld der Roman *Les Revenentes* spielt, als Ventil des jüdischen mit seinem Verdikt, Gott beim Namen zu nennen, worauf in *La Disparition* angespielt wird, zu sehen. Man könnte auch *Les Revenentes* als moralisch erhobenen Zeigfinger verstehen, der Antwort auf den Missbrauch des Gottesnamens gibt. Beides, d. h. das Christentum als karnevaleskes Ventil des Judentums und der moralisch erhobene Zeigefinger, klingen in den Romanen Perecs an, lassen sich aber nicht orthodox anwenden, denn Perec parodiert und provoziert auf ganzer Linie. Als jüdischstämmiger und christlich erzogener Atheist parodiert er jüdische und christliche Dogmen, die er im Gewand von Kriminal-, Abenteuer- und pornografischen Romanen erscheinen lässt.

Auschwitz – unsagbar

Georges Perecs Romane haben einen sehr großen autobiografischen Anteil. Mehrfach hat er auf die engen Verbindungen zwischen »écriture« und Autobiografie verwiesen.[17] In *W ou le souvenir d'enfance* schreibt er: »Le projet d'écrire mon histoire s'est formé en même temps que mon projet d'écrire.«[18] Eigenes Erleben mit dem Schreiben zu verbinden, ist in der Literatur bei Weitem kein Einzelphänomen. Perecs autobiografisches Schreiben ist jedoch häufig weniger vom Erlebnis als vom Verlust und der Suche nach dem nicht mehr erinnerten Verlorenen geprägt. Die Perecforschung hat häufig Perecs Suche nach dem Ursprung beleuchtet und dabei auch psychoanalytische Verfahren aufgedeckt.[19] Untersucht man die jüdischen Wurzeln, auf die Perec mit seiner Suche immer wieder kommt, so fällt auf, dass es sich bei seinem Schreiben zugleich auch um das Gegenteil von Nabel- und Ursprungsdenken handelt, nämlich um das Revoltieren gegen die (jüdische) Tradition, um den Versuch sich von allen familiären, religiösen und geschichtlichen Bindungen zu befreien.

Die autobiografische Schreibweise bringt Perec immer wieder in seine Kindheit zurück. Der frühe Verlust seiner nach Auschwitz deportierten und dort ermordeten Mutter sowie die jüdische Herkunft machen die Beschäftigung mit der Shoah verständlich. Nie wird die Massenvernichtung der Juden jedoch explizit beschrieben und zum Thema eines Romans gemacht; Auschwitz bleibt unausgesprochen. In allen Romanen finden sich jedoch Motive, Verweise und Strukturen, die auf den Holocaust anspielen. Wie schon dargestellt, wird im Roman *La Disparition* die systematische Vernichtung aller Angehörigen eines Stamms, einer Familie, erzählt. Die Mitglieder dieser Familie leben nicht zusammen, da ihre Väter fliehen mussten, sie sind permanent Gefahren, Angriffen und Anschlägen ausgesetzt. Alle Familienmitglieder leben verstreut auf der ganzen Welt. Die Ermordung derjenigen, die, wie sich herausstellt, zu einem Stamm gehören, in eine Genealogie passen, weckt unweigerlich Assoziationen mit der Vernichtung der Juden in der Zeit des Nationalsozialismus. Dabei belässt Perec es jedoch nicht. Wie schon veranschaulicht, ist es nicht ein Feind der Familie, der die einzelnen Mitglieder umbringen lässt, sondern es ist der »barbu«, das Familienoberhaupt, der Stammvater selbst. Die Rache, die Familienfehden und der Kampf um die Erbfolge erinnern an die Geschichten der fünf Bücher Mose. Durch die Überlagerung von Assoziationen mit Holocaust und jüdischer Tradition relativiert Perec die Leidensgeschichte der Juden. Provokant führt Perec das eine mit dem anderen ad absurdum. Der Name Auschwitz wird an einer Stelle des Romans auch explizit erwähnt. Einem der Söhne und dessen vermeintlicher Helferin wird von einem Major gedroht, »qu'il vous foutrait tout ca à Auschwitz [...].«[20]

In seinem autobiografischen Roman *W ou Le souvenir d'enfance* werden zwei Geschichten erzählt, die zunächst nichts miteinander zu tun haben. Kapitelweise und typografisch unterschieden, werden sie parallel erzählt. Bei der einen handelt es sich um die Kindheitserinnerungen Perecs, die andere ist eine fiktive Geschichte. Diese fiktive Geschichte handelt von einer Insel, die den Namen W trägt. Das Leben, die Zustände auf der Insel entpuppen sich nach dem anfänglichen Schein einer Utopie als Anspielungen auf ein Konzentrationslager: Es herrschen dort autoritäre Strukturen mit grausamen Abhängigkeitsverhältnissen und Strafen, die Einwohner werden wie Häftlinge gehalten, Männer und Frauen leben in getrennten Anlagen. Es gibt ein Wettbewerbssystem, alle müssen Sport machen und nur die Stärksten überleben. Die Einwohner leiden an schlimmstem Hunger und sind chronisch unterernährt[21], sie haben keine Namen mehr, sondern werden ihrer Sportart und dem Rang, den sie darin erreicht haben, mit entsprechenden Begriffen bezeichnet. Je nachdem, in welchem der Orte der zentral organisierten Insel sie wohnen, tragen sie »des triangles d'étoffe.«[22] Am Ende der Erzählung stellt sich heraus, dass die sportlichen Höchstleistungen, die in den Wettkämpfen erreicht werden, natürlich der Unterernährung geschuldet sind und im Vergleich mit Ergebnissen gesunder Menschen miserabel sind. Der sportliche Drill, der auf der Insel herrscht, ist eine unbeschreibliche Qual.

In der parallelen autobiografischen Erzählung versucht der Erzähler seine Kindheitserinnerungen, die er vorgibt vergessen zu haben[23], zu rekonstruieren. Er gräbt Fotos aus und erinnert sich an Bilder und Personen. Zu seinen frühesten Erinnerungen gehört ein Erlebnis, das seine jüdische Familie besonders stolz gemacht hat. Er hat als kleiner Junge ein Zeichen aufgeschrieben, der aussah wie ein hebräischer Buchstabe. Allerdings gibt es diesen Buchstaben gar nicht. Hier deutet sich erneut Perecs parodistischer Umgang mit seinen jüdischen Wurzeln an. Die Erzählung seiner Kindheit sowie die fiktive Erzählung über die Insel W werden am Ende des Romans zusammengeführt. Nach dem Krieg besucht der Erzähler Perec mit seiner Tante eine Ausstellung über Konzentrationslager, in der er Fotos sieht, die in der fiktiven Geschichte schon geschilderte Situationen darstellen. Konzentrationslager und SS werden am Ende des Romans explizit benannt.

Wiederum belässt Perec es jedoch nicht bei der tragischen Geschichte seiner Kindheit sowie der der Shoah. W wird zu Beginn als eine Art Utopie dargestellt. Die Insel hat die Form »d'un crâne de mouton«[24], ist evtl. mit der geografischen Gestalt Israels vergleichbar. W wird von zwei Flüssen, die warmes Wasser führen, begrenzt, sie tragen die an die Sprache der fünf Bücher Mose erinnernden Namen »l'Omègue et le Chalde.«[25] Die Insel wird als gelobtes Land bezeichnet, als »fertile et verdoyante.«[26] Allerdings war die Insel, bevor die Ahnen der jetzigen Bewohner dort eingezogen sind, »une île absolument déserte, comme le sont encore la plupart des îles de la région.«[27] Der Begründer dieser Auswanderungsbewegung trug den Namen Wilson, sein Ziel war es, eine »Cité idéale«[28] zu errichten, Perec datiert den Beginn der Bewegung auf das Ende des 19. Jahrhunderts. Diese Beispiele können als Eigenschaften des Lands Israel beschrieben werden und evtl. ohne explizite Benennung den Zionismus andeuten. Die Orte, die auf W gebaut werden, entstehen aus dem Nichts, so sind sie evtl. vergleichbar mit einem Kibbuz. Sie werden einfach »village« oder »communauté«[29] genannt, das ist auch die Übersetzung des Wortes Kibbuz. Als weitere Anspielung auf das Kibbuz kann die Beschreibung der Kindererziehung gesehen werden. In den ersten Kibbuzim wurden die Kinder des Ortes, um die patriarchalische Kleinfamilie zu überwinden, üblicherweise in Kinderhäusern betreut, d. h. sie lebten dort, und die Eltern kamen, um sie zu besuchen und mit ihnen zu spielen.[30] Genau auf diese Weise wird die Kindererziehung auf der Insel W beschrieben. Die Kinder leben in Kinderhäusern getrennt von den Eltern.[31]

Es ist bekannt, dass Georges Perecs Einstellung zum Zionismus sehr negativ war.[32] In *W ou le souvenir d'enfance* tut er dies nicht nur kund, sondern verbindet übergangslos und entdifferenzierend die systematische Vernichtung der Juden in den Konzentrationslagern des Nationalsozialismus und die zionistische Utopie.

Ecriture

Wie an den besprochenen Romanen zu sehen, gehört es zu Perecs Methode, einzelne Buchstaben zu komplexen Chiffren zu machen, Chiffren, in denen das Unsagbare Gestalt annimmt. Im Roman seiner Kindheitserinnerungen erklärt der Erzähler den Buchstaben W, mit dem das Buch überschrieben ist. Zunächst ist W der Name der imaginären Insel. Das genuin nicht im Französischen vorhandene W beinhaltet die Struktur des Doppelten, Verweis auf die zwei ineinander greifenden Erzählungen, aber auch auf die mehrfache und dabei auch gegensätzliche Deutbarkeit der Erzählungen. Perec beschreibt selbst, dass der

Buchstabe W durch »geringfügige graphische Manipulation«[33] an den Linien als Davidstern, als Runenzeichen der SS und als Swastika zu lesen ist.[34] Außerdem kann man es zum Andreaskreuz und zum Doppelkreuz, das Charlie Chaplin im Film »Diktator« als Parodie auf Hitlers Hakenkreuz benutzt, sehen. Es überlagern sich somit in dieser Chiffre jüdische, christliche Symbolik, Zeichen der Nationalsozialisten sowie mit der Anspielung auf Chaplin die Parodie all dessen. Dies ist provokant, da es durch Überschreibung und damit Gleichsetzung in seiner Bedeutung aufgehoben wird. Das immer wieder zu beobachtende Vergleichen von Auschwitz mit jüdischer Religion und Tradition ist bei Perec einem Bedürfnis nach Befreiung geschuldet. Die Polysemie der Zeichen, die zur jüdischen Schriftauslegung gehört, geht im Sprachspiel auf, wird ins Gegensätzliche gesteigert und führt zur Aufhebung der Referenzen, d. h. Perec versucht auf diese Weise, die Bedeutung der sprachlichen Zeichen zu löschen, die Signifikanten von den Signifikaten zu lösen. Das von Perec explizit gewünschte Ergebnis ist »l'absolu primat du signifiant«.[35] Das ist als Befreiungsschlag sowohl von Tradition als auch von der sprachlos machenden Vernichtung der Juden zu verstehen. Nathalie Sarrautes Forderung nach neuen Formen des Schreibens, das nach Auschwitz andere Wege gehen muss als vorher, da kein realistischer Roman im Stil Balzacs mit der echten Geschichte der Konzentrationslager konkurrieren kann,[36] wird bei Perec greifbar. Die Uneindeutigkeit der Zeichen fördert die Loslösung des Schreibens von der Geschichte. Die Subversion kulturell festgeschriebener Zeichen wird zum literarischen Konzept. Dieser Vorgang wird durch parodistische Verfahren unterstützt. So wird der »barbu« in *La Disparition* mitunter als Perecs eigene Person gesehen. Sein Bart war sehr auffällig.[37] Der »barbu«, der sich als rachsüchtige, allmächtige, gottähnliche Instanz erwiesen hat, ist damit nicht nur blasphemisch, sondern eine Parodie auf den auktorialen Erzähler, der im realistischen Roman gottähnlich die Geschicke lenkt. Der Befreiungsversuch durch Parodie, Sprachspiel und übersteigerte Polysemie ist Verweigerung und Revolte gegen die eigene Geschichte, den Ursprung. Der Wille, sich von vereinnahmender Geschichte und Religion zu befreien, lässt sich nicht mehr an den revoltierenden Protagonisten ablesen, sondern ist in die Struktur der Romane übergegangen.

Zu Ende gedacht, hätte die von der Wirklichkeit losgelöste absolute Dominanz der Signifikanten das Schaffen einer Kunstwelt und Kunstsprache zufolge. Da Perec mit der Überlagerung der Zeichen jedoch keine Bedeutungsleere – aus der neue Bedeutung geschöpft werden kann – erreicht, sondern vielmehr ein Oszillieren zwischen Absenz und Absolutem, Auschwitz und mosaischem Gott, zwischen Berufung auf die jüdischen Wurzeln und Verweigerung derselben, wird sein Schreiben immer wieder eingeholt von dem, wovon er sich befreien will, was er verweigert. Es gerät nicht zur absoluten Dominanz der Signifikanten, sondern zur Anhäufung von Signifikanten, die Bedeutung andeuten, aber nicht mit ihr zusammenfallen. Konsequenz ist ein an Derridas Differance-Konzept erinnerndes Aufschieben von Präsenz, eine Derivation der Zeichen,[38] die umherirren und die »unendlich Schauplätze wechseln und wechselseitig ohne Anfang und ohne Ende ihre Vergegenwärtigung verzaubern.«[39]

Der Befreiungsversuch erprobt neue literarische Verfahrensweisen, kann sich aber nur vom Ursprung, nicht vom Ursprungsdenken lösen. Die mit traditionellen Diskursstrategien spielenden Buchstaben-Chiffren sind Perecs Weg, das Unsagbare zu überwinden, es jedoch gleichzeitig darzustellen.

Anmerkungen

1 Georges Perec / Jean-Marie Le Sidaner: »Entretien«, in: *L'ARC* 76 (1979), S. 9
2 Vgl. Anita Miller: *Georges Perec. Zwischen Anamnese und Struktur*. Bonn: Romanistischer Verlag 1996, S. 31–39
3 Vgl. Stella Béhar: *Georges Perec: écrire pour ne pas dire*. New York: Peter Lang 1995, S. 1–14
4 Jürgen Ritte: *Das Sprachspiel der Moderne. Eine Studie zur Literarästhetik Georges Perecs*. Köln: Janus 1992, S. 20. Ritte verweist in diesem Zusammenhang auch auf den Einfluss von Sartres *Reflexion sur la question juive* von 1946 und der darin existentialistisch gedeuteten jüdischen Identität: »Jude wird man erst im Blick des Anderen, der zwingt nach der Identität zu fragen.« Ebd., S. 21
5 Georges Perec: *La Disparition*, in: ders: *Romans et Récits*. Paris: Librairie Générale Française 2002, S. 356
6 Auch Mythen der klassischen Mythologie werden explizit erwähnt und können psychologisch gedeutet werden, so der Sagenkreis um Chronos (siehe Perec, *La Disparition*, S. 464) und um Ödipus (Ebd., S. 342). Vgl. hierzu auch Béhar, *Georges Perec*, S. 80–87; Miller, *Georges Perec*, S. 88 f.; Claude Burgelin: *Georges Perec*, Paris: Seuil 1990, S. 93–118
7 Vgl. ebd., S. 93–118
8 Vgl. Béhar, *Georges Perec*, S. 80–84
9 Vgl. Matthieu Duplay: »Une lecture philosophique«, in: *Le Magazine Littéraire* (456), 2006, S. 49 ff.
10 »Mais il n'y a pas non plus d'«, Perec, *La Disparition*, S. 545
11 Ebd., S. 503
12 Ebd., S. 387
13 Ebd., S. 543
14 Ebd., S. 511
15 Béhar, *Georges Perec*, S. 87–91
16 Ebd. sowie Burgelin, *Georges Perec*, S. 109–112
17 »Georges Perec a plusieurs fois insisté sur les rapports étroits que son écriture entretenait avec l'autobiographie.« Bernard Magné: »Georges Perec romancier«, in: Perec, *Romans et Récits*, S. 9–34
18 Georges Perec: *W ou le souvenir d'enfance*, Paris: Denoël 1975, S. 45
19 Vgl. Miller, *Georges Perec*
20 Perec, *W ou le souvenir d'enfance*, S. 543
21 »La grande majorité des Athlètes serait donc sous-alimentée d'une manière chronique.« Ebd., S. 126
22 Ebd., S. 134
23 »Je n'ai pas de souvenirs d'enfance.«, ebd., S. 17
24 Ebd., S. 93
25 Ebd.
26 Ebd., S. 94
27 Ebd.
28 Ebd., S. 95
29 Ebd., S. 101
30 Vgl. Harald Schrapers: »Kinder, Jugendliche und Familie im Kibbuz. Sozialistische Utopie und Realität«, in: *Arbeitshefte: Zeitschrift der Juso-Hochschulgruppen* 93 (1993), S. 34–38
31 Vgl. ebd., S. 187 f.
32 Vgl. Marcel Bénabou: »Perec et la judéité«, *Cahiers Georges Perec* (1), 1985, S. 15–29
33 Ritte, *Das Sprachspiel der Moderne*, S. 54
34 Perec, *W ou le souvenir d'enfance*, S. 109 f.
35 Im Post-scriptum des Romans beschreibt Perec die Intention des »Scriptor«:»[…] il voulut s'inspirer d'un support doctrinal au goût du jour qui affirmait l'absolu primat du signifiant, approfondir l'outil qu'il avait à sa disposition, […].« Perec, *La Disparition*, S. 556. Gleiches formuliert Perec noch einmal im Vorwort des Romans *Les Revenentes*: »Déjà évoqué dans le Post-scriptum de *La Disparition* »l'absolu primat du signifiant« est en fait le véritable sujet des *Revenentes*.« Georges Perec: *Les Revenentes*, in: G. P.: *Romans et Récits*. Paris: Librairie Générale Française 2002, S. 565
36 »Quelle histoire inventée pourrait rivaliser avec celle de la séquestrée de Poitiers ou avc les récits des camps de concentration ou de la bataille de Stalingrad?« Nathalie Sarraute: *L'Ère du soupçon*. Paris: Gallimard 1956, S. 69
37 Vgl. Burgelin, *Georges Perec*, S. 93–118
38 Vgl. Heinz Kimmerle: *Jacques Derrida zur Einführung*. Hamburg: Junius 2008, S. 35–49
39 Jacques Derrida: *Die Stimme und das Phänomen*. Frankfurt a.M.: Suhrkamp 1979, S. 130 f.

Thomas Wallner

Maxim Biller zwischen Popkultur und New Journalism

In den Feuilletons der großen Zeitungen und in den kultur(-politischen) Magazinen Deutschlands der späten 1980er- und frühen 1990er-Jahre wurde Maxim Biller wahlweise als »Enfant terrible«, »Amokläufer« oder »Provokateur« wahrgenommen. Diese Bezeichnungen haben jedoch vielfach eine doppelte negative Konnotation: zum einen sollen sie etwas über die publizistische Arbeit des Autors Biller aussagen, der danach den kalkulierten Tabubruch als probates Mittel zur Erringung medialer Öffentlichkeit missbraucht und zum anderen werden damit auch die literarischen Texte Billers unter dieses Paradigma des ›Tabubrechers‹ gestellt, um ihre literarische Qualität abzuwerten. Die von der professionellen Literaturkritik vorgebrachte Argumentation zielt dann auch häufig in die gleiche Richtung: die Figuren in den Erzählungen Billers verkommen danach zu bloßen Illustrationsinstrumenten seiner Thesen[1] und die Obszönität im Kalkül des Tabubruchs spräche für eine (hedonistische) Profilierungssucht des Autors Biller.[2]

Diese eindimensionalen Urteile über die literarischen Texte Billers lassen sich demnach von der Wahrnehmung des Journalisten und die von ihm in den journalistischen Texten betriebene Selbststilisierung, Selbstvermarktung und medialen Inszenierung kaum trennen. Mit der Kolumne »Hundert Zeilen Hass«, die regelmäßig im Zeitgeistmagazin *Tempo* erschien, einer Zeitschrift die von 1986 bis 1996 existierte und im Selbstverständnis ihrer Macher »für eine Dekade das Zentralorgan des deutschsprachigen New Journalism war«[3], hatte sich Biller als Vertreter einer bewusst eingesetzten Schmähkritik einen Namen gemacht. Doch damit war der Autor der ersten Stunde bei *Tempo* kein Einzelfall, vielmehr wurde in der Redaktion von *Tempo* systematisch ein provozierender Gestus gepflegt, der sich auch in geplanten Tabubrüchen und verbaler Aggression äußerte.[4] Für den Juden Biller waren die Tempojahre allerdings nicht allein auf die Abgrenzung und Feindschaft zu den etablierten Medien *Tageszeitung*, *Zeit*, *Spiegel* etc. beschränkt, Medien die unter dem Generalverdacht standen die intellektuelle Diskurshoheit der so genannten '68er zu repräsentieren und mit ihren moralinsauren ideologischen Vorstellungen eine kritische Gegenwartsanalyse zu verhindern. Es ging ihm nicht allein um die Abrechnung mit Größen aus Politik und Kultur, sondern immer auch um die provozierende Installation eines kritischen Diskurses über jüdische Identität der Nachgeborenen im Täterland Deutschland. In den Kolumnen und Essays der *Tempo*-Zeit ist bereits alles angelegt, was den späteren literarischen Biller auszeichnet. Hier findet schon die erste Auseinandersetzung mit den großen Literaten der amerikanisch-jüdischen Literatur statt, die Kurztexte zu Philip Roth und Woody Allen können dafür als Beleg gelten. Nachhaltige Wirkung hatte vor allem die Kolumne über die »Nachmann-Juden«, die zur ersten großen Abrechnung mit der Elterngeneration der Überlebenden in Deutschland wird. Ihnen wirft Biller vor allem eine opportunistische Haltung vor, die keine »wahren Feinde« kennt, sondern stattdessen das schlechte Gewissen der Deutschen ideell und materiell ausbeuten und die »Holocaust-Kuh« hemmungslos melken. »Wer mit mir ist, kann nicht gegen mich sein« ist nach Biller das opportunistische Credo der deutschen »Gemeindejuden«, das sie »automatisch in seelischen und geistigen Provinzialismus«, in ein Post-Holocaust-Ghetto führt. Sie sind es, die einen kollektiven Opfermythos pflegen und damit auch ihre Kinder in den »Zauberwald« des deutsch-jüdischen Verhältnisses treiben, um sie durch die verstörende Wirkung der Mythen und Legenden von Tod und Überleben in die Irre zu führen, einen »Zauberwald« in den »für die Alten nach dem Krieg ein einfacher Weg hineingeführt hatte und der aber seine Kinder so leicht nicht entließ«.[5]

Die Problematik der Urteile über die literarischen Texte Billers verweist neben dem provozierenden Gestus jedoch geradezu zwangsläufig auf einen weiteren Aspekt, der über das ursprüngliche Konzept des *New Journalism* wie es Tom Wolfe in den USA der 1960er-Jahre programmatisch entwickelte und vertrat, hinausweist. Denn mit seiner verspäteten Entwicklung in Europa hatte sich der *New Journalism* in seinen Formen und Publikationsmedien dem populären Journalismus angenähert und als »Grenzgänger zwischen Journalismus, Literatur und Populärkultur« etabliert.[6] Vor diesem Hintergrund lässt sich die bis heute dominierende Rezeption der literarischen Texte Billers über den empirischen Autor erklären, wodurch allerdings der programmatische Kern des *New Journalism* das spezifische Verhältnis von Faktualität und Fiktionalität in den Hintergrund zu geraten scheint.[7] Um der schematischen und simplifizierenden Lektüre der literarischen Texte Maxim Billers zu entgehen und einer unter dem Paradigma des Skandalautors betriebenen Entliterarisierung zu begegnen, ist es notwendig sich der Realismuskonzeption Billers zuzuwenden. Einer Konzeption die sich, soviel sei an dieser Stelle vorweggenommen, wenn auch nicht expressis verbis auf das Realismuskonzept des *New Journalism* beruft und eine ähnliche Diagnose bezüglich des Verhältnisses von Journalismus und Literatur erstellt. Gerade die Erzählbände aus den frühen 1990er-Jahren wie *Wenn ich einmal reich und tot bin* (1990) und die Prosasammlung *Land der Täter und Verräter* (1994) können hierzu als Bezugstexte herangezogen werden, da sich an ihnen die Auseinandersetzung mit dem *New Journalism* und der deutschen Gegenwartsliteratur zeigt. Die spezifischen journalistischen Verfahren, die Tom Wolfe in seinem programmatischen Werk *The New Journalism* (1973) formulierte, basierten auf der szenischen Komposition und der Dramaturgie des Erzählens, dem Einsatz von möglichst alltagssprachlichen kompletten Dialogen anstelle von Kurzzitaten, dem häufigen Wechsel der Perspektive und einer genauen Beschreibung von Habitus, Status, Gesten, Mimik und Verhalten um Personen, Gesellschaften und Subkulturen präzise darstellen zu können.[8] Die Reportage wurde das wichtigste journalistischen Genre des *New Journalism*, da sie als Mischform zwischen Journalismus und Literatur die Möglichkeit bot, recherchierte Daten, Beobachtungen und persönliche Eindrücke in einem erzählerischen Zusammenhang zu präsentieren. Wolfes Versuch, die Verbindung von Journalismus und Literatur zu fokussieren, erfolgt jedoch nicht ausschließlich unter der Prämisse, den etablierten Journalismus zu reformieren. Die Argumentation beinhaltet vielmehr einen Angriff auf die fiktionale Literatur, deren Krise aus einem Mangel an Realitätsgehalt resultiert. »I must confess that the retrograde state of contemporary fiction has made it far easier to make the main point of this book: that the most important literature being written in America today is nonfiction, in the form that has been tagged, however ungracefully, the New Journalism.«[9]

Die Leistung des *New Journalism* besteht nach Wolfe nicht allein darin, das journalistische Schreiben für literarische Formen zu öffnen, sondern zugleich die Abhängigkeit fiktionaler Literatur von einem realistischen Weltbezug zu betonen, zumindest dann, müsste man ergänzen, wenn ihr eine sozialkritische Funktion zugeschrieben werden soll. Diesem Argumentationsmuster folgt auch Biller in seinem programmatischen Essay »Soviel Sinnlichkeit wie der Stadplan von Kiel. Warum die neue deutsche Literatur nichts so nötig hat wie den Realismus. Ein Grundsatzprogramm« in auffälliger Weise. Auch er diagnostiziert darin eine Krise der deutschen Gegenwartsliteratur – weil sie zu wenig realistisch sei und ihr »jedes Leben, jedes Stück Wirklichkeit und der Wille zur Außenweltkommunikation ausgetrieben wurde«[10], um ihr als Therapie die »so lebensnotwendige, so nahe liegende Verbindung von Journalismus und Literatur, die früher eine Selbstverständlichkeit war«[11], anzuempfehlen. Die Ursache für den Realitätsmangel verortet Biller in einer spezifisch deutschen Tradition, die auf der romantischen Vorstellung von Literatur als »Kunstreligion« beruht. Anhand der Dichotomie von Hochkultur und Populärkultur auf der einen Seite und der Kennzeichnung einer jüdischen bzw. deutschen Kultur und Kunsttradition, als deren Merkmal prototypisch der jüdische Journalist und der deutsche Dichter stehen, auf der anderen Seite konstruiert Biller seine Position in der Gegenwart. Um den argumentativen Nachvollzug zu gewährleisten zitiere ich an dieser Stelle etwas ausführlicher: »Seit jeher nämlich gilt in Deutschland der Schriftsteller - wie jeder Künstler - als Schöpfer, als Gemütsmensch, als poetischer Sendbote aller metaphysich-mystischen Erkenntnissphären zusammen. Der Journalist dagegen ist, lange vor den Nazis, als Prototyp des Zersetzers gebrandmarkt worden, als jüdischer Schlammwühler, als welscher Pseudoliterat, der bestenfalls zum Kritiker taugt, aber niemals über den göttlichen Funken des Schöpfertums verfügen wird. Diese rassistische Vorstellung hat sich, zumindest unterbewusst, bis heute in einer abstrakteren Emanation gehalten, und es ist kein Zufall, dass gerade jetzt bei uns die von Botho Strauß faschistisch-vulgarisierten Thesen George Steiners populär werden, wonach die Literatur als ein geheiligtes Produkt ausgewiesen wird, das keine Kritiker und Exegeten duldet. Diese im Sinne von Richard Wagner und Housten Steward Chamberlain reaktivierten herrenmenschelnden, sakralisierten Kunstthesen finden nicht umsonst in unseren Feuilletons und Germanistikseminaren so viele Nachbeter. Denn sie sind der komprimierte Ausdruck der im deutschen Bewusstseinsgrund nach wie vor herrschenden Überzeugung: Kunst ist Kunst ist Transzendenz ist Religion. Und Realität ist Dreck ist Boulevard ist Fernsehen ist Journalismus.«[12]

Durch das polemische Verfahren der Zuspitzung, das sich auf das antimodern imprägnierte antisemitische Stereotyp des »Medienjuden« stützt und darüber hinaus eine geistige Traditionslinie des Antisemitismus bis in die popkulturelle Gegenwart evoziert, positioniert sich Biller als jüdischer Autor in der Traditionslinie deutsch-jüdischer Schriftsteller (z. B. Börne, Heine, Tucholsky). Dem elitären hermetischen deutschen Literaturverständnis entgegnet Biller mit dem Hinweis auf seine jüdische Herkunft. Aufgrund seiner Biographie, die bereits die »determinierenden Hinweise« auf das »was ich liebe und hasse«[13] enthält, inszeniert sich Biller als gesellschaftlicher Außenseiter, der prädestiniert für die Wahrnehmung und Auseinandersetzung mit den deutschen Zuständen scheint. Den Mangel an Realitätssinn der jungen deutschen Autoren, der aus einem vermeintlich »ereignis- und konfliktlosen Dasein«[14] erwächst und sie »belanglos und entrückt von allem wahrhaft Existentiellen« schreiben lässt, entgegnet er mit dem Verweis auf eine für die jüdische Generation der Nachgeborenen typische existentielle Notwendigkeit, sich einer journalistischen Praxis zu bedienen, der journalistischen Recherche: »Den Holocaust etwa, der - ob ich es nun möchte oder nicht - in meinem Denken eine unangenehm zentrale Rolle spielt, habe ich nicht erlebt. Ich musste ihn wegen der Toten recherchieren, wegen der Überlebenden und vor allem wegen mir selbst. Manchmal wurden aus meinen Recherchen Reportagen, manchmal Erzählungen, manchmal beides.«[15]

Die Verbindung von Journalismus und Literatur entspringt bei Biller - wie übrigens auch bei Rafael Seligmann - der als existentiell notwendig empfundenen jüdischen Identitätsarbeit nach dem Holocaust. Das durch die Recherche gesammelte Datenmaterial ist die Grundlage des Schreibens, jedoch deutet Biller mit der Formulierung an, dass es hinsichtlich ihrer literarischen Verarbeitung verschiedene Schreibformen gibt, da er kategorial zwischen den Genres Reportage bzw. Erzählung unterscheidet. In welchem Grade diese Differenzierung eine Aussage über die graduelle Fiktivität der jeweiligen Textsorte zulässt, ist sicher schwer zu entscheiden. Offensichtlich ist jedoch der Versuch Billers, sich wie die im Kontext des amerikanische *New Journalism* aufkommende *non fiction novel* (T. Capote) im sprachhandlungs- und erzähllogischen Grenzbereich zwischen faktualem und fiktionalem Erzählen zu bewegen.[16] Das Primat der journalistischen Praxis ist für Biller das entscheidende Qualitätsmerkmal realistischer Literatur und nicht die alleinige Übernahme journalistischer Ausdrucksformen durch die Literaten. Nur durch einen möglichst genauen faktualen Wirklichkeitsbezug können die Texte in den Dienst einer spannenden, sozialkritischen und aufklärerischen Literatur gestellt werden. Die »ätherisch-verschlüsselten« Reportagen von Schriftstellern, die von ihrem »strukturalistischen Hermetikolymp« einen Ausflug in die »kleine schmutzige Welt der Realität« unternehmen, lehnt Biller ob ihrer »Selbstverliebtheit und stummen Überheblichkeit« ab. Sie sprechen vielmehr dafür, dass der Weg guter Literatur immer nur »vom Journalismus zur Schriftstellerei führt, doch niemals umgekehrt«.[17] Die Argumentation Billers hinsichtlich der Bedeutung des *New Journalism* folgt auch hier den Gedanken Wolfes, indem sie die Richtung einer möglichen Befruchtung vom Journalismus ausgehend festlegt, die ihre positiven Wirkungen im Bereich der realistischen Literatur entfaltet.[18]

In seiner Tutzinger Rede *Über die Schwierigkeiten beim Sagen der Wahrheit* hat Biller zudem auf den moralischen Impetus seiner Literatur verwiesen. Eine Moral, die sich aus der »politischen Kategorie der Feindschaft« speist und als »Motor und (...) Fundament jeder moralischen Selbstvergewisserung« dienen muss. »Moral in der Kunst, in der Literatur heißt darum nicht Moralisieren - sie heißt fähig zu sein zu einer Art metaphysischen Wut, zur Gegnerschaft, zur Position, zum Bericht.«[19] Der Tabubruch und die Provokation gelten für Biller als Gegengift in einem »schamhaft-verklemmten Post-Holocaust-Deutschland«[20]. Dies schließt für Biller selbstverständlich beide Parteien im deutsch-jüdischen Bewältigungsdiskurs mit ein: sowohl die moralische, einem Exkulpierungsbedürfnis entspringende Entlastungsfunktion eines beschämten Philosemitismus, als auch die identifikatorische Einvernahme der Leidensgeschichte des jüdischen Volkes zur Definition jüdischer Identität in der Gegenwart. Den »hohlen Holocaustdebatten«, die immer nur neue Holcaustdebatten hervorbringen, müsste eine geschichtsbewusste Gegenwartsliteratur entgegentreten, die den »faszinierende(n) Abgrund, in den Menschen von ihrer Geburt an mit wedelnden Armen unwiederbringbar hinabstürzen«[21], gestalten sollte.

Immer wieder sind es in den frühen Erzählungen Billers gerade die basalen, menschlichen Emotionen Wut, Angst und Hass, die dem an einer Normalisierungssehnsucht krankenden deutsch-jüdischen Erinnerungsdiskurs mit seiner reinlichen Scheidung von deutschen Tätern und jüdischen Opfern und den daraus folgenden Mythisierungen des Bösen und des »reinen« Opfers den Boden zu entziehen versuchen. Biller versucht so, mit den »tragisch überhöhten Opferbiographien und Sentimentalisierungen, die das Grauen dem Kitsch anzuverwandeln drohen«[22], wie Norbert Otto Eke dies treffend formulierte, zu brechen.

Als Beispiel dafür möchte ich auf die Erzählung »Horwitz erteilt Lubin eine Lektion« aus dem Erzählband *Wenn ich einmal reich und tot bin* eingehen. Ein Text, der innerhalb der Erzählungen Billers insofern etwas Außergewöhnliches darstellt, da er nicht von der jungen Generation handelt, für die der Holocaust nur vermittelt erfahrbar ist, sondern von einem Überlebenden erzählt. Die heterodiegetische Erzählung mit interner Fokalisierung beginnt mit den Worten: »Horwitz haßte Schnee. Er haßte auch Sonne, Regen, Nachbarn, bitteren Tee und alte Männer von der Sorte, wie er selbst einer war.«[23] Dieser universale Hass ist nicht alleine Misantrophie oder Attitüde, er bezieht den Selbsthass ebenso mit ein wie die als störend empfundene Außenwelt. Die Charakterisierung der mentalen Innenwelt von Horwitz wird im Text durch die räumliche Beschreibung des Lebensmilieus gestützt. Verwahrlost und weitgehend isoliert lebt er »in einer kleinen, heruntergekommenen Altbauwohnung, in der es immer kalt war«[24] im Frankfurter Nordend. Jener Stadt also, in welcher sich nicht nur eine der größten und wichtigsten jüdischen Gemeinden der Bundesrepublik befindet, sondern auch das skandalträchtige Fassbinder-Stück *Der Müll, die Stadt und der Tod* (1975) spielt. Die soziale Isolation Horwitz' ist so komplett, dass er auch für den Einkauf von lebensnotwendigen Dingen das Haus nicht verlässt.[25] Warme Mahlzeiten lässt er sich ausschließlich von einer Pizzeria liefern. Die Verbindung zur Außenwelt besteht nur mittelbar; stundenlang starrt Horwitz aus dem Fenster und manchmal, so erfahren wir, hört er Radio. Allein der Kater Lubin durchbricht die gesellschaftliche und persönliche Isolation, und nur ihm gegenüber empfindet Horwitz auch Zuneigung – so suggeriert es die Gestik – wenn er ihm mit seinen Fingern durch das schwarze Fell streicht. Doch auch dieses Verhältnis erweist sich als ein ambivalentes, von Paranoia, Misstrauen und Gewaltphantasien begleitet: »Horwitz beobachtete das Tier argwöhnisch. Plötzlich hob Lubin den Kopf, warf Horwitz einen bösen Blick zu und fauchte ihn an. Der Alte erschrak und machte die Augen zu. Teufel nochmal! Er wird der Bestie eines Tages, wenn sie gerade schläft, mit einer Bratpfanne den Schädel einschlagen.«[26]

Der Jude Horwitz ist im Nachkriegsdeutschland zu Reichtum gekommen, indem er alte Nazis, die in Deutschland wieder in höhere gesellschaftliche Positionen aufgestiegen sind, erpresst hat, um mit diesem Startkapital sein eigenes Geschäft aufzubauen. Dieses geschäftliche Unternehmen scheitert allerdings daran, dass jenes Hotel, das er in Israel gebaut hat, durch Brandstiftung zerstört wird und die Versicherung daher keine finanzielle Entschädigung zahlt. Dabei konnte Horwitz noch froh sein, dass er – obwohl unschuldig – nicht als Versicherungsbetrüger inhaftiert worden ist. Die tragisch-komische Lebensgeschichte erreicht ihren Höhepunkt darin, dass es sein deutscher Pass war, der dafür sorgte, dass ihm das Gefängnis erspart geblieben ist. Zurück in Deutschland lebt er nun von der »Wiedergutmachung« und verharrt in einer depressiven Stimmung, die ihm keine Kraft mehr schöpfen ließ, ein neues Geschäft aufzubauen.

Als ein Pizzabote an der Wohnungstür erscheint, entwischt der Kater und springt auf einen Baum. Die nun folgende komische Szene, in der der alte Horwitz nur mit Hausschuhen und einer Strickjacke bekleidet bei minus 10 Grad den Baum erklettert um Lubin einzufangen, endet in Slapstick-Manier mit einem Sturz Horwitz', bei dem sich dieser verletzt. Im Krankenhaus, heißt es weiter: »hatte Horwitz eine schwere Zeit, denn er ertrug nur mit Mühe die fremde Umgebung, er ekelte sich vor den biederen, mariengläubigen Schwestern, er misstraute den großen und blonden Ärzten, und vor allem machten ihm die andern alten Männer von seiner Station, die genauso häßlich und feige waren wie er, Angst, weil er wußte, auf welcher Seite sie damals mitgespielt hatten. Und natürlich haßte es Horwitz, krank zu sein, aber so richtig gesund wollte er auch nicht mehr werden ...«[27] Horwitz entlässt sich selbst aus dem Krankenhaus und fährt nach Hause. Die Pointe wird in einem lakonischen Erzählgestus vorgetragen, der im radikalen Widerspruch zum Geschehen steht: »Sobald Horwitz die Tür (...) zugemacht hatte, packte er den Kater an den Hinterbeinen und schlug ihn solange mit dem Kopf gegen die Wand, bis er tot war.«[28]

In geradezu typischer Weise führt dieser kurze Text vor, mit welcher ästhetischen Strategie der Verwirrung und Selbstentlarvung Biller im Sinne einer »Erwartungs-Erwartung« (Voßkamp) operiert, um die konventionellen Deutungs- und Wahrnehmungsmuster des Lesers zu unterlaufen. Ein erstes Beispiel hierfür ist bereits am Titel der Erzählung abzulesen. Denn mit dem Titel der Erzählung kann der erfahrene Leser ein spezifisches Gattungsmuster jüdischer Erzähltradition aktualisieren. Wenn man weiß, dass in Frankfurt über viele Generationen die Rabbinerdynastie der Horwitz lehrte und man zudem den Umstand berücksichtigt, dass der Name Lubin nicht als der Name für eine Katze referenzialisierbar ist, dann scheint mit der Beschreibung »eine Lektion erteilen« ein Lehrer-Schüler-Verhältnis angesprochen. Unter diesen Voraussetzungen ist es dann auch wahrscheinlich, dass der Leser eine Erzählung nach dem Gattungsmuster der Rabbinergeschichten erwartet. Das Spiel mit der Erwartungshaltung des Lesers gegenüber dem Text gilt darüber hinaus vor allem dem Klischee und Stereotyp vom skrupellosen jüdischen Geschäftemacher. Zunächst scheint ja der Text ein moralisches Zugeständnis zu offerieren, indem er den Hass des Überlebenden aus dessen eigener Lebensgeschichte ableitet und so Mitgefühl beim Leser erweckt. In dieser Erzählung ist der Jude jedoch kein schematisch-idealisierter Opferjude, dessen moralische Reinheit zu einer primitiven Opferidentifikation verführen könnte. Vielmehr wird der Leser sukzessive zu einer Auseinandersetzung mit der Moralität der Figur verführt. Selbst wenn man nicht bereit ist, die Erpressung ehemaliger Nazis als zwar moralisch bedenklich, aber geschichtlich gerechtfertigt zu deuten, wird das Urteil darüber durch die tragisch-komische Darstellung der unverschuldeten Verarmung relativiert. Spätestens aber, wenn der alte Horwitz panisch und in Hausschuhen wie ein Zwanzigjähriger seinem einzig geliebten Kater hinterherspringt, bekommt die Geschichte etwas anrührend-drolliges. Die nun wieder mit tragischen Elementen spielende Krankenhausszene wird durch den relativierenden Erzählerkommentar »Und natürlich hasste es Horwitz, krank zu sein« in die tragisch-komische Dimension überführt. In dem Moment, wo durch den Text in seiner tragisch-komischen Konstitution eine Identifikation mit dem Opfer als Menschen möglich scheint, geht der Text über die versöhnliche Dimension hinaus, indem er die Empathie, die einfühlende Anteilnahme in ihrem illusionären und projektiven Charakter bloßstellt. Denn über die wirklichen tiefen, seelischen Abgründe, die das Leben der Überlebenden bis in die Gegenwart prägen, können auch die noch so gut gemeinten Verstehens- und Verständigungsbemühungen nicht hinwegtäuschen. Symbolisch ist mit dem Furor von Horwitz die Vorstellung einer Normalisierung des deutschjüdischen Verhältnisses an die unüberwindbare Grenze gelangt und zugleich werden die Bedingungen aufgezeigt, die an eine Literatur gestellt werden müssen, die sich den Instrumentalisierungen durch eine deutsch-jüdische Erinnerungskultur verweigert. »Alle meine Erzählungen sind Versuche, die Wahrheit herauszubekommen, sind literarische Erfindungen, die es mir und dem Leser schwerer machen sollen, sich selbst zu betrügen.«[29] Und dieser Selbstbetrug kann nur verhindert werden, wenn man bereit ist zu akzeptieren, dass es keine Normalität im Verhältnis zwischen Juden und Nicht-Juden in Deutschland geben kann. Stattdessen setzt Biller auf eine »Gegen-Schrift zum deutschjüdischen Bewältigungsdiskurs«, die den Hass und die Wut als »Ferment von Aufklärung« mobilisieren.[30]

Darüber hinaus betreibt Biller mit der Erzählstrategie in *Horwitz erteilt Lubin eine Lektion* implizit auch eine Reflexion und Kritik an der Holocaust-Literatur und Kunst der Überlebenden, etwa an der Vorstellung George Taboris, dass die Funktion des Witzes und der Komik darin bestünde, unversehens zu einer Konfrontation mit dem Schrecklichen zu führen. Implizit deutet schon der Name Horwitz in seiner Komposition aus ›Horror‹ und ›Witz‹ diese Bedeutungsebene an. Der Theatermann Tabori versucht das »Tragische« zu retten, indem er es der Dialektik des Witzes unterstellt: »Durch die Verbindung von Scherz und Schmerz wird das Tragische nicht triefend.«[31] Die komisierenden Inszenierungen der Shoah-Erinnerung in Taboris Theaterarbeit können zwar die pietätvollen Erinnerungsrituale und Trauerexerzitien bloßstellen, im Kern bleibt dies jedoch eine Versöhnungsästhetik, die an der Idee einer deutschjüdischen Symbiose – wenn auch als negative gedacht – festhält. Die Ästhetik Taboris ist jedoch an den Verhältnissen in Westdeutschland bis gegen Ende der 1960er-Jahre entwickelt worden, in denen der Philosemitismus noch eine hohe gesellschaftliche Bindungskraft hatte. Der neue linke Antisemitismus – der im Gewande des Antizionismus daherkommt – der politischen '68er hat das Scheitern dieses künstlerischen Konzeptes, das auf der Idee eines »Katastrophenlachens« beruht, das bitter und unversöhnt im Halse stecken bleibt, eindrücklich bewiesen. Die Reaktion darauf kann für Biller nur heißen: den Schrecken und die Brutalität in ihrer Unauflösbarkeit in allen gutmenschelnden Versöhnungsversuchen poetisch zu gestalten. Biller hält der Kunstkonzeption Taboris eine sozialkritisch-aufklärerische Dimension entgegen, wie sie eben auch von den Autoren des *New Journalism* vertreten wird.[32] Dabei ist, so Biller: »moralische Vorstellungskraft (...) die handwerkliche Grundvoraussetzung eines jeden großen Schriftstellers, sie ist seine Fähigkeit zur Poesie. Moral in der Literatur ist darum zum einen ganz klar Wut und Mitgefühl mit den Armen, Unglücklichen, Verfolgten plus, wie bei Kafka, London, Solschenyzin, die Abbildung ihrer aussichtslosen Kämpfe. Es ist zum anderen aber, wie bei Henry Miller, Edward Limonow oder Brett Easton Ellis, vor allem Härte: also die absolute Entschlossenheit, so brutal, dass das Blut spritzt, die letzten Fragen zu stellen–ohne die ideologische Naivität, zu glauben, man könne sie beantworten. Und wenn der Leser dabei kapiert, dass die Realität, in der er lebt, kein gottgegebener, unveränderbarer Zustand ist, umso besser.«[33]

Hier ist der ganze Biller vereint, der Provokateur, der Moralist, der politische Rebell, Ideologiekritiker und Aufklärer. Abschließend möchte ich noch ein Beispiel für die popkulturelle Auseinandersetzung Billers mit dem Kunstverständnis der Gegenwart anführen: Neben den literarischen und journalistischen Arbeiten hat sich Maxim Biller auch der Musik und dem Songwriting gewidmet. Im Jahre 2004 erschien auf dem Label *Essay Recordings* das Album *Maxim Biller Tapes*. Seit 1981 schon hat Maxim Biller seine Songs aufgenommen, in bester Do-it-yourself-Tradition meistens mit einem alten Diktiergerät. Über 700 Aufnahmen sind dabei entstanden, für *Tapes* wurden 18 Stücke ausgewählt und zusammengestellt. Auch hier zeigt sich Biller von seiner gewohnt provokativen Seite, etwa wenn es in dem Song »Hey Mister George Tabori«: »Hey Mr George Tabori / ich fühl mich für dich richtig sorry / tu tanzt so langsam wie ein Schneck für deine Ideen gibt's noch kein Gesetz / Du bist ein alter Jude / du machst mich ganz schön mude / überlegst dir tausend Sachen / bevor's passiert / Hey Mr Georg Tabori ich fühl mich für dich richtig sorry / Ideen wie ein Faltenrock / nichts darunter nicht mal einen Schmock / Du bist eine alter Jude / du machst mich ganz schön mude / überlegst dir tausend Sachen / damit die Hunde lachen / bellen kannst du gar nicht / und kennst keine Sehnsucht / weinen sollen sie auch noch / vergiß es doch«.

Dieser Songtext enthält komprimiert einige wichtige Aspekte des Kunstverständnisses von Maxim Biller, die er in Form einer Schmähung an einer Autorität der Holocaust-Literatur entwickelt. Nach der persönlichen Schmähung der Person Tabori (»du tanzt so langsam wie ein Schneck«) wird der vermeintlich fehlende Realitätsbezug (»für deine Ideen gibt's noch kein Gesetz«) kritisiert. Der junge Jude der zweiten Generation empfindet offensichtlich Fremdscham (»fühl mich für dich richtig sorry«) ausgerechnet gegenüber dem alten Juden, dem Überlebenden Theatermacher und Künstler Tabori der es sich in seinen künstlerischen Arbeiten zur Aufgabe gemacht hat mit seinen »Spielen der Beschämung« aus der Logik des Opfers heraus, deren Sakralisierungs- und Mythisierungstendenzen komisierend zu hintertreiben. Er ist nur noch gelangweilt (»du machst mich ganz schön mude«) angesichts der Versuche des Künstlers das deutsche Publikum (»Hunde«) zum Lachen zu bringen und von der Erfolglosigkeit (»vergiß es doch«) des Bemühens überzeugt, durch einen kathartischen Akt (»weinen sollen sie auch noch«) einen Ausweg aus dem komplizierten deutsch-jüdischen Verhältnis zu weisen. Dabei scheint es die authentische Erfahrung der Zeugen des Holocaust zu sein, die ihnen eine Orientierung jenseits dieser schrecklichen Erinnerungen verstellt (»und kennst keine Sehnsucht«). Die Gegenposition des ›jungen‹ Juden wird in den Negationen offenbar: eine selbstbewusste jüdische Identität (»Schmock«) die sich provokant und polemisch artikuliert (»bellen«).

Anmerkungen

1 Vgl. Hajo Steinert: »Hardcore Realismus. Maxim Billers neue Erzählungen«, in: *Die Zeit*, Nr. 45, 4. 11. 1994. Leonore Schwartz: »Die einsamen Väter und die selbstgerechten Söhne«, in: *Der Tagesspiegel*, Nr. 15052, 5. 10. 1994
2 Vgl. Matthias Schubert: »Wie man sich ins Gespräch bringt. Vom Unterschied zwischen Mitteilungsdrang und Literatur«, in: *Frankfurter Allgemeine Zeitung*, 3.5. 1990, S. 34
3 Bernhard Pörksen: »Die Tempojahre. Merkmale des deutschen New Journalism am Beispiel der Zeitschrift Tempo«, in: Joan Kristin Bleicher (Hg.): *Formen des new journalism*. Wiesbaden: *Verlag für Sozialwiss.* 2004, S. 318
4 Ebd., S. 318
5 Maxim Biller: »Wenn ich einmal reich und tot bin«, in: M.B.: *Wenn ich einmal reich und tot bin.* Erzählungen, München: *dtv* 1993, S. 200 f.
6 Vgl. Margreth Lünenborg,: *Journalismus als kultureller Prozess. Zur Bedeutung von Journalismus in der Mediengesellschaft.* Wiesbaden: VS Verlag 2005, S. 10
7 Vgl. hierzu die Ausführungen von Dörr zur Diskussion um den Roman *Esra*. Volker C. Dörr: »Maxim Billers verbotenes Buch *Esra*«, in: *Zeitschrift für deutsche Philologie* Bd.129, 2. Heft (2010), S. 271–285
8 Vgl. Tom Wolfe: *The New Journalism. With an Anthology* Edited by Tom Wolfe and E.W. Johnson. New York: *Longman* 1973, S. 3 f.
9 Ebd., S. 11
10 Maxim Biller: »Soviel Sinnlichkeit wie der Stadtplan von Kiel. Warum die neue deutsche Literatur nichts so nötig hat wie den Realismus. Ein Grundsatzprogramm«, in: *Die Weltwoche*, Nr. 30, 25.7.1991, hier zitiert nach Andrea Köhler, Rainer Moritz (Hg.): *Maulhelden und Königskinder. Zur Debatte über die deutschsprachige Gegenwartsliteratur*, Leipzig: *Reclam* 1998, S. 63
11 Ebd,, S. 64
12 Ebd., S. 69
13 Ebd., S. 66
14 Ebd., S. 65
15 Ebd., S. 66
16 Vgl. Frank Zipfel: *Fiktion, Fiktivität, Fiktionalität. Analysen zur Fiktion in der Literatur und zum Fiktionsbegriff in der Literaturwissenschaft*, Berlin: *Erich Schmidt* 2001, S. 168–171. Zipfel schreibt: »Die Tatsache, dass ein solches Zusammen von Faktualität und Fiktionalität nicht selbstverständlich ist und eine Verletzung geltender Normen beinhaltet, zeigt sich auch daran, dass die entsprechenden Autoren in paratextuellen Äußerungen mehr oder weniger ausführlich rechtfertigen oder erläutern.« (169).
17 Biller, Grundsatzprogramm, S. 64
18 Es liegt auf der Hand, dass mit diesen Aussagen auch eine Selbststilisierung des Autors Maxim Biller nahegelegt ist, die den werkbiographischen Weg vom Journalisten zum Literaten legitimiert.
19 Maxim Biller: »Feige das Land, schlapp die Literatur. Über Schwierigkeiten beim Sagen der Wahrheit«, in: *Die Zeit*, Nr. 16, (2000), S. 47–49
20 Maxim Biller: »Auschwitz sehen und sterben«, in: M. B.: *Tempojahre*, München: *dtv* 1992, S. 119
21 Biller, *Grundsatzprogramm*, S. 68
22 Vgl. Norbert Otto Eke: »›WAS WOLLEN SIE? DIE ABSOLUTION?‹ Opfer und Täterprojektionen bei Maxim Biller«, in: *www.juedische-literaturwestfalen.de/data/downloads/Eke.pdf*, S. 4
23 Maxim Biller: »Horwitz erteilt Lubin eine Lektion«, in: M. B.: *Wenn ich einmal reich und tot bin.* München: *dtv* 1993, S. 26
24 Ebd., S. 35
25 »Lebensmittel kaufte er bei dem alten Nazi, der seinen Laden unten im Haus hatte. Den Laden durfte Horwitz als einziger Kunde durch die Hintertür, die in den Hausflur führte, betreten.« (Ebd., S. 35)
26 Ebd., S. 36
27 Ebd., S. 39
28 Ebd., S. 40
29 Maxim Biller: »Ohne deutsche Konkurrenz.«, in: *Focus*, Nr. 51 (2004), S. 124
30 Eke ABSOLUTION?, S. 2
31 Jan Strümpel: *Vorstellungen von Holocaust. George Taboris Erinnerungsspiele*. Göttingen: *Wallstein* 2000, S. 141
32 Vgl. Margreth Lünenborg: *Journalismus als kultureller Prozess. Zur Bedeutung von Journalismus in der Mediengesellschaft.* Wiesbaden: VS 2005, S. 181–200. Lünenborg definiert *New Journalism* inhaltlich als »Auseinandersetzung mit sozialen, kulturellen und subkulturellen Phänomenen der Großstadt«. S. 184
33 Biller, Feige das Land, S. 48

Ivo Ritzer

Gescheiterter Ernst und rettende Kritik

Versuch zu jüdischem Humor in den postklassischen Filmparodien von Mel Brooks

»Look at Jewish history. Unrelieved, lamenting would be intolerable. So, for every ten Jews beating their breasts, God designated one to be crazy and amuse the breast beaters. By the time I was five I knew I was that one ... You want to know where my comedy comes from? It comes from not being kissed by a girl until you're sixteen. It comes from the feeling that, as a Jew and as a person, you don't fit into the mainstream of American society. It comes from the realization that even though you're better and smarter, you'll never belong.«[1]
Mel Brooks

Witz als Waffe

Das Leben stinkt. Und Humor ist, wenn man trotzdem lacht. Eine Erkenntnis, die wie keine andere den Witz jüdischer Komiker bestimmt. Über jüdischen Humor sprechen, das heißt deshalb, jenseits von Freude und Vergnügen, eine Erfahrung des Leidens zu thematisieren. Sie ist es auch, die als basale Größe in den Arbeiten von Mel Brooks wirkt, dem bis heute wohl einflussreichsten jüdischen Filmkomiker. Dabei verbindet Brooks seine eigene Biografie als US-amerikanischer Jude in einer von protestantischen Christen dominierten Gesellschaft mit der globalen Geschichte des Judentums. Das Gefühl des *never belonging*, die Erfahrung des Fremdseins und der Ausgrenzung ist Brooks' Filmen von Beginn an eingeschrieben. Immer Teil des Anderen zu sein, das heißt eben jene »Unmöglichkeit des Zu-sich-Kommens und Sich-zu-Kommens«[2], von der Jacques Derrida spricht, sie prägt als entscheidende Determinante alle von Brooks' Arbeiten. Sein Witz ist gefiltert durch eine elementare Negativität, das Trauma, zu den Outsidern und Marginalisierten zu zählen.

Viele Autoren betonen eine spezifische Interdependenz von Komik und Schmerz, die konstitutive Qualität für jüdischen Humor besitze. Robert Alter etwa weist auf den fatalistischen Glauben an eine Unausweichlichkeit des Leids hin, das jedoch nicht stoisch ertragen wird. »[I]n the tradition of Jewish humor«, so Alter, »suffering is understandably imagined as inevitable, it is also conceived as incongruous with dignity«[3]. Konträr zur europäisch-christlichen Tradition, die von der griechischen Antike bis zur neutestamentarischen Passionsgeschichte kontinuierlich Leidenserfahrung mystifiziere und zur Prädisposition menschlicher Erkenntnis mache, zeichne die jüdische Perspektive auf das Leid sich durch einen prosaischen Zugang aus, der Schmerz pragmatisch mit gelebter Alltagswirklichkeit verbinde. Daher sei es dem jüdischen Humor möglich, Komik und Qual auf unprätentiöse Weise miteinander zu verbinden. Wie Alter konstatiert auch Saul Bellow eine für jüdischen Humor zentrale Koinzidenz von Lachen und Leid. Beide scheinen voneinander nicht zu separieren: »[L]aughter and trembling are so curiously intermingled that it is not easy to determine the relations of the two«. Dabei könne Komik den Schmerz ebenso bekämpfen, wie sie ihn herausfordere: »At times the laughter seems to restore the equilibrium of sanity; at times the figures of the story ... appear to invite or encourage trembling with the secret aim of overcoming it by means of laughter«[4]. Mel Brooks bringt beide Optionen zusammen. Seine Filme provozieren ein Lachen, das befreit, und sie treiben ein Spiel mit dem Schrecken, um ihn zu überwinden. Das Komische und das Tragische sind bei Brooks dialektisch miteinander verbunden. Ihm geht es stets um den *common man*, der sich gegenüber einem feindlichen Establishment erwehren muss. Seine Figuren sind die zu kurz kommenden Außenseiter und kleinen Leute. Sie müssen sich gegen übermächtige Autoritären behaupten und scheinen dem Mainstream der Gesellschaft immer fremd zu sein, sich durch ihre Differenz zu definieren. Der Kampf wider bestehende Strukturen, den saturierten Status quo, bestimmt ebenso Brooks' Filme, wie eine radikale Skepsis gegenüber allen ideologischen Diskursen, die »Geschichte in Natur«[5] transformieren wollen. Daher sind seine Arbeiten nie nur komisch, immer adressiert Brooks auch kritisch sozio-politische Fragen. THE PRODUCERS (1968) verhandelt das Erbe des Nationalsozialismus, kapitalistische Ausbeutung ist Thema in THE TWELVE CHAIRS (1970) und SILENT MOVIE (1976), BLAZING SADDLES (1974) und SPACEBALLS (1987) setzen sich mit dem Mythos der Frontier auseinander, Antisemitismus wie Holocaust kommen zur Sprache in TO BE OR NOT TO BE (1983), um religiösen Fanatismus geht es in HISTORY OF THE WORLD, PART I (1981), den

Opfern des Neoliberalismus widmet sich LIFE STINKS (1991). Dennoch handelt es sich bei allen Filmen um Komödien. Für Brooks ist der Witz eine Waffe, die Waffe der Wehrlosen. Er offeriert das Potential, sich in einer Minoritätsposition zu verteidigen, am Leben bleiben zu können. »When the tall, blond Teutons have been nipping at your heels for thousands of years, you find it enervating to keep wailing«, sagt Brooks. Für ihn ist die Konsequenz klar: »So you make jokes. If your enemy is laughing, how can he bludgeon you to death?«[6] Wer Witze macht, der ist am Leben. Und wer lacht, der ist außer Gefecht gesetzt. Das Gegenüber zum Lachen zu bringen, das heißt Entwaffnung wie Sieg gleichermaßen. Wer Lachen macht, indem er den Hofnarr gibt, dem ist das Leben wahrscheinlicher als der Tod. Ein toter Narr nämlich, der kann niemanden mehr zum Lachen bringen. Wo andere ihr loses Mundwerk das Leben kostet, rettet es den Narren vor dem Tod.

Den Witz als Waffe zu verwenden, das schließt Selbstironie nicht aus. Nicht selten setzt Brooks auf einen mitunter extrem aggressiven Humor, dessen radikaler Sarkasmus auch vor der eigenen Identität nicht Halt macht. Schon in seinem Debütfilm THE PRODUCERS operiert er mit multiplen Rollenklischees, was einschlägige Zuschreibungen an jüdische Figuren betrifft. Seine ›Helden‹ sind erstens ein beleibter, polternder, unflätiger Broadwayproduzent, der gutgläubige alte Damen als Mäzeninnen für seine letztklassigen Stücke missbraucht, und zweitens ein schüchterner, feinfühliger, neurotischer Buchprüfer, der in seinem überängstlichen Verhalten kaum geschäftstüchtig scheint. Die gesuchten Assoziationen liegen auf der Hand: Während ersterer das Stereotyp des verschlagenen Betrügers und geldgierigen Impresarios bedient, lässt letzterer sofort an Klischees wie den feigen und lebensunfähigen Juden denken. Andererseits gehört diesen Figuren aber Brooks ganze Sympathie. Er grenzt sie nämlich ab von den übrigen Charakteren, die alle durchweg negativ konnotiert werden. Da sind ein ebenso erfolg- wie talentloser Theaterregisseur, ein affektierter Hippie-Schmierendarsteller und ein sentimentaler Altnazi, der mit seinem Stück »Springtime for Hitler« den »Führer« als »a nice guy who could dance the pants off Churchill« charakterisiert, um auf diese Weise »a way to clear the Führer's name« zu finden. Wenn Brooks so auch mit stereotypen Bildern jüdischer Identität spielt, wird er dennoch nie diffamierend. Immer bleiben die jüdischen Figuren gerade in ihren Schwächen eindeutige Sympathiefiguren: Ob Brooks als profitgieriger, aber weiser Mentor in SPACEBALLS, ob Brooks als selbstherrlicher, aber wandlungsfähiger Milliardär in LIFE STINKS, ob Brooks als sadistischer, aber gelehrter Van Helsing in DRACULA: DEAD AND LOVING IT (1995), stets liebt er seine Charaktere gerade deshalb, weil sie nicht perfekt sind. Diese selbstkritische Tendenz des

»A Jewish Western with a black hero.« *Blazing Saddles* von Mel Brooks (1974)

jüdischen Humors bleibt von antisemitischen Witzen streng zu unterscheiden. Noch immer greift hier Sigmund Freuds klassische Differenzierung zwischen Judenwitz und Witze über Juden: Während erstere Geschichten erzählen, »die von Juden geschaffen und gegen jüdische Eigentümlichkeiten gerichtet sind«, handelt es sich bei letzteren allermeist »um brutale Schwänke, in denen der Witz durch die Tatsache erspart wird, daß der Jude den Fremden als komische Figur gilt. Auch die Judenwitze, die von Juden herrühren, geben dies zu, aber sie kennen ihre wirklichen Fehler wie deren Zusammenhang mit ihren Vorzügen, und der Anteil der eigenen Person an dem zu Tadelnden schafft die sonst schwierig herzustellende subjektive Bedingung der Witzarbeit«[7]. Humor bei Brooks, das ist immer auch das Vermögen, über sich selbst lachen zu können.

Während Brooks seine jüdischen Protagonisten liebevoll in ihren Schwächen porträtiert, hat er für Unterdrücker keinerlei Verständnis. Fremd sind ihm niemals die Opfer, sondern stets die Täter. Sie fungieren unumstößlich als durchweg negative Figuren. BLAZING SADDLES nennt Brooks »a Jewish Western with a black hero«[8], und sein Ziel ist nichts weniger, als die rassistische Ideologie des Genres zu dekonstruieren. Er porträtiert eine Frontier-Stadt voll intoleranter und bigotter Siedler, die nichts mehr mit der Utopie einer generösen Gründungsnation zu tun haben. Sie bringen statt Zivilisation nur Korruption und Heuchelei nach Westen. Ihnen gegenüber macht Brooks einen Afroamerikaner zum Sheriff, der im *Old West* von BLAZING SADDLES sozial noch niedriger situiert ist als Tiere. Brooks selbst tritt vor der Kamera als ein Häuptling der indigenen Sioux auf. Dabei spricht er Yiddish und stellt so explizit eine direkte Verbindung zwischen verfolgten Personengruppen her. Brooks mag hier signifikante Differenzen ganz unterschiedlicher Kontexte der Unterdrückung nivellieren, seine Vision einer Solidarität der Marginalisieren aber birgt zweifelsohne emanzipatorisches Potential. Lässt BLAZING SADDLES durch den Verweis auf genozidale Handlungen verdrängte Verbrechen der US-Geschichte wiederkehren, liegt der Fokus in Brooks' anderen Arbeiten oft direkt auf den Schrecken der Shoah. Wenn er selbst in auf den ersten Blick ›unpolitisch‹ scheinenden Arbeiten wie YOUNG FRANKENSTEIN (1974), HIGH ANXIETY (1977) oder SPACEBALLS immer wieder Figuren zeigt, die mit deutschem Akzent sprechen, dann wird bereits deutlich, dass Brooks gegen das Vergessen filmt. Die Nazis, sie leben noch immer unter uns, daran scheint er erinnern zu wollen. »Me not like Germans? Why should I not like Germans?«, kokettiert Brooks: »Just because they're arrogant and have fat necks and do anything they're told as long as it is cruel, and killed millions of Jews in concentration camps and made soap out of their bodies and lamp shades out of their skins? Is that any reason to hate their fucking guts?«[9] Seine Filme sind häufig nicht weniger deutlich. Ohne Umschweife erfolgt die Konfrontation mit Geschichte. Schon Brooks' früher Radiosketch *Carl Reiner and Mel Brooks at the Cannes Film Festival* (1963) ist geprägt von einem sarkastischen Rekurs auf das NS-Regime. Brooks tritt hier auf als »Adolph Hartler«, Chef der »Narzi Film Company«. Er behauptet, »SS« sei ein Akronym von »Simon Says«, und hält ein Plädoyer dafür, die Nürnberger Prozesse als großes Missverständnis zu verstehen (»Don't you send your children to camp in the summer, also?«)[10]. Das Trauma der Shoah erscheint bei Brooks nur durch komödiantische Brechungen zu bewältigen. Sein beißender Spott stellt dabei die Täter bloß, um den Opfern ihre Gerechtigkeit widerfahren zu lassen. In THE PRODUCERS wird »Springtime for Hitler« als Musical im Musical umgesetzt, voller Zitate an die klassischen Hollywood-Inszenierungen von Busby Berkeley. Neben historischen NS-Uniformen und eindeutigen Symbolen wie Reichsadler oder Sig-Rune kommen auch Wagnerianische Tracht sowie Bier und Bretzel-Kitsch zum Einsatz, Höhepunkt der Show sind rotierende Revuegirls in Form eines Hakenkreuzes. Dazu wird lautstark das Titelstück gesungen: »Don't be stupid, be a smarty, come on join the Nazi Party«. Die Ironie der narrativen Konstruktion liegt nun darin, dass »Springtime for Hitler« keineswegs wie von den »Producers« intendiert auf Ablehnung stößt, sondern vielmehr zum sensationellen Überraschungserfolg evolviert. Anders als seine Protagonisten macht Brooks' diegetisches Publikum die Entdeckung, dass es »einen guten

»Don't be stupid, be a smarty, come on join the Nazi Party«, Das campe Nazi-Musical *The Producers* (1968)

Geschmack des schlechten Geschmacks gibt«[11]. Sie sind seine Stellvertreter auf Ebene der Fiktion, wenn ihre Rezeption eine Camp-Sensibilität im Sinne von Susan Sontag offenbart. Sontag beschreibt Camp ja als »die Erlebnisweise der gescheiterten Ernsthaftigkeit, der Theatralisierung der Erfahrung«[12]. Für sie liegt der Sinn von Camp »in der Entthronung des Ernstes«. Camp ist demnach als ein Gegenbegriff zur Seriosität zu verstehen. Camp operiert spielerisch, kann das Ironische ernsthaft rezipieren, das Ernsthafte wiederum ironisch. Es ist gerade ein überspitzter Ernst, dem gegenüber Camp ironisch auftritt, um ihn als verfehlt zu entlarven. Mit THE PRODUCERS zeigt Brooks dadurch die scheiternde Ernsthaftigkeit des NS-Bombastes, verweist kritisch auf »Risiken der rückhaltlosen Identifizierung mit extremen Gefühlslagen«[13]. Er schafft so Distanz zu rassistischem Hass und faschistischem Patriotismus. Seine Camp-Ästhetik reflektiert das Schreckliche durch eine »Liebe zum Übertriebenen«[14]. Dabei liegt der zentrale Tabubruch nicht im sich konstituierenden Schockeffekt, sondern vielmehr in dessen Konstitution: Er entsteht aus einer Diskursivierung von Geschichte, die ihre Relevanz gerade durch den Verzicht auf bedeutungsschwere Seriosität bezieht, wie sie zum einen der NS-Staat für sich reklamiert hat und zum anderen die ehrfürchtige Gedächniskultur der Shoah pflegt. So glaubt Brooks, am effektivsten seinen Beitrag für eine bessere Welt leisten zu können: »More than anything, the great Holocaust by the Nazis is probably the great outrage of the Twentieth century. There's nothing to compare with it. So what can I do about it? If I get on the soap box and wax eloquently, it'll be blown away in the wind, but if I do *Springtime for Hitler* it'll never be forgotten. I think you can bring down totalitarian governments faster by using ridicule than you can with invective«[15]. Brooks will zu Tränen rühren, nicht aber durch Trauer, sondern durch Lachen. Weil Shoah und nationalsozialistische Verbrechen in ihrer historischen Singularität sich jeder rationalen Hermeneutik zu versperren scheinen, nähert er sich der unfassbaren Geschichte durch Humor.

THE PRODUCERS gibt in seiner Camp-Ästhetik das Vorbild ab für alle weiteren NS-Referenzen bei Brooks. HISTORY OF THE WORLD, PART I endet mit dem Fake-Trailer für einen Film namens JEWS IN SPACE, der schließlich als SPACEBALLS realisiert wird. Im Weltall aber herrschen Faschisten. Die Soldaten vom bösen Planeten »Spaceball« lässt Brooks deutliche Reminiszenzen an das Nazi-Regime evozieren, ihre Uniformen scheinen bisweilen direkt der SS entliehen. Dazu konstituiert ihr Vokabular sich aus einem mit deutschen Wörtern durchsetzten Englisch. Buchstabiert Brooks hier den Subtext von George Lucas' STAR WARS (1978) aus, spielt er in TO BE OR NOT TO BE, seinem Remake des gleichnamigen Klassikers von Ernst Lubitsch (1939), die Rolle von Adolf Hitler selbst. Dieser Auftritt findet seine Apotheose im offiziellen Musikvideo zum Film, wo Brooks den »Hitler Rap« anstimmt. Das Stück beginnt mit folgender Passage: »I used to run a little joint called Germany / I was number one / The people's choice / And everybody listened to my mighty voice / My name is Adolf / I'm on the mike / I'm gonna hip you to the story of the New Third Reich«. Eben diese Geschichte des »Dritten Reichs« erzählt Brooks dann in über fünf Minuten, immer wieder begleitet vom »Say Heil - Heil - siegety Heil« seiner Backgroundsängerinnen. Analog zu THE PRODUCERS begegnet Brooks dem Nationalsozialismus erneut, indem er ihn der Lächerlichkeit

Hitler als Rapper in *To Be Or Not To Be* (1983)

preisgibt. Er entwendet dem Regime seine Zeichen, betont die NS-Ästhetik in ihrer vulgären Oberflächlichkeit und theatralischen Obszönität. Gerade durch die Emphase seiner Absurdität nimmt er den Nationalsozialismus ernst. Objekt des sarkastischen Spotts wird also die inhärente Banalität des Faschismus, die Albernheit seiner Akteure. Es geht Brooks darum, den Nationalsozialismus seiner posthumen Mythen zu berauben, und dazu muss er den Feind mit dessen eigenen Mitteln schlagen. Das bekannte Dilemma jedes Hitlerwitzes - eine Karikatur karikieren zu müssen - unterläuft Brooks hier auf originelle Weise. Er suspendiert das Problem, indem er die nationalsozialistischen Zeichen in einen neuen Kontext transferiert, der sie durch resistive Elemente konterkariert. NS-Ästhetik trifft auf Hip Hop-Kultur: hier Rassismus, dort Selbstbehauptung, hier die Verbissenheit und der Disziplinfanatismus des Faschismus, dort die Coolness und Lässigkeit des afroamerikanischen Rap. Wenn Brooks seinen Hitler schließlich gar einen Breakdance vollführen lässt, erreicht das Spiel der Signifikanten seinen Höhepunkt. Die Komik resultiert dabei aus der konstitutiven Differenz verschiedener Zeichensysteme, geht hervor aus der Kollision unterschiedlicher kultureller Felder und ihrer Diskrepanz in Anspruch und Ideologie, Ausdruck und Kontext.

Brooks' Umgang mit der nationalsozialistischen Geschichte ist somit keineswegs respektlos gegenüber den Opfern. Gelacht wird letzten Endes immer auf Kosten der Täter. Bei Brooks gibt es nie eine Verharmlosung von Verbrechen, stattdessen will er demonstrieren, dass die Unterdrücker von einst nicht länger die Zeichen beherrschen - nicht einmal ihre eigenen. Dabei erfolgt jedoch keine Entleerung der Signifikanten der Barbarei, sie werden nicht zu »leichten Zeichen«[16], die für den modischen Wechsel der Spätmoderne charakteristisch sind. Stattdessen kommt den schweren Signifikanten eine Aktualisierung zu: Was in ihnen an Lächerlichkeit latent bereits immer schon vorhanden ist, das wird nun manifest gemacht, an die Oberfläche geholt. THE PRODUCERS oder TO BE OR NOT TO BE wären zu lesen als Versuch, sowohl aus der extern zugeschriebenen jüdischen Opferrolle als auch der internen Akzeptanz eben dieser Zuschreibung auszubrechen, indem den Tätern ihre Zeichen von den Opfern entwendet werden. Witze über Vorgänge im Vernichtungslager - wie sie etwa Roberto Benigni mit seiner zwiespältigen Holocaustkomödie LA VITA È BELLA (1997) lanciert[17] - finden sich bei Brooks nie. Dennoch aber spart er jüdische Leidensgeschichte nicht aus. Tritt er in TO BE OR NOT TO BE als Adolf Hitler auf, so spielt er in HISTORY OF THE WORLD, PART I einen anderen berüchtigten Antisemiten: den dominikanischen Inquisitor Tomás de Torquemada. Analog zu THE PRODUCERS inszeniert Brooks erneut eine opulente Busby-Berkeley-Reminiszenz, zeigt nun aber neben den Tätern auch die Opfer: Während der mehrminütigen Musical-Nummer sind katholische Priester dabei, spanische Juden im Laufe einer makabren Liturgie zu Tode zu quälen. »The Inquisition, let's begin / The Inquisition, look out sin«, so lautet der Liedtext: »We have a mission to convert the Jews / We're gonna teach them wrong from right / We're gonna help them see the light / And make an offer that they can't refuse / That the Jews just can't refuse«. HISTORY OF THE WORLD, PART I artikuliert damit offen, was Brooks erzählt: die Geschichte der abendländischen Zivilisation, wie sie stets auf dem Rücken des Judentums sich vollzieht. Wieder scheint ihm der Witz die adäquateste Waffe zu sein: »Nothing can burst the balloon of pomposity and dictatorial splendor better than comedy ... In a sense, my comedy is serious, and I need a serious background to play against ... Poking fun at the Grand Inquisitor, Torquemada, is a wonderful counterpart to the horrors he committed[18]. Brooks Strategie, die jüdische Opferrolle zu negieren und selbst in den Part des Täters - ob nun Adolf Hitler oder Tomás de Torquemada - zu schlüpfen, lässt sich mit Ella Shohat zweifelsohne als »metaphorical cannibalism«[19] adressieren. Im Rahmen eines Rollenspiels wird die Identität des Feindes angenommen, ohne dabei die eigenen Opfer zu vergessen. Brooks selbst spricht von einer »umgekehrte[n] Machtergreifung«[20]. Die Macht der Unterdrückung wendet er gegen die Unterdrücker selbst, indem er die Unterdrückten ermächtigt. Brooks' Jude ist jemand, der sich nicht bereit erklärt, wie Christus auch die andere Wange hinzuhalten. Den Witz zur Waffe zu machen, das heißt wehrhaft werden.

Postklassische Parodien

Die narrative Form, innerhalb der Brooks den Witz zur Waffe macht, ist eine spezifische Spielart der Komödie: die Parodie. David Roskies hat gezeigt, wie die Parodie als literarisches Genre von der Antike über das Mittelalter bis in die Moderne als Ausdrucksmöglichkeit jüdischer Sensibilität fungiert. Er spezifiziert sie als potentielle Kanalisierung von aus Leidenserfahrung resultierender Wut, die sich häufig im spöttischen Umgang mit der Thora artikuliert. Sie erscheint dann »for a while crazy and corrupt«[21]. Brooks freilich bezieht sich nicht mehr auf das Alte Testament, sein Referenzpunkt ist das klassische Hollywoodkino, im Sujet wie in der Form. Filme von Brooks parodieren stets traditionelle Genres: THE PRODUCERS das Musical, BLAZING SADDLES den Western, YOUNG FRANKENSTEIN den Horrorfilm, SILENT MOVIE die Stummfilmkomödie, HIGH ANXIETY den Thriller, HISTORY OF THE WORLD, PART I den Historienfilm, SPACEBALLS den Science-Fiction-Film, ROBIN HOOD: MEN IN TIGHTS (1993) den Abenteuerfilm, DRACULA: DEAD AND LOVING IT den Vampirfilm. Mit der Parodie wird von Brooks eine besonders reflexive Spielart der Komödie bemüht, denn sie vermag zwischen filmischer Vergangenheit und filmischer Gegenwart zu vermitteln. Brooks schreibt sich mit seinen Arbeiten einer Tradition ein, die er zugleich enthusiastisch bewundert als auch kritisch evaluiert. »You cannot have fun with anything that you don't love or admire or respect«[22], sagt er offen. Brooks liebt das Classical Hollywood, distanziert sich jedoch von der ihm inhärenten Ideologie. Seine postklassischen Parodien lancieren eine »repetition with critical differences«[23], die das Alte neu interpretiert. Bei Brooks geht es nicht um die Sehnsucht nach einer früheren, vermeintlich besseren Zeit, nie sind seine Filme »a matter of nostalgic imitation of past models«. Stattdessen fungieren sie als eine »stylistic confrontation«, sie perpetuieren »a modern recording which establishes difference at the heart of similarity«[24]. Brooks Arbeit ist praktizierte Semiologie. Er übersetzt klassisches Genrekino in eine moderne Filmsprache, indem er generische Zeichen einem Dekodierungsprozess unterzieht. Sie werden aus ihrem originären Kontext herausgelöst und aus parodistischer Perspektive rekontextualisiert. So wird das Kino synkretistisch: Es greift Bausteine generischer Konventionen auf, bricht diese aber wieder und wieder an einer komödiantischen Sensibilität. Bei Brooks trifft das Klassische auf das Moderne, er lockert sensomotorische Verkettungen, um humoreske Energie in generische Welten einbrechen zu lassen.

Brooks ist kein Epigone oder Neoklassizist, eher »ein kongenialer Vollstrecker der medialen Muster und Strukturen seiner Zeit«[25]. Parodistisch arbeiten, das heißt für ihn in höchstem Maße autoreflexiv operieren. Nicht nur lässt Brooks seine Figuren immer wieder direkt in die Kamera blicken und über die Aufnahmeapparatur bisweilen das Publikum verbal adressieren, permanent versieht er auch filmische Vergangenheit mit Anführungszeichen. YOUNG FRANKENSTEIN etwa zitiert den expressionistischen Stummfilm mit kontrastreichem Schwarzweiß und quadratischem 1:33-Format, mit Iris- und Wischblenden; HIGHY ANXIETY wütet ikonoklastisch durch die zahlreichen »cinephiliac moments«[26] bei Alfred Hitchcock – den Duschmord aus PSYCHO (1960), die Turmszene aus VERTIGO (1958), den Vogelangriff aus THE BIRDS (1963). Der gezielte Bruch mit dem diegetischen Effekt hat bei Brooks deutlich Methode. Besonders radikal gestaltet sich BLAZING SADDLES: Am Ende des Films erweist der Schauplatz einer Westernstadt sich als Kulisse. Die Kamera zieht auf, und es wird sichtbar, dass Brooks' vermeintliche Frontier-Town an eine urbane Metropole ebenso grenzt wie an ein Filmatelier. In letzteres bricht die Westernhandlung des Film – wortwörtlich – ein, die Figuren stolpern auf das Set, selbst eine Tortenschlacht in der Kantine wird nicht ausgelassen. Dem

Bösewicht gelingt die Flucht per Taxi, er lässt sich zum legendären Grauman's Chinese Theatre am Hollywood Boulevard fahren, wo er die Premiere von BLAZING SADDLES erlebt. Auf der Leinwand erkennt er seinen Widersacher, rennt panisch davon, ersterem aber direkt in die Arme. Der Sheriff triumphiert und kehrt mit seinem Sidekick zurück ins Kino, um das Ende des Films zu sehen. Brooks' Mise en abyme erreicht ihren Höhepunkt: Die Leinwand zeigt, wie der Sheriff nach dem Ende des Films das Auditorium verlässt, um weiter Zivilisation in die Wildnis zu bringen. Zusammen mit seinem Freund reitet er davon, ihr Ziel: Hollywood. Mitten in der Prärie werden sie von einem schwarzen Cadillac erwartet. In HIGH ANXIETY gibt es eine lange Kamerafahrt durch den filmischen Raum, die abrupt mit der Kollision zwischen Aufnahmeapparatur und einer Tür endet, deren Fenster splittert. Später stößt die Kamera auch noch mit einer Backsteinmauer zusammen, dazu murmelt auf der Tonspur eine unbekannte Stimme: »Maybe no one will notice«. Sie ist offenbar Teil der extradiegetischen Inszenierungssituation, gehört dem Kameramann, der das fiktionale Arrangement aufzeichnet. In ROBIN HOOD: MEN IN TIGHTS macht Brooks die Kamera auf ähnliche Weise spürbar. Wenn Maid Marian ein Bad nimmt, fährt die Kamera, wie in einer ironischen Illustration von Laura Mulveys These der patriarchalen Blicklenkung im klassischen Hollywoodkino[27], auf sie zu, um dann durch das Badezimmerfenster zu brechen, bis Marian schließlich ihren Gesang unterbricht. Konsequent anthropomorphisiert Brooks die Kamera und lässt sie sich – ob der Offenlegung ihrer voyeuristischen Disposition scheinbar peinlich berührt – aus dem Badezimmer zurückziehen. In SPACEBALLS wird die Qualität des Films als mediales Produkt ebenfalls apostrophiert. So benutzen die Bösewichter eine Videokassette von SPACEBALLS, um zu eruieren, wo ihre Feinde sich verstecken. In der Videothek stehen daneben auch alle anderen Filme von Brooks zur Ausleihe bereit. Solche Momente der Selbstreflexion betonen den filmischen Signifikanten in seiner Materialität und legen auf parodistische Weise das Inventar der cinéastischen Illusionsbildung offen. Brooks' Filme verweigern sich einer suggestiven Identifikationsdramaturgie, sie sind immer die Inszenierung einer Inszenierung: signifikante Paradigmen postklassischer Sensibilität, »in der sich Identität nach den Vorbildern einer Medienkultur konfiguriert und das klassische Hollywood-Kino zum zitierbaren Sekundärtext wird«[28]. Die Zeichen bezeichnen ihr Zeichen-Sein bei Brooks stets mit. Ihm ist die Uneigentlichkeit zur Eigentlichkeit geworden.

Brooks' Parodien kämpfen gegen das klassische Hollywoodkino, aber – um einen Gedanken von Frieda Grafe zum frühen Jean-Luc Godard aufzugreifen – keineswegs »um etwa im Namen eines neuen Realismus das Fiktive zu desavouieren«, sondern vielmehr, um »das Fiktive als Kategorie unserer Existenz auszuweisen«[29]. Brooks' Parodien pochen darauf, dass sie als etwas Produziertes zu verstehen sind. Wo klassische Genreerzählungen im Besonderen das Parabelhafte suchen, zersplittert Brooks die Narration in Nummern. Eine Dramaturgie der Sukzession weicht dem Zick-Zack der Gags. Während das klassische Hollywood psychologisch motivierte Charaktere liebt, setzt Brooks auf Intransivität der Fiktion, sein Konstruktionsprinzip ist weniger narrativ als performativ. Seine Filme vollziehen die Handlungen, von denen sie Zeugnis ablegen. Brooks substituiert die Konstruktion einer homogenen, in sich einheitlichen Diegese durch multiple, plurale Welten, deren Brüche und Kontradiktionen nicht kaschiert, sondern offensiv ausgestellt werden. Die postklassische Parodie bei Brooks variiert zum einen die rituelle Struktur der Genres, indem bekannte Bausteine als Ausdrucksmöglichkeit genutzt werden. Zum anderen thematisiert sie aber generische Muster selbst, arbeitet autoreferentiell. Dadurch entsteht ein Kino, das Lust an seriellem Erzählen besitzt, das feste Regeln kennt, mit diesen aber stets auch spielt, sich über sie lustig macht. Die Parodien von Brooks sind keine Genrefilme, es sind Filme über Genres.

Indem Brooks das generische Material im parodistischen Rekurs entwendet, macht er etablierte Konventionen sichtbar, legt ihre Semantik frei. So wird die filmische Vergangenheit neu lesbar, neu erfahrbar. Eine visualisierte Geschichte der Genres gelingt Brooks damit, Genre-Kino und Meta-Genre-Kino in Einem: »Kunst und gleichzeitig Theorie der Kunst. Die Schönheit und gleichzeitig das Geheimnis der Schönheit. Das Kino und gleichzeitig die Erklärung des Kinos«[30]. Es geht nicht mehr nur darum, eine affektive Reaktion zu erzielen, sondern die Genese der Reaktion transparent zu machen. Illusionen werden nicht mehr ›naiv‹ hergestellt, sondern im Augenblick der Herstellung als Illusion apostrophiert. Brooks ist hier auf seine Weise radikaler als hochmoderne Filmemacher wie Michelangelo Antonioni oder Ingmar Bergman, denn er nimmt die Wunschmaschinen der Menschen, ihre unbewussten Energieflüsse, ihr Begehren nach dem Generischen ernst, stellt aber simultan dar, wie diese - völlig legitime Lust - im Spätkapitalismus ausgebeutet wird, um die Individuen als Subjekte der Herrschaft zu interpellieren. Genres sind ja zunächst gerade kein Produkt einer verdinglichten Warenform. Während das generische Erzählen ein menschliches Bedürfnis formt, das durch Wünsche maschinell generiert wird, ist es das kapitalistisch organisierte Hollywood, welches den Individuen ihr Begehren entfremdet und profitabel ökonomisiert. Erst in einem sekundären Prozess greift die industrialisierte Warenproduktion durch auf die Lust am Generischen und will es nach ›eigenen Bilde formen‹ (Marx/Engels). Die Medienindustrie, so Gilles Deleuze und Félix Guattari, »setzt einerseits sich in Gegensatz zur Natur, entnimmt ihr andrerseits Rohmaterial und gibt ihr dafür ihre eigenen Abfallprodukte zurück«[31]. Indem Brooks nun zum einen das Existenzrecht der Wünsche respektiert, zum anderen aber ihre Enteignung in der Massen- und Medienkultur parodistisch demaskiert, beziehen seine Filme eine allegorische Position innerhalb des Genre-Kinos, die sich zugleich außerhalb lokalisiert: als Kompositum heterogener, aus ihrem ursprünglichen Kontext gelöster Elemente, die dem kontinuierlichen Zusammenhang entrissen werden, um sich auf artifizielle Weise neu zu organisieren. Ohne dass die Fragmente in einer zweiten Totalität aufgingen, beharren sie auf ihrer monadischen Qualität. Dadurch kommt es zu einer Mortifikation der klassischen Genrefilme, die nicht Bewusstsein steigert, sondern zu einer »Ansiedlung des Wissens in ihnen, den abgestorbenen«[32], führt. Brooks zerstört, um zu bewahren: als rettende Kritik der generischen Formen. Erst dadurch, dass sie durch Parodien zum Verschwinden gebracht werden, bleibt ihr Bild sichtbar.

Anmerkungen

1 Brooks zitiert nach: Paul Zimmerman: »The Mad Mad Mel Brooks«, in: *Newsweek* (17.2.1975), S. 57.
2 Jacques Derrida: »Zeugnis – Gabe«, in: Elisabeth Weber (Hg.): *Jüdisches Denken in Frankreich. Gespräche mit Jacques Derrida, Emmanuel Levinas u. a.* Frankfurt a. M.: *Suhrkamp* 1994, S. 63–90, 69.
3 Robert Alter: »Jewish Humor and The Domestication of Myth«, in: Sarah Blacher Cohen (Hg.): *Jewish Wry. Essays on Jewish Humor.* Detroit: *Wayne State Up* 1987, S. 26
4 Saul Bellow: »The Jewish Tradition«, in: Irving Howe (Hg.): *Introduction to Jewish American Stories.* New York: *Mentor* 1974, S. 11
5 Roland Barthes: *Mythen des Alltags.* Frankfurt a. M.: *Suhrkamp* 1964, S. 113
6 Brooks zitiert nach: Larry Siegel: »Playboy Interview: Mel Brooks«, in: Playboy 14 (1966), S. 266
7 Sigmund Freud: *Der Witz und seine Beziehung zum Unbewussten / Der Humor.* Frankfurt a. M.: *Fischer* 1992, S. 121.
8 Vgl. David Desser / Lester D. Friedman: *American Jewish Filmmakers.* Urbana: *University of Illinois Press* 2003, S. 133
9 Brooks zitiert nach: Maurice Yacowar: *Method in Madness. The Comic Art of Mel Brooks.* New York: *St Martin's Press* 1981, S. 17
10 Desser / Friedmann, *American Jewish Filmmakers*, S. 126
11 Susan Sontag: »Anmerkungen zu ›Camp‹«, in: S. S.: *Kunst und Antikunst. 24 literarische Analysen.* Frankfurt a. M.: *Fischer* 1982, S. 340
12 Ebd., S. 335
13 Ebd. S. 335
14 Ebd., S. 326
15 Brooks zitiert nach: Philip Fleischman: »Interview with Mel Brooks« in: Macleans (17.4. 1978), S. 8
16 Siehe Jean Baudrillard: *Der symbolische Tausch und der Tod.* München: *Matthes & Seitz* 1982, S. 133
17 Ein Film, den Brooks keineswegs komisch findet, ihn vielmehr vehement attackiert: »Man muss es trennen. Ich habe mich zum Beispiel maßlos über Roberto Benignis Komödie *Das Leben ist schön* geärgert. Ein bekloppter Film, der sogar im KZ Komik zu finden versucht. Er zeigt die Baracken, in denen Juden wie Vieh gehalten werden, und reißt dabei Witze. Die Philosophie des Films ist: Der Mensch kommt über alles hinweg. Nein, tut er nicht. Nicht über das KZ« (zitiert nach: Lars-Olav Beier: »Den Führer zurechtstutzen«, in: *Der Spiegel* (13.3.2006), S. 172
18 Lester D Friedman: *The Jewish Image in American Film.* Secaucus, NJ: *Citadel* 1987, S. 236
19 Ella Shohat: »Ethnicities in Relation: Toward a Multicultural Reading of American Cinema«, in: Lester D. Friedman (Hg.): *Unspeakable Images. Ethnicity and the American Cinema.* Urbana: *University Press* 1991, S. 215–50, 246.
20 Brooks zitiert nach: Beier, »Den Führer zurechtstutzen«, S. 172
21 David G. Roskies: *Against the Apocalypse. Responses to Catastrophe in Modern Jewish Culture.* Cambridge: *Harvard University Press* 1984, S. 19
22 Brooks zitiert nach: Charles M. Young: »Seven Revelations about Mel Brooks: A Study in Low Anxiety«, in: Rolling Stone (9.2.1978), S. 33

23 Linda Hutcheon: *A Theory of Parody: The Teachings of Twentieth-Century Art Forms*. London/New York: *Methuen* 1985, S. 20
24 Ebd., S. 8
25 Peter W. Jansen: »Mel Brooks oder Das System Kaminsky«, in: P. W. J./Wolfram Schütte (Hg.): *Woody Allen / Mel Brooks*. München/Wien: *Haner* 1980, S. 146
26 Christian Keathley: *Cinephilia and History, or The Wind in the Trees*. Bloomington: *Indiana University Press* 2006, S. 8
27 Laura Mulvey: »Visuelle Lust und narratives Kino«, in: Liliane Weissberg (Hg.): *Weiblichkeit als Maskerade*. Frankfurt a. M.: *Fischer* 1994, S. 48–65
28 Jürgen Felix: »Schnittstellen der Identität. Signaturen des Selbst in David Lynchs postmodernem Kino«, in: J. F. (Hg.): *Unter die Haut. Signaturen des Selbst im Kino der Körper*. St. Augustin: *Gardez!* 1998, S. 312
29 Frieda Grafe / Enno Patalas: *Im Off. Filmartikel*. München: *Hanser* 1974, S. 14
30 Jean-Luc Godard: *Godard Kritiker. Ausgewählte Kritiken und Aufsatze über Film (1950–1970)*. München: *Hanser* 1971, S. 70
31 Gilles Deleuze / Félix Guattari: *Anti-Ödipus. Kapitalismus und Schizophrenie*. Frankfurt a. M.: *Suhrkamp* 1977, S. 9
32 Walter Benjamin: »Ursprung des deutschen Trauerspiels«, in: ders.: *Gesammelte Schriften I.1*. Frankfurt a. M.: *Suhrkamp* 1974, S. 357

ANHANG

Diskographie

A Silver Mt. Zion: *He Has Left Us Alone but Shafts of Light Sometimes Grace the Corner of Our Rooms ... Constellation* 2000
Atari Teenage Riot: *The Future of War. Digital Hardcore Recordings* 1997
Atom & His Package: »The Palestinians Are Not the Same Thing As the Rebel Alliance, Jackass!«, auf: dsb.: *Attention! Blah Blah Blah. Hopeless Records* 2003
Mickey Avalon: *s/t. Myspace Records* 2006
Black Ox Orkestar: *Ver Tanzt? Constellation* 2004
Black Ox Orkestar: *Nisht Azoy. Constellation* 2006
Blondie: »The Attack of the Giant Ants«, auf: dsb.: *s/t. Chrysalis* 1976
Dead Kennedys: »Nazi Punks - Fuck Off!«, auf: dsb.: *In God We Trust. Alternative Tentacles* 1981
Elders of Zion: *Dawn Refuses to Rise. Incidental Music* 2002
Adam Green: *Friends of Mine. Rough Trade* 2003
Daniel Kahn & The Painted Bird: *The Broken Tongue, Oriente* 2006
Daniel Kahn & The Painted Bird: *Partisans & Parasites, Oriente* 2009
Daniel Kahn & The Painted Bird: *Lost Causes, Oriente* 2011
Hilly Kristal: *Mad Mordechai. The Stereo Society* 1999
Jeffrey Lewis: *The Last Time I Did Acid I Went Insane and Other Favorites. Rough Trade* 2001
Meissner/Slavin/Sachs: *Into the Void. Sub Rosa* 2006
Efrim Manuel Menuck: *Plays »High Gospel«. Constellation* 2011
NOFX: *White Trash, Two Heebs and a Bean. Epitaph* 1992
Oi Va Voi: *Laughter Through Tears. Outcaste* 2003
Phranc: »Take Off Your Swastika«, auf: dsb.: *I Enjoy Being a Girl. Island* 1989
Ramones: *s/t. Sire* 1976.
Ramones: *Leave Home. Sire* 1977
Ramones: *Rocket to Russia. Sire* 1977
Random Inc.: *Jerusalem: Tales Outside the Framework of Orthodoxy. Ritornell* 2001
Reagan Youth: »Down With the New Aryans«, auf: dsb.: *Punk Rock New York. LoveCat Music* 2007
Steve Reich: *Music for 18 Musicians. Nonesuch* 1998
Marc Ribot: *Yo! I Killed Your God. Tzadik* 1999
Selfhaters: *The Abysmal Richness of the Infinite Proximity of the Same. Tzadik* 1998
Elliott Sharp: *String Quartets: 1986-1996. Tzadik* 2003
Suicide: *s/t. Red Star Records* 1977
Suicide: *21½ Minutes in Berlin / 23 Minutes in Brussels. Red Star Records* 1978
Suicide: *Second Album. Island* 1980
Suicide: *American Supreme. Mute* 2002

The Silver Mt. Zion Memorial Orchestra & Tra-La-La Band: *Born Into Trouble as the Sparks Fly Upward*. Constellation 2001

The Silver Mt. Zion Memorial Orchestra & Tra-La-La Band with Choir: *»This is Our Punk-Rock,« thee Rusted Satellites Gather + Sing*. Constellation 2003
Thee Silver Mountain Reveries: *The »Pretty Little Lightning Paw« E.P.* Constellation 2004
Thee Silver Mt. Zion Memorial Orchestra & Tra-La-La Band: *Horses in the Sky*. Constellation 2005
Thee Silver Mt. Zion Memorial Orchestra & Tra-La-La Band: *13 Blues For Thirteen Moons*. Constellation 2008
Thee Silver Mt. Zion Memorial Orchestra: *Kollaps Tradixionales*. Constellation 2010
V.A.: *The Jewish Alternative Movement. A Guide to the Perplexed. Knitting Factory* 1998
V.A.: *Klezmer 1993 New York City. The Tradition Continues on the Lower East Side. Knitting Factory* 1993
V.A.: *Nuggets. Original Artefacts from the First Psychedelic Era 1965-1968. Elektra* 1972
Velvet Underground: *Velvet Underground & Nico. Verve* 1967
Velvet Underground: *White Light/White Heat. Verve* 1968
John Zorn: *Kristallnacht. Tzadik* 2001
John Zorn: *Bar Kokhba. Tzadik* 1996

Bibliographie

Hannah Arendt: *Die verborgene Tradition*. Frankfurt am Main: *Jüdischer Verlag* 2000

Baskind, Samantha / Omer-Sherman, Ranen (Hrsg.): *The Jewish Graphic Novel*. New Brunswick: Rutgers University Press 2008

Caspar Battegay: *Judentum und Popkultur*. Bielefeld: *transcript* 2012

Roland Barthes: *Mythen des Alltags*. Berlin: *Suhrkamp* 2010

Steven Lee Beeber: *Die Heebie-Jeebies im CBGB's. Die jüdischen Wurzeln des Punk*. Mainz: *Ventil* 2008

Nicolas Berg: *Luftmenschen. Zur Geschichte einer Metapher*. Göttingen: *Vandehoeck & Ruprecht* 2008

Maxim Biller: *Der gebrauchte Jude. Selbstporträt*. Köln: *Kiepenheuer & Witsch* 2009

Klaus Bittermann: *The Crazy Never Die. Amerikanische Rebellen in der populären Kultur*. Berlin: *Edition Tiamat* 2011

Victor Bockris / Gerard Malanga: *up-tight. Die Velvet Underground Story*. Augsburg: *Sonnentanz* 1988

John Brackett: *John Zorn: Tradition and Transgression*. Bloomington: *Indiana University Press* 2009

Paul Buhle: *From the Lower East Side to Hollywood. Jews in American Popular Culture*. London / New York: *Verso* 2004

Peter Burke: *Helden, Schurken und Narren. Europäische Volkskultur in der frühen Neuzeit*. Hrsg. u. mit einem Vorwort von Rudolf Schenda. München: *dtv* 1985

Martin Büsser: *If the Kids are United. Von Punk zu Hardcore und zurück*. Mainz: *Ventil* 2003

Martin Büsser: *On the Wild Side. Die wahre Geschichte der Popmusik*. Hamburg: *EVA* 2004

Michael Chabon: *The Amazing Adventures of Cavalier & Clay*. London: *Harper Perennial* 2008

John Clarke u. a.: *Jugendkultur als Widerstand*. Frankfurt a. M.: *Syndikat* 1979

Nik Cohn: *AWopBopaLooBopALopBamBoom*. München: *Piper* 1995

Diedrich Diederichsen / Dick Hebdige / Olaph-Dante Marx: *Schocker. Stile und Moden der Subkultur*. Reinbek bei Hamburg: *Rowohlt* 1983

Diedrich Diederichsen: *Sexbeat*. Köln: *Kiepenheuer & Witsch* 2002

William Edward Burghardt DuBois,: *Die Seelen der Schwarzen*. Freiburg: *Orange-Press*: 2003

Stephen Duncombe / Maxwell Tremblay (Hg.): *White Riot. Punk Rock and the Politics of Race*. London / New York: *Verso* 2011

Michael Dorf: *Knitting Music. A Five-Year History of the Knitting Factory*. New York: *Knitting Factory Works* 1992

Moritz Ege: *Schwarz werden. »Afroamerikanophilie« in den 1960er und 1970er Jahren*. Biclcfcld: *transcript* 2008

Jonas Engelmann: »Blank Generation? Der amerikanische Punk als Reflexionsmedium jüdischer Geschichte«, in: *Medaon. Magazin für jüdisches Leben in Bildung und*

Forschung 6/2010 http://medaon.de/
archiv-6-2010-artikel.html

Danny Fingeroth: *Disguised as Clark Kent. Jews, Comics, and the Creation of the Superhero.* London/New York, Continuum 2007

John Fiske: *Lesarten des Populären. Cultural Studies Band 1.* Wien: Löcker 2003

Mike Gerber: Jazz Jews. Nottingham: Five Leaves Publications 2009

John R. Gillis: *Geschichte der Jugend. Tradition und Wandel im Verhältnis der Altersgruppen und Generationen.* Weinheim/Basel: *Beltz* 1980

George Gimarc: *Punk Diary: 1970-1979.* New York: *St. Martin's Press* 1994

Stuart Hall: *Rassismus und kulturelle Identität. Ausgewählte Schriften 2.* Hamburg: *Argument* 2004

Stuart Hall: *Ideologie, Identität, Repräsentation. Ausgewählte Schriften 4.* Hamburg: *Argument* 2004

Fritz Heymann: *Der Chevalier von Geldern. Eine Chronik der Abenteuer der Juden.* Köln: *Melzer* 1963

Jacques Lacan: *Schriften I.* Weinheim/Berlin: *Quadriga* 1996

Kaspar Maase: *BRAVO Amerika. Erkundungen zur Jugendkultur der Bundesrepublik in den fünfziger Jahren.* Hamburg: *Junius* 1992

Legs McNeil / Gillian McCain: *Please Kill Me. Die unzensierte Geschichte des Punk.* Höfen: *Hannibal* 2004

Jeffrey Melnick: *A Right to Sing the Blues. African Americans, Jews, and American Popular Song.* Cambridge/London: *Harvard University Press* 1999

Neue Gesellschaft für Bildende Kunst e.V. (Hg.): *Wonderyears. Über die Rolle der Shoah und des Nationalsozialismus in der heutigen israelischen Gesellschaft.* Berlin: *NGBK* 2003

Michael Naumann / Boris Penth (Hg.): *Living in a Rock'n'Roll fantasy.* Berlin: *Ästhetik und Kommunikation* 1979

Alexander Pehlemann / Ronald Galenza (Hg.): *Spannung. Leistung. Widerstand. Magnetbanduntergrund DDR 1979-1990.* Berlin: *Verbrecher Verlag* 2006

Oliver Polak: *Ich darf das, ich bin Jude.* Köln: *Kiepenheuer & Witsch* 2008

Jack Nusan Porter / Peter Dreier (Hg.): *Jewish Radicalism.* New York: *Grove Press* 1973

Moishe Postone: *Deutschland, die Linke und der Holocaust. Politische Interventionen.* Freiburg: *ça ira* 2005

John Robb: *Punk Rock. Die ganze Geschichte.* Mainz: *Ventil* 2007

Alex Ross: *The Rest is noise. Das 20. Jahrhundert hören.* München/Zürich: *Piper* 2007

Jerry Rubin: *Do it! Scenarios für die Revolution.* München: *Trikont* 1977

Jon Savage: *England's Dreaming. Anarchie, Sex Pistols, Punk Rock.* Berlin: *Edition Tiamat* 2003

Norbert Schindler: *Widerspenstige Leute. Studien zur Volkskultur in der frühen Moderne.* Frankfurt a. M.: *Fischer* 1992

Rolf Schwendter: *Theorie der Subkultur.* Köln: *KiWi* 1973

Georg Seeßlen: *Tanz den Adolf Hitler. Faschismus in der populären Kultur.* Berlin: *Edition Tiamat* 1994

Georg Seeßlen: *Natural Born Nazis. Faschismus in der populären Kultur. Band 2.* Berlin: *Edition Tiamat* 1996

Patti Smith: *Just Kids. Die Geschichte einer Freundschaft.* Köln: *Kiepenheuer & Witsch* 2010

Gerd Stein: *Bohemien - Tramp - Sponti. Boheme und Alternativkultur. Kulturfiguren und Sozialcharaktere des 19. und 20. Jahrhunderts.* Frankfurt a. M.: *Fischer* 1982

George Steiner: *In Blaubarts Burg. Anmerkungen zur Neudefinition der Kultur.* Frankfurt a. M.: *Suhrkamp* 1972

Jon Stratton: *Jewish Identity in Western Pop Culture: The Holocaust and Trauma Through Modernity.* New York: *Palgrave* 2008

Jon Stratton: *Jews, Race and Popular Music.* London: *Ashgate* 2009

Johannes Ullmaier: *Pop shoot pop. Über Historisierung und Kanonbildung in der Popmusik.* Rüsselsheim: *Frank Hofmann* 1995

Fred & Judy Vermorel: *Sex Pistols. Anarchie im U.K. Eine Insider-Geschichte.* Augsburg: *Sonnentanz* 1996

Weinstein, Simcha: *Up, Up, and Oy Vey! How Jewish History,* Culture, *and Values Shaped the Comic Book Superhero.* Baltimore: Leviathan Press 2006

Otto K. Werckmeister: *Zitadellenkultur. Die Schöne Kunst des Untergangs in der Kultur der achtziger Jahre.* München/Wien: *Hanser* 1989

Bernd Jürgen Warneken: *Die Ethnographie populärer Kulturen. Eine Einführung.* Wien/Köln/Weimar: *Böhlau* 2006

Paul Willis: *»Profane Culture«. Rocker, Hippies: Subversive Stile der Jugendkultur.* Frankfurt a. M.: *Syndikat* 1981

Susann Witt-Stahl: »›Party in der Gaskammer ...‹ Der Holocaust und die Grenzen der Kulturindustrie«, in: *testcard # 16: Extremismus*, S. 108-114

Die Beteiligten

Doris Akrap lebt als Journalistin in Berlin. 2008 erschien ihre Übersetzung des Buches *Die Heebie-Jeebioes im CBGB's. Die jüdischen Wurzeln des Punk* von Steven Lee Beeber.

Caspar Battegay ist wissenschaftlicher Assistent am Institut für Jüdische Studien der Universität Basel. Er studierte Deutsche Philologie, Philosophie und Jüdische Studien in Basel und promovierte mit einer Arbeit zur deutsch-jüdischen Literatur an der Hochschule für Jüdische Studien Heidelberg. Aus seinen Interessen resultierten u. a. ein Sammelband zum Thema *Jüdische Literatur als europäische Literatur* (München 2008) und ein Band mit dem Titel *Schrift und Zeit in Franz Kafkas Oktavheften* (Göttingen 2010). Seine Dissertation erschien 2011 unter dem Titel *Das andere Blut. Gemeinschaft im deutsch-jüdischen Schreiben 1830-1930*. Aus einem Unbehagen in den Jüdischen Studien in Deutschland heraus, begann CB sich auch mit der Repräsentation des Jüdischen in der Popkultur zu auseinanderzusetzen. Im Essay *Judentum und Popkultur* (Bielefeld 2012) sollen die Chancen aufgezeigt werden, die Popkultur für eine unbefangenere Wahrnehmung des Judentums bietet. Momentan ist CB - wenn er nicht gerade mit seiner Tochter die Ziegen hinter dem Haus füttert - damit beschäftigt, einem neuem Forschungsprojekt zum Ideologen, Journalisten, Politiker und *homme de lettre* Nathan Birnbaum Form und Substanz zu verleihen.

Martin Büsser wurde 1968 geboren und hat sich in seiner Arbeit als Journalist, Autor, Verleger und Musiker zu keiner Zeit zu Kompromissen hinreißen lassen. 1995 gründete er mit der *testcard* einen Ort, der seinen vielseitigen Interessen Raum ließ. Er schrieb nicht nur über Kunst und Musik sondern auch über Literatur, Comic, Film, Queere Theorie und Politik. Oftmals über alles gleichzeitig. Daneben entstanden eigene literarische Arbeiten, Comics, Bilder sowie Tonträger mit seiner Band Pechsaftha. Martin Büsser starb im Herbst 2010.

Jonas Engelmann ist Literaturwissenschaftler und lebt in Mainz. Die Auseinandersetzung mit Punk und Subkulturen ist, obwohl nach den ersten Alben von den Ramones oder Suicide geboren, autobiographisch geprägt und immer mehr gewesen und geblieben als ein rein wissenschaftliches Interesse. Die Konsequenz ist die Arbeit im Ventil Verlag oder bei der *testcard*.

Fernando Esposito, Jahrgang 1975, hat in Tübingen und Bologna Philosophie und Neuere Geschichte studiert. Seine Dissertation *Mythische Moderne. Aviatik, Faschismus und die Sehnsucht nach Ordnung in Deutschland und Italien* handelt von der faschistischen Vision einer alternativen Moderne. Seit April 2009 ist er wissenschaftlicher Mitarbeiter am Seminar für Zeitgeschichte der Eberhard-Karls-Universität Tübingen im Forschungsverbund »Nach dem Boom«, das sich mit der Transformation westeuropäischer Industriegesellschaften seit den 1970er-Jahren befasst. Er arbeitet zurzeit zu Punk als Symptom dieses Wandlungsprozesses und entwirft ein weiteres, verwandtes Projekt zur Ordnung der Zeit in der Moderne.

Bettina Vogel von Frommannshausen, 1981 geb. in Jena, 2001/02 Aufenthalt in Frankreich, 2002-2007 Studium in Halle (Saale) und Caen, Fächer: Französisch und Kunstgeschichte, 2007-2010 Promotionsstudium in Halle (Saale), Thema: Parodie in der französischen Nachkriegsliteratur, seit 2010 Kunsthistorikerin in Greifswald.

Hans Peter Frühauf, geb. am 18. September 1968 in Idar-Oberstein, arbeitet als Erziehungswissenschaftler am *Institut für Sozialpädagogische Forschung Mainz e.V.* Seine Arbeitsschwerpunkte sind Migration und Minderheiten, Arbeitsmarktpolitik und Evaluation.

Sebastian Görtz, geb. am 20. Januar 1980 in Halle (Saale). 2000-2008 Magisterstudium der Germanistischen Literaturwissenschaft, Kunstgeschichte und Zeitgeschichte an der Martin-Luther-Universität Halle-Wittenberg. 2008 Abschluss des Studiums mit einer Arbeit über Formkunst in der Lyrik August von Platens. 2008-2010 wissenschaftliches Volontariat im Ernst-Bloch-Zentrum in Ludwigshafen am Rhein. Seit 2011 freiberuflicher Literaturwissenschaftler; Projektkoordination der Landesinitiative *Sachsen-Anhalt und das 18. Jahrhundert.*

In einer Zeit, als die alten Götter herrschten, schrie das Land, das Kriegsherren und Könige in Aufruhr versetzten, geradezu nach einer Heldin, die für das Gute kämpfte. **Julia Machhausen** folgte dem Ruf, die Kriegerprinzessin, die ihre Stärke in wilden Schlachten erworben hatte. Mit ihrer Kraft und ihrer Leidenschaft trotzte sie jeder Gefahr. Ihr Mut sollte die Welt verändern.

Werner Nell, geb. 1951 in St. Goar am Rhein; Literatur- und Sozialwissenschaftler; nach Studium in Mainz, Frankfurt a. M. und Dijon unterschiedliche Tätigkeiten als Journalist, Lehrer, Dozent und Lexikonredakteur. Seit 2002 Professor für Allgemeine und Vergleichende Literaturwissenschaft an der Martin-Luther-Universität Halle-Wittenberg; Adjunct Associate Professor an der Queen's University in Kingston (Ontario), Kanada; Vorstand des Instituts für sozialpädagogische Forschung Mainz (ism). *Arbeitsgebiete:* Literatur in transnationalen Prozessen, europäisch-überseeische Literaturbeziehungen; vergleichende Regionalitätsstudien. Zuletzt sind von ihm u. a. der Aufsatz »Der Westen im Osten. Galizien in Montréal« (2010) sowie die Bücher *Arbeitsmarkt, Integration und Migration in Europa* (2008 mit Stéphanie-Aline Yeshurun) und *Der Atlas der fiktiven Orte* (2012) erschienen.

Alexander Pehlemann, 1969 in Berlin geboren. 1990-1997 Studium Kunstgeschichte/Geschichte in Greifswald. Seit 1993 Herausgeber des Magazins *ZONIC – Kulturelle Randstandsblicke & Involvierungsmomente* und Selekta des Al-Haca Soundsystems. Journalist, Booker, Kulturnetzwerker. 2006 Herausgeber des *Zonic*-Spezials *Spannung. Leistung. Widerstand. Magnetbanduntergrund DDR 1979-1990* (*Zonic / Verbrecher Verlag / ZickZack*). 2009 Compiler von *Polska*

Rootz. Beats, Dubs, Mixes & Future Folk from Poland (Eastblok Music).

Avi Pitchon ist Künstler, Musiker, DJ, Kurator (*Wonderyears*, NGBK 2003; *IRVIN/N/SK. In the Eye of the State, Israeli Centre for Digital* 2010) und Journalist (*Terrorizer Magazine*, *Vice Germany*, *The Wire*, *Ha'aretz*). Er hat gerade ein Buch über die Israelische Gegenkultur der 1980er- und 1990er-Jahre beendet.

Ivo Ritzer, Dr.phil. Wissenschaftlicher Mitarbeiter der Mediendramaturgie und Filmwissenschaft an der Johannes Gutenberg-Universität Mainz. Promotion zur Dialektik von Genre- und Autorentheorie am Beispiel der Filme von Walter Hill (2009). Zahlreiche Aufsätze zu Filmgeschichte und Filmästhetik, Medien- und Kulturtheorie. Seine letzten Publikationen umfassen Buchveröffentlichungen zu Tabubruch und Transgression in Fernsehserien (2011), zum französischen Kriminalfilm (2012) und zur medialen Repräsentation des Körpers (2012). Aktuelle Forschungsinteressen sind Genre-Hybridisierung und kulturelle Globalisierung, interkulturelle Perspektiven auf asiatisches Kino sowie neue Ansätze zur Analyse der Mise-en-scène in Film und Fernsehen.

Frank Apunkt Schneider ist unfreier Künstler, Autor und selbsternannter Poptheoretiker, Mitherausgeber der *testcard*, Redakteur bei *Skug* und außerdem der deutsche Außenposten der Kulturbewegung monochrom (*www.monochrom.at*).

Dr. **Sascha Seiler**, geb. 1972, Akademischer Rat am Institut für Allgemeine und Vergleichende Literaturwissenschaft an der Johannes Gutenberg-Universität Mainz. Schwerpunkte im Bereich der Erforschung populärer Musikformen und deren Verbindungen zu Literatur und anderen Arten kultureller Artikulation. Weitere Arbeitsgebiete umfassen transatlantische kulturelle Beziehungen oder 9/11 als kulturelle Zäsur. Seit 2001 auch verstärkt im Bereich des Musikjournalismus unterwegs, mit Schwerpunkten auf Progressive Rock und anderer Musik der 1970er-Jahre. Anfang 2012 erschien der von ihm mitherausgegebene Band *Hidden Tracks – Das Verborgene, Vergessene und Verschwundene in der Popmusik*.

Daniel Steinmaier, Jahrgang 1978, studierte Literaturwissenschaft, Soziologie und Philosophie in Freiburg, Toulouse und Berlin, war Redakteur bei der Wochenzeitung Jun*gle World* und arbeitet seit 2011 bei der Menschenrechtsorganisation *Pro Asyl*.

Andreas Stuhlmann unterrichtet Literatur- und Medienwissenschaft in Hamburg, beschäftigt sich mit jüdischer Identitätspolitik, Medientheorie, Dispositiven, Polemik, Piraterie und Plagiaten, hört Jazz und Punk, liest amerikanische Romane und deutsche Gedichte und publiziert zu Reise und Exil, Stummfilm, Comic und freien Medien, Vampiren und Melodramen.

Dr. phil. **Peter Waldmann** ist Kultur- und Literaturwissenschaftler. Seine Forschungs- und Arbeitsschwerpunkte sind Jüdische Studien und Fragen der Jüdischen Identität. Seit 2002 ist er Vorsitzender des Landesverbands der Jüdischen Gemeinden von Rheinland Pfalz.

Thomas Wallner, geb. 1972, lebt und arbeitet in Leipzig, Studium der

Germanistik und Kulturwissenschaften, Doktorand an der Universität Leipzig und Stipendiat des Landes Sachsen, Forschungsschwerpunkte: Erinnerungstheorien – Literatur und Holocaust; Literarischer Antisemitismus; Literatur um 1800, Erzähltheorie/Narratologie.

Klaus Walter lebt in Frankfurt am Main und ist seit Mitte der 1970er-Jahre als DJ und Autor in den Themenfeldern Popkultur, Sport und Politik tätig.

Lea Wohl interessiert sich dafür, wie *Jewishness* in Kultur und Medien dar- und hergestellt wird. In Frankfurt am Main studierte sie Film- und Medienwissenschaften, Kinder- und Jugendliteratur und Psychologie und arbeitete für unterschiedliche Institutionen in der Jugend- und Antirassismusarbeit. Ihre Abschlussarbeit untersucht filmische Holocaustdarstellungen. Seit 2009 promoviert sie an der Universität Hamburg im Bereich Medienkultur über Darstellungen jüdischer Figuren in deutschen Spielfilmen nach 1945. Außerdem forscht sie über filmische Bilder und Stereotype des Jüdischen sowie (hybride) Identitäten des Jüdischen. Sie ist Mitglied des Ismar-Elbogen-Netzwerkes für jüdische Kulturgeschichte e.V. und am Projekt *doppel:halb* beteiligt. 2012 erscheint der von ihr (mit)herausgegebene Band *Bilder des Jüdischen. Selbst- und Fremdzuschreibungen im 20. und 21. Jahrhundert*.

Steven Lee Beeber
Die Heebie-Jeebies im CBGB's
Die jüdischen Wurzeln des Punk

Punk ist jüdisch? »Die Heebie-Jeebies im CBGB's« wagt einen völlig neuen Blick auf die Geschichte des amerikanischen Punk.

Der US-amerikanische Autor und Publizist Steven Lee Beeber untersucht die Entstehung der amerikanischen Punkbewegung mit Blick auf den jüdischen Background der wichtigsten Protagonisten wie Tommy und Joey Ramone, Lou Reed, Richard Hell oder Jonathan Richman. Sie alle gehörten der ersten Generation amerikanischer Juden an, die nach dem Zweiten Weltkrieg aufgewachsen ist. Punk wurde zu ihrer Form der Auseinandersetzung mit der jüdischen Geschichte des 20. Jahrhunderts.

Beeber hat für sein Buch über 125 Protagonisten des jüdischen Punk interviewt. Er zeichnet eine Geschichte des amerikanischen Punk von seinen Vorläufern wie den Fugs und Velvet Underground über die Ramones bis hin zu Richard Hell. Daneben bietet er Einblicke in die Avantgarde-Szene um John Zorns Label Tzadik, die jüdische Comicszene New Yorks und die aktuelle jüdische Punkszene.

ISBN 978-3-931555-64-1
Ventil Verlag